SUR L'ÉVOLUTION D'ARISTOTE
EN PSYCHOLOGIE

ARISTOTE
TRADUCTIONS ET ÉTUDES

SUR L'ÉVOLUTION D'ARISTOTE EN PSYCHOLOGIE

PAR

CHARLES LEFÈVRE

MAÎTRE DE CONFÉRENCES À LA FACULTÉ LIBRE DES LETTRES DE LILLE

PRÉFACE

DE

SUZANNE MANSION

PROFESSEUR À L'UNIVERSITÉ DE LOUVAIN

LOUVAIN
ÉDITIONS DE L'INSTITUT SUPÉRIEUR
DE PHILOSOPHIE
1972

ARISTOTE

TRADUCTION ET ÉTUDES

COLLECTION PUBLIÉE PAR LE

CENTRE DE WULF-MANSION

RECHERCHES DE PHILOSOPHIE ANCIENNE ET MÉDIÉVALE
À L'INSTITUT SUPÉRIEUR DE PHILOSOPHIE
DE L'UNIVERSITÉ CATHOLIQUE DE LOUVAIN

Ouvrage publié avec le concours de la Fondation Universitaire de Belgique

D. 1972 / 0602 / 33

ἵνα τοῦ θείου μετέχωσιν
ᾗ δύνανται

περὶ ψυχῆς, Β 4,
415 a 29-30

PRÉFACE

Lorsque, en 1962, Mgr Augustin Mansion demanda à l'auteur du présent ouvrage de mettre à jour, en vue d'une seconde édition, l'importante étude due à Fr. Nuyens, *L'évolution de la psychologie d'Aristote*, M. l'abbé Charles Lefèvre accepta de bonne grâce et se mit au travail avec ardeur. Labeur ingrat que celui qui consiste à s'assimiler la pensée d'un autre au point de pouvoir en proposer une version renouvelée, tenant compte des observations en tous sens émises par les critiques et du progrès général de la recherche dans le domaine étudié ! Malgré toute sa bonne volonté, M. l'abbé Lefèvre dut reconnaître bientôt que la tâche s'avérait, dans le cas présent, impossible. Sur un point essentiel, en effet, — l'existence d'une phase intermédiaire, dénommée « instrumentisme vitaliste », dans l'évolution doctrinale d'Aristote en psychologie, — des doutes, puis la certitude d'une opposition franche à la thèse de Nuyens s'imposèrent à son esprit. Le projet de revision dut donc être abandonné et, d'accord avec son promoteur comme avec M. Nuyens, retiré des études aristotéliciennes mais tenu au courant des recherches entreprises et des difficultés rencontrées, M. Lefèvre consacra désormais tous ses efforts à une nouvelle étude, entièrement personnelle, des problèmes qui avaient retenu l'attention de son devancier. Il y avait là matière à une dissertation doctorale, dont j'assumai volontiers la direction, après le décès de mon oncle, survenu en octobre 1966. C'est cette dissertation, remaniée, qu'on lira ci-après. Les circonstances de sa composition en expliquent le caractère, somme toute assez particulier.

Sans être un commentaire critique de l'ouvrage de Nuyens, l'auteur s'en défend, cette étude y trouve cependant son point de référence constant. C'est qu'il s'agissait de corriger l'une des thèses majeures du savant hollandais en partant, peut-on dire, des prémisses de celui-ci et en laissant intacts d'autres résultats de sa recherche.

Oui, Aristote a évolué en psychologie; oui, le terme de son itinéraire est marqué par l'application de la théorie hylémorphique à la relation du corps à l'âme; oui encore, l'unité de l'être vivant ainsi assurée fait surgir avec plus d'acuité le problème du statut de l'intellect en l'homme. Enfin, c'est à partir d'une conception dualiste de l'être humain, plus proche de celle de Platon, que s'est amorcé le mouvement qui a conduit le Stagirite à faire de l'âme la forme du corps. Tout cela, M. Lefèvre le concède à son prédécesseur et il faut s'en souvenir si l'on veut apprécier justement son travail. Mais là se limite à peu près leur accord.

Tandis que Nuyens croyait pouvoir discerner trois phases successives bien caractérisées dans l'évolution d'Aristote, son critique conteste formellement la possibilité de *repérer* une période intermédiaire d'une durée appréciable entre les termes évoqués plus haut. C'est donc bien à la thèse centrale et la plus originale de *L'évolution* que s'en prend M. Lefèvre. Mais on ne saurait dire qu'il la nie purement et simplement. Car, d'une part, c'est à l'intérieur de l'hypothèse évolutionniste que se placent ses objections à l'endroit de la phase de transition et, d'autre part, sa critique porte moins sur l'existence chez Aristote des vues qu'on a qualifiées d'instrumentistes que sur l'appréciation de leur portée doctrinale. Comme le remarquait déjà A. Mansion, « ces vues ne se trouvent exposées de façon systématique dans aucun des écrits qui nous restent d'Aristote »[1]. Or, selon M. Lefèvre, les traits qui définissent pour Nuyens l'« instrumentisme vitaliste », ne forment pas nécessairement une doctrine psychologique cohérente et complète des rapports entre l'âme et le corps; ils sont dès lors compatibles avec des conceptions philosophiques différentes de ces relations et ne révèlent pas, à eux seuls, un stade défini dans la pensée psychologique d'Aristote. Ce sont plutôt des schèmes explicatifs, utilisables dans des contextes divers. Apparaissant dès l'époque du *Protreptique*, ils subsistent encore en pleine période hylémorphique, où ils servent notamment à éclairer la causalité motrice de l'âme. Pareils schèmes sont donc conciliables, dans la plupart des cas, avec une théorie hylémorphique et on les trouve effectivement présents dans nombre de traités de biologie, côte à côte avec des développements de ce dernier type. L'hylémorphisme en psychologie apparaît d'ailleurs, dans les œuvres du Stagirite, beaucoup plus répandu que Nuyens ne l'affirmait.

Cette thèse, dont l'établissement nous paraît être le résultat le plus important et le mieux assuré des recherches de M. Lefèvre, comporte évidemment des conséquences non négligeables quant à la chronologie des œuvres d'Aristote. Le critère de datation fondé sur la présence ou l'absence de l'instrumentisme psychologique tel que

---

[1] Préface à *L'évolution* ..., p. x.

l'entendait Nuyens, même réduit à ses applications incontestables, perd beaucoup de son efficacité et une prudence renouvelée s'impose. Aussi bien la courbe de l'évolution aristotélicienne apparaît-elle en conclusion moins aisée à tracer qu'auparavant [2].

Renonçant à évoquer même brièvement la variété de questions sur lesquelles M. Lefèvre expose des vues très personnelles, nous préférons mettre l'accent ici sur l'extrême difficulté de son entreprise. Œuvrant à partir d'un modèle qu'il n'acceptait ni ne refusait totalement, il a dû soumettre l'ensemble des données du problème à un examen minutieusement critique, pour justifier l'appréciation différente qu'il en présentait. Travail immense, requérant une longue patience. L'auteur l'a accompli en y déployant, dans des analyses fouillées, parfois subtiles, toutes les ressources de sa perspicacité, de son savoir-faire philologique, de sa vaste érudition et — pourquoi ne pas le reconnaître ? — de son ardeur polémique.

Ses raisonnements et ses conclusions, en des matières combien délicates, emporteront-ils toujours l'assentiment du lecteur ? Qui oserait le prétendre ? Mais qui voudrait le souhaiter ? Le rôle d'études comme celle-ci est de stimuler la recherche, en remettant en question des points qu'on pouvait croire acquis et en proposant de nouvelles voies à explorer. De ce point de vue, et c'est à notre sens un grand mérite, le livre de M. l'abbé Lefèvre ne laissera personne indifférent.

Suzanne MANSION.

---

[2] Encore l'auteur estime-t-il qu'il faudrait notamment, pour ce faire, tenir compte des témoignages cicéroniens sur la nature de l'âme selon Aristote. Un autre reproche qu'il adresse à son devancier est, en effet, de n'avoir pas examiné ceux-ci et de s'être ainsi débarrassé trop facilement de l'hypothèse suivant laquelle le Stagirite aurait traversé une phase d'allure matérialiste. Ces vues, dont nous laissons à M. Lefèvre l'entière responsabilité, ont été développées dans son article de la *Revue Philosophique de Louvain* : « *Quinta natura* » *et psychologie aristotélicienne* (tome 69, 1971, pp. 5-43).

CHAPITRE PREMIER

PROBLÉMATIQUE ET MÉTHODE

INTRODUCTION

Le travail que voici s'inscrit parmi les recherches sur le développement de la pensée aristotélicienne et la formation des écrits qui nous l'ont transmise.

Étant donné l'objet particulier de notre enquête, nous pensons ne pas devoir l'introduire par une histoire générale de ces recherches et des controverses qui les ont escortées ou stimulées [1] : en exposant, dans les deux premières sections de ce chapitre, le propos de Nuyens et les réactions enregistrées jusqu'à présent, nous ferons état des données qui semblent nécessaires à l'intelligence de notre entreprise.

Pour l'ensemble du problème, il suffit sans doute de noter l'allure mouvante de la situation, ainsi que le fait un témoin indépendant, Albin Lesky. La philosophie d'Aristote a-t-elle réellement évolué ? Dans quelle mesure son labeur a-t-il été commandé par sa fidélité à Platon ou, au contraire, par un éloignement plus ou moins constant vis-à-vis de lui ? On pourrait proposer, à titre de première approximation, l'avis du même historien : « Les hostilités sont toujours en cours, mais, quant au fond du problème, il n'est pas douteux que l'idée d'une évolution doctrinale durable chez Aristote ne doive finir par s'imposer » [2].

SECTION I. LA THÈSE DE NUYENS

L'édition originale de cette dissertation, publiée à Nimègue et Utrecht en 1939, porte le titre *Ontwikkelingsmomenten in de zielkunde*

---

[1] On trouvera une esquisse de cette histoire dans *Du platonisme à l'aristotélisme* (*Rev. philos. de Louv.*, t. 59, 1961, pp. 197-248); les meilleurs exposés nous semblent être ceux de P. MORAUX, *L'évolution d'Ar.* (dans *Ar. et S. Thomas d'Aquin*, Louvain, 1957, pp. 9-41) et d'E. BERTI, *La filosofia del primo Ar.*, Padova, 1962, pp. 9-122.

[2] A. LESKY, *A Hist. of Gr. Lit.*, London, 1966 (trad. de la 2e éd. allem., Bern, 1963), p. 576.

van Aristoteles. L'accent est donc mis, d'une façon très juste, sur les jalons que l'auteur a repérés et grâce auxquels il groupe en divers lots les écrits du Stagirite; ce trait apparaît moins nettement, on l'aura noté, dans l'intitulé de l'édition française : *L'évolution de la psychologie d'Aristote*, parue à Louvain en 1948. C'est cependant celle-ci qui va nous retenir : une comparaison des deux textes, confirmée par ce que dit Augustin Mansion dans la *Préface*, garantit la remarquable fidélité de la traduction; d'autre part, Nuyens a pu en cette occurrence retoucher le texte, notamment pour corriger quelques erreurs [1], en sorte que la seconde édition fait réellement autorité.

Trois points semblent mériter une attention particulière : l'objectif visé, la méthode, les résultats.

1. *L'objectif.*

Le recul aidant, il est relativement aisé de discerner ce que nous lègue pour de bon — mais aussi ce qu'incluait d'excessif ou d'aventureux — le grand ouvrage de Werner Jaeger sur l'évolution d'Aristote [2]. Qu'il soit nécessaire d'analyser minutieusement les fragments conservés et les traités pour en relever les moindres dissonances dans la doctrine et l'expression, il semble qu'on n'en puisse guère douter à présent; que la perspective d'une évolution philosophique doive rester constamment présente à l'esprit des interprètes en vue d'une meilleure exégèse, nous le suggérions plus haut et c'est en effet l'objet d'un très large *consensus.* Mais les travaux parus depuis un demi-siècle déconseilleraient au total de soutenir, comme le fit avec fougue le philologue allemand, qu'Aristote s'éloigna du platonisme au point de consacrer ses dernières années à des recherches purement positives; on nous permettra d'ajouter, sans entrer dans les détails, que la plupart des déductions chronologiques opérées par Jaeger devaient être examinées à nouveau et, sinon toujours controuvées, du moins reprises à partir de prémisses souvent très différentes. A. Mansion l'avait noté dès 1927 : « en somme, son travail est en grande partie à refaire » [3].

---

[1] *Préface*, pp. ix et xv. Comme exemple de retouche, on verra ce qui est dit de l'âme, pilote du corps, n. 29 à la p. 273 (éd. de 1948) et n. 29 à la p. 252 (éd. de 1939) : l'auteur a renoncé, non sans raison, à voir là une formule typiquement platonicienne.

[2] W.W. JAEGER, *Aristoteles, Grundlegung einer Geschichte seiner Entwicklung*, Berlin, 1923, faisant suite à l'examen approfondi des cours différents réunis ensuite dans la *Métaphysique* traditionnelle : *Studien zur Entstehung der Met. des Ar.*, Berlin, 1912.

[3] A. MANSION, *La genèse de l'œuvre d'Ar. d'après les travaux récents* (dans *Rev. néo-scol. de philos.*, t. 29, 1927, pp. 307-341, 423-466), p. 464.

Saisissant la portée durable d'un tel verdict, Nuyens eut en outre le mérite de s'atteler pour sa part à cette tâche de vérification et de s'assigner un objectif clair et neuf en son principe. Ainsi qu'il l'explique lui-même, ce but peut se décomposer comme suit [4].

Il s'agit tout d'abord d'étudier l'évolution d'Aristote « concernant les rapports de l'âme et du corps, problème central de toute psychologie ». A ce point de vue, l'examen se veut exhaustif : tout le *Corpus* et tous les fragments de quelque intérêt ont été passés en revue.

Mais nul n'ignore que le statut de l'intellect pose également des problèmes épineux ; c'est le cas en particulier pour une philosophie qui veut unir étroitement l'âme et le corps tout en maintenant le caractère immatériel de l'esprit. Nuyens estime que le sort attribué à ce dernier et son rapport à l'âme méritent également examen : il peut y avoir là une confirmation de ce qu'aura révélé la relation de l'âme et du corps.

Vient alors le corollaire que doit normalement impliquer la pose de ces jalons : les conceptions psychologiques relevées dans tel ouvrage, éventuellement dans tel livre seulement, offrent un critère permettant de situer chronologiquement les divers écrits l'un par rapport à l'autre. Certes, l'auteur déclare expressément : « En ces matières, notre étude constitue plutôt un premier pas. (...) On trouve dans presque tous les écrits d'Aristote des points d'attache permettant de faire usage de ce critère. Dans divers traités, toutefois, ils sont trop peu nombreux ou trop incertains pour justifier des conclusions fermes » [5]. Mais, soit dit en passant, divers critiques de Nuyens ont perdu de vue ces restrictions ; lui-même a-t-il suffisamment réfréné le désir d'appliquer son critère à un nombre maximum d'ouvrages ?

Indiquons à présent la méthode de l'auteur ; on comprendra bientôt l'intérêt de cette brève évocation : il s'agit là de principes dont nous aimerions nous inspirer nous-même.

2. *La méthode et sa mise en œuvre.*

La méthode se veut, bien entendu, *historique* ; on n'y insisterait pas, si Nuyens n'alignait une série impressionnante de jugements émis par ses devanciers et qui témoignent de préjugés inspirés par une inter-

---

[4] Fr. NUYENS, *L'évolution* ..., pp. 56-60.
[5] Fr. NUYENS, *L'évolution* ..., p. 59.

prétation thomiste, par telle philosophie de l'histoire ou par une négation *a priori* de tout devenir doctrinal chez Aristote [6].

Notre modèle manifeste, pour sa part, une volonté constante de
nous livrer la pensée du Stagirite sans rien taire de ses apories ni de
ses lacunes. Bien qu'il ne le dise pas sous cette forme, son étude doit
servir plus sûrement la recherche anthropologique en respectant le
cheminement du philosophe qu'en dictant à ce dernier des solutions
élaborées au long des siècles suivants.

Plus précisément, la méthode est déclarée *prospective*; que faut-il
entendre par là ? Nuyens observe que les interprètes de la psychologie
aristotélicienne prennent comme point de référence la doctrine classique
du *De anima*, à savoir celle qui fait de l'âme et du corps les composants
d'une même substance, le vivant. Un traité vient-il à délaisser cette
perspective unitaire, nettement métaphysique, les exégètes le mettent
sur un lit de Procuste : ou bien le passage litigieux est déclaré inauthentique, ou bien, — et c'est le cas le plus fréquent, — sa doctrine est ...
étirée à toute force pour qu'elle puisse coïncider avec celle du *De anima*.
Stigmatisant à bon droit cette façon de faire, inspirée par le refus
dogmatique de toute évolution chez le Stagirite, Nuyens l'appelle
« méthode rétrospective », en ceci qu'elle veut appliquer à certains écrits
les canons qui régissent la période finale, et celle-ci seulement [7].

Adoptant au contraire la méthode prospective, l'auteur part du
platonisme que trahit l'*Eudème*, situé très haut dans la carrière d'Aristote; comme les propos dualistes de ce dialogue se situent aux antipodes de l'hylémorphisme professé dans le *De anima*, « il est tout naturel de croire (...) qu'Aristote s'est progressivement détaché des conceptions platoniciennes et a élaboré, petit à petit, sa propre théorie » [8].
Il restera donc à retrouver, s'il se peut, les indices révélateurs d'une
période — ou de plusieurs — offrant la médiation souhaitée; on peut
déjà présumer que les textes d'allure plus ou moins aberrante et,
à ce titre, athétisés ou violentés par les autres interprètes, mériteront
une attention privilégiée : s'ils consentent à se placer sur l'itinéraire
dialectique qui conduit de l'*Eudème* au *De anima*, leur interprétation et
leur authenticité se renforceront mutuellement.

A dire vrai, — et c'est là un troisième trait de cette méthode, —

---

[6] Fr. NUYENS, *L'évolution* ..., pp. 29-42.

[7] Fr. NUYENS, *L'évolution* ..., pp. 44-47, réprouvant en particulier les exégèses de
Zeller et de Rolfes à propos du *De iuventute*.

[8] Fr. NUYENS, *L'évolution* ..., p. 48; cf. pp. 48-51 et 55.

des démonstrations de ce genre devront faire fond sur des *convergences d'indices* parfois ténus ou disparates. Il semble bien que ce procédé soit le meilleur dans l'état de notre documentation : hormis les deux œuvres rappelées à l'instant, les écrits d'Aristote ne traitent pas *ex professo* des rapports entre l'âme et le corps ; de plus, «nulle part (...) (le philosophe) ne parle lui-même de modifications ou développements de ses conceptions» [9]. Nous ajouterions volontiers, à propos des traités, que tout se passe au contraire comme si le Stagirite — aidé en cela par ses successeurs immédiats — avait voulu décourager les chercheurs en quête d'une évolution dans sa pensée : l'ordre méthodique de ces ouvrages, voulu sans doute par lui, mais peut-être modifié par ses éditeurs, n'a guère à voir avec l'ordre de leur composition ; divers textes portent des stigmates de remaniements, mais la complexité des théories exposées et une négligence appréciable dans la terminologie font souvent hésiter à reconnaître ici ou là les signes suffisamment sûrs d'un changement doctrinal [10].

Bref, poursuit Nuyens, «nous devons nous contenter de brèves déclarations et d'indications jetées en passant». L'auteur recourra également, comme de juste, à des indices tirés de domaines différents. Il émet ainsi des réflexions très sensées sur l'usage des références qui, dans le cours d'un ouvrage, semblent en annoncer un autre ou le supposent déjà composé : comme ces renvois peuvent représenter des additions postérieures d'Aristote, on ne leur accordera quelque valeur que s'ils ne contredisent pas les données de la critique interne [11]. Il fait appel encore, occasionnellement, au témoignage des catalogues anciens qui énumèrent les œuvres du Stagirite, aux indications que livre la structure des écrits, aux allusions visant des événements que

[9] Fr. Nuyens, *L'évolution* ..., p. 50. Sans doute est-ce trop peu dire, car le Stagirite nous semble avoir effacé lui-même mainte trace d'évolution ; les écrits exotériques ont pu, de par leur diffusion même, échapper aux remaniements qu'aurait peut-être souhaités leur auteur, mais on sait quels problèmes posent à la critique les fragments qui en ont subsisté.

[10] On ne peut énumérer ici tous les problèmes de ce genre, ni même les principales possibilités que nous estimons devoir garder en vue dans le dépistage d'une évolution chez Aristote. La plupart d'entre elles seront vérifiées tour à tour dans les chapitres suivants.

[11] Fr. Nuyens, *L'évolution* ..., pp. 108-110, approuvant Jaeger ; pour les applications, cf. notamment pp. 164-165, 168-170. Là où nous aurons à nous séparer de l'auteur, c'est précisément que les données fournies par la critique interne ne nous sembleront nullement péremptoires.

l'on peut dater [12]. Mais l'emploi de ces divers indices, auxiliaires utiles pour qui veut établir une chronologie relative, voire absolue, ne peut masquer à nos yeux une dernière qualité de la méthode que préconise Nuyens.

On a indiqué jusqu'à présent les principes qu'il a en commun avec Jaeger et qu'il tente seulement d'appliquer avec plus de rigueur [13]. Celui-ci lui est propre; il consiste dans le recours prépondérant à un *critère unique*, celui qu'on indiquait tantôt : la relation entre l'âme et le corps. Le grand initiateur de l'*Entwicklung*, une fois admis l'éloignement progressif d'Aristote vis-à-vis de Platon, invoquait des moyens divers selon les différents domaines qu'il soumettait à l'examen : la science suprême était d'abord théologie, ensuite théorie de l'être en tant qu'être, enfin étude de la substance individuelle; la politique, d'abord normative, voire utopique, analysait plus tard les régimes connus par l'expérience; etc. Une telle méthode, prononce Nuyens, « est tout à fait incapable de nous fournir la base d'une chronologie de ses œuvres », entendez : un tableau général permettant de situer, l'un par rapport à l'autre, des écrits appartenant à des secteurs différents [14].

Aussi bien l'auteur déclare-t-il que son critère unique offre un moyen de faire comparaître les diverses œuvres sur pied d'égalité et, par suite, de déterminer celles qui sont réellement les plus anciennes ou les plus récentes. Il va de soi que ce doit être là un progrès majeur par rapport à Jaeger, pour autant que les différents écrits présentent des données psychologiques réellement comparables.

---

[12] Fr. NUYENS, *L'évolution* ..., pp. 199, 198, 194, respectivement. Comme la *Politique*, V 10, 1311 b 1-3, signale la mort du roi Philippe, Nuyens estime, p. 194, que les livres IV à VI ont été composés « de façon certaine » après 336; la donnée invoquée semble ne pouvoir nullement supporter une affirmation aussi catégorique. Hélas, cette dernière se retrouve également chez Jaeger et, avant lui, chez Zeller.

[13] On notera, par acquit de conscience, que Nuyens reproche à Jaeger d'avoir, lui aussi, sacrifié à un préjugé en décrivant l'évolution d'Aristote vers une sorte de positivisme « comme résultant d'une nécessité historique » (*L'évolution* ..., p. 53; ici comme ailleurs, Nuyens reproduit *in extenso* les passages les plus significatifs de l'auteur allemand); mais il nous semble que de telles affirmations, rares chez Jaeger, n'ont guère influé sur sa démarche concrète : pour l'essentiel, cet auteur a estimé que la dernière période du Stagirite préparait la mentalité scientifique de l'ère hellénistique; il a d'ailleurs corrigé, vers 1950, l'impression que laissait son *Aristoteles* : cf. *Du platonisme* ..., p. 219 et n. 30.

[14] Fr. NUYENS, *L'évolution* ..., p. 51.

Telle est donc, en ses principes essentiels, la méthode qui régit l'ouvrage dont nous nous occupons. Nous ne pouvons que redire notre admiration pour un propos aussi clair et probe, offrant de si hautes garanties d'objectivité. Sans méconnaître ce qu'apporteront les avis des critiques et un examen personnel des textes, il semble qu'on doive seulement s'interroger sur deux points, qui concernent plus la mise en œuvre que la méthode elle-même.

A souligner, comme il le fait, les dissonances qui peuvent dénoter les moments distincts d'une évolution doctrinale, Nuyens ne doit-il pas être amené à méconnaître en quelque mesure les différences que marquent les divers contextes ou genres littéraires ? D'autre part, son refus catégorique, aux allures parfois polémiques, des exégèses conciliatrices pourrait lui faire atténuer la complexité réelle de certaines positions : il faudra par exemple se demander si Nuyens, soucieux de définitions nettes et univoques, ne serait pas tenté d'axer trop exclusivement sa conception de l'hylémorphisme sur la causalité formelle, telle que l'expose le *De anima*, II 1 ; mais a-t-on exprimé tout le sens de l'âme-acte dans ce traité lorsqu'on en a fait la « forme » du substrat corporel [15] ?

Au total, cette méthode séduisante, d'une logique si remarquable, ne laisse pas d'être menacée par un schématisme qui pourrait nuire à l'interprétation profonde et vraiment historique des doctrines. Mais ce n'est là qu'une première appréciation, suggérée par l'examen de la perspective indiquée. Le moment est venu d'énumérer rapidement les résultats enregistrés par l'auteur.

3. *Les résultats.*

Après un chapitre d'introduction, l'ouvrage de Nuyens en présente six autres, de longueur très inégale, mais groupés deux par deux d'une manière invariable : le premier de chaque paire (*i.e.* II, IV, VI) examine les relations de l'âme et du corps pendant la période considérée et les ouvrages qui traduisent la même perspective ; le second (*i.e.* III,

---

[15] Cette présentation du *De an.*, II 1, qu'Aristote nuance pourtant de façon très appréciable en de multiples endroits (notamment dans les chapitres suivants du même traité), a nettement les préférences de Nuyens, comme en témoigne déjà son *Index des passages d'Ar.*, p. 334. On pourra estimer de même que les *Éclaircissements sur quelques notions fondamentales* (matière et forme, puissance et acte, nature : cf. pp. 60-80) auraient dû noter le lien entre forme, fin et principe de mouvement.

V, VII) étudie le problème noétique, c'est-à-dire celui du statut
réservé à l'intellect, durant la même période.

Étant convenu que ce dernier terme ne désigne pas principalement
« une durée qu'on pourrait déterminer de façon précise », mais plutôt
un stade « *dans la pensée d'Aristote* », Nuyens opte ainsi pour une répartition en trois phases, qui couvrent approximativement : le séjour
d'Aristote auprès de Platon (367-348/7), une période intermédiaire
évoquant les *Wanderjahre* de Jaeger, enfin le second séjour à Athènes
(336/5-323), ou du moins sa majeure partie [16].

La concordance avec Jaeger n'est ici que très partielle, puisqu'en
matière de psychologie celui-ci admettait en somme deux positions
seulement : l'une, franchement platonicienne, se donne libre cours
dans les dialogues, mais commande également le livre III du *De anima*,
lorsque Aristote exalte l'intellect immortel ; l'autre, qui est celle d'un
naturaliste, nous a valu le reste du même traité et les *Parva Naturalia* [17].
En cela, Jaeger ne dépassait guère les remarques déjà émises par
Eduard Zeller ou Thomas Case, mais aussi, — on semble ne pas
l'avoir relevé, — par Erwin Rohde dans *Psyche* [18].

Nuyens, au contraire, estime avoir découvert, entre le dualisme
initial et l'hylémorphisme de la maturité, une *période intermédiaire*
présentant une réelle consistance sur les plans doctrinal et littéraire ;
il note en outre divers textes qui permettent de conjecturer pourquoi
ou comment Aristote est passé de l'une à l'autre de ces trois phases.
Après tant d'autres qui en ont parlé, indiquons succinctement le
contenu des périodes en question [19].

---

[16] Fr. Nuyens, *L'évolution* ..., p. 111, n. 79 ; cf. pp. 53, 57 et *passim*.

[17] Phases rappelées dans Nuyens, *L'évolution* ..., pp. 83 et 85 ; n. 34 de la p. 14,
p. 16 et p. 266, respectivement.

[18] E. Zeller, *Die Philos. der Griechen* ..., 1921[4], n. 1 de la p. 59, et Th. Case, *Enc.
Brit.*, II, 1911, p. 504, cités par Fr. Nuyens, *L'évolution* ..., pp. 3-6. — E. Rohde,
Psyche, 1903[3], II, pp. 301-309 (apparemment identiques aux pp. 591-600 de la 1e éd., 1894) ;
ce développement très bien documenté (hormis une erreur à propos des *Topiques*, n. 2
de la p. 301) nous paraît singulièrement semblable à ce que dit Jaeger : ce dernier, qui
cependant ne le cite nulle part dans son *Aristoteles*, ne s'en est-il pas inspiré ? Cf. les « zwei
Stimmen » dans la psychologie d'Ar. (*Psyche*, p. 301), l'hylémorphisme présenté comme
suit : « So redet Ar. der Physiolog und innerhalb der naturwissenschaftlichen Lehre »
(p. 302), la doctrine de l'intellect comme « mythologisches Element aus platonischer
Dogmatik bewahrt » (p. 305), etc.

[19] Les résultats de Nuyens sont adoptés à nouveau, jusque dans la plupart des détails,
par R.A. Gauthier en sa nouvelle *Introduction* à l'*Éthique à Nicomaque*, Louvain,
1970 (tableau qui fait suite à la p. 61, presque identique à celui de la 1e éd., 1958, après la
p. 36). Sur cet ouvrage, cf. notre étude dans *R.P.L.*, t. 70, 1972, pp. 630-655.

L'*Eudème*, on l'a dit, constitue le point de départ. Son « dualisme très prononcé,(...) plus radical encore peut-être que celui de Platon » [20], se retrouve dans le *Protreptique*, bien que cette dernière exhortation considère également le corps comme l'instrument de l'âme et non pas seulement comme son ennemi ; en cette période platonicienne, qui fait de l'âme une substance si différente du corps, l'intellect ne pose aucun problème particulier : « partie » supérieure de l'âme humaine, il est immortel comme elle.

A cette première phase, Nuyens rattache les écrits qui font allusion à des conceptions dualistes du même genre : le *De philosophia* ; les *Catégories* et les *Topiques* ; la *Physique*, I-VII, le *De caelo* et le *De generatione et corruptione*.

Pour amorcer l'examen de la période médiane, Nuyens nous présente l'*Historia animalium*. Les noms de lieux qu'on y trouve suggèrent des observations recueillies dans les régions d'Asie Mineure qu'a visitées Aristote après la mort de Platon ; ces faits doivent avoir servi à la composition des traités systématiques de biologie et, surtout, ils attestent désormais l'existence d'une psychologie plus générale : tout en respectant l'originalité de l'homme, la zoologie multiplie les comparaisons entre les autres vivants et l'être humain. Cette phase d'évolution, qu'un Ross appellera dès lors la période biologiste, marque le dépassement de l'attitude proprement dualiste : certes, le Stagirite considère le corps et l'âme comme deux réalités, mais complètement adaptées l'une à l'autre, à l'instar d'un *instrument* naturel et de l'artisan qui en use ; qu'il ne s'agisse pas encore d'une unité proprement substantielle, on le voit à ceci que l'âme est localisée dans un organe (en l'espèce, le cœur, source de la chaleur vitale) : elle n'est donc pas simplement la forme, ou idée-dans-la-matière, du substrat corporel. Le sort de l'intellect ne fait l'objet d'aucune réflexion particulièrement significative.

Cette fois, c'est la majeure partie du *Corpus* qui, toujours en raison des doctrines psychologiques y impliquées, tombe dans les filets de l'historien hollandais: les écrits biologiques, en y incluant la fin des *Parva Naturalia*, mais non le gros traité *De generatione animalium* ; les *Analytiques* ; le début et la fin de la *Métaphysique* (*A* et *B* ; *M*, fin

---

[20] Fr. NUYENS, *L'évolution* ..., p. 85 et n. 14. — On repérera aisément les thèses que nous allons résumer en se reportant à la table des paragraphes, pp. 352-353.

et *N*); et encore les deux *Éthiques* ainsi que la *Politique*; certaines
parties de cet ouvrage, notamment le livre I, semblent dater
plutôt de la fin de cette période, mais pour des raisons étrangères au
critère psychologique. C'est par contre en vertu de ce dernier que
Nuyens discerne deux œuvres qui indiquent la transition vers la phase
finale : le livre I du *De partibus animalium* et le *De longitudine vitae*
laissent entrevoir l'hylémorphisme; le premier se demande notamment
si l'âme est, tout entière, forme du corps, ou si un tel rôle revient
seulement à certaines de ses « parties ».

Moins neuve, au premier abord, que la reconstitution d'une phase
intermédiaire, l'interprétation donnée à la période finale entraîne
des conséquences tout aussi importantes.

Après un commentaire rigoureux des formules hylémorphiques,
Nuyens montre dans quels ouvrages se manifeste cette unité métaphysique de l'être vivant : les livres centraux de la *Métaphysique* ainsi
que le livre *Λ*; les cinq premiers des *Parva Naturalia*; le *De generatione
animalium*. Que ces écrits doivent être les derniers d'Aristote, l'auteur
le déduit de cette parenté avec le *De anima*, attestant que leur doctrine
psychologique se situe logiquement à l'opposé de l'*Eudème*, dont elle
est séparée par les différents stades indiqués successivement : *Protreptique*, écrits biologiques, *De partibus*, livre I. Nuyens conclura également, contre Jaeger, que le Stagirite est resté jusqu'au bout un grand
spéculatif : à preuves, divers livres de la *Métaphysique* et le *De anima*
lui-même, dont il montre l'unité foncière de conception.

Cette unité se confirme à l'examen du problème noétique; l'âme
n'étant plus désormais une substance spirituelle, mais le « co-principe »
du corps, le philosophe éprouve des difficultés insurmontables à
sauvegarder la survie personnelle de notre principe intellectif : l'immatérialité rigoureuse qu'exige la production de la pensée ne saurait être
alliée — hors d'une perspective créationniste — avec le statut de
l'âme-forme; sans doute Averroès avait-il raison contre saint Thomas,
en attribuant au Philosophe l'opinion que la pensée humaine est causée
par un intellect transcendant et que notre personnalité périt au terme
de cette vie. Ainsi Nuyens montre-t-il que les propos embarrassés
du *De anima* sur le statut de l'intellect découlent bien de la conception
unitaire qu'a désormais Aristote de l'être vivant : point n'est besoin
de voir là deux stades différents.

Mais les importants démentis infligés à Jaeger n'empêchent pas

notre auteur de s'accorder avec lui sur les points fondamentaux :
l'œuvre d'Aristote peut être analysée en sections qui représentent
les maillons d'une évolution doctrinale ; cette genèse doit éclairer le
sens des traités et, le cas échéant, confirmer l'authenticité de tel
d'entre eux: ainsi le *De motu* et l'*Éthique Eudémienne* ; le développement
de la pensée aristotélicienne s'est opéré dans le sens d'un éloignement
graduel vis-à-vis de Platon.

Section II. Les réactions

A la présentation de cette thèse brillante et conduite avec un sérieux
scientifique incontestable, nous devons ajouter les principales prises
de position qui ont suivi sa publication. Comme le dit le philosophe
lui-même, « celui-là est nécessairement mieux placé pour juger, qui
a également entendu, comme des parties adverses, toutes les thèses
qui s'affrontent » [1].

Sans doute ne nous faut-il point consulter ici les auteurs innombrables
qui ont touché l'ouvrage dont nous traitons à notre tour ; un volume n'y
suffirait d'ailleurs pas. Mais, comme on l'a dit à propos de la revue
historique — parfois bien injuste, il est vrai — qui occupe presque
tout le livre I du *De anima*, « c'est la problématique correcte d'un
traité de l'âme qui se dessine en creux au terme de la critique aristotélicienne » [2]. En ce qui nous concerne, les opinions émises à propos
de Nuyens doivent également retenir l'attention dans la seule mesure
où — en creux ou en relief — elles nous aident à mieux poser les problèmes.

Nous indiquerons d'abord deux points qui, pour diverses raisons,
ont moins prêté à discussion ; on abordera ensuite le propos central,
à savoir, l'existence même d'une période intermédiaire. Sans doute une
perspective plus complète se dégagera-t-elle, chemin faisant, des
réflexions suscitées par des avis si divers.

1. *Sur l'interprétation de la noétique.*

La plupart des critiques n'ont accordé que très peu d'attention

---

[1] *Métaph.*, B 1, 995 b 2-4 : βέλτιον ἀνάγκη ἔχειν πρὸς τὸ κρῖναι τὸν ὥσπερ ἀντιδίκων
καὶ τῶν ἀμφισβητούντων λόγων ἀκηκοότα πάντων.

[2] S. Mansion, *Le rôle de l'exposé et de la critique des philos. antérieures chez Ar.* (dans
Ar. et les problèmes de méthode, Louvain, 1961, pp. 35-56), p. 43.

aux développements touchant ce problème [3]. Nuyens y consacre cependant, on l'a dit, les chapitres III, V et VII, mais aussi une dizaine de pages du chapitre I, où il blâme vivement M. De Corte d'avoir interprété Aristote selon une théorie préconçue : anticipant sur la noétique thomiste, De Corte soutient notamment que chez Aristote l'éternité de l'intellect n'implique pas sa préexistence [4].

Le professeur de Liège a trouvé un défenseur plutôt compromettant chez S. Cantin, qui espère accabler Nuyens par la déclaration que voici, relative au sens d'$ἀΐδιος$ [5] : « sous prétexte que dans les autres ouvrages d'Aristote cette expression signifie une durée sans commencement aussi bien que sans fin, l'Auteur soutient qu'elle a le même sens quand Aristote l'applique au $νοῦς$ » ; mais, comme ce critique ne montre nullement pourquoi le terme pourrait avoir ici un sens différent, on retiendra qu'il indique excellemment comment il ne faut pas opérer.

Cela dit, une première suggestion positive nous vient de Giacomo Soleri, dans une étude personnelle sur l'immortalité chez Aristote [6]. Avec Nuyens, il reconnaît l'impasse dans laquelle est engagé le philosophe : forme substantielle du corps, l'âme ne saurait être réellement immatérielle ; réciproquement, l'opération de l'intellect implique chez ce dernier une spiritualité que le Stagirite ne peut concilier avec les propriétés de l'âme-forme. Mais Soleri estime, contre notre auteur, ne pas devoir pour autant adopter une interprétation de type aver-

[3] Dans une recension de la *Rev. philos.*, t. 140, 1950, pp. 96-101 (cf. p. 98), Joseph Moreau suggère l'hypothèse selon laquelle « l'étude du problème noétique dans le *De an.* (...) serait la cause finale de tout l'ouvrage. (...) c'est afin d'éclairer la doctrine, qu'il (*i.e.* Nuyens) recherche comment s'est, pour Ar., posé le problème ». Mais Moreau ne scrute pas la valeur de cette interprétation.

[4] M. De Corte, *La doctr. de l'intelligence chez Ar.*, Paris, 1934, pp. 73-81 et *passim*. Fr. Nuyens, *L'évolution* ..., pp. 31-40, a sans nul doute raison d'écrire qu'« il ne faut pas chercher dans l'ouvrage un exposé historiquement exact de la doctrine d'Ar. » (p. 40) ; mais une polémique regrettable l'amène à souligner pesamment certaines bévues et même à jeter la suspicion sur les procédés employés (cf. p. 36 : « un exemple typique de la façon dont M. De Corte sait accommoder les textes » ...).

[5] S. Cantin, *A propos de l'évolution d'Ar. en psychologie* (dans *Laval philos. et théol.*, t. 4, 1948, pp. 338-345), p. 339. — Fr. Nuyens, *L'évolution* ..., pp. 307-309. — Certes, expliquera É. De Strycker, *La notion arist. de séparation* ... (dans *Autour d'Ar.*, 1955, pp. 119-139), pp. 132-135, « pour Ar., le concept d'*éternité* est à tout le moins ambigu » : il inclut parfois la note de *durée*, et parfois se situe hors du temps ; mais il exclut à la fois commencement et fin.

[6] G. Soleri, *L'immortalità dell'anima in Ar.*, Torino, 1952, chap. V à VIII ; annoncé par sa recension de Nuyens dans *Sapienza*, 1949, pp. 320-324.

roïste : chaque individu possède un intellect immortel, même s'il faut concéder que cette immortalité implique la préexistence [7].

Sur ce chapitre, Augustin Mansion avait annoncé très tôt des réserves à l'égard de Nuyens. Celles-ci passent inaperçues, il est vrai, dans le long compte rendu, très élogieux, des *Ontwikkelingsmomenten* [8] ; mais, ultérieurement, une ample recension consacrée à Soleri offrit l'occasion d'adresser une critique à l'un et à l'autre, bien que l'auteur hollandais ne fût pas nommément pris à partie [9].

Accordant à son tour que le Stagirite n'a pas expliqué de façon satisfaisante les rapports entre l'âme et l'intellect, A. Mansion estime pour sa part que ce dernier se manifeste en nous par deux fonctions, réceptive et active, sujettes à périr ; ce qui survit, — ou, plus précisément, ce qui ne cesse de penser, fût-ce au contact des êtres humains, — c'est seulement « l'essence pure de l'intellect (…), qui, comme essence, ne peut être qu'unique. Voilà le point principal sur lequel nous croyons devoir nous séparer de M. Soleri (…), tout comme de ceux qui, contrairement à lui, pensent pouvoir y trouver [*i.e.* en *De anima*, III 5] la doctrine d'un intellect *actif* immortel et unique pour toute l'humanité » [10]. Il n'en reste pas moins qu'aux yeux d'A. Mansion Nuyens est fondé à mettre un lien entre l'application de l'hylémorphisme à l'homme et l'apparition de difficultés dans le domaine noétique [11].

Il nous paraît en effet que ce parallélisme des problèmes, déjà plausible en bonne dialectique, se trouve confirmé par la présence de ces deux perspectives dans les mêmes traités : *De anima*, *Métaph.* (du moins au livre *Λ*), *De generatione animalium* ; Nuyens l'a bien souligné [12]. Encore conviendra-t-il de se rappeler le caractère souvent

---

[7] G. Soleri, *L'immortalità* …, notamment pp. 118, 130-140 ; Fr. Nuyens, *L'évolution* …, pp. 309 (pas d'immortalité personnelle), 311 (l'intellect est une substance préexistante), 317-318 (le rapport de l'âme et de l'intellect est resté inexpliqué) ; cf. notre résumé, *supra*, section I, p. 10.

[8] A. Mansion (dans *Tijdschrift voor philos.*, t. 2, 1940, pp. 412-426), p. 421, qui signale simplement, à propos de l'interprétation donnée à *De an.*, III 4-5 : « … waar wij meermaals in bijzonderheden met N.'s verklaring niet kunnen instemmen ».

[9] A. Mansion, *L'immortalité de l'âme et de l'intellect d'après Ar.* (dans *R.P.L.*, t. 51, 1953, pp. 444-472), pp. 465-472.

[10] A. Mansion, *L'immortalité* …, p. 469.

[11] A. Mansion, c.r. cité *supra* (n. 8), p. 421 ; *L'immortalité* …, p. 465 ; *Conception arist. et conception averroïste de l'homme* (dans *XIIᵉ Congresso intern. di filos.*, vol. IX, 1960, pp. 161-171), pp. 165-166.

[12] Cf. Fr. Nuyens, *L'évolution* …, pp. 266-312, 312-313, 313-317, respectivement.

hypothétique des exégèses concernant le statut de l'intellect chez Aristote ; de toute façon, la réponse précise semble bien échapper aux prises d'une explication génétique. D'autre part, on se gardera d'exiger une présence concomitante de la doctrine hylémorphique et des apories concernant l'intellect : celles-ci peuvent n'avoir pas été entrevues — ni, à plus forte raison, exprimées — dès que le philosophe eut conçu l'unité rigoureuse, métaphysique, de l'être vivant.

2. *Sur l'emploi d'un « critère psychologique ».*

Il pourrait sembler aberrant, à propos du critère établi par Nuyens et des avis qui le concernent, de scruter la légitimité de son emploi avant même d'envisager ce qui peut justifier son existence, à savoir une évolution tripartite de la psychologie aristotélicienne. Et cependant, un premier tour d'horizon nous assure déjà que nul ne songe à maintenir les doctrines du Stagirite dans un fixisme absolu : même un Düring, qui prétend ne voir entre l'*Eudème* et le *De anima* aucune divergence doctrinale, reconnaît chez Aristote un progrès très marqué dans le sens d'une systématisation croissante ; il y a donc place encore pour un critère permettant de distinguer l'ancien du nouveau [13]. Qui plus est, l'ordre adopté ici doit souligner que, de droit, les deux problèmes restent distincts : quel que soit le développement de la psychologie aristotélicienne, on se demande à présent si, rencontrant de simples allusions à la psychologie dans des œuvres qui n'en traitent pas formellement, il est légitime d'en inférer la doctrine personnelle du Stagirite en cette matière. Deux éventualités peuvent d'ailleurs se présenter.

Dans certains cas, on fait état d'exemples allégués d'une façon plus ou moins cursive, sans que l'auteur doive vraiment se prononcer sur l'explication du vivant : ainsi dans les *Topiques*, lorsque le Stagirite indique les prémisses utilisables dans une discussion non scientifique, ou encore en *Δ* de la *Métaphysique*, lorsqu'il entend répertorier les diverses acceptions d'un terme.

A cet égard, Eric Weil notait sagement : « Si un savant moderne, (...) dans un traité de logique, donnait comme exemple : tous les astres se lèvent à l'est, etc., on ne pourrait pas être sûr qu'il n'eût jamais entendu parler des lois de Kepler ». Cette appréciation est partagée

---

[13] I. Düring, *Aristoteles, Darstellung und Interpretation seines Denkens*, Heidelberg, 1966, pp. 27-28, 46 et 561 (constantes de la psych. arist.) ; 45 et 561-562 (approfondissement dialectique) ; 49-52 (tableau chronologique).

par tous les critiques de Nuyens[14]. Même ses plus chauds partisans,
A. Mansion et R.A. Gauthier, s'accordent là-dessus à trente ans de
distance[15].

Mais voici l'autre cas, infiniment plus complexe. D'autres traités,
qui n'offrent pas davantage d'exposés proprement psychologiques,
se conçoivent difficilement sans une armature doctrinale en ce domaine ;
on songe aux *Éthiques* et, en quelque mesure, à la *Politique*. De ce que
notre philosophe y déclare à propos de la conduite humaine, peut-on
induire la théorie qu'il adopte simultanément quant à la nature de
l'homme ? Trois tendances se dessinent à travers les opinions des experts
contemporains.

Dans la ligne des positions traditionnelles tenues au siècle dernier
par Grant et Burnet, ensuite par Jaeger lui-même, certains estiment
qu'Aristote s'est simplement abstenu de développer dans les *Éthiques*
les théories techniques du *De anima* : une présentation plus sommaire,
inspirée de l'Académie, ne suffit-elle pas à éclairer la recherche du
bien pratique[16] ? Ainsi raisonnent encore Fr. Dirlmeier et W.F.R.
Hardie, qui s'opposent à Nuyens[17]. Ce recours à une différence entre
genres littéraires offrirait l'avantage de ne pas laisser sans aucun
traité d'éthique la dernière période, à savoir celle qui, selon la plupart
des historiens, vit naître notre *De anima*.

« Une telle explication nous paraît dénuée de vraisemblance »,

[14] E. WEIL, c.r. de Nuyens (dans *Rev. de métaph. et de mor.*, 1952, pp. 450-452), p. 451.
Cf. G. VERBEKE, *id.* (= *L'évol. de la psych. d'Ar.*, dans *R.P.L.*, t. 46, 1948, pp. 335-351),
pp. 341-343 ; etc.

[15] A. MANSION, c.r. paru en 1940 (cf. *supra*, n. 8), p. 417. R.A. GAUTHIER, *Introd.*
à l'*Éth. Nic.*, 1970², pp. 10-62, reprenant la chronologie de Nuyens, s'abstient de reproduire les indications passagères dont nous parlons.

[16] A. GRANT, *The Ethics of Ar.*, I, London, 1874³, pp. 192, 294-297. J. BURNET, *id.*,
London, 1900, cité par P. MORAUX,*L'évol. d'Ar.*, (dans *Ar. et S. Thomas d'Aquin*, Louvain,
1957, pp. 9-41), p. 32, qui prend position de façon décidée en faveur de Nuyens ; cf.
ibid. et p. 38 : « (...) une psychologie sans contredit plus ancienne que celle du *De an.* ».
W. JAEGER, *Aristotle*, Oxford, 1948², pp. 332-333 : « In ethics it remained convenient
to work with the old ideas ; (...) Plato's old system was ingrained in the foundations of his
ethics for good and all ».

[17] Fr. DIRLMEIER, *Ar., Nik. Ethik*, Darmstadt, 1967⁴, pp. 249, 278-279, que préparait
sur ce point sa critique de Nuyens (dans *Gött. Gel. Anz.*, t. 203, 1941, pp. 146-154),
p. 152. — W.F.R. HARDIE, *Ar.'s Ethical Theory*, Oxford, 1968, chap. II, V et XVI ;
cf. p. 354, après une allusion aux particularités de *De an.*, III 5 : « the distinction between
active and passive reason (...) might, if developed, help us to make better sense(...)
of the doctrine of theoretical reason in *E.N.*, X ».

déclare Nuyens, pour qui, on l'a dit, « Aristote aurait achevé déjà l'élaboration de son *Éthique* (…) avant que fussent écrits le *De anima* et les ouvrages qui s'y rattachent. (…) Pour cette antériorité, une période de quelque dix ans a toute l'étendue requise » [18]. Et Gauthier de l'appuyer comme suit : « dans l'*Éth. Nic.* (…) nous n'aurons pas à chercher une morale hylémorphiste » ; y reconnaître une morale de transition, c'est « lui rendre sa portée scientifique » : contre la théorie du cloisonnement, selon laquelle Aristote se serait contenté d'analyser en « dilettante » les vues du sens commun, l'auteur soutient qu'Aristote « jette dans la bataille toutes les ressources que lui offre alors son esprit » [19].

Il ne semble pas que les traités de morale aient été considérés sérieusement — et, moins encore, récemment — comme l'œuvre d'un dilettante ; l'option de Jaeger et consorts semble à tout le moins mériter encore l'examen. Il faut d'ailleurs être également attentif à l'avis de Nuyens et de Gauthier, lorsqu'ils insistent sur les formules des *Éthiques* qui, à l'inverse du *De anima*, divisent l'âme en « parties », rationnelle ou irrationnelle, et semblent bien réserver à l'âme seule les phénomènes que l'hylémorphisme attribue au composé vivant [20].

Mais c'est précisément ce que n'apprécient guère les tenants d'une troisième tendance, mitoyenne à divers égards entre les deux précédentes : sans méconnaître la différence d'élaboration qui sépare la doctrine des *Éthiques* et celle des autres œuvres, ils estiment qu'en somme Aristote nous présente ici et là une même conception de l'être humain, Ainsi a-t-on noté que les traités de morale connaissent, eux aussi, les divers niveaux ou facultés de l'âme, par exemple le végétatif ; celui-ci est simplement déclaré sans utilité pour l'éthique [21]. La distinc-

---

[18] Fr. NUYENS, *L'évolution* …, p. 193.

[19] R.A. GAUTHIER, *Intr.* à l'*Éth. Nic.*, 1970, pp. 60-61.

[20] Fr. NUYENS, *L'évolution* …, pp. 186-192. R.A. GAUTHIER, *L'Éth. Nic.*, II, *Commentaire*, pp. 133, 895 ; p. 896, l'auteur note que la psychologie d'*É.N.*, X 8, nous reporte à une période encore antérieure à l'*Éth. Eudémienne* et proche du *Protreptique* ; il approuve en cela G. VERBEKE, *L'idéal de la perfection humaine chez Ar. et l'évol. de sa noétique*, dans *Misc. G. Galbiati*, I, Milano, 1951, pp. 79-95 (cf. déjà, du même, le c.r. de Nuyens cité *supra*, n. 14, pp. 343-345, mais aussi sa critique d'ensemble adressée aux interprétations dues à Gauthier, et notamment les nuances apportées en ce qui regarde le « caractère scientifique » d'*É.N.* : *Thèmes de la morale arist.*, dans *R.P.L.*, t. 61, 1963, pp. 185-214).

[21] Cf. Fr. SOLMSEN, *Antecedents of Ar.'s Psychology and Scale of Beings* (dans *Amer. Journal of Philol.*, t. 76, 1955, pp. 146-164), p. 150. D.A. REES, *Theories of the Soul in the Early Ar.* (dans *Ar. and Pl. in the Mid-Fourth Century*, Göteborg, 1960, pp. 191-200), p. 197. M. BAUDHUIN-VAN AUBEL, *L'influence d'Ar. sur* (…) *les Moralia de Plutarque* (ronéot.), Louvain, 1968, pp. 55-56, qui tient cependant que la psychologie du *De an.* reste, dans l'ensemble, inconciliable avec celle des *Éthiques* (*ibid.*).

tion indiquée entre les « parties » de l'âme, dans les *Éthiques* et la *Politique*, n'empêche pas que soit soulignée leur union étroite [22]. Enfin, nous dit-on encore, l'insistance des œuvres morales sur le bonheur réservé à l'intellect correspond à la « séparation » de ce dernier dans le *De anima*; au demeurant, « rien ne s'oppose à ce que ces vues générales sur la vie de l'esprit se soient maintenues à travers toute la carrière d'Aristote » [23].

Ce rapide panorama fait sans doute apparaître que, dans l'application d'un critère psychologique aux ouvrages de morale, une extrême circonspection s'impose absolument. Si P. Moraux prononce sans assez de nuances : « il est sûr qu'Aristote utilise la psychologie à laquelle il adhère en ce moment-là », on ne peut que l'approuver de proposer aussitôt une reprise du problème *ab ovo* : « On devrait établir quel état de la logique, de la métaphysique, de la psychologie, etc., cette éthique suppose devant elle, et quels développements de ces disciplines elle paraît encore ignorer » [24]. Quant à la genèse de ces traités et aux relations qui règnent entre eux et avec les écrits exotériques, elles posent, elles aussi, des problèmes spécifiques si délicats, qu'un examen de l'évolution aristotélicienne en psychologie devra chercher ailleurs quelque lumière avant de se risquer sur un terrain si mal assuré [25].

Abordant le problème majeur, à savoir l'existence d'une période intermédiaire, on fera donc bien de centrer l'attention sur les œuvres qui exposent la conception que se fait Aristote du vivant, c'est-à-dire les écrits de psychologie et de biologie.

---

[22] E. BRAUN, *Psychologisches in den Politika des Ar.* (dans *Serta philol. Aenipontana*, Innsbruck, 1962, pp. 157-184), pp. 165-169. W. THEILER, *Ar. Ueber die Seele*, Berlin, 1966², p. 150. I. DÜRING, *Aristoteles*, 1966, p. 447.

[23] J. LÉONARD, *Le bonheur chez Ar.*, Bruxelles, 1948, p. 182; cf. sa critique de Nuyens, pp. 201-208, sur la chronologie d'*É.N.*, X, et J. VANIER, *Le bonheur, principe et fin de la morale arist.*, Bruges-Paris, 1965, pp. 87-96. Ces auteurs annoncent ainsi, pour une part, les vues de Hardie, cité *supra*, n. 17.

[24] P. MORAUX, *L'évol. d'Ar.* (dans *Ar. et S. Th.*, 1957), pp. 31 et 37.

[25] Un essai personnel et sérieux en vue de tirer au clair les relations entre *Protr.*, *É.N.* et *É.E.*, notamment d'après l'appel que font ces divers écrits à des conceptions psychologiques, a été tenté récemment par D.J. MONAN, *Moral Knowledge and its Methodology in Ar.*, Oxford, 1968 (recensé dans *Travaux intéressant l'aristotélisme*, R.P.L., 1970, pp. 257-258); l'ouvrage est rejeté avec mépris par R.A. GAUTHIER, *Intr.* à l'*Éth. Nic.*, 1970², p. 328.

3. *Sur l'existence d'une période médiane.*

A parcourir la littérature aristotélique contemporaine, on s'aperçoit rapidement que peu d'auteurs ont manqué l'occasion de censurer le dessein majeur de Nuyens ou de l'approuver. Cette seconde attitude est d'ailleurs la plus fréquente, ce qui ne surprendra guère, si l'on tient compte des éminentes qualités soulignées plus haut, des résultats neufs qu'énonce l'ouvrage, mais aussi — dans une mesure plus difficile à déterminer — du retentissement que put avoir l'appui chaleureux d'Augustin Mansion.

Est-ce à dire que cette galerie d'opinions doive nous retenir longuement ? La pratique de cette même littérature apprend aussi combien il est rare de trouver un avis dûment motivé par une étude personnelle du sujet et qui rencontre ou recoupe réellement le point de vue adopté par l'auteur. Quitte à subir à notre tour la critique énoncée à l'instant, nous indiquerons quelques exemples qui paraissent représentatifs.

L'accord donné à Nuyens par Sir David Ross peut-il aider au progrès de la recherche ? Voulant préciser les conclusions qu'il reçoit, Ross nous semble prendre — bien involontairement — l'hylémorphisme dans un sens parfois très différent : à ses yeux, lorsque le *De sensu* parle des phénomènes principaux « qui sont communs à l'âme et au corps », κοινὰ τῆς ψυχῆς ὄντα καὶ τοῦ σώματος, Aristote y considère le corps et l'âme comme deux substances. Or, Nuyens a pris la peine d'expliquer ce même texte en s'aidant du *De anima*. Il en conclut logiquement, dans la ligne de ce traité : « c'est précisément sur le caractère psycho-physique des manifestations de la vie qu'Aristote a fondé sa définition de l'âme » ; entendez : celle qui souligne l'unité radicale du vivant [26]. Comme Ross ne cite pas cette exégèse, nul ne sait s'il la conteste ou de quelle façon il l'entend ; toujours est-il que son appréciation ne nous fait guère avancer.

On a vu par ailleurs que R.A. Gauthier reprend à Nuyens l'ensemble de sa chronologie et, en ce qui concerne notamment les *Éthiques*, l'essentiel de son raisonnement : comme la psychologie impliquée dans ces ouvrages n'est pas hylémorphiste, il faut les situer avant le *De anima* [27]. L'auteur n'a pas cru devoir examiner à nouveau les autres

---

[26] D. Ross, *Ar. Parva Naturalia*, Oxford, 1955, p. 16, citant *De sensu*, 1, 436 a 7-8 « Ar. still holds a two-substance view ». — Fr. Nuyens, *L'évolution*, p. 251, qui cite également *De an.*, I 1, 403 a 16-18.

[27] R.A. Gauthier, *Intr. à l'Éth. Nic.*, 1970, p. 1 : livre « révolutionnaire », « plus décisif, en ce qui concerne l'*Éthique*, » que celui de Jaeger ; cf. pp. 47-50 et, *supra*, pp. 15-16.

traités en vue de confirmer ou de préciser les limites et le contenu de
cette période médiane ; il n'y aurait pas lieu de le lui reprocher, si lui-
même n'entrait en lice, dans sa nouvelle édition, pour contester sans
preuves, mais non sans désinvolture, les études et les personnes mêmes
qui ont tenté de renverser ou de corriger la thèse maîtresse de Nuyens [28].

Autre exemple, relatif au même Gauthier. Son modèle déclare que,
durant la phase biologiste (qui est aussi celle des *Éthiques*), « Aristote
considère l'âme comme un être immatériel, subsistant en soi » ; confirmant ce propos, A. Mansion évoque après Nuyens l'un des *Parva
Naturalia*, et il fait remarquer à Soleri : « l'affirmation expresse du
De iuventute sur son incorporéité permettait une déduction (...) rigoureuse de son immortalité » [29]. Gauthier note très justement, après
beaucoup d'autres, que les *Éthiques* ne tiennent nul compte d'une survie
personnelle ; il estime même que deux textes la nient expressément,
et libre à lui de les entendre de la sorte. Mais il ajoute : « durant cette
période intermédiaire, même si sa philosophie contenait des éléments
sur lesquels il aurait pu fonder une affirmation de l'immortalité de
l'âme, Aristote n'a jamais tiré de ces éléments la conclusion qu'ils com-
portaient » [30] ; hélas, nulle mention des éléments en question, ni des
problèmes littéraires, doctrinaux, chronologiques, impliqués dans
la rencontre de ces éléments et de sa thèse personnelle : la conclusion
oratoire qu'on vient de lire fait-elle progresser beaucoup le débat ?

Rappelons enfin que Ingemar Düring, — après avoir épousé les
thèses principales de Nuyens et précisé ses conclusions relatives au
De partibus animalium, — en est venu actuellement à les rejeter

[28] R.A. GAUTHIER, *Intr.*, p. 16, à propos d'I. Düring: « les idées ne lui apparaissent,
dirait-on, que dans un brouillard qui estompe leurs contours ; les formes vagues qu'il
aperçoit, aisément à ses yeux se confondent ». Pp. 46-47, n. 113, sur W.F.R. Hardie :
« l'adversaire qu'il combat, ce n'est pas à la vérité Nuyens, c'est Aristote lui-même
(...). On a là un bon exemple de cette incapacité dont nous parlions à saisir le sens précis
d'une doctrine et à tout ramener à des concepts assez vagues pour pouvoir se confondre »
(*sic*). Sur le sens de *Métaph.*, Z 10, 1035 b 25-27, lequel semble requérir autre chose que
l'exégèse sommaire indiquée *ibid.* par Gauthier, cf. *infra*, au chap. III, la section I.

[29] Fr. NUYENS, *L'évolution* ..., p. 209 ; cf. pp. 163-165. — G. SOLERI, *L'immortalità* ...,
1952, pp. 79-82. — A. MANSION, *L'immortalité* ..., 1953, p. 452 ; cf., du même, *Conception
arist.* (...) *de l'homme*, 1960 (que Gauthier ignore dans sa nouvelle *Introduction*), p. 164.

[30] R.A. GAUTHIER, *Intr.*, p. 48 ; *Commentaire*, pp. 78 et 224, qui suit Ramsauer
(*contra*, Fr. DIRLMEIER, 1967⁴, p. 288 : « Die Frage der Unsterblichkeit bleibt in sus-
penso wie Sokrates sie offen gelassen hatte », *i.e.* dans l'*Apologie*).

entièrement [31] ; cette modification radicale ne doit-elle pas être instructive pour nous ? Examinons-en donc avec soin les raisons.

Düring refuse l'argument d'autorité que constitue l'accord de trois savants éminents, A. Mansion, Ross, Gauthier ; soit, mais encore ? Une étude de Egon Braun, sur la psychologie dans la *Politique*, est « précieuse en ceci que, grâce à une série de citations tirées du *Corpus*, elle montre combien le schéma rigide de Nuyens est erroné » [32]. En fait, cet article, qui ne vise d'ailleurs qu'à compléter Nuyens, demande bien par endroits d'atténuer certaines de ses conclusions ; il interprète différemment un passage du *De anima* et estime qu'à certains égards les *Éthiques* semblent supposer ce traité [33]. Mais il s'en tient généralement à l'exégèse de passages tirés de la seule *Politique*, s'accorde avec Nuyens sur la chronologie relative des divers livres [34] et, *last but not least*, s'abstient de remettre en question l'existence même d'une période médiane : en nous renvoyant à l'étude de Braun, Düring invoque à son tour une autorité, et bien ambiguë.

S'il a changé d'avis à l'égard de l'ouvrage, écrit l'historien suédois, c'est qu'il a découvert, par une étude plus approfondie des traités, que ceux-ci ont été re-travaillés (« überarbeitet »). Identique à l'intuition majeure de Jaeger, auteur que Düring combat en toute occasion, cette découverte concerne uniquement l'aspect épistémologique du problème, — les remaniements offrent au chercheur, selon le point de vue, une difficulté ou une aubaine, — sans exclure le moins du monde une évolution doctrinale.

Mais le professeur de Göteborg insiste surtout sur la diversité des points de vue (éthique, biologique, etc.) auxquels se place Aristote, et ce thème mérite sans contredit de retenir à nouveau l'attention [35] ; certes, « la doctrine qui fait de l'âme la forme du corps est, dans une

---

[31] I. Düring, *Ar. 's De part. anim.*, Göteborg, 1943 (cité avec faveur par A. Mansion, *L'évolution …*, *Préface*, p. xiv) ; *Aristoteles*, 1966, pp. 560-561.

[32] I. Düring, *Aristoteles*, p. 561, n'en dit pas davantage sur ce point. Cf. E. Braun, *Psychologisches in den Pol. des Ar.*, 1962 (cité *supra*, n. 22).

[33] E. Braun, *Psychologisches …*, pp. 157 (« ergänzende Einsichten »), 166 et 175, 171-172, 168 (cf. *supra* et n. 22), respectivement.

[34] E. Braun, *Psychologisches …*, pp. 162 et n. 7 (*Polit.*, I 5 et 13, plus ancien que I 2), p. 116 (*Polit.*, VII, partie de la « Urpolitik »), etc.

[35] I. Düring, *Aristoteles*, p. 561 : « von mehreren Gesichtspunkten her », « aus immer wieder neuen Blickwinkeln », « verschiedene Angriffspunkte ». Cf., parmi d'autres, D.A. Rees, *Theories of the soul …*, 1960 (cité *supra*, n. 20), qui distingue une psychologie morale, une psychologie cosmologique, etc.

certaine mesure, inconciliable avec celle de l'intellect et avec celle
qui localise l'âme en quelque organe du corps ; mais (...) la contradiction
n'est qu'apparente », ce qui ne serait pas le cas, dit-il, si un traité
faisait de l'âme le matériau du corps ! En revanche, on constate que
par exemple « Aristote utilise dans le *De sensu* un outillage conceptuel
et des structures mentales qui apparaissent plus élémentaires ('primi-
tiver') que dans les parallèles du *De anima* » [36]. Fruit d'une longue
expérience, ces propos suggèrent quelques réflexions, sans doute importantes pour l'élaboration de notre propre méthode, et que l'on peut
attacher à deux des concepts utilisés.

Des « structures mentales plus élémentaires », qu'est-ce à dire ?
Selon Düring, les particularités du vocabulaire ne peuvent fonder
une chronologie. D'autre part, on veut croire qu'il refuse les appréciations, souvent subjectives, sur le caractère plus ou moins «satisfaisant»
de tel développement ou de tel raisonnement. Il faudra donc voir si,
grâce à des distinctions plus précises ou à une perspective plus large,
un exposé parvient à nuancer ou à dépasser tel autre, réputé dès
lors antérieur. Mais cela ne revient-il pas à considérer comme successifs
les divers degrés d'une élaboration systématique ? L'auteur ne fournit
d'ailleurs pas la moindre indication sur la mise en œuvre d'une telle
recherche.

Quant à la distinction entre « contradictions » apparentes et réelles,
elle est, de soi, parfaitement claire ; mais n'y a-t-il pas plutôt confusion,
lorsque Düring écrit : « on ne trouve réellement aucune contradiction »
entre l'*Eudème*, — généralement tenu pour dualiste et axé sur la survie,
— et les autres écrits d'Aristote [37] ? Puisqu'on a également les meilleures
raisons de ranger ce dialogue parmi les premières œuvres du philosophe,
l'idée se fait jour que la méthode de l'auteur nous reporte en deçà de
Jaeger, voire de Zeller et de Rohde. Au demeurant, on ne découvre
chez lui nulle tentative en vue de montrer par exemple comment
Aristote lui-même a pu entendre la « conciliation » de la doctrine
hylémorphique et des formules qui localisent l'âme en tel organe
déterminé.

---

[36] I. Düring, *Aristoteles*, p. 561.

[37] I. Düring, *Aristoteles*, p. 567, qui cite O. Gigon, *Prolegomena to an Edition of the
Eudemus* (dans *Ar. and Pl.*, 1960, pp. 19-33), p. 33 : « It is wrong to regard this dialogue
as an aberration of a young Aristotle, still a devoted Platonist »; mais Düring omet,
du même, cet avis plus clair et que partagent la plupart des lecteurs de l'*Eudème* : « The
definition of the soul as an εἶδος is of course incompatible with the concept of ἐντελέχεια
in *De anima*, II 1 » (p. 27).

Il paraît donc que l'opposition de Düring à Nuyens ne dépasse pas la valeur d'un témoignage individuel, si respectable soit-il ; le « dossier » de l'évolution aristotélicienne en psychologie semble n'y avoir guère acquis d'éléments objectifs.

Sans doute la revue critique qu'on vient de lire évoquera-t-elle le procédé facile — procédé auquel ne renonce pas toujours le Stagirite lui-même — de ceux qui comptent faire valoir, par contraste, la solution miraculeuse dont ils se croient dépositaires. Il n'en est rien dans le cas présent, car les lacunes constatées chez des chercheurs très connus, si instructives soient-elles, paraissent plutôt de nature à confirmer un *collega minor* dans la conviction que son entreprise ne va pas sans quelque témérité. Mais il semble résulter aussi de cet examen que des éléments neufs ou, du moins, abordés sous un angle nouveau, devraient être versés au débat. On n'en apprécie que davantage, à cet égard, les suggestions émises par d'autres critiques, et ce, dans deux domaines très différents.

Ne faut-il pas envisager l'existence d'une phase évolutive supplémentaire ? C'est ce qu'implique le reproche, émis à l'adresse de Nuyens par G. Verbeke, Joseph Moreau, D.A. Rees et Jean Pépin, d'avoir négligé des fragments rapportés au dialogue perdu *De philosophia* ; selon ces textes, Aristote aurait admis à ce moment une parenté entre l'âme et le matériau privilégié, ou *quinta natura*, qu'il attribue d'ordinaire aux astres [38].

Mais n'est-ce point là une doctrine matérialiste ? En présentant l'ouvrage, A. Mansion a fait remarquer que l'existence de ces témoignages, remis en valeur peu avant que parût l'édition originale de l'ouvrage, ne met point en cause la solidité de ses conclusions ; bien au contraire, la spiritualité de l'intelligence ayant été dûment établie par Nuyens tout au long de la carrière du Stagirite, « on conclura que dans les fragments litigieux la pensée d'Aristote a dû subir un gauchissement dont la cause n'est pas difficile à conjecturer » ; entendez : une contamination d'origine stoïcienne. Plus récemment, un article très

---

[38] G. VERBEKE, c.r. (cité *supra*, n. 14), 1948, pp. 349-351. — J. MOREAU, c.r. (cité *supra*, n. 3), 1950, p. 100. — D.A. REES, c.r. (dans *Mind*, 1951, pp. 412-414), p. 413. —J. PÉPIN, *L'interprétation du* De philos. *d'Ar. d'après quelques travaux récents* (dans *Rev. des Ét. gr.*, t. 77, 1964, pp. 445-488), p. 486. — *De philos.*, frg. 27 Walzer et Ross.

fouillé de Paul Moraux dans la *Realencyclopädie* se ralliait sans réserve
à ce point de vue [39].

Comme on le sait, les sources et la méthode du témoin principal,
Cicéron, ont fait l'objet de controverses animées, complexes et qui
ne semblent pas près de finir ; l'examen des morceaux attribués au
De philosophia sera dès lors particulièrement malaisé. Une telle étude
ne s'en impose pas moins, ne serait-ce que pour délimiter la part d'obscurité qui subsiste, voire pour évaluer les répercussions éventuelles
d'une telle hypothèse sur le développement de la pensée aristotélicienne : comme l'a reconnu plus tard A. Mansion, Nuyens « n'a pas cru
devoir tenir compte des fragments en question, ce qui simplifie sans
aucun doute la ligne d'évolution qu'il attribue à Aristote dans le domaine psychologique » [40].

Tout bien pesé, on accordera cependant que cette analyse doit plutôt
prendre place dans une seconde phase de la recherche. Il semble en
effet que nous devions vérifier ici, plus directement, le propos central
de notre devancier ; c'est à quoi nous ramène l'autre ensemble de suggestions.

C'est d'abord l'article de Irving Block, qui attaque la thèse de Nuyens
et, ensuite, plaide l'antériorité du *De anima* par rapport aux autres
traités biologiques et psychologiques [41] ; la seconde partie, qui argue
de ce que certains des *Parva Naturalia* offrent, sur le sensorium commun, des vues plus élaborées que le *De anima*, ne peut nous retenir
à présent [42] : indiquons la méthode et la perspective de l'auteur dans
la démonstration qui nous occupe.

---

[39] A. Mansion, *L'évolution* ..., *Préface*, 1948, pp. xii-xiii. P. Moraux, *Quinta essentia*
(dans *RE*, 47. Halbband, Stuttgart, 1963, col. 1171-1264 et 1430-1432), surtout col.
1209-1231, recensé dans *Travaux* ..., pp. 79-81.

[40] A. Mansion, *L'immortalité* ..., 1953, p. 447. — Pour un premier examen de ces
fragments, — examen concluant à leur validité substantielle, mais indiquant les problèmes
non encore résolus, — cf. Ch. Lefèvre, « *Quinta natura* » et psychologie aristotélicienne,
dans *R.P.L.*, t. 69, 1971, pp. 5-43.

[41] I. Block, *The Order of Ar.'s Psychological Writings*, dans *Amer. Journal of Philol.*,
t. 82, 1961, pp. 50-77.

[42] Nous viendrons à cette question particulière *suo loco*, chap. IV, section II, pp. 185-
186. — La question a suscité récemment une abondante littérature : outre I. Block,
The order ..., pp. 62-77, cf. notamment, du même, *Three German Commentators on the
Individual Senses and the Common Sense in Ar.'s Psych.*, dans *Phronesis*, t. 9, 1964,
pp. 58-63 ; Ch. H. Kahn, *Sensation and Consciousness in Ar.'s Psych.*, dans *Archiv für*

En premier lieu, il n'existe, en soi, nulle incompatibilité entre les théories que Nuyens juge inconciliables et qu'il assigne respectivement aux périodes finale et médiane : l'hylémorphisme « définit l'âme par les fonctions qu'elle exerce », et cela n'empêche pas que « le cœur soit, plus que tout autre organe, étroitement associé aux fonctions vitales ». Block a donc centré l'intérêt sur l'aspect dynamique de l'âme-acte ; par ce biais, — mais par ce biais seulement, — il montre sans peine que, responsable de l'activité globale, la causalité motrice de l'âme peut recourir d'une façon privilégiée à tel ou tel organe [43].

Mais ne pourrait-on soutenir qu'instrumentisme et hylémorphisme supposent un vivant constitué, respectivement, de deux substances ou d'une seule, et qu'à tout le moins ils impliquent ainsi des fondements incompatibles ? L'auteur examine à cet égard cinq textes allégués par Ross et les déductions — contestables, sans nul doute — que celui-ci en tire. Mais il ne souffle mot des citations qui fondent la thèse de Nuyens et conclut dès lors trop aisément « qu'on ne peut trouver chez Aristote (sauf pendant la période platonicienne du début) une théorie concevant l'âme et le corps comme deux substances » [44].

En troisième lieu, Block entend démontrer un point qui, heureusement, ne dépend pas logiquement du précédent, à savoir qu'Aristote a parfois uni lui-même les deux perspectives dissociées par Nuyens. Alléguant un texte de *Métaph.*, *Z* 10, cité par ce critique comme traduisant l'hylémorphisme, il a le mérite d'attirer l'attention sur une formule qui, dix lignes plus loin, parle de tel maître-organe « en qui sont au premier chef la notion et l'essence », ἐν ᾧ πρώτῳ ὁ λόγος καὶ ἡ οὐσία. Ainsi Aristote, qui tantôt, selon la doctrine hylémorphique, faisait de l'âme la « forme » ou l'« essence » du corps, n'en déclare pas moins à présent que cette essence est localisée en telle partie du corps [45]. Cette exégèse très sommaire d'un texte épineux — l'un des plus diffi-

---

Gesch. der Philos., t. 48, 1966, pp. 43-81 (indique bien la similitude foncière du *De an.* et des *P. Nat.* à ce sujet) ; — W.W. FORTENBAUGH, *A Note on De an.*, *412 b 19-20*, dans *Phronesis*, t. 13, 1968, pp. 88-89, conteste *une* des exégèses de Block, mais on ne peut dire avec R.A. GAUTHIER, *Intr.*, n. 113 à la p. 47, fin, qu'il « ruine la chronologie » échafaudée par lui ; en revanche, L. ROBIN, *Ar.*, Paris, 1944, p. 187, avait déjà bien suggéré comment expliquer la principale disparité qui préoccupe Block.

[43] I. BLOCK, *The Order* ..., pp. 52-53. Les formules proprement hylémorphiques d'Aristote ne font l'objet d'aucune exégèse.

[44] I. BLOCK, *The Order* ..., p. 56 ; cf. pp. 54-56 et Ross, *Ar. P.N.*, pp. 16-17.

[45] I. BLOCK, *The Order* ..., p. 57, citant *Métaph.*, *Z* 10, 1035 b 14-16 et 25-27, que nous étudierons au ch. III, s. I.

ciles que puisse offrir le *Corpus* — a-t-elle la moindre chance de se
maintenir après examen des problèmes de critique textuelle, de structure et d'interprétation que pose *Z* 7-10 ? Nous ne pourrons nous-même
proposer une réponse qu'après avoir affronté cette sorte d'hydre de
Lerne ; mais, jusqu'à plus ample informé, il semble bien qu'une telle
approche du problème mérite d'être retenue.

Qu'après cela Block estime pouvoir soutenir que les traités biologiques, commencés peu après la mort de Platon, — on en a dit la raison, —
ont dû être achevés seulement au cours de la dernière période,
c'est-à-dire dans le cadre d'une institution organisée, on ne pourrait
guère y contredire, preuves en mains. Mais n'est-ce pas entrer par là
dans le domaine de l'invérifiable [46] ?

Un bilan positif de cette étude comporterait dès lors les éléments
suivants : prouver la non-existence de telle phase dans l'évolution
doctrinale, c'est probablement une tâche démesurée, peut-être même
inaccessible à toute démonstration ; mais sans doute conviendrait-il
de vérifier l'incompatibilité des « moments d'évolution », en étant
particulièrement attentif, — plus que ne semble l'avoir été Block, —
à la signification plénière des doctrines, remises à leur tour dans
un large contexte.

Il nous reste à examiner brièvement l'apport d'un autre opposant,
W.F.R. Hardie, qui déclare expressément vouloir compléter l'article
précédent [47]. L'auteur ironise à la perspective d'un Aristote qui,
sur la voie menant du platonisme à l'hylémorphisme, se serait arrêté
à telle ou telle « station », marquée par tel ou tel traité. Mais ce genre
de propos ne doit pas nous dissimuler le sérieux de son travail.

L'auteur manifeste longuement son désaccord avec l'hylémorphisme
aristotélicien, qui lui semble poser un « lien logique » illusoire entre les

---

[46] I. BLOCK, *The Order* ..., pp. 58-61. On a fait allusion *supra*, section I, p. 9, aux
observations recueillies en Asie Mineure ; utilisée par Nuyens, cette donnée est généralement acceptée et mise à son crédit : cf. A. LESKY, *A Hist. of Gr. Lit.*, p. 576. —
Comme Block, W. THEILER, *Ar., Ueber die Seele*, 1966², pp. 76-77, juge que les écrits
biologiques sont, dans l'ensemble, postérieurs au *De anima*. Mais il ignore également que
Nuyens pense de même à propos du *De gen. anim.*, et il prétend de surcroît ne pas trouver
l'hylémorphisme dans ce traité ; le seul argument déployé concerne les références : il
les prend au pied de la lettre, sans tenir le moindre compte des sages réserves indiquées
par Nuyens (cf. *supra*, p. 5).

[47] W.F.R. HARDIE, *Ar.'s Treatment of the Relation between the Soul and the Body*, dans
Philos. Quarterly, t. 14, 1964, pp. 53-72 ; cf. p. 53.

niveaux physique et psychique, et méconnaître dès lors le caractère divers et contingent de leurs corrélations. Selon lui, Aristote lui-même manifeste quelque embarras dans l'usage de sa formule, déclarée approximative, en sorte qu'on ne peut faire du Stagirite « un ennemi du dualisme ». Ainsi trouve-t-on conjointement les deux perspectives dans certains textes, par exemple celui de la *Métaphysique* cité tantôt, et auquel il avait songé également [48].

L'exposé de Hardie manifeste une bonne information et un jugement très personnel. Au risque de simplifier ce qui exigerait plus de nuances, on pourrait dire que, faisant peut-être trop crédit à sa propre expérience du psychisme, il paraît atténuer la complexité et la rigueur conceptuelle du système étudié ; ainsi ne creuse-t-il nulle part le sens de la triade forme-fin-efficience, à laquelle Aristote attache une extrême importance en philosophie de la nature et notamment dans l'application de l'hylémorphisme au vivant : soit dit en bref, pour le *De anima*, l'âme est l'idée concrétisée qui, à la fois, constitue le vivant, lui offre le type spécifique auquel il tend et qu'il entretient, mais aussi lui assure dynamisme et efficience [49].

L'article de Hardie confirme donc la nécessité d'une exégèse ouverte à tous les aspects de la relation entre l'âme et le corps, telle que l'a élaborée le philosophe. S'il est vrai que Nuyens en a fourni, pour le *De anima*, divers éléments très significatifs, il faudra interpréter avec soin, *in situ*, les textes tirés des autres traités que nous appellerons à témoigner. Mais ceci nous invite à fournir quelques compléments sur la méthode à suivre dans notre travail.

SECTION III. INDICATIONS DE MÉTHODE

Ayant conçu le présent chapitre premier comme un ensemble organisé, nous jugeons opportun de ne pas répéter ici ce qui nous paraît se dégager des exposés précédents. La première section, au paragraphe 2, aura permis de comprendre dans quel sens nous ratifions, en son principe, la méthode historique et génétique préconisée par Nuyens. De la section II, on aura retenu notamment les difficultés concernant

---

[48] W.F.R. HARDIE, *Ar.'s Treatment* ..., pp. 61-66, citant notamment *De an.*, II 1, 413 a 9-10 ; II 3, 414 b 32-33 ; et cf. *supra*, n. 45.

[49] Cf. notamment *De an.*, II, *passim*, et spécialement II 4, 415 b 8-27 (étudié *infra*, ch. II, s. II, fin, et ch. III, s. II, par. 3), sur cette triple causalité.

l'intellect et la possibilité qu'elles n'apparaissent pas dans les textes au moment où Aristote repense la relation entre corps et âme : c'est là une des raisons qui nous invitent à ne pas aborder d'emblée ces apories ; ensuite, le danger que présente un recours prématuré aux écrits non psychologiques, même s'il s'agit des *Éthiques* ; enfin, l'opportunité de verser au dossier de nouveaux éléments d'appréciation et, surtout, la nécessité de ré-interpréter, dans des textes suffisamment étendus, les théories qui font l'objet de si vives contestations.

Il convient encore, toutefois, de justifier le point d'application que nous choisissons ; la mise en œuvre de notre méthode mérite également quelque explication, brève au demeurant, s'il est vrai que seule l'exécution peut en donner une vue exacte à tous égards.

1. *Le point d'application.*

Pouvons-nous consacrer notre travail à une nouvelle exégèse des divers passages qui désignent à la fois l'âme et le corps, et dont la plupart ont été relevés par Nuyens ? Le procédé serait trop étroit, parce que la relation étudiée peut et doit être induite également de textes qui ne nomment ni le corps ni l'âme : ceux dans lesquels figure seulement, par exemple, une faculté psychique, ou encore la genèse de l'être vivant ; Nuyens n'en a malheureusement pas tenu compte. On a noté, en sens inverse, que nous devons éviter d'alléguer des citations isolées de leur contexte et dispersées dans des écrits peut-être très disparates. Ainsi faudra-t-il entreprendre l'étude systématique d'un écrit étendu et cohérent, mettant en cause une doctrine de l'être vivant et dont nous puissions, bien entendu, vérifier l'authenticité.

Ces coordonnées, entre autres, nous ont conduit au *De generatione animalium* : bien que le *De partibus* offre un plan parfaitement net, nous estimons ne guère y trouver l'élaboration d'une structure doctrinale ; quant au *De anima*, sans parler des problèmes que peut poser son unité, il offre des interférences fréquentes avec les apories relatives à l'intellect : en principe, nous devrons plutôt nous référer seulement à ce qu'il note de la théorie hylémorphique. Soit dit pour mémoire, les fragments des œuvres perdues, qui se dérobent par là aux coordonnées tracées ci-dessus, attestent généralement un dualisme proche du platonisme ; ils se prêtent donc mal à vérifier ce qui reste au centre de la controverse, à savoir la distinction entre les périodes intermédiaire et finale.

C'est en effet à cette *via brevis* que tout nous conduit jusqu'à nouvel

ordre, et non à l'exégèse problématique de témoignages innombrables :
si un traité nous donne de voir à quel degré et en quel sens l'instrumentisme et l'hylémorphisme sont incompatibles aux yeux du Stagirite,
la question controversée s'éclairera d'un jour nouveau.

En supposant qu'une telle étude apporte une conclusion quelque peu
assurée, on pourrait alors envisager de lancer des passerelles vers d'autres
œuvres se prêtant à des comparaisons ; mais le choix de ces écrits
sera évidemment commandé par les éléments doctrinaux mis au jour :
nous ne pouvons anticiper sur la marche des événements.

On pourrait en revanche se demander à présent si certains critères
ne devraient pas être utilisés, du moins à titre auxiliaire, dès l'examen
du *De generatione animalium*.

Nous songeons notamment à l'analyse stylistique, dont on sait
qu'elle a fourni à la chronologie des dialogues platoniciens les données
décisives que refusait la comparaison des doctrines. Mais il faut bien
constater que les traités d'Aristote échappent encore à une telle
analyse ; sans doute l'allure peu significative des fréquences relevées
en tel et tel livre est-elle motivée par l'élaboration littéraire inégale
des morceaux que le Stagirite réunit dans un même cours [1].

On ne doit pas renoncer, en revanche, à une évaluation prudente
de différences dans l'élaboration conceptuelle [2]. Un critère de cet
ordre, proche de notre sujet, pourrait se prendre de la classification
zoologique : malgré des constantes qui correspondent à plusieurs de
nos embranchements et de nos genres, les divisions se modifient quelque
peu d'un ouvrage à l'autre, et l'hypothèse se fait jour qu'un changement dans les principes adoptés a pu correspondre à une évolution
dans la conception du vivant, par exemple après l'avènement — ou
l'éventuel rejet — de la doctrine hylémorphique. Mais nous constatons
que la réflexion philosophique sur l'unité du vivant n'intervient pas

---

[1] Il est vrai que les ordinateurs ne paraissent pas avoir été utilités jusqu'à présent.
Pour un début d'analyse, voir R.S. BRUMBAUGH, *Ar.'s Outline of the Problems of First
Philosophy*, dans *Rev. of Metaphysics*, t. 7, 1954, pp. 511-521. Cf. Fr. DIRLMEIER, *Ar.*,
Nik. Ethik, 1967⁴, p. 249 : « Sprachstatistik wie für Platon gibt es für Ar. nicht ; sie
dürfte hier auf viel grössere Schwierigkeiten stossen » ; W. JAEGER, *Studien ...*, 1912,
per tot., a attiré l'attention sur la constitution des « cours » d'Aristote qui forment le
Corpus.

[2] Cf. *supra*, section II, p. 21, et par exemple A.J. FESTUGIÈRE, *Ar. Le plaisir*, Paris,
1946, pp. xx-xxiv, qui montre la supériorité du développement figurant en *É.N.*,
X 1-5, sur celui de VII 11-14.

ici, le philosophe précisant même que le classement des espèces doit être tiré de propriétés purement physiques [3].

En troisième lieu, il va de soi que nous devons, face aux assertions d'Aristote, nous interroger constamment sur les rapports de tout genre qu'elles peuvent entretenir avec les systèmes ou les intuitions des prédécesseurs et des contemporains; ceci reste vrai, même si le Stagirite reste souvent la source principale de ce que nous savons de ces autres théories, et malgré les réserves qu'impose l'utilisation critique de son témoignage. Cependant, alors que les autres courants de pensée adoptent volontiers la perspective sans doute la plus obvie, à savoir l'instrumentisme, on ne peut certainement pas refuser à notre auteur la paternité de l'hylémorphisme; en ce qui regarde la genèse de ce dernier et ses relations avec la perspective instrumentiste, les courants indiqués ne sauraient donc nous instruire beaucoup.

Dans l'immédiat, notre recherche aura en somme pour objet matériel le *De generatione animalium* et, s'il y a lieu, les textes prêtant à des comparaisons; pour objet formel, la relation de l'âme et du corps et, plus précisément, le degré de compatibilité entre hylémorphisme et instrumentisme.

2. *La mise en œuvre.*

C'est, bien entendu, au Stagirite lui-même qu'il revient de nous dire comment il conçoit ici la structure du vivant. Encore faut-il, si nous voulons vérifier la « lecture » que propose Nuyens, cheminer avec ce dernier aussi longtemps que possible, garder présentes à l'esprit les doctrines qu'il discerne et, sous peine d'équivoque, maintenir jusqu'à ses conventions de langage.

Nous estimons ainsi devoir nous conformer à l'usage de notre modèle, même s'il nous faut cultiver le doute méthodique à l'endroit de la distinction qu'il érige en thèse: une rectification, éventuellement assortie de réflexions philosophiques, ne peut intervenir qu'après une inspection prolongée du donné, par exemple en fin de chapitre, ou encore en conclusion du travail. Nous parlerons donc constamment de théories distinctes, au sens où Nuyens les entend : l'hylémorphisme qui, con-

---

[3] Cf. *De part. anim.*, I 3, 643 a 24-36, avec les remarques de J.M. LE BLOND, *Ar. philosophe de la vie*, Paris, 1945, p. 175 ; G.E.R. LLOYD, *The Development of Ar.'s Theory of the Classif. of Animals*, dans *Phronesis*, t. 6, 1961, pp. 59-81 (ordre adopté : *Top.*, VI 6 ; ... *Métaph.*, Z 12 ; *De part. anim.*, I 2-4 ; *De gen. anim.*, II 1) ; D. BALME, *Ar.'s Use of differentiae in Zoology*, dans *Ar. et les probl. de méth.*, Louvain, 1961, pp. 195-212 ; etc.

formément au *De anima*, II 1, reconnaît au vivant l'unité métaphysique rigoureuse d'une substance une et identifie l'âme à la « forme » ; l'instrumentisme qui fait du corps l'outil de l'âme, localise celle-ci plus ou moins franchement dans le cœur et, dès lors, semble bien impliquer une perspective nettement moins unitaire.

Abordant, on l'a dit, l'étude du traité sur la reproduction, le chapitre qui vient devra, dans une première section, déceler l'optique qui commande la doctrine propre de l'ouvrage et la rapporter aux principes incontestablement aristotéliciens. Nous tenterons alors d'établir la teneur précise de l'hylémorphisme dont Nuyens a reconnu la présence dans le traité. Mais il nous faudra également analyser les traits qui d'aventure rappelleraient l'instrumentisme et en considérer la place, littéraire et doctrinale, dans l'ensemble de cette œuvre.

Quel que soit le résultat précis de cet examen, il conviendra alors de faire incursion dans les deux autres écrits majeurs où l'on a trouvé soit des indices très clairs de l'hylémorphisme : la *Métaphysique*, en ses livres centraux, soit son élaboration la plus systématique : le *De anima* ; ces deux recherches feront l'objet de notre chapitre III.

Le chapitre suivant abordera l'autre face du problème en s'interrogeant sur la consistance d'une phase proprement instrumentiste dans l'évolution d'Aristote en psychologie. Jetant la sonde tour à tour dans le *De motu* et le *De partibus animalium*, dans le *De iuventute*, dans les *Éthiques* et la *Politique*, — écrits réputés caractéristiques d'une telle période, — on tiendra présentes à l'esprit les hypothèses suivantes : s'agit-il d'un langage conciliable avec la philosophie hylémorphique et qui n'aurait donc que les apparences du dualisme ? Ou bien ce dernier affecte-t-il la doctrine ? Ou encore des morceaux conçus dans une optique dualiste ont-ils été enchâssés dans un ensemble hétérogène, c'est-à-dire déjà marqué par l'hylémorphisme ?

Encore n'avons-nous rien dit jusqu'ici d'une aporie capitale qui paraît liée à l'avènement de l'« unitarisme » que codifie le *De anima* : si l'âme est forme du substrat corporel et, à ce titre, lui est ontologiquement conjointe, quel statut Aristote reconnaît-il alors à l'intellect humain ? Peut-être notre chapitre V pourra-t-il vérifier sur ce point les analyses de notre prédécesseur en reprenant l'examen de cette tension entre hylémorphisme et spiritualisme.

Au demeurant, on s'apercevra de mieux en mieux, chemin faisant, que nos exégèses n'entendent pas tirer au clair sous tous ses aspects l'évolution d'Aristote en psychologie ; la préposition qui introduit le titre du présent ouvrage atteste les limites de notre ambition.

CHAPITRE II

HYLÉMORPHISME ET INSTRUMENTISME
DANS LE « DE GENERATIONE ANIMALIUM »

INTRODUCTION

Après un premier examen du dossier que nous offrent, en ordre principal, la thèse de Nuyens et les prises de positions ultérieures, nous avons jugé nécessaire de vérifier en quel sens on peut déclarer incompatibles les deux théories dont l'une fait de l'âme la «forme» du substrat corporel, l'autre, une sorte de substance qui paraît logée en quelque endroit de l'organisme.

Dans l'espoir d'apporter au débat l'un ou l'autre trait passé inaperçu, nous nous proposons d'analyser plus à loisir un écrit déterminé, quitte à lancer des passerelles, le moment venu, vers d'autres traités qui se prêteraient à des comparaisons estimées significatives. Cet écrit a nom, disions-nous, *De generatione animalium*. Si étrange qu'en soit la doctrine, on s'apercevra bientôt qu'elle fait appel à bon nombre de thèmes essentiels à la philosophie du Stagirite [1].

Une première section va cerner l'objet de l'ouvrage, noter les préoccupations de l'auteur et les principes auxquels il recourt. Comme nous ne pouvons préjuger du résultat, nous attendrons d'en avoir connaissance pour indiquer l'orientation ultérieure de nos recherches.

Il semble approprié de dire ici dans quelle mesure nous faisons confiance aux éditions et commentaires du *De gen. anim.* groupés pour la plupart dans la première section de notre bibliographie [2].

Pour cet écrit, comme pour les autres traités d'Aristote, on ne peut dire que la critique moderne ait dû modifier très sensiblement le texte publié en 1831 par Bekker; celui-ci reconnaît, mais sans

---

[1] « Um diese Schrift recht zu verstehen, muss man mit den Grundzügen seiner Philosophie vertraut sein, denn die Schrift über die Zeugung ist tatsächlich gewissermassen eine Synthese seines Weltbildes » (I. DÜRING, *Aristoteles*, 1966, p. 543).

[2] L'ordre suivi dans cette section sera, comme souvent, celui de l'édition Bekker; notre traité y figurera entre le *De incessu anim.* et la *Métaphysique*.

servilité, l'importance du fameux *Oxoniensis Corpus Christi College*
108 (Z; généralement dépourvu de signes diacritiques), remontant à
900 environ.

Parmi les retouches significatives, nous relevons les conjectures
proposées par Platt à l'occasion de sa traduction — remarquablement
fidèle, mais peu concise — éditée dans l'Oxford Translation (1912),
ainsi que les mises au point de Platt lui-même, puis de Peck (Loeb Cl.
Libr., 1942), sur les quelques passages suspects d'interpolation que
contient le *De gen. anim.* Alors que ces deux critiques avaient en outre
donné de bons éclaircissements sur l'ensemble ou le détail et que Peck
avait entrepris d'exploiter la version arabo-latine due à Michel Scot,
on ne peut mettre ces mérites au crédit de P. Louis, responsable de ce
volume dans la collection dite Budé (1961) : nul progrès dans la connaissance de la tradition, version incolore, introduction et annotation
souvent faites de seconde main.

L'appréciation scientifique du texte devait cependant faire un pas
décisif, pensons-nous, avec l'Oxford Classical Text, édité par H.J.
Drossaart Lulofs en 1965. Nous ne pouvons décrire en détail l'heuristique apparemment exhaustive à laquelle ce critique s'est livré, ici
comme ailleurs [3]; si des progrès restent théoriquement possibles
dans l'*eliminatio codicum*, il nous apparaît que tous les matériaux
utilisables, et notamment le témoignage de la version arabe qui servit
à Michel Scot, se trouvent à présent disponibles [4]. Qui plus est, on
reconnaîtra que Drossaart Lulofs les apprécie au mieux ; il nous faudra
des raisons très sérieuses pour opter autrement que lui ou proposer
une conjecture dont il n'aurait pas vu la nécessité [5].

On peut estimer que le chercheur est moins bien nanti sur le plan

[3] Cf. l'ample *Praefatio*; on trouvera notre appréciation sur son *Nicolaus Damascenus*
dans *Travaux* ..., *R.P.L.*, 1970, pp. 255-256, à comparer avec celle que nous semble
mériter le *De an.* de Jannone-Barbotin (*ibid.*, pp. 243-248).

[4] On regrettera seulement que Michel d'Éphèse, dont nous allons évoquer le commentaire, ne soit pas cité dans divers cas où son témoignage semble bien indépendant,
par exemple en *De gen. anim.*, II 1, 732 a 5 et a 9 (cf. *infra*, ch. II, s. I, pp. 43-44, n. 30),
ou en II 5, 741 a 16 (ch. II, s. II, p. 71, n. 59). — Notons, à l'honneur de Platt, que le
texte arabe appuie plusieurs de ses conjectures : cf. notamment *De gen. anim.*, II 1,
731 b 27-28 ; IV 1, 766 b 2.

[5] Cf., notamment, *De gen. anim.*, I 1, 715 a 14 (*infra*, ch. II, s. I, p. 36, n. 3); IV 1,
766 a 14 (*infra*, ch. II, s. III, p. 89, n. 47). — Le texte de Dr.L. nous semble trop peu ponctué ;
nous revenons en divers endroits à la ponctuation de Bekker, sans autre avertissement,
mais également sans modification de sens.

du commentaire, spécialement en ce qui concerne les doctrines psychologiques sous-jacentes au traité.

Hayduck a édité en 1903 pour l'Académie de Prusse le commentaire
grec attribué à Philopon et qu'il restitue à Michel d'Éphèse (fin du
XIe siècle); cette paraphrase offre des hypothèses de travail pour
l'interprétation de points particuliers, mais il ne semble pas que
l'auteur se soit préoccupé de retrouver les intuitions maîtresses de
son modèle. On pourra donc préférer, à cet égard, les résumés vigoureux que donne saint Thomas en divers passages des deux *Sommes*
et qui manifestent — ou trahissent — une réelle conformité à l'*in-
tentio Aristotelis* [6].

En ce qui concerne les contemporains, nous avons apprécié les éclaircissements que donne Peck dans l'introduction et le second appendice
de son édition. A défaut d'un commentaire d'ensemble qui renouvelle
le sujet, nous tirerons parti des études suivantes. Mme Erna Lesky
semble situer correctement l'aspect biologique du traité dans l'ensemble
des opinions antiques en la matière; son ample dissertation (parue
en 1950) est articulée suivant les trois théories qui recourent respectivement, pour expliquer l'origine du sperme, au cerveau (ou à la
moëlle), à l'ensemble du corps (on songe à la « pangenèse » de Darwin)
ou au sang spécialement élaboré (opinion d'Aristote) [7]. L'article très
personnel de Paul Moraux dans *Autour d'Aristote* (1955) examine
le fameux νοῦς θύραθεν; à ce titre, nous y reviendrons au chapitre V,
mais il expose également la théorie plus générale que formule le *De
gen. anim.* en I 17-II 3. Quant à l'*Aristoteles* de Düring, il offre ici,

[6] *Summa theol.*, Iª, qu. 92, a. 1, 1; qu. 118, a. 1 et 2; qu. 119, a. 2; Iª-IIªᵉ, qu. 102,
a. 3, *ad* 9; a. 5, *ad* 5; IIª-IIªᵉ, qu. 154, a. 1; IIIª, qu. 31, a. 5; qu. 32, a. 4. *Contra Gent.*,
l. III, ch. 94; l. IV, ch. 45; etc. — Nous ne pouvons décider si les interprétations tho-
mistes reposent sur une lecture intégrale du *De gen. anim.* ou sur des *Auctoritates*, dont
nous n'avons pas encore fait la connaissance. Sans prétendre être complet, nous reconnaissons avoir eu recours également, mais de façon plus occasionnelle, aux paraphrases
d'Averroès : ARISTOTELIS *libri omnes ad animalium cognitionem attinentes cum* AVERROIS
Cordubensis (...) *commentariis*, Venetiis ap. Iunctas, 1562, vol. VI 2, fol. 43 H-144 F,
ce qui a permis de prendre contact avec les exégètes arabes qu'il cite et de vérifier la
version du traité due à Théodore de Gaza. On a consulté aussi, au vol. VII, le célèbre
commentaire averroïste du *De anima*.

[7] R. JOLY, *La biologie d'Ar.*, dans *Rev. philos. de la Fr. et de l'Étr.*, t. 158, 1968,
pp. 219-253, montre bien que ce savoir est *rationnel*, mais non *scientifique* au sens moderne
du terme. Hélas, ses développements tournent le plus souvent à l'anecdote, et l'on regrette
que ce connaisseur du *Régime* n'ait pas opéré de rapprochements nourris avec la Collection
hippocratique.

outre un ensemble intéressant de citations et de résumés, diverses réflexions critiques que nous rencontrerons occasionnellement ; estimant que le traité est tardif, il souligne surtout, et non sans quelque raison, l'allure abstraite et arbitraire de l'argumentation déployée.

Tels sont les principaux *subsidia* spécifiques auxquels nous sommes redevable de quelque lumière ; au total, on s'aperçoit que l'interprétation du grand traité sur la reproduction n'a guère été entreprise sous l'angle qui nous intéresse.

Section I. Perspective générale

Une source de malentendus doit être indiquée au départ. C'est bien de psychologie que traite le *De gen. anim.*, mais seulement au sens aristotélicien de l'expression : il s'agit en fait de biologie, tantôt descriptive, tantôt philosophique, ainsi qu'en convainc aisément un coup d'œil sur le contenu de l'ouvrage.

Après un prologue qui nous retiendra bientôt, le livre I, jusqu'au chap. 16 inclus, s'occupe d'anatomie. Se succèdent alors des réflexions, auxquelles l'auteur attache une importance extrême, sur les apports respectifs des deux sexes et la provenance du sperme (chap. 17-23), sur le fondement de la différenciation sexuelle (II 1), la composition du semen (II 2) et le rôle de ce dernier dans la transmission de l'âme (II 3 ; l'essentiel de cet exposé, qui encadre une réflexion sur la provenance de l'intellect, sort de notre perspective présente et devra être reporté à notre chapitre V). La dominante est ensuite, jusqu'en II 6, d'ordre embryologique, après quoi le Stagirite étudie la reproduction aux divers degrés de la classification animale, terminant en III 11 par la génération spontanée. Vient alors l'hérédité : origine, chez le rejeton, du sexe et de la ressemblance aux ascendants, provenance des jumeaux, monstruosités diverses, puis notamment un examen du lait et de la durée requise par la gestation. Le livre V, plus court, explique certains traits secondaires de l'hérédité : couleur des yeux, qualité des perceptions (le mécanisme de la sensation est indiqué en passant), pilosité, timbre de voix, dentition.

En ce qui concerne la psychologie au sens moderne du mot et, plus spécialement, au niveau affectif, le *De gen. anim.* nous offre en somme un véritable désert. Quelle est la cause propre de la vie, voilà le problème que le philosophe retourne sous toutes ses faces dans ce traité —

un des plus longs du *Corpus* — et ce, avec une parfaite impassibilité :
à peine relève-t-on un moment de passion quand le prologue du livre II
montre le cycle des générations rivalisant, tant bien que mal, avec l'éternité du monde divin ; ou encore une touche d'humour — peut-être
involontaire — lorsque, ayant noté la ressemblance du semen avec
une écume, ἀφρός, Aristote ajoute : ainsi les anciens ont-ils fait appel
à cette propriété pour dénommer τὴν κυρίαν θεὸν τῆς μίξεως [1] !

L'optique générale indiquée ci-dessus pourrait faire comprendre
quelque peu la curieuse aberration qui domine la doctrine aristotélicienne de la reproduction. Certes, l'auteur des *Éthiques* célèbre la φιλία
et ne manque pas d'y inclure l'affection conjugale. Mais c'est d'amitié
« inégale » qu'il s'agit ; le *De gen. anim.* ne soutient-il pas que le seul
mâle confère à la progéniture ce qui fait d'elle un vivant digne de ce
nom ? Sans doute ces options prolongent-elles certaines conceptions
pré-philosophiques [2]. Nous n'avons pas, d'autre part, on le conçoit,
à énumérer les conséquences fâcheuses qu'a pu entraîner, pour la culture et l'éthique même de l'Occident, la théorie péripatéticienne de la
génération.

Mais ce préliminaire aura sans doute montré ce qu'il ne faut point
chercher dans le *De gen. anim.* Lorsque la finale du livre I déclare
que les partenaires μίγνυται καὶ γίγνεται ὥσπερ ἂν εἰ φυτόν, c'est
sans nulle visée psychologique ou axiologique : l'auteur constate simplement que zoologie et botanique coïncident en cette circonstance.

Cela dit, nous devons dégager les principes propres qui commandent
l'ouvrage ; nous examinons à cette fin ses thèmes dominants, mais
aussi, et tout d'abord, les déclarations expresses de l'auteur.

---

[1] *De gen. anim.*, II 2, 736 a 18-21. — On songe à HÉSIODE, *Théogonie*, vv. 190-198 :
Cronos ayant châtré Ouranos, ἀμφὶ δὲ λευκός | ἀφρὸς ἀπ'ἀθανάτου χροὸς ὤρνυτο, τῷ
δ'ἔνι κούρη | ἐθρέφθη(...) · τὴν δ'Ἀφροδίτην | κικλήσκουσι θεοί τε καὶ ἀνέρες, οὕνεκ'ἐν ἀφρῷ |
θρέφθη. Dans le *Cratyle*, 406 c-d, Platon donne raison à Hésiode et reprend son étymologie :
διὰ τὴν <ἐκ add. Hermann> τοῦ ἀφροῦ γένεσιν Ἀφροδίτη ἐκλήθη, mais il a déclaré
se limiter à l'aspect plaisant, παιδικός, de la question, tandis qu'Ar. clôture ici une grave
analyse physico-chimique du semen.

[2] Cf., chez un auteur que nous ne pouvons davantage taxer de misogynie, EURIPIDE,
Hippolyte, 618-622 (à Zeus) : Εἰ γὰρ βρότειον ἤθελες σπεῖραι γένος, | οὐκ ἐκ γυναικῶν
χρῆν παρασχέσθαι τόδε, | ἀλλ' | (...) | παίδων πρίασθαι σπέρμα. Et Jason dans *Médée*, 573-
574 : ... Χρῆν γὰρ ἄλλοθέν ποθεν βροτούς | παῖδας τεκνοῦσθαι, θῆλυ δ'οὐκ εἶναι γένος.
En *Rhét.*, III (livre parfois suspecté, en tout cas réuni tardivement aux deux premiers ;
cf. la démonstration de son authenticité par I. DÜRING, *Aristoteles*, pp. 121-125) 15,
1416 a 30-31, le philosophe cite en entier le vers 612 d'*Hippolyte*, qui précède donc de
peu ceux que nous rapportons ci-dessus.

1. *L'étiologie professée dans le traité.*

Les dix-huit premières lignes du chapitre initial constituent un prologue assez unique en son genre, sinon par son relief tourmenté, du moins par son contenu.

Après avoir évoqué principalement le *De partibus animalium* et inséré quelques remarques explicatives, Aristote déclare : « Restent, parmi les parties, celles qui coopèrent chez les animaux à la génération : rien n'a encore été défini à cet égard ; reste aussi, en fait de cause, à identifier celle qui est motrice. L'examen de celle-ci coïncide en quelque façon avec celui de la génération en chaque espèce. C'est pourquoi l'exposé les a liés en un tout : parmi ce qui concerne les organes, il range ceux-là en dernier lieu, et il leur rattache, à propos de la génération, le principe indiqué » [3].

Sans craindre de durcir les contours, Aristote reconnaît donc à notre traité un domaine — scientifique, si l'on veut — qui lui est particulier : l'anatomo-physiologie de la reproduction, mais aussi une préoccupation philosophique déterminée : la recherche de la cause efficiente. Ceci se confirme amplement à la lecture des observations initiales (715 a 1-9). L'auteur a déjà examiné, dit-il, comment la cause finale explique chez les vivants les autres parties ; et le Stagirite de rappeler à deux reprises sa doctrine des quatre causes ainsi que la

---

[3] *De gen. anim.*, I 1, 715 a 11-18 : λοιπὸν δὲ τῶν μὲν μορίων τὰ πρὸς τὴν γένεσιν συντελοῦντα τοῖς ζῴοις, περὶ ὧν οὐθὲν διώρισται πρότερον, περὶ αἰτίας δὲ τῆς κινούσης, τίς αὕτη. τὸ δὲ περὶ ταύτης σκοπεῖν καὶ τὸ περὶ τῆς γενέσεως τῆς ἑκάστου τρόπον τινὰ ταὐτόν ἐστιν · διόπερ ὁ λόγος εἰς ἓν συνήγαγε, τῶν μὲν περὶ τὰ μόρια τελευταῖα ταῦτα, τῶν δὲ περὶ γενέσεως τὴν ἀρχὴν ἐχομένην τούτων τάξας.

On note le lien étroit avec le *De part. anim.*, que va d'abord achever (τελευταῖα ταῦτα, a 16-17) une dissertation d'ordre anatomique (I, 2-16 ; cf. le plan évoqué *supra*, p. 34). En liaison avec elle (ἐχομένην τούτων, a 17), le *De gen. anim.* déterminera aussi la cause motrice, car c'est à l'examiner que revient en somme l'étude de la génération (ταὐτόν, a 15). Complémentaire du *De part. anim.*, notre traité s'en distingue donc à la fois par ses objets matériel et formel.

En a 14, Drossaart Lulofs opte pour τίς ἀρχή, avec Z et les versions. Nous maintenons τίς αὕτη, avec la majorité des mss. et Michel d'Éphèse (C.I.A.G., XIV 3, p. 3, 3) : on sait assez dans quel genre de principe il faut ranger la cause motrice ; reste à préciser son identité dans le cas présent. — En a 17, malgré l'avis de divers traducteurs, nous estimons que ἀρχή vise ce principe moteur, non le *début* du développement sur la génération : comme le dit Michel (p. 3, 8-10), l'auteur lie l'un à l'autre les deux traités (sur ce lien, cf. encore, *infra*, ch. IV, s. I, pp. 174-175) ; d'autre part, ce propos est commandé immédiatement (διόπερ, a 15) par celui qui annonce l'étude de ladite ἀρχή.

coïncidence de la forme et de la fin, mais en isolant ici le principe du mouvement : ce dernier mérite décidément qu'on s'en occupe expressément.

De tels propos marquent-ils simplement une différence occasionnelle, liée à l'examen d'un projet particulier, ou bien l'auteur veut-il modifier l'étiologie développée dans les autres traités ?

Ceux-ci, on le sait, n'hésitent pas à ramener la cause motrice à la forme et à la fin. Ainsi en va-t-il pour l'exposé qui introduit à la philosophie naturelle : « Souvent », dit Aristote, — et seul le cas des êtres immuables motive cette restriction, — « ces trois principes reviennent à l'unité ; car essence et fin sont un, et, spécifiquement, la source du mouvement leur est identique » [4].

Cette conjonction est réaffirmée dans le domaine qui nous occupe directement, celui du vivant [5]. D'autre part, le vrai « physicien » ne doit pas pour autant traiter ces trois causes sur pied d'égalité : dans la nature, la cause motrice doit en réalité son dynamisme à la forme, tout comme dans l'art « la maison matérielle provient de la maison immatérielle » que pense l'architecte [6] ; à son tour, « la forme est fin, et c'est en vue de la fin qu'existe le reste ; la forme serait donc la vraie cause, à savoir la cause finale » [7] : comme celle-ci est « raison » ou « idée », elle l'emporte également sur la cause motrice, déclarée « seconde » par rapport à la fin [8].

---

[4] *Phys.*, II 7, 198 a 24-26 : ἔρχεται δὲ τὰ τρία εἰς τὸ ἓν πολλάκις · τὸ μὲν γὰρ τί ἐστι καὶ τὸ οὗ ἕνεκα ἕν ἐστι, τὸ δ'ὅθεν ἡ κίνησις πρῶτον τῷ εἴδει ταὐτὸ τούτοις.

Cf. W.D. Ross, *Ar.'s Physics*, 1936, p. 526. Sur l'ensemble de l'étiologie aristotélicienne, cf. A. MANSION, *Introd. à la phys. arist.*, 1945, chap. VI, pp. 206-209, et chap. VII.

[5] *De part. anim.*, I 1, 641 a 27, à propos de l'οὐσία : Καὶ ἔστιν αὐτὴ καὶ ὡς ἡ κινοῦσα καὶ ὡς τὸ τέλος, et *De anima*, II 4, 415 b 8-27, qui présente l'âme comme cause à la fois formelle, finale et motrice.

[6] *Métaph.*, Z 7, 1032 b 12 : τῆς ἄνευ ὕλης τὴν ἔχουσαν ὕλην ... Cf. A. MANSION, *Introd.*, p. 227 : « la nature à laquelle les êtres qui la portent doivent leur efficience, c'est la nature entendue comme forme ». Kl. OEHLER, *Ein Mensch zeugt einen Menschen*, 1963, p. 39, souligne bien que cette formule exprime, aux yeux d'Aristote, le dynamisme de la forme et de l'être ; cf. p. 64 : « Die Form (...) ist im Prozess des Lebens selbst gegenwärtig und wirklich als der Keim des Lebendigen, als die Idee in der Realität ».

[7] *Phys.*, II 8, 199 a 30-32, à propos de la μορφή : ἐπεὶ (...) τέλος δ'αὕτη, τοῦ τέλους δὲ ἕνεκα τἆλλα, αὕτη ἂν εἴη ἡ (ἡ om. E) αἰτία, ἡ (mallem ᾗ) οὗ ἕνεκα · et cf. l'ensemble des chap. 8 et 9.

[8] *De part. anim.*, I 1, 639 b 11-21, cf. 14-15 : φαίνεται δὲ πρώτη ἣν λέγομεν ἕνεκά τινος · λόγος γὰρ οὗτος, ἀρχὴ δ'ὁ λόγος · et la réflexion de J.M. LE BLOND, *Ar., philo-*

Puisque, disions-nous, le prologue du *De gen. anim.* met en relief
la cause motrice en s'abstenant de la subordonner à la cause finale,
devons-nous conclure que cet ouvrage tourne le dos aux exposés classiques rappelés à l'instant ? Une telle opinion se heurterait à des textes
qui suffisent à la démentir.

Ainsi, lorsque Aristote veut expliquer pourquoi, dans l'embryon,
le cœur est formé en premier lieu, il recourt aux considérants que voici :
« Posons trois termes : l'un est la fin (...), le second est ce qui existe
en vue de celle-ci : c'est le principe moteur et générateur (car, en tant
que tel, ce qui est actif et générateur est relatif à ce qu'il cause et
engendre), le troisième étant la réalité utile, celle dont use la fin » [9].
Allant plus loin, il désigne peu après le même organe par une formule
hardie qui souligne la complexité du problème : « Ce qui, chez les animaux, détient le principe de toute leur croissance et sa fin » [10]. A la
fois moteur et partie privilégiée de l'organisme accompli, le cœur
réunit donc en lui les causes finale et efficiente, ce qui n'empêche pas
celle-ci d'exister en vue de celle-là.

Le début du cinquième livre est d'autant plus significatif à cet égard,
qu'Aristote évoque en somme une exception aux principes généraux,
à savoir la question des particularités individuelles : celles-ci, dit-il
d'abord, « ne se rattachent point à la définition qui est celle de la sub-

---

sophe de la vie, 1945, p. 133 : « priorité selon le temps, selon la valeur et selon l'ordre
dynamique ». — Pour d'autres références, voir notamment l'*Index* de BONITZ, 836 a
51-b 28, et l'ensemble de l'article φύσις.

[9] *De gen. anim.*, II 6, 742 a 28-32 (annoncé en a 20-23) : τρίων δ᾽ὄντων, ἑνὸς μὲν τοῦ
τέλους (...), δευτέρου δὲ τῶν τούτου ἕνεκα τῆς ἀρχῆς τῆς κινητικῆς καὶ γεννητικῆς (τὸ γὰρ
ποιητικὸν καὶ γεννητικόν, ᾗ τοιαῦτα, πρὸς τὸ ποιούμενόν ἐστι καὶ γεννώμενον), τρίτου δὲ
(ce troisième terme ne nous concerne pas ici) τοῦ χρησίμου καὶ ᾧ χρῆται τὸ τέλος ...
En a 29, MICHEL d'Éphèse interprète (C.I.A.G., XIV 3, p. 108, 26) : δευτέρου δὲ τοῦ,
et non τῶν, en quoi il rectifie une inconséquence de nos mss., ou peut-être du philosophe lui-même: sans doute, disait-on plus haut, « ce qui existe en vue de la fin » est
double (cf. a 22-23) : ὅθεν ἡ κίνησις, et ᾧ χρῆται τὸ οὗ ἕνεκα, mais Ar. réserve ici,
on l'a vu, ce dernier terme à une troisième instance, ce qui rend incorrect un pluriel
pour la seconde formule.

[10] *Ibid.*, 742 a 37-b 1 : (...) ἐν τοῖς ζῴοις, τὸ πάσης ἔχον τῆς φύσεως ἀρχὴν καὶ τέλος.
En rendant ici φύσις par *croissance*, nous tenons compte de D. HOLWERDA, *Commentatio de vocis quae est ΦΥΣΙΣ vi ...*, 1955, qui montre que la racine *bhu- a pris assez
tôt le sens de *être* (cf. ἔφυν, *fui*) ; mais le contexte recommande ici de souligner cet aspect,
latent dans la célèbre définition de la φύσις : ἀρχῆς καὶ αἰτίας (...) μὴ κατὰ συμβεβηκός ...
et relevé par le Stagirite en *Métaph.*, Δ 4, 1014 b 16-17, 20-26; cf. φύσις, ὁδὸς εἰς φύσιν,
en *Phys.*, II 1, 193 b 12-13.

stance : en tant qu'elles proviennent de la nécessité, il faut en ramener
les causes à la matière et au principe moteur » [11]. Ceci n'infirme point
notre doctrine d'ensemble, sous-entend l'auteur, qui ajoute sans
désemparer : « pour toutes les productions de la nature qui sont ordonnées et déterminées, (...) c'est plutôt leur réalité de telle sorte
qui les fait devenir telles ou telles : le devenir est l'acolyte de l'essence
et existe en vue de celle-ci, au lieu que ce soit l'inverse » [12]. Quoi qu'en
aient pensé les anciens physiologues, « chaque être existe en vue d'une
fin ; il évolue dès le départ en vertu de celle-ci et des autres causes,
et ceci vaut pour tout ce que contient sa définition ... » [13]. *Funiculus*
triplex ... : voilà donc rassemblés fermement les trois termes : cause
du devenir, forme, fin et ce, sous l'égide de cette dernière [14].

Ce bref examen de l'étiologie que professe le traité sur la reproduction
confirmerait donc pour sa part le jugement d'A. Mansion, selon lequel
la philosophie aristotélicienne de la nature ne manifeste pas de différences très sensibles d'un ouvrage à l'autre [15].

A ce compte, le prologue cité tantôt, au seuil de cette section, pourrait ne constituer qu'un épisode un peu singulier, indigne de retenir

[11] *De gen. anim.*, V 1, 778 a 34 - b 1 : οὔτε δ'ἐπ'ἐνίων πρὸς τὸν λόγον συντείνει τὸν τῆς
οὐσίας, ἀλλ'ὡς ἐξ ἀνάγκης γιγνομένων εἰς τὴν ὕλην καὶ τὴν κινήσασαν ἀρχὴν ἀνακτέον τὰς
αἰτίας. Sur cette nécessité, étrangère à la finalité sans cependant la contrecarrer, cf.
A. MANSION, *Introd.*, pp. 289-290. — Comme en I 1, 715 a 5, ὁ λόγος (ὁ) τῆς οὐσίας
désigne évidemment la cause formelle, mais *via* la définition.

[12] *Ibid.*, 778 b 3-6 : ὅσα τεταγμένα καὶ ὡρισμένα ἔργα τῆς φύσεώς ἐστιν, (...) μᾶλλον
διὰ τὸ εἶναι τοιαδὶ γίγνεται τοιαῦτα · τῇ γὰρ οὐσίᾳ ἡ γένεσις ἀκολουθεῖ καὶ τῆς οὐσίας ἕνεκά
ἐστιν, ἀλλ' οὐκ αὕτη τῇ γενέσει.

[13] *Ibid.*, 778 b 10-13 : ἔστι μὲν οὖν ἕκαστον ἕνεκά του, γίγνεται δ'ἤδη διά τε ταύτην
τὴν αἰτίαν καὶ διὰ τὰς λοιπάς, ὅσαπερ ἐν τῷ λόγῳ ἐνυπάρχει τῷ ἑκάστου (...).

[14] Soit dit à titre d'illustration, le propos finaliste bien connu : « la nature ne fait
rien de vain, rien de superflu » revient aussi souvent que dans le *De part. anim.* Aux
références II 4, 739 b 19 ; 5, 741 b 4 ; 6, 744 a 36 ; V 1, 778 b 11, relevées également
par BONITZ, *Index*, 836 b 35 et A. MANSION, *Introd.*, p. 234, n. 26, on peut ajouter les
formules voisines qui figurent en I 4, 717 a 15-16 ; II 6, 742 a 27-28 ; IV 1, 766 a 5-6.

[15] *Introd.*, pp. 34-37. — Nous n'avons guère pu qu'effleurer, dans cette première
vue d'ensemble, le rôle attribué à la cause matérielle (cf. le texte cité à la note 11) ;
son traitement dans le cas du vivant est analogue ici, I 18, 722 a 16-b 3, et en *De part.*
anim., II 1, 646 a 12-24. P. LOUIS, *De la gén. des an.*, 1961, p. x, relève que notre traité
fait une place plus grande, dans l'explication des phénomènes, à la nécessité matérielle ;
mais ceci n'est que le corollaire normal d'une dominante qui lui a échappé : la mise en
relief du principe moteur amène à indiquer les résistances rencontrées.

l'attention. Mais c'est le lieu de noter que ses propos trouvent écho
en divers endroits du traité.

Abordant le développement de l'embryon, Aristote rappelle, en des
termes identiques à ceux de la *Métaphysique*, les trois termes à considérer en toute genèse : matériau, agent, forme : ἔκ τινος, ὑπό τινος,
τι. Mais ce dernier terme est omis par la suite et, après un rappel
très bref de ce que donne la femelle en fait de matière, l'auteur déclare :
« L'objet de notre présente recherche n'est pas le matériau, mais le
facteur auquel les parties doivent leur genèse », cause de type moteur,
bien entendu [16]. L'écho du prologue est plus net au livre IV, où le
Stagirite revient sur la différence entre les sexes : « Touchant l'ensemble
du corps et ses parties, on en a déjà dit ailleurs la nature particulière
et la cause; mais mâle et femelle se distinguent par une faculté ou
par son absence ... » [17]. S'il subsiste encore quelque doute à propos
de cette cause énoncée ailleurs, il se dissipe à la lecture du passage
suivant : « En vue de quelle fin la nature a fourni le système pileux
aux animaux, on l'a dit déjà dans les *Causes qui concernent les parties
des animaux*; mais montrer avec quel donné et selon quelles causes
nécessaires survient chacun de ces traits, cela revient au présent
traité » [18]. Et Aristote de ramasser, aux dernières lignes du *De gen.
anim.*, le point de vue qui a présidé à son explication des πάθη : « tout
ce qui se trouve venir à l'existence, non point en vue d'une fin, mais
par la nécessité et en vertu de la cause motrice » [19].

Sans doute ce dernier passage n'a-t-il guère qu'une portée restreinte,
limitée aux caractères secondaires qui ont fait l'objet du livre V [20];
il se peut encore qu'Aristote ait, çà et là dans son cours, plutôt accusé

---

[16] *De gen. anim.*, II 1, 733 b 23-26 (cf. *Métaph.*, Z 7, 1032 a 12-14; 8, 1033 a 24-28;
Θ 8, 1049 b 27-29); *ibid.*, 733 b 31-32 : ζητεῖται δὲ νῦν οὐκ ἐξ οὗ ἀλλ'ὑφ'οὗ γίγνεται τὰ
μόρια. Pour la solution, cf. *ibid.*, 734 b 5-27.

[17] *De gen. anim.*, IV 1, 765 b 6-9 : περὶ μὲν οὖν ὅλου τε τοῦ σώματος καὶ τῶν μορίων,
τί τε ἕκαστόν ἐστι καὶ διὰ τίν' αἰτίαν, εἴρηται πρότερον ἐν ἑτέροις. ἀλλ' ἐπεὶ τὸ ἄρρεν καὶ τὸ
θῆλυ διώρισται δυνάμει τινὶ καὶ ἀδυναμίᾳ ...

[18] *De gen. anim.*, V 3, 782 a 20-24 : τίνος μὲν οὖν ἕνεκα τὸ τῶν τριχῶν ἡ φύσις ἐποίησε
γένος τοῖς ζῴοις, εἴρηται πρότερον ἐν ταῖς αἰτίαις ταῖς περὶ τὰ μέρη τῶν ζῴων · τίνων δ'ὑπαρχόντων καὶ διὰ τίνας ἀνάγκας συμβαίνει τούτων ἕκαστον, δηλῶσαι τῆς μεθόδου τῆς νῦν ἐστιν.

[19] *De gen. anim.*, V 8, 789 b 19-20 : ὅσα γίγνεσθαι συμβαίνει μὴ ἕνεκά του, ἀλλ' ἐξ
ἀνάγκης καὶ διὰ τὴν αἰτίαν τὴν κινητικήν.

[20] On ne peut d'ailleurs perdre de vue que ce livre a pu exister indépendamment
des autres. H.J. DROSSAART LULOFS, *Ar. De insomniis ...*, 1947, p. XXXVIII, se demande
même s'il ne serait pas antérieur; nous reviendrons sur ces problèmes dans la troisième
section, *infra*, pp. 95-97.

les angles. Mais il est clair à présent que notre traité prend ses distances
vis-à-vis des autres exposés, et notamment du plus significatif parmi
eux, le *De partibus*. Sans rien renier, on l'a vu, de sa doctrine étiologique
générale, l'auteur met donc nettement en relief la cause motrice et
estime qu'à présent la cause finale doit céder le pas. Pour quelles raisons,
ou, si l'on ose dire, à quelles fins ?

2. *Primauté d'un partenaire et univers hiérarchisé.*

Deux passages-clés pourraient nous acheminer graduellement vers
la réponse.

Le premier de ces textes indique la solution spéculative qu'Aristote
entend donner à un problème qu'il a énoncé à trois reprises déjà en
quelques pages [21] et sur lequel il ne reviendra plus guère désormais.
Il s'agit des insectes « qui n'éjaculent point de sperme : c'est la femelle
qui introduit un de ses organes chez le mâle, son agissement évoquant
celui de qui apporterait les matériaux à l'artisan. En effet, vu la faiblesse
de ces mâles, la nature n'est pas en mesure de rien faire par intermédiaire : à peine les impulsions ont-elles leur effet lorsqu'elle intervient
elle-même ; elle ressemble alors aux potiers, non aux charpentiers,
car ce n'est point par un contact indirect qu'elle façonne l'être en formation, mais bien par elle-même, en recourant à ses propres organes » [22].

Ce n'est point ici la présence d'un anthropomorphisme qui doit
nous retenir, si puissant soit-il ; car, on le sait assez, Aristote en est
coutumier lorsqu'il veut communiquer ses convictions téléologiques,
sans qu'on soit cependant en droit de croire qu'il hypostasie la nature [23].
Dans le cas qui nous occupe, surtout si l'on recourt au contexte, on
constate qu'il est question seulement de nature *spécifique* : celle de
divers insectes, qui, démunie de l'intermédiaire moteur qu'est le sperme,

---

[21] *De gen. anim.*, I 16, 721 a 13-16 ; 18, 723 b 19-27 ; 21, 729 b 22-33 ; par la suite, cf.
I 23, 731 a 14-17 ; II 1, 732 a 16, 21-23. L'observation que nous allons rapporter s'est
révélée inexacte, mais peu importe ; l'auteur n'a de doutes que sur son extension.

[22] *De gen. anim.*, I 22, 730 b 24-32 : ὅσα δὲ μὴ προΐεται (σπέρμα) ἀλλ'ἐναφίησι τὸ θῆλυ
εἰς τὸ ἄρρεν τῶν αὑτοῦ τι μορίων, ὅμοιον ἔοικε ποιοῦντι ὥσπερ ἂν εἰ τὴν ὕλην κομίσειέ τις πρὸς
τὸν δημιουργόν. δι'ἀσθένειαν γὰρ τῶν τοιούτων ἀρρένων οὐθὲν δι'ἑτέρων οἷα τε ποιεῖν ἡ φύσις,
ἀλλὰ μόλις αὑτῆς προσεδρευούσης ἰσχύουσιν αἱ κινήσεις, καὶ ἔοικε τοῖς πλάττουσιν, οὐ τοῖς
τεκταινομένοις · οὐ γὰρ δι'ἑτέρου θιγγάνουσα δημιουργεῖ τὸ συνιστάμενον, ἀλλ' αὐτὴ τοῖς
αὑτῆς μορίοις.

[23] Cf. la longue mise au point d'A. MANSION, *Introd.*, pp. 257, 261-281, en particulier
sur l'immanence de la cause finale.

recourt simplement, dit l'auteur, à un autre moyen : une copulation
prolongée [24] ; la conception moniste, plus ou moins mythique, de la
nature n'a donc rien à faire ici.

L'intérêt de ce premier passage réside bien plutôt dans la raison
sous-jacente à l'interprétation qu'on a lue tantôt. Admettons un moment
ce dont Aristote ne doute point, à savoir que, dans toutes ces espèces,
le mâle ne fournisse pas le principe actif de la génération et que,
de surcroît, l'initiative revienne à la femelle : voilà qui nous semble
ébranler sérieusement une idée que l'auteur répète à tout propos et
sans réserves : le mâle apporte forme et principe du mouvement, la
femelle seulement la matière [25].

La logique voudrait qu'Aristote s'en tienne à sa définition initiale
des sexes : est femelle ce qui engendre εἰς αὐτό; mâle, εἰς ἄλλο [26] ;
et qu'il conclue pour le reste que le rôle des partenaires est tantôt
inégal, tantôt égal, selon les espèces. Mais ce n'est point du tout ce
qu'il note : il évoque, comme dans une λύσις ἀπὸ μηχανῆς, une efficience particulière de la nature qui, palliant une faiblesse organique
du mâle, maintient intangible la suprématie de son *rôle* : « en tant que
femelle, la femelle est soumise à l'action; le mâle, en tant que mâle,
est actif, c'est de lui que vient le principe du mouvement » [27].

On retrouvera les mêmes préoccupations, avec une présentation
téléologique analogue, dans le texte mieux connu qui, au seuil du
livre II, développe la signification de la génération.

« Que mâles et femelles soient les principes de la génération, ce qui
précède l'a indiqué, de même que leur pouvoir et leur définition essentielle. Mais pourquoi se forme-t-il des mâles et des femelles, pourquoi
existe cette différence ? En quelle mesure cela provient de la nécessité
et du moteur prochain, et aussi de quelle matière, il nous faudra plus
loin tenter d'en énoncer la raison; mais dans la mesure où cela vaut

---

[24] Cf. *De gen. anim.*, I 21, 729 b 29-32.

[25] Cf. BONITZ, *Index*, 107 b 2-6 (corriger 716 a 11 en a 5). Dans le cas présent, il semble
que l'efficience revienne *a pari* aux deux sexes, la fécondation ayant pour substitut une
sorte de maturation qui s'opère pendant la rencontre prolongée; cf. encore I 23, 731
a 14-17.

[26] *De gen. anim.*, I 2, 716 a 13-16, et *passim*.

[27] *Ibid.*, I 21, 729 b 12-14 : τό γε θῆλυ, ᾗ θῆλυ, παθητικόν, τὸ δ'ἄρρεν, ᾗ ἄρρεν,
ποιητικὸν καὶ ὅθεν ἡ ἀρχὴ τῆς κινήσεως. Telle est la proposition générale (καθόλου, a 9)
que vient confirmer par les faits (ἐπὶ τῶν ἔργων, cf. a 21-22) un énoncé (le 3e) du cas à
l'examen.

mieux et dépend de la cause finale, son principe provient d'en haut » [28].

Et Aristote de se lancer en effet dans un développement téléologique qui fait appel à l'exemple et à l'influence des corps célestes, éternels et divins ; il en ressort que la génération assure à l'espèce, considérée comme un tout, une éternité dont ne peuvent jouir, à raison de leur contingence, ses membres pris individuellement. Si les vivants sont mâles ou femelles, c'est donc en vue d'assurer cette continuité [29]. Nous ayant ainsi rappelé, si besoin en était, qu'il n'a pas renoncé à son cadre finaliste, l'auteur poursuit : « Comme, par nature, est meilleur et plus divin que la matière le principe moteur prochain auquel appartient la définition, la forme, meilleure est aussi la séparation du supérieur et de l'inférieur. C'est pourquoi, là où — et dans la mesure où — cela se peut, mâle et femelle sont séparés. Meilleur en effet et plus divin est le principe moteur, qui est mâle chez les êtres en devenir ; la matière, c'est l'élément femelle » [30].

[28] De gen. anim., II 1, 731 b 18-24 : Τὸ δὲ θῆλυ καὶ τὸ ἄρρεν ὅτι μέν εἰσιν ἀρχαὶ γενέσεως εἴρηται πρότερον, καὶ τίς ἡ δύναμις καὶ ὁ λόγος τῆς οὐσίας αὐτῶν · διὰ τί δὲ γίγνεται καὶ ἔστι τὸ μὲν θῆλυ τὸ δ'ἄρρεν, ὡς μὲν ἐξ ἀνάγκης καὶ τοῦ πρώτου κινοῦντος καὶ ὁποίας ὕλης, προϊόντα πειρᾶσθαι δεῖ φράζειν τὸν λόγον, ὡς δὲ διὰ τὸ βέλτιον καὶ τὴν αἰτίαν τὴν ἕνεκά τινος, ἄνωθεν ἔχει τὴν ἀρχήν. — Pour ces derniers mots, on n'exclura pas un sens figuré, le principe en question étant aussi bien emprunté à un niveau « supérieur ».

[29] Ibid., 731 b 24-732 a 3 ; cf. De anima, II 4, 415 a 26-b 7, et De gen. et corr., II 11, 338 b 16-19, avec les remarques de S. MANSION, Le jugement d'existence ..., 1946, pp. 76-80.

[30] Ibid., 732 a 3-9 : βελτίονος δὲ καὶ θειοτέρας τὴν φύσιν οὔσης τῆς αἰτίας τῆς κινούσης πρώτης — ἧ ὁ λόγος ὑπάρχει καὶ τὸ εἶδος — τῆς ὕλης, βέλτιον καὶ τὸ κεχωρίσθαι τὸ κρεῖττον τοῦ χείρονος. διὰ τοῦτ' ἐν ὅσοις ἐνδέχεται καὶ καθ'ὅσον ἐνδέχεται, κεχώρισται τοῦ θήλεος τὸ ἄρρεν. βέλτιον γὰρ καὶ θειότερον ἡ ἀρχὴ τῆς κινήσεως, ἧ ἄρρεν ὑπάρχει τοῖς γιγνομένοις · ὕλη δὲ τὸ θῆλυ.— Commentons aussi brièvement que possible les difficultés que présente ce passage.

En a 5-6, βέλτιον καὶ (...) χείρονος ne pourrait-il être un deuxième considérant à mettre en parallèle avec le début du texte (cf. le καί de part et d'autre), l'apodose commençant à διὰ τοῦτο ? Non, semble-t-il, vu la disparité des cas (βελτίονος/βέλτιον) ; on peut admettre qu'Aristote laisse un moment sous-entendue la seconde mineure (cf. a 7-9 et infra) : κρεῖττον δὲ καὶ θειότερον τὸ ἄρρεν, qu'exprime pour son compte MICHEL d'Éphèse, p. 69, 6-7. (Cet interprète lit en a 5 : βέλτιον δὲ τὸ ..., et note que cette particule est superflue : παρέλκει ὁ «δέ» σύνδεσμος.)

La dernière ligne (a 8-9) a découragé PECK, qui la suspecte presque en entier. Elle devient chez PLATT (sur une suggestion de ROSS) : ἧ τὸ ἄρρεν ὑπάρχει τοῖς γινομένοις ἢ ἡ ὕλη ἧ τὸ θῆλυ, i.e. « whereby that which comes into being is male, (...) than the material whereby it is female » ; il est possible en effet que la tradition manuscrite ait omis l'une ou l'autre des trois formes que peut revêtir η, mais cette conjecture introduit la question que pose l'apparition de la différence sexuelle chez les êtres engendrés, ce qui paraît hors de propos.

DROSSAART LULOFS lit comme Platt les premiers mots ; il renvoie pour sa part à l'incise

La perspective d'ensemble, digne du philosophe, ne manque pas de grandeur : *ὁ μὲν γὰρ συνοπτικὸς διαλεκτικός, ὁ δὲ μή, οὔ*, écrivait Platon [31], qui d'ailleurs exprime la même conception générale de l'immortalité spécifique [32]. Le *Timée* annonce même d'une façon plus précise notre traité, quand il fait du sexe masculin un *κρεῖττον γένος*; la femme serait une résurgence — après métensomatose — d'homme qui a vécu dans l'injustice ...; mais Platon, égalitaire dans la *République*, entendait-il que les figurations du *Timée* fussent prises au sérieux [33] ?

Le texte d'Aristote, lui, ne se prête pas à une telle explication [34]. Pour la seconde fois, nous le voyons mobiliser toutes les ressources de sa téléologie en vue de mettre en relief l'épine dorsale du présent traité : la supériorité du mâle, seule cause efficiente de l'être à venir [35].

Face à cette réalité, le moment semble venu d'en examiner les implications.

qu'on a lue plus haut (a 4): *ᾗ ὁ λόγος ὑπάρχει*. Mais nous craignons qu'il n'y ait là qu'un parallélisme apparent ; s'il est vrai que « la forme est chez la cause motrice », on ne peut guère en dire autant du mâle : mâle et principe moteur sont bien plutôt équivalents, comme l'indiquent presque tous les mss. (*ἡ τό*, ou simplement *ᾗ*), ainsi que MICHEL (p. 69, 12-13): *τὸ « ᾗ » ἄρθρον ἐστὶ δηλωτικὸν τοῦ ἥτις ἀρχὴ κινήσεως*. D'ailleurs, dût-on lire *ᾗ τὸ ἄρρεν*, le sens réclamerait symétriquement *in fine*, pour *ὕλη*, un datif que n'offre aucun témoin.

Peut-on deviner l'état primitif de ces derniers mots ? MICHEL (p. 69, 13) enchaîne à ce qu'on vient de citer : *ὁμοίως δὲ καὶ ἐν τῇ « ᾗ θῆλυ »· καὶ γὰρ καὶ τοῦτο ἄρθρον ἐστίν*. Telle est la fin de son texte, qu'il entend comme suit (p. 69,8) : *τὸ δὲ θῆλυ ὕλη*. Ar. a-t-il pu écrire : *ὕλη δὲ ᾗ θῆλυ*, au sens de : « c'est la matière qui est (élément) femelle » ? L'absence d'article initial chez tous les témoins déconseille cette option, qu'a pu cependant accréditer chez les copistes le parallélisme avec la formule précédente. Au total, la leçon la plus simple, attestée par trois groupes différents (S, Y, la version arabe), est sans doute la bonne, comme le croit DROSSAART LULOFS : *ὕλη δὲ τὸ θῆλυ*, « ce qui est femelle est matière ». L'allure brutale de ce propos expliquerait les incertitudes de la tradition, mais on vient de voir (*supra*, n. 27) qu'en pareil cas l'auteur veut parler du *θῆλυ ᾗ θῆλυ* (*De gen. anim.*, I 21, 729 b 12), visant ainsi l'apport distinctif de ces sujets, non ces sujets eux-mêmes ; il va de soi que cette réserve, souvent difficile à rendre dans la traduction, est de mise en de multiples endroits du traité.

[31] *République*, VII, 537 c.

[32] *Lois*, IV, 721 b-c (cf. VI, 773 e) ; cf. *Banquet*, 207 d, 208 b.

[33] *Timée*, 42 a-c et 90 e. Et cf. A.E. TAYLOR, *A Comm. on Pl.'s Tim.*, 1928, pp. 635-636.

[34] Dans son œuvre, au demeurant, nul éloge d'une Diotime ne vient tempérer la rigueur des jugements dépréciatifs à l'endroit du sexe féminin.

[35] Dans les couples céleste-sublunaire et mâle-femelle, le premier terme se voit attribuer les aspects positifs *θεῖος, βελτίων, αἴτιον (αἰτία τῆς κινήσεως), χωριστός* ...

Pouvons-nous considérer, avec I. Düring, la position d'Aristote comme un signe de «sa vision du monde fondamentalement dualiste» ? [36] Plutôt que le dualisme, nous relèverions ici une conception très hiérarchisée de l'univers.

Dans le chapitre même de la *Métaphysique* qui souligne l'unicité du Principe suprême, Aristote relève que tous les êtres ne concourent pas dans la même mesure à l'ordre cosmique; et d'introduire précisément l'exemple de la société domestique : « Oui, tous les êtres sont ordonnés à un but, mais il en va comme d'une *familia*, où les êtres libres peuvent très peu agir au petit bonheur : tous leurs actes — ou presque — sont réglés, tandis qu'esclaves et bêtes ne contribuent guère au bien commun : leurs actions se font souvent au hasard; car la nature de chacun est un principe de ce genre» [37].

Mais les parallèles les plus précis se rencontrent dans la *Politique* : malgré le platonisme, malgré les tendances qui amorçaient l'émancipation de la femme [38], Aristote confirme la conception monarchique de la famille : « Le mari est par nature plus apte à commander que la femme (à moins qu'il ne se trouve être constitué contre nature), et l'aîné, l'adulte, plus que le cadet non encore mûr» [39]; «la femme possède la faculté de délibérer, mais sans autorité» [40]. Bref, τὸ ἄρρεν πρὸς τὸ θῆλυ τὸ μὲν κρεῖττον, τὸ δὲ χεῖρον, — avec les différences de puissance et d'excellence que connotent ces comparatifs, — καὶ τὸ μὲν ἄρχον, τὸ δ'ἀρχόμενον [41].

Ces concordances avec la préoccupation dominante du *De gen. anim.* ne soulignent pas seulement que celle-ci cadre parfaitement avec la

---

[36] I. DÜRING, *Aristoteles*, 1966, p. 545.

[37] *Métaph.*, Λ 10, 1075 a 11-18; *ibid.*, a 18-23 : πρὸς μὲν γὰρ ἓν ἅπαντα συντέτακται, ἀλλ' ὥσπερ ἐν οἰκίᾳ τοῖς ἐλευθέροις ἥκιστα ἔξεστιν ὅ τι ἔτυχε ποιεῖν, ἀλλὰ πάντα ἢ τὰ πλεῖστα τέτακται, τοῖς δὲ ἀνδραπόδοις καὶ τοῖς θηρίοις μικρὸν τὸ εἰς τὸ κοινόν, τὸ δὲ πολὺ ὅ τι ἔτυχεν · τοιαύτη γὰρ ἀρχὴ ἑκάστου αὐτῶν ἡ φύσις ἐστίν. Cf. *Politique*, I 5, 1254 b 24-26.

[38] Cf. J. ELLUL, *Histoire des institutions*, I, 1958, pp. 92 et 101; sur l'évolution de la législation et de la pratique, cf. *ibid.*, pp. 44, 61, 91-93; pour une comparaison avec le régime hellénistique le mieux connu, celui de l'Égypte grecque, cf. pp. 200-202.

[39] *Polit.*, I 12, 1259 b 1-4 : τό τε γὰρ ἄρρεν φύσει τοῦ θήλεος ἡγεμονικώτερον, εἰ μή που συνέστηκε παρὰ φύσιν, καὶ τὸ πρεσβύτερον καὶ τέλειον τοῦ νεωτέρου καὶ ἀτελοῦς.

[40] *Polit.*, I 13, 1260 a 12-13 : τὸ βουλευτικόν, τὸ δὲ θῆλυ ἔχει μέν, ἀλλ' ἄκυρον (ce dernier terme figure soit dans des contextes juridiques, soit en biologie; cf. BONITZ et LIDDELL-SCOTT, *s.v.*). Pour quelques illustrations, cf. II 9, 1269 b 23-27.

[41] *Polit.*, I 5, 1254 b 13-14.

doctrine générale d'Aristote [42]. On aura noté que la finalité pratique de la *Politique* ne l'empêche pas d'inclure une conception très spéculative de l'individu et de la société. Et, comme Aristote, après avoir différencié plantes et animaux, déclare : « nécessairement, c'est en vue des hommes que la nature a créé tout cela » [43], on estimera sans doute pouvoir indiquer sans trop de risques la relation qui, pour la question dont nous nous occupons, règne entre la philosophie sociale et la doctrine du traité sur la reproduction : celle-ci fournirait en somme le fondement biologique de celle-là ; appuyant ainsi, pour sa part, une conception hiérarchique de l'univers, le *De gen. anim.* donnerait à la primauté présumée de l'époux l'appoint d'une « loi » induite à partir d'espèces vivantes très diverses.

3. *L'explication de la génération.*

Un souci de cohérence a-t-il peu ou prou influencé les options d'Aristote dans le domaine propre de la biologie ? La question mérite d'être posée sans préjugés à propos d'un point capital : l'apport du partenaire femelle à la fécondation, — ou plutôt à ce que nous savons être tel, depuis les découvertes de Leeuwenhoek et de ses successeurs [44] — ; c'est là en somme la reprise, à un niveau concret, de la conception générale évoquée à l'instant.

Unité de l'être engendré.

La position du maître à cet égard est parfaitement nette : préparée au chapitre 18 [45], établie au cours des longs chapitres 19 et 20 du livre premier et répétée constamment par allusions dans les exposés suivants, cette thèse identifie la contribution femelle avec le sang des menstrues,

---

[42] Les *Éthiques* ne font que confirmer çà et là ce qu'on vient de résumer : cf. *Éth. Eud.*, VII 3, 1238 b 18-30 et *Éth. Nic.*, VIII 7, 1158 b 11-28 ; *É.E.*, VII 9, 1241 b 27-40 et *É.N.*, VIII 10, 1160 b 32 - 1161 a 3 ; VIII 11, 1161 a 22-25 (avec le commentaire de GAUTHIER, II, 2, 1959, p. 704) ; *É.E.*, VII 10, 1242 a 31-32 ; *É.N.*, VIII 12, 1162 a 15-19. — Pour d'autres parallèles, notamment avec la *Métaph.*, cf. *infra*, par exemple aux notes 59 à 62. Nos remarques n'entraînent encore, cela va sans dire, aucune prise de position au plan chronologique.

[43] *Polit.*, I 8, 1256 b 21-22 : ἀναγκαῖον τῶν ἀνθρώπων ἕνεκεν αὐτὰ πάντα πεποιηκέναι τὴν φύσιν.

[44] Cf. Th. DOBZHANSKY, *L'hérédité et la nature humaine*, 1969, chap. 1.

[45] *De gen. anim.*, I 18, 722 b 6-30.

considéré comme étant seulement la matière du processus générateur [46].
Il serait déraisonnable d'énumérer les multiples arguments apportés,
et davantage encore de les juger à la lumière de découvertes matériellement inaccessibles au Stagirite. Trois d'entre eux cependant nous
instruiront sur ses préoccupations. La faiblesse de la femelle, cause de
ce que celle-ci ne peut élaborer le sperme, est attribuée à une moindre
chaleur vitale [47]; nous retrouverons à loisir cette notion de chaleur,
mesure de la valeur qu'Aristote reconnaît aux divers vivants. D'autre
part, il n'est pas possible que les deux partenaires sécrètent tous deux
du sperme; celui-ci, d'une part, les menstrues, de l'autre, s'excluent
mutuellement [48]. Enfin, génération implique à la fois générateur et
matériau ($\dot{\epsilon}\xi$ $o\tilde{v}$), différents spécifiquement ($\epsilon\ddot{\iota}\delta\epsilon\iota$) et selon la définition
($\lambda\acute{o}\gamma os$) : le mâle a le rôle moteur et actif, la femelle le rôle passif; les
menstrues ont bien en effet le caractère de la matière prochaine [49].

Épris d'ordre et de clarté, Aristote est manifestement à l'aise dans
cette systématisation. On conçoit donc bien qu'il repousse les théories
« paritaires », — celles qui mettent à égalité les apports masculin
et féminin, — professées notamment par Alcméon, Démocrite et les
écoles médicales [50]. Mais il en rejette également une variante due à
Empédocle et particulièrement suggestive : certains caractères de l'être
nouveau proviendraient d'un des deux générateurs, les autres, de
son partenaire, ces traits étant aussi strictement complémentaires
que le sont les fragments d'un objet brisé en deux : « selon Empédocle, réside chez le mâle et chez la femelle une sorte de 'moitié' :

---

[46] Chez les êtres dépourvus de sang, ce sera une substance analogue à ce dernier. —
La thèse est si claire que l'on a suspecté l'authenticité des passages qui attribuent à la
femelle l'émission d'un liquide fécondant; sic en *Hist. anim.*, X, *per tot.*, *De part. anim.*,
IV 10, 689 a 11-12 et aussi, selon W. OGLE (note de l'Oxford Transl., t. V, à ce dernier
passage), *Hist. anim.*, I 3 489 a 8-12 (il s'agirait en fait ici d'une simple brachylogie); un
lapsus pourrait être invoqué en *Métaph.*, Θ 7, 1049 a 14-18, qui semble bien mettre en
parallèle sperme et matière première de l'airain (à tort, Ross, *Ar.'s Metaph.*, II, p. 255,
croit à une concession verbale aux théories médicales régnantes; observons plutôt
que la comparaison nous écarte du sujet, à savoir l'activité immanente).

[47] *De gen. anim.*, I 19, 726 b 30 - 727 a 2.

[48] *De gen. anim.*, I 19, 727 a 25-30. Comme l'indique A. PLATT (Oxford Transl.,
ad loc.), le principe sous-entendu est celui d'économie : la nature ne fait rien de superflu.

[49] ... $\kappa\alpha\tau\dot{\alpha}$ $\tau\dot{\eta}\nu$ $\pi\rho\acute{\omega}\tau\eta\nu$ $\ddot{v}\lambda\eta\nu$: *De gen. anim.*, I 20, 729 a 20-33; cf. *infra*, p. 68.

[50] Cf. Erna LESKY, *Die Zeugungs- und Vererbungslehren der Antike*, 1951, pp. 1248,
1268 (peut-être Parménide), etc.

l'être entier ne provient d'aucun des deux » [51], ce qu'Aristote illustre
par un vers de l'Agrigentin : « Un violent arrachement créa les membres,
nés de l'homme » ... ou de la femme [52].

Pourquoi rejeter l'intuition d'Empédocle ? Les raisons du Stagirite
nous importent au plus haut point : « Ce qui n'a ni âme ni vie ne saurait
survivre ; et ce qui existe à l'instar d'animaux distincts ne peut davantage fusionner pour retrouver l'unité » [53]. Certes, c'est la doctrine

[51] *De gen. anim.*, I 18, 722 b 10-12 : φησὶ γὰρ ἐν τῷ ἄρρενι καὶ τῷ θήλει οἷον σύμβολον
ἐνεῖναι, ὅλον δ'ἀπ'οὐδετέρου ἀπιέναι. Le sens exact de σύμβολον ne semble guère avoir
été perçu par A. PLATT (Oxford Transl. : « tally », *i.e.* entaille), alors qu'elle était suggérée
par l'*Index* de BONITZ, 715 a 1 (« pars ») et 6-7, et indiquée clairement par LIDDELL-SCOTT :
« *each of the two halves* or *corresponding pieces* » etc., avec renvoi à *G.A.*, 722 b 11.
Mais nous croyons pouvoir être plus précis encore quant à la façon dont Aristote entend
le terme. Il ne nous semble pas que celui-ci vienne d'Empédocle lui-même (pas plus
que la phrase elle-même, qui n'est pas versifiée), car on n'en trouve une acception analogue
qu'à partir d'Hérodote (VI 86), légèrement postérieur (cf. A. LESKY, *A Hist. of Gr. Lit.*,
1966, pp. 213, 306-308). Un modèle aurait-il suggéré au Stagirite d'appliquer à la théorie
d'Empédocle l'image du σύμβολον ? (*Aliter* : si le mot vient toutefois d'Empédocle, en
quel sens notre auteur l'a-t-il entendu ?).
On songe spontanément — mais sans trop y croire de prime abord — au mythe fameux
que le *Banquet* prête à Aristophane : Ἕκαστος οὖν ἡμῶν ἐστιν ἀνθρώπου σύμβολον, ἅτε
τετμημένος, ὥσπερ αἱ ψῆτται, ἐξ ἑνὸς δύο, ζητεῖ (...) τὸ αὑτοῦ ἕκαστος σύμβολον
(191 d, avec les remarques de L. ROBIN, coll. Univ. de Fr., pp. 33-34 ; coll. Pléiade, pp.
1356-1357 ; et de J. WIPPERN, *Eros und Unsterblichkeit* ..., dans *Synusia*, 1965, pp. 130
et 148, n. 42), et à l'offre d'Héphaistos qui suit peu après (192 d-e) : Εἰ γὰρ τούτου
ἐπιθυμεῖτε, θέλω (...), ὥστε δύ' ὄντας ἕνα γεγονέναι, καὶ (...) αὖ ἐν Ἅιδου ἀντὶ δυοῖν ἕνα εἶναι.
Or, il se fait qu'Aristote, à côté de quelques rares allusions aux comédies d'Aristophane, cite une fois, mais de façon expresse, le discours que lui prête le *Banquet* ; il
rapporte même des formules caractéristiques tirées de ce qu'on vient de lire : τῶν
ἐρώτων (...) ἐπιθυμούντων συμφῦναι καὶ γενέσθαι ἐκ δύο ὄντων ἀμφοτέρους ἕνα · ἐνταῦθα
μὲν οὖν ἀνάγκη ἀμφοτέρους ἐφθάρθαι ἢ τὸν ἕνα (*Polit.*, II 4, 1262 b 11-14). Ce texte
qui lui est familier, il le déclare — ἴσμεν λέγοντα Ἀριστοφάνην — également connu
de son auditoire. Nous voici donc fondé à admettre qu'en évoquant une intuition du
lyrique Empédocle, précisément dans le contexte de la génération, le Stagirite songe au
σύμβολον qui est au cœur du « mythe » rappelé tantôt.
Quant au sens, l'appréciation se confirme pleinement à la lecture de la réfutation que
réserve le *De gen. anim.*, 722 b 17-28, à la thèse d'Empédocle et à celles qui lui ressem-
blent : que ces μόρια soient animés ou non, il n'en pourra jamais résulter *un* vivant ...
Cf. la suite de notre texte, le πάλιν ἕν, b 24 et note 53, *infra*, et IV 1, 764 b 4-6, 15-17.
[52] *Ibid.*, 722 b 12-13 : ἀλλὰ διέσπασται μελέων φύσις, ἡ μὲν ἐν ἀνδρὸς ... Trad.
poétique de Y. BATTISTINI, *Trois contemporains*, 1955, p. 142 = frg. B 63 Diels
(cf. A 81, 3 = *Doxogr. graeci*, 421) ; les mots ajoutés à l'hexamètre cité sont repris à la
restitution (plausible) de Diels.
[53] *Ibid.*, 722 b 22-24 : οὔτε γὰρ μὴ ψυχὴν ἔχοντα οὔτε μὴ ζωήν τινα δύναιτ'ἂν σώζεσθαι,
οὔτε ὥσπερ ζῷα ὄντα πλείω συμφύεσθαι ὥστ' εἶναι πάλιν ἕν.

constante d'Aristote que divers animaux peuvent survivre sectionnés, leurs principes végétatif et même sensitif étant potentiellement multiples [54]. Mais le processus inverse se heurte à une impossibilité radicale, liée à la nature des choses : la réunion de vivants «actuels» en un seul ne peut constituer qu'une monstruosité [55].

En d'autres termes, si vous ne posez pas au départ un principe unique, l'unité de l'être engendré reste inexplicable ; mais cette formule synthétique, qui pourrait ramasser pour l'essentiel l'intuition propre d'Aristote, mérite sans doute quelques éclaircissements.

Il semble clair que l'unité de l'être *nouveau* se situe ici au foyer des préoccupations, et qu'en cela notamment la réflexion du Stagirite surclasse celle de ses prédécesseurs, moins ouverts à cette donnée et sans doute plus soucieux d'expliquer certaines particularités de l'hérédité : Empédocle et Démocrite, divers auteurs hippocratiques et Platon lui-même, selon lequel nous avons reçu, « hommes et femmes, un être animé, qui est le désir (...); lorsque, de part et d'autre, désir et passion poussent à l'union, alors, comme qui dépouille les arbres de leur fruit, ils ensemencent de vivants la matrice, comme une glèbe ... » [56]. Tradition médicale ou transposition mythique, rien en

---

[54] *De anima*, II 2, 413 b 16-24 (cf. I 4, 409 a 9-10, et I 5, 411 b 19-27); également en *De iuventute*, 2 (*ibid.*, 468 b 9-10, Ar. songe visiblement aux individus-colonies : ἐοίκασι ... πολλοῖς ζῴοις συμπεφυκόσιν, mais c'est là une comparaison, et ce cas ne couvre qu'une partie des faits allégués); *De iuvent.*, 23, 479 a 1-7 ; *Hist. anim.*, IV 7, 531 b 30-33 ; *De incessu anim.*, 7, 707 a 24 - b 4 (cf. notre remarque sur 468 b 9-10); *Métaph.*, Z 16, 1040 b 10-16.

[55] *Métaph.*, *ibid.*, b 15-16 : δυνάμει, ἀλλὰ μὴ βίᾳ ἢ συμφύσει · τὸ γὰρ τοιοῦτον πήρωσις. Cf. *De gen. anim.*, IV 4, 770 a 24-27 ; b 9-17 ; 772 b 26-29 ; 773 a 8-13. — Sur la possibilité qu'Ar. ait imputé erronément une telle doctrine à Empédocle, cf. H. CHERNISS, *Ar.'s Crit. of Presocr. Philos.*, New York, 1964², pp. 274-275, n. 219.

[56] Cf. encore E. LESKY, *Die Zeugungs- ...*, loc. cit. supra (n. 50); Empédocle, *supra* et notes 51-52 ; Démocrite, frg. 68 A 142 ; Περὶ γονῆς hippocratique, 6-8, t. VII, pp. 478, 480 Littré ; *Timée*, 91 a : ἔρωτα (...) ζῷον τὸ μὲν ἐν ἡμῖν, τὸ δ' ἐν γυναιξίν (...) ἔμψυχον · 91c-d : ἑκατέρων ἡ ἐπιθυμία καὶ ὁ ἔρως συναγόντες, οἷον ἀπὸ δένδρων καρπὸν καταδρέψαντες, ὡς εἰς ἄρουραν τὴν μήτραν (...) ζῷα κατασπείραντες. A.E. TAYLOR, *ad loc.*, croit comprendre qu'ici « a mother is not akin by blood to her offspring » et se met à la recherche de théories scientifiques similaires. Quoi qu'il dise, la métaphore de l'ἄρουρα n'empêche pas que la conception ne soit attribuée expressément à l'action des deux partenaires : ἑκατέρων (fait que néglige également E. LESKY, *Die Zeugungs- ...* p. 1248); la théorie exposée par Timée ne diffère donc pas, en cela, des propos égalitaires que tient la *République*, ainsi que l'a bien compris MICHEL d'Éphèse (C.I.A.G., XIV 3, p. 25, 20-31) : ὁ Πλάτων (...) ὅτι ἀπὸ μὲν τοῦ πατρὸς κεφαλῆς ἔξεισι (...) καὶ ἀπὸ τῶν χειρῶν (...), παραπλήσιον δὲ καὶ ἀπὸ τῆς μητρός.

tout cela ne passe les Fourches caudines où doit se plier toute réflexion
sur la génération : comment, de *deux* vivants, peut-il en naître *un*,
s'il est vrai, comme le souligne Aristote, que chacun possède une constitution unitaire dont les facteurs sont interdépendants [57] et comporte
une structure (σύνθεσις), voire une hiérarchie rigoureuse de structures [58] ?

Aristote n'entrevoit pas l'union de gamètes ou de substances incomplètes : il rejette toute théorie qui constitue l'être engendré à
partir de deux fragments issus des géniteurs. Soit dit sans rien pré-
supposer encore au point de vue chronologique, la doctrine du traité
s'accorde bien avec celle des *Substanzbücher*. Certes, « nécessairement
un être déterminé et substantiel ne peut provenir (...) que d'êtres
substantiels et déterminés, non pas d'une qualité; (...) ni selon l'essence,
ni chronologiquement, ni dans l'ordre de la génération, les propriétés
ne peuvent avoir priorité sur la substance » [59]. Mais « il ne se peut qu'une
substance se compose de substances qui y existeraient en acte : deux
de ces êtres actuels ne sauraient être, en acte, un seul (...), car
l'acte sépare » [60]. Les livres suivants argumentent dans le même sens :

---

[57] « Constitution », σύστασις, peut revêtir un sens faible. Mais cf. *De gen. anim.*,
IV 1, 766 a 24-25 : ἑνὸς μορίου ἐπικαίρου μεταβάλλοντος, ὅλη ἡ σύστασις (...) διαφέρει.

[58] *De gen. anim.*, I 18, 722 a 16 - b 3, use de σύνθεσις (a 30, 33, 35) pour désigner
l'ensemble de l'organisme qui inclut parties différenciées, tissus, corps élémentaires;
la doctrine concorde avec celle du *De part. anim.*, II 1, 646 a 12-24, qui utilise le même
terme (a 12) en annonçant que la structure joue à trois niveaux différents : les éléments
ou leurs propriétés, les tissus, les organes; *Phys.*, II 3, 195 a 20-21, l'applique à l'essence.
— On songe également à la série bien ordonnée que présente Philopon en rapportant
le second argument qu'Aristote opposait, dit-il, à la théorie de l'âme-harmonie : *Eudème*,
frg. 7 a, p. 20, ll. 19-20 Ross : τὸ μὲν ἀσυμμετρία τῶν στοιχείων ἡ νόσος, τὸ δὲ τῶν
ὁμοιομερῶν ἡ ἀσθένεια, τὸ δὲ τῶν ὀργανικῶν τὸ αἶσχος; parmi les trois termes, ceux
qui désignent les tissus et les organes ne semblent pas avoir reçu ces acceptions avant
Aristote; pour autant qu'on puisse faire confiance à Philopon, le Stagirite aurait donc
élaboré cette présentation dès l'époque de l'*Eudème*.

[59] *Métaph.*, Z 13, 1038 b 24-25, 27-28 (Ar. refuse à l'universel le statut de substance) :
ἀδύνατον (...) τὸ τόδε τι καὶ οὐσίαν (...) μὴ ἐξ οὐσιῶν εἶναι μηδ᾽ ἐκ τοῦ τόδε τι ἀλλ᾽ ἐκ ποιοῦ.
(...) οὔτε λόγῳ (...) οὔτε χρόνῳ οὔτε γενέσει οἷόν τε τὰ πάθη τῆς οὐσίας εἶναι πρότερα.

[60] *Ibid.*, 1039 a 3-5, 7 : ἀδύνατον γὰρ οὐσίαν ἐξ οὐσιῶν εἶναι ἐνυπαρχουσῶν (ὡς secl.
W. Jaeger) ἐντελεχείᾳ · τὰ γὰρ δύο οὕτως ἐντελεχείᾳ οὐδέποτε ἐν ἐντελεχείᾳ (...) · ἡ γὰρ
ἐντελέχεια χωρίζει. — Que les individus vivants, au premier chef, soient des substances,
cela se passe de démonstration dans ce contexte : cf. Δ 8, 1017 b 10-12; Z 2, 1028 b 8-10;
De caelo, III 1, 298 a 29-32; *De anima*, II 1, 412 a 15-16; et dans notre traité : *De gen.
anim.*, II 1, 731 b 34, à propos de l'immortalité spécifique : ἡ γὰρ οὐσία τῶν ὄντων ἐν
τῷ καθ᾽ ἕκαστον; IV 3, 767 b 32-34 : γεννᾷ (...) μᾶλλον τὸ καθ᾽ ἕκαστον · τοῦτο γὰρ ἡ οὐσία,

la substance est *une* en tant qu'objet de définition, et « pas plus que le nombre n'admet le plus et le moins, ainsi non plus la substance formelle, si ce n'est en tant que la matière l'accompagne » ; en effet, « la substance, la forme, est acte » [61].

Puis donc que la génération requiert normalement deux partenaires, — et la téléologie, nous le savons, vient canoniser ce donné élémentaire, — l'un d'entre eux ne peut fournir que le matériau ; lui accorde-t-on un rôle plus important, l'unité naturelle de l'être nouveau se dégrade en rhapsodie : l'acte sépare ... Cette unité est plus manifeste encore dans la perspective dynamique qui commande d'autres aspects du traité. Ceux-ci doivent retenir davantage notre attention.

Transmission d'un mouvement.

« La cause efficiente, dit Aristote, est cause en tant que le déclenchement du mouvement en procède. (...) En tout domaine, nous avons l'habitude d'appeler efficient (...) ce qui est moteur » [62].

En un premier sens, l'intervention motrice d'une cause efficiente dans la génération se passe de commentaires. Ainsi que l'écrivait A. Mansion : « De la nature-forme part un mouvement qui aboutit à la constitution d'un être réalisant cette même forme : c'est là le procédé et de la nature et de l'art (...). Nous retombons dans le domaine de l'efficience, dès que nous voulons parler de l'influence de la forme dans le devenir » [63].

Mais l'appel à la cause motrice revêt, dans le *De gen. anim.*, des formes beaucoup plus précises.

et cf. b 34-35 ; en IV 3, PLATT rend οὐσία par « true existence », ce qui semble imprécis : on se souviendra qu'« Ar. n'accorde le nom d'οὐσία qu'à une catégorie de choses, distinguée au sein du réel lui-même (...) au moyen d'une *définition* » : S. MANSION, *La première doctrine de la substance* (*R.P.L.*, 1946, pp. 349-369), p. 351 ; et en effet le terme est distingué ici (b 34) de ποιόν τι et apparié à τόδε τι ; H. CHERNISS, *Ar.'s Crit. of Pl.*, I, 1944, pp. 364-366, voit à juste titre dans nos deux textes du *De gen. anim.* l'insistance sur l'aspect individuel de la substance, mais il l'oppose indûment à l'acception « forme », « substance formelle ».

[61] *Métaph.*, H 3, 1044 a 9-11 : ὥσπερ οὐδὲ ὁ ἀριθμὸς ἔχει τὸ μᾶλλον καὶ τὸ ἧττον, οὐδὲ ἡ κατὰ τὸ εἶδος οὐσία, ἀλλ' εἴπερ ἡ (mallem ᾗ) μετὰ τῆς ὕλης. *Métaph.*, Θ 8, 1050 b 2 : ἡ οὐσία καὶ τὸ εἶδος ἐνέργειά ἐστιν (trad. TRICOT).

[62] *De gen. et corr.*, I 7, 324 b 13-14 : Ἔστι δὲ τὸ ποιητικὸν αἴτιον ὡς ὅθεν ἡ ἀρχὴ τῆς κινήσεως. II 9, 335 b 27-28 : ἐν ἅπασιν εἰώθαμεν τοῦτο λέγειν τὸ ποιοῦν(...) ὃ ἂν ᾖ κινητικόν.

[63] A. MANSION, *Introd. à la phys. arist.*, 1945, pp. 232 et 248.

Ainsi déjà l'évocation de l'artisan et de ses outils pour illustrer la communication de la vie : le sperme « n'est nullement une partie de l'embryon en formation, pas plus qu'il ne passe quoi que ce soit du charpentier dans le matériau de la charpente (...) ; pareillement, la nature (...) use du sperme comme d'un outil et de ce qui possède en acte le mouvement, de même que sont mus les outils dans une réalisation artisanale : c'est en eux que réside, à certains égards, le mouvement en question » [64]. L'analogie semble par trop risquée à I. Düring [65]. Elle nous paraît cependant bien accordée à une double préoccupation : récuser à nouveau les présentations de l'acte générateur qui en font une fusion ou un mélange [66] et illustrer le caractère transitif que revêt à son origine la reproduction : « est mâle selon nous l'animal qui engendre en autrui ... » [67].

Mais Aristote ne tarde pas à prendre une option plus caractéristique encore, dans le texte remarquable qui clôt le premier chapitre du livre II ; la question à l'examen est de savoir quel facteur opère la

---

[64] *De gen. anim.*, I 22, 730 b 11-13, 19-23 : οὐθὲν μόριον (...) ἐστὶ τοῦ γιγνομένου κυήματος, ὥσπερ οὐδ' ἀπὸ τοῦ τέκτονος πρὸς τὴν τῶν ξύλων ὕλην οὔτ' ἀπέρχεται οὐθέν (...). ὁμοίως δὲ καὶ ἡ φύσις (...) χρῆται τῷ σπέρματι ὡς ὀργάνῳ καὶ ἔχοντι κίνησιν ἐνεργείᾳ, ὥσπερ ἐν τοῖς κατὰ τέχνην γιγνομένοις τὰ ὄργανα κινεῖται. ἐν ἐκείνοις γάρ πως ἡ κίνησις τῆς τέχνης. Cette même comparaison se retrouve, sous des formes plus succinctes, en I 18, 723 b 30 ; I 21, 729 b 16-17 ; I 22, 730 b 5-8 ; II 6, 743 a 25-26.

[65] I. Düring, *Aristoteles*, 1966, p. 547 : « Mit Hilfe einer halsbrecherischen Analogie ... ». Elle est cependant reprise à son compte par saint Thomas, qui fait siennes les doctrines principales du *De gen. anim.* et les commente, comme nous le verrons, avec profondeur. Cf. *Summa theol.*, I^a, qu. 118, a. 1, c., fin : « sicut et a principali agente derivatur quaedam vis motiva ad ipsum semen animalis, et sicut non refert dicere quod aliquid moveatur ab instrumento vel a principali agente, ita » etc. — Sur le sens des comparaisons empruntées à l'art, cf. encore A. Mansion, *Introd.*, chap. VII, § 1, surtout pp. 228-230 et note 7 (à propos notamment des « schèmes artificialistes » dont parlait J.M. Le Blond, *Logique et méthode chez Ar.*, 1939, p. 346) ; nous verrons à l'instant que l'analogie condamnée par Düring n'empêche pas Ar. de souligner aussi l'immanence du processus en sa phase ultérieure.

[66] Cette dernière expression avait été rejetée nommément en I 19, 727 b 7 et I 21, 729 b 2-9 (cf. b 4).

[67] *De gen. anim.*, I 2, 716 a 14-15 : ἄρρεν (...) λέγομεν ζῷον τὸ εἰς ἄλλο γεννῶν. Le terme « transitif » ne doit pas obnubiler la définition de la nature comme principe ἐν ᾧ ὑπάρχει (*Phys.*, II 1, 192 b 21-23) ; mais l'*être naturel* agit parfois sur autrui. Pour la distinction entre les activités transitive et immanente, voir *Métaph.*, Θ 6, 1048 b 18-35 (très malmené, et parfois omis, par la tradition) ; 7, 1049 a 11-18 (avec notre remarque *supra*, note 46, fin) ; 8, 1050 a 30 - b 3.

différenciation au sein de l'embryon [68] : cette cause serait-elle extrinsèque, ou bien immanente à la substance fécondante ? Après avoir
développé l'aporie avec toute la virtuosité dont il est capable, l'auteur
concilie comme suit les thèses opposées : « Il se peut que ceci meuve
cela, et ainsi de suite, et qu'il en soit comme des marionnettes-robots :
au repos, leurs organes se trouvent en somme avoir une puissance ;
un facteur extérieur met-il en branle le premier d'entre eux, aussitôt
le suivant passe à l'acte : chez les automates, ce facteur-là, en un sens,
est encore moteur sans rien toucher au moment même, mais après avoir
eu contact ; il en va de même pour la source du sperme, ou pour son
auteur, qui a eu contact et ne l'a plus désormais : en un autre sens,
c'est le mouvement immanent » qui est responsable du processus [69].

Nous réservant de revenir plus à propos sur d'autres indications très
significatives, notons seulement que cette conception d'un ébranlement
originel — d'une « chiquenaude initiale » — est complétée dans le
contexte : « Ce qui façonne le rapport constituant la chair ou les os,
(...) ce doit être le mouvement venant du générateur, qui est, en acte,
ce qu'est, en puissance, ce dont eux proviennent (...). La cause de
cette genèse n'est point telle partie (*scil.* incorporée au sperme), mais
le terme premier qui, de l'extérieur, a donné le branle : nul être ne
s'engendre soi-même. Venu à l'existence, il pourra désormais croître
par soi ; il faut dès lors (...) que se forme en premier lieu ce qui possède
le principe de croissance » [70], à savoir le cœur (ou son homologue chez

[68] *De gen. anim.*, II 1, 733 b 31 - 735 a 29 ; cf. 733 b 31-32 : ζητεῖται (...) ὑφ'οὗ
γίγνεται τὰ μόρια. P. MORAUX, *À propos du νοῦς θύραθεν chez Ar.*, pp. 259-263,
résume et commente le passage correctement, à ceci près que la différence avec le problème
précédent est exténuée (pp. 259-260). Dans *A Portrait of Ar.*, pp. 97-103, M. GRENE
voit bien le rôle accessoire que joue en ce texte le modèle mécanique.

[69] *Ibid.*, 734 b 9-17 : ἐνδέχεται δὲ τόδε μὲν τόδε κινῆσαι, τόδε δὲ τόδε, καὶ εἶναι οἷον
τὰ αὐτόματα τῶν θαυμάτων. ἔχοντα γάρ πως ὑπάρχει δύναμιν τὰ μόρια ἠρεμοῦντα · ὧν τὸ
πρῶτον ὅταν τι κινήσῃ τῶν ἔξωθεν, εὐθὺς τὸ ἐχόμενον γίγνεται ἐνεργείᾳ. ὥσπερ οὖν ἐν τοῖς
αὐτομάτοις, τρόπον μέν τινα ἐκεῖνο κινεῖ οὐχ ἁπτόμενον νῦν οὐθενός, ἁψάμενον μέντοι · ὁμοίως
δὲ καὶ ἀφ'οὗ τὸ σπέρμα ἢ τὸ ποιῆσαν τὸ σπέρμα, ἁψάμενον μέν τινος, οὐχ ἁπτόμενον δ'ἔτι ·
τρόπον δέ τινα ἡ ἐνοῦσα κίνησις. Cette image est reprise en II 5, 741 b 7-10 ; cf. *De motu
anim.*, ch. 7, *infra*, p. 158.

[70] *Ibid.*, 734 b 33-36, 735 a 12-16 : ποιήσειεν ἂν τὸν (...) λόγον ᾧ ἤδη τὸ μὲν σὰρξ τὸ
δ'ὀστοῦν (...) ἡ κίνησις ἡ ἀπὸ τοῦ γεννήσαντος τοῦ ἐντελεχείᾳ ὄντος ὅ ἐστι δυνάμει ἐξ οὗ
γίγνεται (...). — ταύτης μὲν οὖν οὐθὲν μόριον αἴτιον τῆς γενέσεως, ἀλλὰ τὸ πρῶτον κινῆσαν
ἔξωθεν · οὐθὲν γὰρ αὐτὸ ἑαυτὸ γεννᾷ. ὅταν δὲ γένηται, αὔξει ἤδη αὐτὸ ἑαυτό. διόπερ (...)
γίγνεσθαι ἀνάγκη πρῶτον ὃ αὐξήσεως ἀρχὴν ἔχει.

les animaux dépourvus de sang), organe « grâce auquel les autres parties
ont croissance et mouvement » [71].

Ainsi l'efficience de la cause motrice ne se limite-t-elle pas, à l'inverse
de l'action artisanale, à travailler un matériau pour assurer l'unité d'une
substance nouvelle : à celle-ci, le générateur transmet un mouvement
qui, devenu immanent, constituera désormais un de ses caractères
dominants. Mais, affronté aux résistances de la matière, ce dynamisme
se trouve également associé à des réalités somatiques diverses — cœur,
chaleur, πνεῦμα — qui exigeront une étude séparée.

4. Conclusion.

Si la perspective d'ensemble, indiquée au long de cette première
section, répond bien à celle d'Aristote dans le *De gen. anim.*, on conviendra que le prologue du traité n'avait point tort de mettre en relief
la cause motrice.

Certes, on l'a dit, le Stagirite n'a point renié l'étiologie qui domine
sa philosophie naturelle : il en rappelle même çà et là les principes.
Mais il souligne aussi à divers endroits ce que les premières lignes
de l'ouvrage ramassent en ces termes : « examiner la cause motrice,
c'est en quelque façon étudier la génération en chaque espèce ». La
cohérence de ce propos nous est apparue graduellement comme suit.

Dans deux questions que notre philosophe estime dignes de réflexion
— la copulation de divers insectes et l'existence même de la reproduction sexuée — nous l'avons vu invoquer les principes souverains de sa
téléologie pour justifier des options peu conformes à l'observation
ou liées à des normes que nous appellerions culturelles. Distinction
des sexes, primauté du mâle, rôle efficient réservé à ce dernier sont
apparus en effet comme des coordonnées parfaitement ajustées à une
vision hiérarchique de l'univers et, plus précisément, à une famille
de type monarchique [72].

---

[71] *De gen. anim.*, II 4, 740 a 10-13 : ἀνάγκη (...) ταύτην ὑπάρχειν πρῶτον, ἐξ ἧς καὶ
ἡ αὔξησις ὑπάρχει καὶ ἡ κίνησις τοῖς ἄλλοις μορίοις.

[72] Avant de quitter le sujet, notons un trait qui n'a guère été relevé jusqu'à présent.
En *Éth. Eud.*, VII 8, 1241 b 7-9, Aristote observe que les mères aiment les enfants plus
que ne le font les pères, ὅτι μᾶλλον οἴονται αὑτῶν ἔργον τὰ τέκνα : « parce qu'elles
croient davantage qu'ils sont leur œuvre, car l'œuvre se juge à la peine qu'elle coûte ».
Or, on se rappelle que d'ordinaire οἴεσθαι, chez Platon et Ar. (cf. LIDDELL-SCOTT,
s.v., III ; DES PLACES, *s.v.* ; BONITZ, 499 a 9-11), désigne une simple opinion (cf. *An.
post.*, I 6, 75 a 15 : οἰήσεται οὐκ εἰδώς), parfois même sans fondement (cf. *De an.*, I 2,

Au demeurant, lorsqu'il ne concède au partenaire femelle qu'un apport tout matériel, le philosophe entend rendre intelligible la constitution des substances organisées que sont les rejetons ; en vertu de principes qu'on retrouve dans sa *Métaphysique*, il dépasse ainsi les doctrines qui faisaient de l'être nouveau la réunion de fragments issus des géniteurs. Poursuivant sur sa lancée, Aristote montre dans la transmission de la vie la communication d'un mouvement : de même que la génération a quelque analogie avec le travail artisanal, la vie elle-même ne se conçoit pas sans l'usage de certains outils.

Ainsi l'interprétation philosophique de la reproduction a-t-elle amené une « mise en perspective » de l'être vivant. Rien ne nous permet encore de voir à quel point une problématique de ce genre a pu modifier les positions antérieures du Stagirite, ou, si l'on peut dire, en quoi sa réflexion sur la genèse du vivant éclaire nos recherches sur la genèse de la psychologie aristotélicienne. Mais le tableau qu'on vient de tracer nous invite de lui-même à approfondir les questions que voici.

S'il est vrai que le sujet traité implique nécessairement une réflexion sur l'unité de l'être vivant, nous avons à nous demander jusqu'où Aristote l'a conduite. Après ce que nous avons déjà constaté, on pourrait s'attendre à retrouver dans le traité, ou en certaines de ses parties, l'intuition qu'exprime brièvement la fin de *Métaph.*, *Λ* : l'unité psychosomatique serait due à la cause motrice [73]. Mais c'est, bien entendu, le *De anima* qui s'imposera surtout comme point de comparaison, puisque ce traité contient les réflexions les plus élaborées sur l'unité métaphysique du vivant.

403 b 29) ; on peut dès lors se demander si, dans le texte de l'*Eudémienne*, le verbe en question ne viserait pas précisément à souligner une erreur d'appréciation — d'origine affective — sur le rôle de l'épouse dans la génération : en somme, dirait Ar., « elles s'imaginent que les enfants » ....

Mais l'*Éth. Nic.*, IX 7, 1168 a 24-26, offre de ce texte une version qui utilise le verbe « fort » : μᾶλλον ἴσασιν ὅτι αὐτῶν. Il est vrai que, s'alignant sur d'autres commentateurs, GAUTHIER et JOLIF (II 2, p. 744) veulent rejeter ces mots, trouvant notamment « bien subtile » la liaison mise entre les douleurs de la parturition et la connaissance évoquée ; mais ils négligent le parallèle de l'*Eudémienne*, dont on voit aisément la parfaite cohérence et l'appui qu'il fournit à celui d'*É.N.* Au total, ce dernier nous invite donc à ne point voir dans l'οἴονται d'*É.E.* une nuance dépréciative : Aristote a simplement consigné dans ces textes une précieuse observation sur les fondements de l'amour maternel.

[73] *Métaph.*, *Λ* 10, 1075 b 34-37 : τίνι (...) ἐν ᾗ ψυχὴ καὶ τὸ σῶμα, καὶ ὅλως τὸ εἶδος καὶ τὸ πρᾶγμα, (...) οὐδεὶς ἐνδέχεται λέγειν, ἐὰν μὴ ὡς ἡμεῖς εἴπῃ, ὡς τὸ κινοῦν ποιεῖ.

Cette seconde section en appellera une troisième, destinée à mettre
éventuellement en lumière un aspect complémentaire : la part qu'accorde Aristote aux instruments du vivant, voire de l'âme; si dissonance
il y a par rapport à la conception unitaire du vivant, nous devrons
examiner la possibilité de remaniements. Nous entreprendrons alors
une comparaison avec quelques écrits représentatifs, selon Nuyens,
de l'une et l'autre théorie; ce sera l'objet des chapitres suivants.

Section II. L'unité substantielle du vivant

On se souvient sans doute que Nuyens, appliquant son critère au
De gen. anim., attribue de façon décidée le traité à la période finale de
l'activité d'Aristote. « On y lit en effet, dit-il, de nombreux passages
dans lesquels l'unité substantielle de l'âme et du corps se trouve exprimée; il y en a même un où l'âme est dite expressément οὐσία
σώματος » [1].

Cette option a été reçue, et même comprise, en des sens divers.
H.J. Drossaart Lulofs estime superficielle l'analyse qui prétend l'établir. P. Boyancé utilise l'avis de Nuyens, mais en lui faisant dire que
le traité serait de la *première* période (la confusion est manifeste avec
ce qui est dit du *De gen. et corruptione* !). P. Moraux accepte sans réserves l'analyse de Nuyens et sa conclusion; il argumente lui-même
comme suit : « dans la perspective hylémorphique, qui est celle de notre
traité, (…) »; « les conceptions psychologiques qui apparaissent dans
le *De Gen. anim.* reposent sur celles du *De anima* » [2].

Pour notre part, nous avons décelé dès la section précédente une
préoccupation très nette de sauvegarder l'unité de l'être engendré.
Des thèmes majeurs de philosophie sociale, ainsi que des thèses métaphysiques déterminées, concordent avec l'idée que les rôles des géniteurs,
loin de se doubler, restent essentiellement distincts.

La perspective de notre traité est-elle proprement hylémorphique ?
C'est ce qu'il nous faut préciser à présent. Le principal point de com-

---

[1] Fr. Nuyens, *L'évolution* …, p. 257; cf. pp. 256-263 (260-263 : examen des références),
313-316 (répercussions sur le statut de l'intellect).

[2] H.J. Drossaart Lulofs, *Ar. De insomniis* …, 1947, p. xxxviii; P. Boyancé,
Note sur l'éther … (dans *Rev. des ét. gr.*, 1967, pp. 202-209), p. 207; P. Moraux, *À propos
du νοῦς θύραθεν* …, 1955, p. 261; p. 267 et n. 38. Cf. encore P. Louis, *Introd.* à l'éd.
Belles Lettres, 1961, p. x, qui s'en remet simplement à Nuyens.

paraison sera, bien entendu, la doctrine que développe le *De anima*, surtout dans les quatre premiers chapitres du livre II ; de ces chapitres, certains points pourraient d'ailleurs recevoir quelque lumière du parallèle en question. Il serait tentant de s'adresser plus spécialement au passage synthétique qui présente l'âme comme étant à la fois cause formelle, cause finale et principe de mouvement, mais son allure hautement systématique, jointe à quelques dissonances de détail, pourrait indiquer qu'il s'agit d'une réflexion ultérieure ; on veillera, dès lors, à ne pas s'y appuyer d'une façon exclusive ³.

1. *L'âme, présente au corps entier.*

Lorsqu'il veut démontrer l'identité de doctrine entre le *De gen. anim.* et le *De anima*, Nuyens invoque principalement quatre passages selon lesquels l'âme « exerce son influence dans tous les organes ; cette thèse est en contradiction absolue avec la théorie dualiste de la période de transition » ⁴. Nous n'avons plus ici à nous expliquer sur cette antinomie, dont il fut longuement question au chapitre premier ⁵. Mais que prouvent exactement les textes allégués ? Les voici, avec la mention des problèmes auxquels ils se rattachent :
— « Est-ce la matière du sperme qui cause la génération, ou bien possède-t-il une aptitude ou un principe moteur capable d'engendrer ? Car la main, pas plus qu'aucune autre partie, sans une puissance psychique ou autre, n'est une main ou un organe : elle n'en a que le nom » ⁶.
— « Comment peut se former chaque partie ? (...) Tout ce qui naît naturellement ou est produit vient à l'être sous l'action d'une réalité en

---

³ W. THEILER, *Ar. Ueber die Seele*, 1966, pp. 30-31 et 114, et I. DÜRING, *Arist.*, 1966, p. 559, voient dans ce passage (*De anima*, II 4, 415 b 8-27) une addition ressortissant à une « seconde couche » de l'ouvrage. Ils apprécient de même divers autres morceaux, notamment le chap. II, 1 (cf. dans le même sens H. DÖRRIE, *Methodik des Ar. in der Schrift* ..., dans *Ar. ... méthode*, 1961, pp. 233-234), mais à tort, selon nous, qui approuvons les remarques de P. MORAUX, recension de THEILER, 1. Aufl., dans *Arch. f. Gesch. d. Philos.*, t. 43, 1961, pp. 102-103.

⁴ Fr. NUYENS, *L'évolution* ..., p. 259.

⁵ *Supra*, pp. 7-9 (résultats de Nuyens), 17, 21, 23-26 (critiques émises), 27-30 (notre objectif présent : vérifier cette antinomie).

⁶ *De gen. anim.*, I 19, 726 b 20-24 (en b 22, DROSS. LUL. corrige en ψυχικῆς le ψυχῆς de Nuyens et d'autres : leçon non attestée) : (...) *πότερον τὸ σῶμα τοῦ σπέρματός ἐστι τὸ αἴτιον τῆς γενέσεως, ἢ ἔχει τινὰ ἕξιν καὶ ἀρχὴν κινήσεως γεννητικήν · οὐδὲ γὰρ ἡ χεὶρ οὐδ' ἄλλο τῶν μορίων οὐδὲν ἄνευ ψυχικῆς ἢ ἄλλης τινὸς δυνάμεώς ἐστι χεὶρ οὐδὲ μόριον οὐθέν, ἀλλὰ μόνον ὁμώνυμον.*

acte, à partir de ce qui est tel en puissance. Or, le sperme est de ce genre, et il possède mouvement et principe tels que, tandis que s'arrête le mouvement, chaque organe se forme et s'anime. Car il n'est point de visage qui ne possède l'âme, non plus que de chair : s'ils périssent, c'est par homonymie qu'on les appellera visage ou chair, comme s'ils étaient devenus de pierre ou de bois » [7]. Le troisième texte suit d'assez près :

— « Le sperme a-t-il, ou non, une âme ? Le raisonnement est le même que pour les organes ; car il ne peut exister d'âme, sinon en l'être auquel elle appartient, ni de partie qui n'y ait point part, si ce n'est par homonymie, comme l'œil d'un mort. Le sperme a donc évidemment une âme ; il est âme, en puissance » [8].

—— « Pour quelle raison (…) la femelle n'engendre-t-elle point par elle-même ? La cause en est que la sensation différencie l'animal du végétal, et visage, main, chair ou partie quelconque ne sauraient exister si une âme sensitive n'y réside, en acte ou en puissance, d'une façon relative ou absolue : ce serait comme un cadavre, ou le membre d'un mort ; or, c'est le mâle qui crée une âme de ce genre … » [9].

Si limité soit-il, le contexte cité montre en quel sens Aristote entend la formule : « l'organe inanimé et l'organe vivant n'ont en commun que le nom » ; on voit aussi pourquoi il se plaît à la reprendre sous diverses formes. Dans chaque cas, il souligne que le rayonnement de l'âme devra s'étendre au rejeton tout entier : il insinue d'abord que le « corps » du sperme ne peut satisfaire à cette exigence fondamentale ; le second texte et le troisième montrent respectivement que la semence doit transmettre à tout l'être le mouvement « actuel » issu du générateur et

---

[7] *De gen. anim.*, II 1, 734 b 19, 21-27 (en b 22-23, nous avons respecté l'ambiguïté de τοιοῦτον en ses trois apparitions) : πῶς δέ ποτε ἕκαστον γίγνεται (… ;) ὅσα φύσει γίγνεται ἢ τέχνῃ ὑπ'ἐνεργείᾳ ὄντος γίγνεται ἐκ τοῦ δυνάμει τοιούτου. τὸ μὲν οὖν σπέρμα τοιοῦτον, καὶ ἔχει κίνησιν καὶ ἀρχὴν τοιαύτην ὥστε παυομένης τῆς κινήσεως γίγνεσθαι ἕκαστον τῶν μορίων καὶ ἔμψυχον. οὐ γάρ ἐστι πρόσωπον μὴ ἔχον ψυχήν, οὐδὲ σάρξ, ἀλλὰ φθαρέντα ὁμωνύμως λεχθήσεται τὸ μὲν εἶναι πρόσωπον τὸ δὲ σάρξ, ὥσπερ κἂν εἰ ἐγίγνετο λίθινα ἢ ξύλινα.

[8] *Ibid.*, 735 a 4-9 : πότερον δ'ἔχει ψυχὴν τὸ σπέρμα ἢ οὔ ; ὁ αὐτὸς λόγος καὶ περὶ τῶν μορίων · οὔτε γὰρ ψυχὴ ἐν ἄλλῳ οὐδεμία ἔσται πλὴν ἐν ἐκείνῳ οὗ γ'ἐστίν, οὔτε μόριον ἔσται μὴ μετέχον ἀλλ'ἢ ὁμωνύμως, ὥσπερ τεθνεῶτος ὀφθαλμός. δῆλον οὖν ὅτι καὶ ἔχει καὶ ἔστι δυνάμει.

[9] *De gen. anim.*, II 5, 741 a 6, 8-14 : (…) διὰ τίν'αἰτίαν, (…) οὐκ αὐτὸ ἐξ αὐτοῦ γεννᾷ τὸ θῆλυ. αἴτιον δ'ὅτι διαφέρει τὸ ζῷον τοῦ φυτοῦ αἰσθήσει · ἀδύνατον δὲ πρόσωπον ἢ χεῖρα ἢ σάρκα εἶναι ἢ ἄλλο τι μόριον μὴ ἐνούσης αἰσθητικῆς ψυχῆς, ἢ ἐνεργείᾳ ἢ δυνάμει, καὶ ἤ πῃ ἢ ἁπλῶς · ἔσται γὰρ οἷον νεκρὸς ἢ νεκροῦ μόριον. εἰ οὖν τὸ ἄρρεν ἐστὶ τὸ τῆς τοιαύτης ποιητικὸν ψυχῆς (…).

que dans ce but elle doit être, au degré potentiel, l'âme elle-même ; la dernière citation applique la formule au cas de l'âme sensitive.

Est-ce à dire, comme le déclare Nuyens, « qu'Aristote dans le *De Generatione* combatte (...) énergiquement l'idée de la localisation de l'âme dans un organe particulier » [10] ?

Sans anticiper sur ce que dira notre troisième section du rôle attribué au cœur, il faut avouer que la conclusion de Nuyens dépasse les prémisses : celles-ci montrent seulement que tout organe doit « avoir part à l'âme » et recevoir d'elle le mouvement caractéristique de la vie, voire — dans le cas des animaux — la sensation.

Le Stagirite utilise d'ailleurs, dans le voisinage de la seconde citation, une formule apparentée, mais qui en constitue à certains égards le contrepied : s'interrogeant sur le statut éventuel d'un organe qui, au sein de l'embryon, aurait à susciter la formation des autres parties, il note qu'on ne peut concevoir sa disparition ultérieure ; et de remarquer aussitôt : « s'il est vrai qu'il n'est rien de l'âme qui ne soit présent en quelque partie du corps, il doit exister, d'emblée, un organe animé » [11]. A suivre la méthode de Nuyens, on pourrait tirer d'ici la localisation stricte de toutes les parties de l'âme ...

Mais on se gardera bien d'une exégèse aussi rigide : la différence d'accent entre ce texte et les quatre autres cités plus haut montre au minimum qu'Aristote ne songe pas pour le moment à ce problème : il souligne uniquement que le dynamisme de l'âme doit atteindre tout le vivant, faute de quoi il y a équivoque pure et simple.

Cette dernière remarque relative à l'« homonymie », qui figure dans les trois premiers textes, peut au demeurant nous instruire beaucoup plus sûrement sur la position doctrinale d'Aristote au moment où il rédige ses réflexions sur la transmission de la vie.

On aura retrouvé là une note que présente aussi le *De anima*, au

---

[10] Fr. NUYENS, *L'évolution* ..., p. 260 ; cf. p. 259. — Nous ne pouvons développer ici diverses remarques de détail, par exemple l'appel que fait l'auteur au commentaire de MICHEL d'Éphèse (C.I.A.G., XIV 3, p. 105, 11-16) à la n. 120 de la p. 260 : fidèle à la doctrine du traité, ce texte note l'insensibilité de certaines parties, ce qui implique en réalité une relative localisation de l'âme sensitive.

[11] *De gen. anim.*, II 1, 734 a 14-16 (cf. 9-14) : εἰ δὲ δὴ μὴ ἔστι τῆς ψυχῆς μηθὲν ὃ μὴ τοῦ σώματός ἐστιν ἔν τινι μορίῳ, καὶ ἔμψυχον ἄν τι εἴη μόριον εὐθύς. L'ensemble du passage 733 b 31 - 734 b 4 est aporétique, ce qui ne l'empêche pas de faire appel aux principes classiques, par exemple en 734 a 30-31 (texte repris tel quel dans la solution : δεῖ λαβεῖν, cf. b 21-22).

chapitre même qui définit le vivant comme substance hylémorphe. « Supposons qu'un outil — une hache, par exemple — soit un corps naturel : son essence serait d'être hache (et c'est cela qu'est l'âme) ; si l'on séparait l'essence, il n'y aurait plus de hache, sinon par homonymie (...). Notre propos doit se vérifier également au sujet des organes : l'œil fût-il un animal, la vue serait son âme, car elle est la substance formelle de l'œil (...) ; elle absente, il n'y a plus d'œil, sinon par homonymie, tel un œil sculpté ou en peinture » [12].

Mais la similitude des illustrations et des développements [13] ne peut faire oublier l'identité de la doctrine : si, appliquée à l'organe vivant et à l'inanimé, l'appellation est « équivoque », c'est que le défini diffère radicalement de l'un à l'autre ; ce qu'est l'un, l'autre ne l'est à aucun titre.

Que le Stagirite situe cette homonymie au niveau de l'essence, — celui dont traite avec prédilection Z de la *Métaphysique*, — ce livre invite de façon pressante à le croire. En liaison avec une évocation du vivant dont Nuyens a bien montré le caractère hylémorphique, Aristote déclare que les parties du corps (lequel est matière pour le composé) ont, en un sens, priorité sur ce dernier, mais qu'en un autre sens ce n'est pas le cas ; « car, quand on les sépare, elles ne peuvent pas exister : le doigt d'un animal n'est pas n'importe lequel ; mort, il n'en a que le nom » [14].

---

[12] *De anima*, II 1, 412 b 12-15, 17-22 : (...) εἴ τι τῶν ὀργάνων φυσικὸν ἦν σῶμα, οἷον πέλεκυς · ἦν μὲν γὰρ ἂν τὸ πελέκει εἶναι ἡ οὐσία αὐτοῦ, καὶ ἡ ψυχὴ τοῦτο · χωρισθείσης δὲ ταύτης οὐκ ἂν ἔτι πέλεκυς ἦν, ἀλλ᾽ἢ ὁμωνύμως, (...). Θεωρεῖν δὲ καὶ ἐπὶ τῶν μερῶν δεῖ τὸ λεχθέν. εἰ γὰρ ἦν ὁ ὀφθαλμὸς ζῷον, ψυχὴ ἂν ἦν αὐτοῦ ἡ ὄψις · αὕτη γὰρ οὐσία ὀφθαλμοῦ ἡ κατὰ τὸν λόγον (...), ἧς ἀπολειπούσης οὐκέτ᾽ ὀφθαλμός, καθάπερ ὁ λίθινος καὶ ὁ γεγραμμένος. Nuyens connaît bien entendu ces textes, qu'il utilise pour commenter le *De an.* (*L'évolution* ..., p. 241), mais non pour éclairer les passages cités du *De gen. anim.*

[13] Le parallélisme pourrait être étoffé de multiples façons. Indiquons seulement que le premier texte est précédé immédiatement d'une vive insistance sur la présence potentielle, dans le sperme, des divers organes et du vivant tout entier : *De gen. anim.*, I 19, 726 b 15-18 ; cf. *De an.*, II 1, 412 a 20, 28 ; b 26-27 : τὸ σπέρμα (...) τὸ δυνάμει τοιονδὶ σῶμα. Le second est amorcé comme suit (*De gen. anim.*, II 1, 734 b 17-18) : « il existe donc un agent, mais non pas comme être déterminé » (τόδε τι), ce qui répond aux propos du *De an.*, II 1, 412 b 6-8 (cf. II 2, 414 a 14-21) sur les « co-principes » constitutifs du vivant. Quant au troisième, il est suivi (*De gen. anim.*, II 1, 735 a 9-11) d'une réflexion sur les degrés de l'actualisation, similaire à ce qu'en dit le *De an.*, II 1, 412 a 10-11, 22-23 ; b 27-413 a 3.

[14] *Métaph.*, Z 10, 1035 b 23-25 (pour le contexte, cf. ch. III, *infra*, s. I, pp. 120-121 ; b 14-16 dans Fr. Nuyens, *L'évolution* ..., p. 177 ; et Z 11, 1036 b 28-32) : οὐδὲ γὰρ εἶναι δύναται χωριζόμενα · οὐ γὰρ ὁ πάντως ἔχων δάκτυλος ζῴου, ἀλλ᾽ὁμώνυμος ὁ τεθνεώς.

Qui mieux est, dans le *De part. anim.*, le Stagirite note lui-même que
cette distinction radicale s'impose si l'on veut dépasser le mécanisme
de Démocrite et, dirons-nous, accéder à l'explication métaphysique
du vivant. Selon ce philosophe, dit-il, l'homme « est caractérisé par
sa configuration et sa couleur. Mais le cadavre aussi a la même structure
apparente ; pourtant ce n'est pas un homme. De plus, une main n'en
peut être une si elle est faite n'importe comment — en bronze ou en
bois, par exemple, — sauf par homonymie, comme un médecin dessiné ;
car elle ne pourra accomplir sa tâche (...). Il faut donc énoncer la
nature de l'animal (à propos de celui-ci, ce qu'il est et ses qualités,
de même que pour chaque partie) comme pour la forme d'un lit. Et
la forme, c'est l'âme, ou l'une de ses parties, ou ce qui ne peut être
sans elle » [15].

Ainsi Nuyens avait-il raison d'attirer le regard sur les quatre textes
cités en commençant : ceux-ci ne se comprennent correctement que
dans une perspective hylémorphique, comme le confirment divers
exposés parallèles. Mais le trait qu'il invoquait n'a pu nous convaincre :
que tout organe doive la vie à l'action de l'âme, cela n'exclut pas, de
soi, que celle-ci réside éventuellement en un lieu privilégié du vivant.
La signification de ces passages nous semble tout autre : lorsque le
Stagirite recourt au concept d'homonymie, c'est pour affirmer ou nier
la présence d'une nature spécifique, d'une quiddité qui est l'âme
même [16].

Jusqu'à plus ample informé, la conception unitaire du vivant se
situe donc sur un plan métaphysique. Mais, soucieux de respecter les
dominantes du traité, nous ne pourrons conclure avant d'avoir envisagé
des ensembles plus significatifs. Demandons-nous à présent si la reproduction, telle que l'entend le *De gen. anim.*, est essentiellement la

---

[15] *De part. anim.*, I 1, 640 b 33- 641 a 2 ; a 15-18 : (...) ὡς ὄντος αὐτοῦ τῷ τε σχήματι
καὶ τῷ χρώματι γνωρίμου. καίτοι καὶ ὁ τεθνεὼς ἔχει τὴν αὐτὴν τοῦ σχήματος μορφήν, ἀλλ᾽ ὅμως
οὐκ ἔστιν ἄνθρωπος. ἔτι δ᾽ ἀδύνατον εἶναι χεῖρα ὁπωσοῦν διακειμένην, οἷον χαλκῆν ἢ ξυλίνην,
πλὴν ὁμωνύμως, ὥσπερ τὸν γεγραμμένον ἰατρόν. οὐ γὰρ δυνήσεται ποιεῖν τὸ ἑαυτῆς ἔργον. (...).
λεκτέον ὡς τοιοῦτον τὸ ζῷον, καί, περὶ ἐκείνου, καὶ τί καὶ ποῖόν τι, καὶ τῶν μορίων ἕκαστον,
ὥσπερ καὶ περὶ τοῦ εἴδους τῆς κλίνης. εἰ δὴ τοῦτό ἐστι ψυχὴ ἢ ψυχῆς μέρος ἢ μὴ ἄνευ ψυχῆς (...).

[16] La privation de la vie entraîne même une différence générique, mais peu importe
dans le cas présent. — NUYENS a signalé (p. 260, cf. *supra* et n. 1) un dernier passage,
où l'âme semble être considérée comme cause formelle : ἡ γὰρ ψυχὴ οὐσία σώματός
τινός ἐστι (*De gen. anim.*, II 4, 738 b 25-27 ; cf. *De anima*, II 1, 412 a 19-21 et II 2,
414 a 18). Mais cf. la suite de notre texte : une formule isolée de ce genre doit être rapportée
aux coordonnées générales de l'œuvre ; nous aurons donc à y revenir : cf. *infra*, pp. 69-70.

constitution d'une substance hylémorphe ; forme et matière vont ainsi faire l'objet des deux paragraphes suivants.

2. *La communication de l'*εἶδος.

Avec une fermeté de pensée qui nous paraît ne jamais se démentir au long de développements considérables, le philosophe soutient un propos qu'on pourrait ramasser comme suit : par le moyen du mouvement actuel qu'il transfère au sperme, le générateur mâle communique au matériau (fourni par la femelle) non pas un être, mais un principe qui commande l'accès de l'embryon au degré actuel typique de son espèce.

Bien entendu, cette sorte de théorème complexe demande divers appuis textuels, que nous tenterons de grouper en nous conformant au rythme des exposés aristotéliciens.

Après l'introduction et le développement d'anatomie comparée, Aristote consacre les sept derniers chapitres du premier livre aux apports respectifs des deux sexes, et tout d'abord à la provenance du sperme [17].

Une remarque s'impose au départ. Ici comme ailleurs dans le traité, et si déconcertant que cela puisse paraître à ceux qui profitent de l'acquis scientifique ultérieur, les faits allégués se présentent à nous comme passibles de diverses interprétations ; qu'un fils soit destiné à grisonner à l'instar de son père alors que celui-ci, au moment où il l'engendre, a encore les cheveux noirs [18], ou que les jouissances sexuelles semblent intéresser l'ensemble de l'organisme [19], ces données et beaucoup d'autres sont compatibles non seulement avec les théories d'Aristote, mais aussi avec celles qu'il rejette : contribution féminine, positive, à la reproduction, et production du sperme à partir de l'organisme entier. Sans prétendre pour autant que le philosophe ait été, plus qu'on ne l'a cru, une sorte de naturaliste en chambre [20], — la question

[17] *De gen. anim.*, I 17 et 18, jusqu'à 724 a 13.

[18] Cf. *De gen. anim.*, I 18, 722 a 6-7 : ἔνια δ'οὐκ ἔχουσί πω ὅταν γεννῶσιν, οἷον τρίχωσιν πολιῶν ἢ γενείου. I 17, 721 b 20-24.

[19] Cf. *De gen. anim.*, I 17, 721 b 16-17 : πλέον δὲ πᾶσι τοῖς μορίοις ἢ τὸ ἑνὶ ἢ ὀλίγοις συμβαῖνον αὐτῶν. I 18, 723 b 32 - 724 a 3.

[20] « Perhaps (...) a desk-work scholar » : I. DÜRING, *Ar.'s Method in Biology*, pp. 219-220 (dans *Ar. et les problèmes de méthode*, 1961, pp. 213-221 ; voir, *ibid.*, les réflexions nuancées de P. MORAUX à propos de l'astronomie, surtout pp. 180-185, et les précisions de D. BALME sur la signification, en biologie, des « différences », surtout pp. 206-211, qui touchent le *De gen. anim.*).

déborde notre compétence et sort du cadre que nous nous sommes assigné, — nous estimons pouvoir attirer l'attention sur les préoccupations d'ordre spéculatif qui l'animent lorsqu'il examine les faits et s'efforce d'en donner une explication d'ensemble.

Ces préoccupations sont d'ailleurs, dès cet exposé du livre premier, aisément repérables. Il s'agit d'expliquer comment vient à l'être un organisme d'une haute complexité, dont les divers éléments sont plus ou moins spécialisés [21] et cependant contigus et coordonnés [22] : telle est en somme la majeure du raisonnement, soutenue par les observations nombreuses dont font foi surtout les autres traités et, bien entendu, par une intuition foncièrement exacte. Nous avons noté plus haut comment cette conception explique le rejet des théories paritaires et l'utilisation de la cause motrice comme facteur décisif de la reproduction [23].

Quelle autre prémisse a pu, le cas échéant, commander en outre l'adoption de la perspective hylémorphique qui nous retient à présent ? La réponse semble être celle-ci: Aristote refuse catégoriquement à l'intermédiaire réel de la génération le statut d'un être achevé ou subsistant.

Sans doute l'absence de moyens optiques a-t-elle favorisé cette position : le Stagirite n'a pu connaître la relative autonomie des gamètes. Mais il est, en fait, frappé par le développement du vivant : comme il le précisera plus loin, c'est l'un après l'autre que se forment les divers organes [24], et c'est par étapes que le principe végétatif de l'embryon deviendra, d'abord, âme végétative en acte, ensuite, âme sensitive [25]. C'est cette embryogenèse qui sous-tend la seconde prémisse d'Aristote. Pour l'étoffer, l'auteur va opérer une extrapolation.

La croissance, en effet, implique l'assimilation d'un donné extérieur. « Mais si cet apport est capable de se transformer, pourquoi le sperme n'aurait-il pas, dès le principe, une nature capable de devenir spon-

[21] Cf. *De gen. anim.*, I 18, 722 a 16 - b 1; 724 a 18 et *passim*.

[22] Cf. *ibid.*, 722 b 3-5, 17-28 et *supra*, pp. 49-50.

[23] Première section de ce chapitre, § 3 : l'explication de la génération.

[24] *De gen. anim.*, II 1, 734 b 4 - 735 a 29; II 4, 740 a 1-24; II 6, 742 a 32 - b 17, etc. — Le premier passage, en 734 b 27-28 : ἅμα δὲ τὰ ὁμοιομερῆ γίγνεται καὶ τὰ ὀργανικά, diverge par rapport à *De part. anim.*, II 1, 646 b 5-8, qui semble bien offrir la succession génétique (τῇ γενέσει) que voici : éléments, tissus, organes.

[25] *De gen. anim.*, II 3, 736 b 8-27; nous réservons le cas de l'intellect pour le ch. V.

tanément sang et chair, mais qui ne soit pas pour autant sang et chair ?
(...) Prétendre qu'un élément du sperme soit nerf ou os, cela, comme
on dit, nous dépasse tout à fait » [26]. L'ironie se fait plus âpre à propos
des traits secondaires : en soutenant que la semence provient de toutes
et chacune des parties du corps, les théoriciens adverses « s'expriment
comme si elle venait aussi des chaussures ; car, en somme, un fils pareil
à son père en porte de semblables ! » [27]. Ainsi donc les organes et même
les accidents suivront-ils la formation de la substance sans que celle-ci
doive être préformée telle quelle dès le principe.

Une première conclusion s'impose désormais : l'intermédiaire est
déjà l'être à venir, mais en puissance seulement. « Le sperme doit
émaner de la nourriture transformée en sang, laquelle finit par se
répartir dans les organes ; le sperme possède pour cette raison une grande vigueur. (...) Germe de la main, du visage, de l'animal entier, il est
indistinctement main, visage, animal entier ; et ce qu'est en acte chacun
d'eux, le sperme l'est en puissance » [28].

On ne voit cependant pas encore l'incidence de ces déductions sur
l'éventuelle unité hylémorphique de l'être nouveau. D'autre part, on
ne conçoit pas qu'un intermédiaire en puissance puisse, par cela seul,
exercer une quelconque action.

Un pas de plus permettra de dissiper simultanément ces deux per-
plexités : selon les exigences du problème à l'examen et conformément
aux déclarations que nous avons relevées dans le traité, le philosophe
va faire appel à l'efficience de la cause motrice et lui appliquer les
principes de sa physique. Une longue citation semble nécessaire ici.

« Comment donc le mâle contribue-t-il à la génération, et comment le
sperme qui en provient est-il cause de l'être en formation ? Ou bien
il en fait partie, étant d'emblée un élément du corps en devenir,

---

[26] De gen. anim., I 18, 723 a 14-17, 21-23 (sur l'assimilation, cf. De an., II 4, 416
a 21- b 9) : ἀλλὰ μὴν εἴ γε δύναται μεταβάλλειν τὸ προσελθόν, διὰ τί οὐκ εὐθὺς ἐξ ἀρχῆς
τὸ σπέρμα τοιοῦτόν ἐστιν ὥστ'ἐξ αὐτοῦ δύνατον εἶναι γίγνεσθαι αἷμα καὶ σάρκας, ἀλλὰ μὴ
αὐτὸ εἶναι ἐκεῖνο καὶ αἷμα καὶ σάρκας ; (...) τοῦ δὲ σπέρματος φάναι τι νεῦρον εἶναι καὶ ὀστοῦν
λίαν ἐστὶν ὑπὲρ ἡμᾶς τὸ λεγόμενον.

[27] Ibid., 723 b 31-32 : ὅμοιον λέγουσιν ὥσπερ κἂν εἰ ἀπὸ τῶν ὑποδημάτων · σχεδὸν
γὰρ ὅμοιος υἱὸς τῷ πατρὶ ὅμοια φορεῖ.

[28] De gen. anim., I 19, 726 b 9-12, 15-18 : τῆς αἱματικῆς ἂν εἴη περίττωμα τροφῆς
τὸ σπέρμα, τῆς εἰς τὰ μέρη διαδιδομένης τελευταίας. καὶ διὰ τοῦτο μεγάλην ἔχει δύναμιν.
(...) τὸ σπέρμα ἐστὶ τὸ τῆς χειρὸς ἢ τὸ τοῦ προσώπου ἢ ὅλου τοῦ ζῴου ἀδιορίστως χεὶρ ἢ
πρόσωπον ἢ ὅλον ζῷον · καὶ οἷον ἐκείνων ἕκαστον ἐνεργείᾳ, τοιοῦτον τὸ σπέρμα δυνάμει.

mêlé à la matière qui provient de la femelle. Ou bien ce qui entre en composition n'est nullement le corps du sperme, mais la puissance qui est en lui, le mouvement : c'est ce dernier en effet qui est efficient, tandis que ce qui est organisé et reçoit la forme, c'est la part du résidu qui subsiste chez la femelle. Et tel est bien ce qui résulte à la fois du raisonnement et des faits » [29].

« Car des considérations générales montrent qu'un être un n'est pas le produit des principes passif et actif, comme si ce dernier faisait partie de l'être engendré, et, bien sûr, (*scil.* qu'il n'est composé) à aucun titre, de l'être mû et du moteur. Or, pour sa part, la femelle, en tant que telle, est passive ; le mâle, comme tel, est actif, et de lui vient le déclenchement du mouvement » [30].

« Dès lors, si l'on saisit l'opposition qui fait, de ces deux termes, soit le principe efficient et moteur, soit le principe passif et mû, l'être qui se forme n'est pas *un* à partir de ces principes, sinon comme le lit provenant du bois et du charpentier, ou comme le globe issu de la cire et de la forme. Il est donc évident que rien ne doit nécessairement venir du mâle, et que, s'il en vient quelque chose, l'être qui se forme n'en est pas pour autant constitué comme d'un élément, mais comme à partir du moteur et de la forme, à l'instar de qui est guéri sous l'action de la médecine » [31].

---

[29] *De gen. anim.*, I 21, 729 b 1-9 : *(...) πῶς ποτε συμβάλλεται εἰς τὴν γένεσιν τὸ ἄρρεν, καὶ πῶς αἴτιόν ἐστι τοῦ γιγνομένου τὸ σπέρμα τὸ ἀπὸ τοῦ ἄρρενος, πότερον ὡς ἐνυπάρχον καὶ μόριον ὂν εὐθὺς τοῦ γιγνομένου σώματος, μιγνύμενον τῇ ὕλῃ τῇ παρὰ τοῦ θήλεος, ἢ τὸ μὲν σῶμα οὐθὲν κοινωνεῖ τοῦ σπέρματος, ἡ δ'ἐν αὐτῷ δύναμις καὶ κίνησις · αὕτη μὲν γάρ ἐστιν ἡ ποιοῦσα, τὸ δὲ συνιστάμενον καὶ λαμβάνον τὴν μορφὴν τὸ τοῦ ἐν τῷ θήλει περιττώματος λοιπόν. κατά τε δὴ τὸν λόγον οὕτω φαίνεται καὶ ἐπὶ τῶν ἔργων.* Ces derniers mots annoncent, après la démonstration que nous allons reproduire, une confirmation tirée de l'observation : la copulation des insectes, dont il a été question *supra*, s. I, pp. 41-42 et notes 21, 22, 27. — Pour *κοινωνεῖ* (b 5), cf. BONITZ, 400 a 29-31 ; dans le cas présent, le régime *τοῦ γιγνομένου* peut facilement être suppléé.

[30] *Ibid.*, 729 b 9-14 : *καθόλου τε γὰρ ἐπισκοποῦσιν οὐ φαίνεται γιγνόμενον ἓν ἐκ τοῦ παθητικοῦ καὶ τοῦ ποιοῦντος ὡς ἐνυπάρχοντος ἐν τῷ γιγνομένῳ τοῦ ποιοῦντος, οὐδ'ὅλως δὴ ἐκ τοῦ κινουμένου καὶ κινοῦντος. ἀλλὰ μὴν τό γε θῆλυ, ᾗ θῆλυ, παθητικόν, τὸ δ'ἄρρεν, ᾗ ἄρρεν, ποιητικὸν καὶ ὅθεν ἡ ἀρχὴ τῆς κινήσεως.* Pour *ὅλως* (b 11), cf. BONITZ, 506 a 1-2 : « cum negatione (...) significat 'prorsus non' ».

[31] *Ibid.*, 729 b 14-21 : *ὥστε ἂν ληφθῇ τὰ ἄκρα ἑκατέρων, ᾗ τὸ μὲν ποιητικὸν καὶ κινοῦν, τὸ δὲ παθητικὸν καὶ κινούμενον, οὐκ ἔστιν ἐκ τούτων τὸ γιγνόμενον ἕν, ἀλλ'ἢ οὕτως ὡς ἐκ τοῦ τέκτονος καὶ ξύλου ἡ κλίνη, ἢ ὡς ἐκ τοῦ κηροῦ καὶ τοῦ εἴδους ἡ σφαῖρα. δῆλον ἄρα ὅτι οὔτ'ἀνάγκη ἀπιέναι τι ἀπὸ τοῦ ἄρρενος, οὔτ'εἴ τι ἀπέρχεται, διὰ τοῦτο ἐκ τούτου ὡς ἐνυπάρχοντος τὸ γιγνόμενόν* (γεννώ- Dr. Lul.) *ἐστιν, ἀλλ'ὡς ἐκ κινήσαντος καὶ τοῦ εἴδους, ὡς καὶ*

Nous voici fixés désormais. Même si le dernier exemple peut être attribué à l'ordre accidentel, l'efficience dont parle Aristote n'est autre que la transmission de l'εἶδος. S'il n'est encore que potentiellement l'être nouveau, le sperme porte en acte le mouvement issu du générateur [32] et, à cet égard, il ne diffère pas de ce dernier [33]; or, dans la reproduction, « le mâle fournit la forme et le principe moteur », « détient le λόγος et l'εἶδος », et « ce qui crée le rapport constituant la chair ou l'os, ce doit être le mouvement qui vient du générateur » [34].

Ainsi l'explication du Stagirite a-t-elle retrouvé le niveau déjà métaphysique que révélaient les passages relatifs à l'homonymie régnant entre l'être animé et l'inanimé. Le facteur majeur de la reproduction, — celui qui, reçu par une matière propice, va conduire à l'existence le nouveau vivant, — ce ne peut être une substance, un être achevé (le philosophe se refuse à y voir un ζῷον μικρόν ou même un quelconque μόριον [35]), ni quoi que ce soit de quantitatif : οὐκ εἰς τὸ ποσὸν συμβαλλομένου τοῖς ζῴοις τοῦ ἄρρενος [36], mais un principe d'organisation, un co-principe.

ἀπὸ τῆς ἰατρικῆς ὁ ὑγιασθείς. Les premiers mots sont quelque peu énigmatiques, à en juger par les propos de A. PLATT (Oxford Transl.), qui rend ἄκρα par « highest genera » (l'idée n'est pas étrangère au contexte, mais le terme grec nous semble ne rien connoter de semblable), et de BONITZ, qui met notre texte en parallèle avec des citations d'*Éth. Nic.* sur le juste milieu (*Index*, 29 a 41-47). Mieux vaut, pensons-nous, s'en tenir à l'acception fondamentale du terme : τὰ μάλιστα ἐναντία (*ibid.*, 29 a 2; cf. *Phys.*, VI 4, 234 b 19, etc.), ce qui donne ici : « ce en quoi les deux termes s'opposent nettement »; on pourrait aller jusqu'à traduire : « contradictoires » ou « contraires ».

[32] Cf. *De gen. anim.*, I 22, 730 b 19-21 : ἡ φύσις ἐν τῷ ἄρρενι (...) χρῆται τῷ σπέρματι ὡς ὀργάνῳ καὶ ἔχοντι κίνησιν ἐνεργείᾳ. I 21, 730 a 29 : τὸ θῆλυ δεῖται (...) τοῦ κινήσοντος. II 6, 743 a 26-29 (le mouvement est attribué à la chaleur incorporée au sperme).

[33] Cf. *De gen. anim.*, II 1, 734 b 7-9 : τὸ μὲν οὖν τὸ σπέρμα λέγειν ἢ ἀφ' οὗ τὸ σπέρμα, οὐθὲν διαφέρει ᾗ ἔχει τὴν κίνησιν ἐν ἑαυτῷ, ᾗ ἐκεῖνο ἐκίνει. IV 3, 767 b 18-20. *De part. anim.*, I 1, 641 b 29.

[34] *De gen. anim.*, I 20, 729 a 9-10 : τὸ μὲν ἄρρεν παρέχεται τό τε εἶδος καὶ τὴν ἀρχὴν τῆς κινήσεως. II 1, 732 a 4; 734 b 33-35 : ποιήσειεν ἂν τὸν (...) λόγον ᾧ ἤδη τὸ μὲν σάρξ τὸ δ'ὀστοῦν (...) ἡ κίνησις ἡ ἀπὸ τοῦ γεννήσαντος. — Sur cette notion de λόγος, cf. la mise au point nuancée du *De an.*, I 4, 407 b 32 - 408 a 30.

[35] Cf. *De gen. anim.*, I 18, 722 b 4-5; I 22, 730 b 10-19; II 3, 737 a 12-14; etc.

[36] *De gen. anim.*, I 21, 729 a 21-22. — Ces diverses options ont été reprises par saint THOMAS; son commentaire synthétique semble fidèle à l'esprit d'Aristote, cf. *Summa theol.*, Iᵃ, qu. 119, a. 2, c., à propos du semen : « si (...) retineret naturam eius a quo resolvitur, tunc esset contractum ad determinatam partem, et non haberet virtutem

Celui-ci n'a-t-il pas, dans la terminologie aristotélicienne, une dénomination plus précise ? Rappelons la démarche de l'auteur, telle que nous avons pu la repérer. Le vivant se caractérise par une forte unité de structure. Or, son développement est si manifestement graduel qu'on ne peut, — se reportant en arrière, — entrevoir à son principe qu'une organisation radicalement potentielle. Comment donc concevoir l'efficience impliquée par la génération ? Comme la communication, par le biais du *mouvement* actuel imparti au sperme, de la *forme* spécifique à laquelle *tend* l'individu ... : voilà donc réunies les trois causalités que le *De anima*, II 4, attribue à l'âme. Mais non seulement le *De gen. anim.* la reconnaît sous sa forme potentielle dans le sperme [37] ; il la désigne comme le principe qui commande l'organisation de l'embryon, en des termes qui valent pour l'εἶδος de l'être naturel [38].

Ces éclaircissements peuvent suffire. Quand il déclarait dans une première définition : « la signification naturelle du sperme est d'être l'origine première des êtres qui se constituent selon la nature » [39], ajoutant qu'il véhicule « le germe du principe psychique » [40] et qu'il « possède le principe de la forme, à savoir le principe moteur premier » [41], Aristote considérait le vivant comme une substance essentiellement hylémorphe, comme une σύνθεσις dont le lien dynamique ressortit à l'âme, co-principe de la matière [42]. Toutefois, l'examen de ce second

movendi ad naturam totius, sed solum ad naturam partis : nisi forte quis dicat quod esset resolutum ab omnibus partibus corporis, et quod retineat naturam omnium partium : et sic semen esset quasi quoddam parvum animal in actu ; et generatio animalis ex animali non esset nisi per divisionem ; sicut lutum generatur ex luto, et sicut accidit in animalibus quae decisa vivunt. Hoc autem est inconveniens. Relinquitur ergo quod semen non sit decisum ab eo quod erat actu totum, sed magis in potentia totum, habens virtutem ad productionem totius corporis derivatam ab anima generantis ».

[37] Cf. *De gen. anim.*, II 1, 735 a 8-9 ; *supra*, n. 8, p. 58.

[38] *Ibid.*, 733 b 32- 734 a 1 : ὑφ'οὗ γίγνεται τὰ μόρια (...), τοῦτ' ἔστιν ἢ μέρος τι ψυχῆς ἢ ψυχὴ ἢ ἔχον ἂν εἴη τῆς ψυχῆς. Cf. *De part. anim.*, I 1, 641 a 17-18 : περὶ τοῦ εἴδους (...) · εἰ δὴ τοῦτό ἐστι ψυχὴ ἢ ψυχῆς μέρος ἢ μὴ ἄνευ ψυχῆς, texte examiné *supra*, p. 61 et n. 15.

[39] *De gen. anim.*, I 18, 724 a 17-18 : βούλεται δὲ τοιοῦτον εἶναι τὴν φύσιν τὸ σπέρμα, ἐξ οὗ τὰ κατὰ φύσιν συνιστάμενα γίγνεται πρῶτον.

[40] *De gen. anim.*, II 3, 737 a 7-9 : τὸ δὲ τῆς γονῆς σῶμα, ἐν ᾧ συναπέρχεται τὸ σπέρμα (codd., Moraux, *À propos* ..., p. 269 : sens *générique* du mot ; πνεῦμα Platt) τὸ τῆς ψυχικῆς ἀρχῆς. Cf. II 4, 738 b 26 : ἡ δὲ ψυχὴ ἐκ τοῦ ἄρρενος, et *infra*, p. 257, n. 17.

[41] *De gen. anim.*, IV 1, 765 b 11-13 : σπέρμα ἔχον τὴν ἀρχὴν τοῦ εἴδους (...) λέγω δ'ἀρχὴν (...) τὴν κινοῦσαν πρώτην.

[42] Sur la σύνθεσις, voir la comparaison avec l'unité intelligible : ὥσπερ (...) ἀπὸ τοῦ γεγραμμένου ὀνόματος (*De gen. anim.*, I 18, 722 a 30-31) ; et cf. *Phys.*, II 3, 195 a 15,

partenaire s'impose, si nous voulons énoncer les conclusions suffisamment fondées.

3. *Le substrat organique.*

Il y a lieu en effet d'examiner, à propos du facteur matériel, ce qui ne s'accorderait pas avec la théorie exposée au cours des deux paragraphes précédents, mais également d'indiquer ce qui serait de nature à la préciser : en quel sens et à quel degré le substrat est-il « en puissansance » par rapport à la forme que communique le sperme, tel pourrait être le thème de notre réflexion.

Potentiel, le substrat l'est déjà en tant que ὕλη, conformément à la doctrine la plus classique d'Aristote : « Le résidu provenant de la femelle est, potentiellement, pareil à ce qu'est par nature l'animal (...). C'est la femelle qui fournit la matière » [43].

Cette indétermination serait-elle absolue ? L'auteur déclare, il est vrai, pour confirmer la différence entre les apports des deux sexes : « Et c'est bien ce que révèle l'expérience : les menstrues sont constituées à l'instar de la matière première » [44]. Mais on se gardera bien de voir dans cette dernière expression ce que *Z* de la *Métaph.* désigne d'une façon absolument négative, car en cette acception la matière est inconnaissable [45] ; le sens précis de l'épithète « première » se confirme quand on la trouve appliquée également à la cause motrice de la génération, laquelle n'est point, on s'en doute, le Premier Moteur [46].

C'est bien plutôt les déterminations du matériau, que notre traité souligne en mainte occasion. « Pas plus que l'être en puissance n'existera sous l'action d'un moteur qui n'aurait point l'actualité, celui qui possède l'acte n'agira sur le premier venu » [47] ; de même, « cha-

---

20-21 : τὰ (...) αἴτια · (...) τὰ δὲ ὡς τὸ τί ἦν εἶναι, τό τε ὅλον καὶ ἡ σύνθεσις καὶ τὸ εἶδος · τὸ δὲ σπέρμα (...) καὶ ὅλως τὸ ποιοῦν, πάντα ὅθεν ἡ ἀρχὴ τῆς μεταβολῆς (...). Sur le lien nécessaire, cf. encore *De gen. anim.*, I 18, 722 b 3-4 et *De an.*, I 5, 411 b 6-19 ; II 4, 416 a 6-8.

[43] *De gen. anim.*, II 4, 740 b 18-20, 24-25 : τὸ περίττωμα τὸ τοῦ θήλεος δυνάμει τοιοῦτόν ἐστιν οἷον φύσει τὸ ζῷον (...). ὕλην μὲν οὖν παρέχει τὸ θῆλυ. Sur le lien entre substrat matériel et puissance, cf. *Phys.*, II 3 ; *De an.*, II 1, 412 a 9-10 ; *Métaph.*, Θ 8, 1050 a 15.

[44] *De gen. anim.*, I 20, 729 a 31-33 : ὅπερ καὶ φαίνεται συμβαῖνον · κατὰ γὰρ τὴν πρώτην ὕλην ἐστὶν ἡ τῶν καταμηνίων φύσις. Cf. *supra*, p. 47, et II 1, 733 b 26-27.

[45] *Métaph.*, Z 3, 1029 a 20-21, 24-25 ; Z 10, 1036 a 8-9.

[46] *De gen. anim.*, II 1, 731 b 21, 732 a 4 ; 735 a 12-13, 28 ; IV 1, 765 b 13.

[47] *De gen. anim.*, II 6, 743 a 23-25 : οὔτε γὰρ τὸ δυνάμει ὂν ὑπὸ τοῦ μὴ ἐνέργειαν ἔχοντος κινητικοῦ ἔσται, οὔτε τὸ τὴν ἐνέργειαν ἔχον ποιήσει ἐκ τοῦ τυχόντος.

cune des parties se formera à partir du genre de matière qu'elle peut recevoir, à partir de tel résidu » [48]. Ceci concorde bien avec les principes qui régissent la formation des êtres substantiels dans d'autres traités : « La matière est un relatif : autre forme, autre matière » et « toute semence ne donne pas naissance à n'importe quoi » [49].

Cette perspective donne son sens vrai, pensons-nous, à la formule assurément remarquable qu'a relevée Nuyens : « le corps vient de la femelle, l'âme, du mâle ; car l'âme est substance (formelle) d'un corps » [50].

Le contexte invite à une interprétation pondérée ; loin de mettre en valeur le statut hylémorphique du vivant, Aristote tire aussitôt de cette formule des corollaires (καὶ διὰ τοῦτο) plutôt particuliers, à savoir que des croisements répétés donnent progressivement la suprématie au donné transmis par la mère, voire que celle-ci doit être dotée d'un réceptacle assez considérable ! [51]. Au demeurant, à elles seules, les provenances indiquées pour le corps et pour l'âme trahiraient aussi bien une mentalité dualiste.

Et cependant, quelques lignes plus haut, le Stagirite a déclaré que « le vivant est un corps animé ; toujours la femelle procure la matière ; le mâle, ce qui met en œuvre » [52], en sorte que la formule ἡ ψυχὴ οὐσία σώματός τινός ἐστιν ne peut guère s'entendre que de co-principes, comme dans le *De anima* : « Substance se dit en trois sens : forme, matière, composé de l'une et l'autre ; de ces termes, la matière est puissance, la forme, acte ; leur composé étant animé, le corps n'est point acte de l'âme, mais celle-ci l'est d'un corps (...). L'âme n'est point corps, mais en est quelque chose ; aussi réside-t-elle en un corps, et en tel corps (...) : il ne semble pas que n'importe quoi reçoive n'importe quoi (...) : elle est un acte, forme de ce qui a puissance de devenir tel » [53].

---

[48] *De gen. anim.*, IV 1, 766 a 11-13 : ἕκαστον ἂν γίγνοιτο τῶν μορίων ἐκ τοιαύτης ὕλης ἧς δεκτικόν ἐστι, καὶ τοιούτου περιττώματος.

[49] *Phys.*, II 2, 194 b 9 : τῶν πρός τι ἡ ὕλη · ἄλλῳ γὰρ εἴδει ἄλλη ὕλη. *De part. anim.*, I 1, 641 b 26-27 : οὐ γὰρ δὴ ὅ τι ἔτυχεν ἐξ ἑκάστου γίγνεται σπέρματος. Cf. *Phys.*, II 4, 196 a 31-33.

[50] *De gen. anim.*, II 4, 738 b 25-27 : ἔστι δὲ τὸ μὲν σῶμα ἐκ τοῦ θήλεος, ἡ δὲ ψυχὴ ἐκ τοῦ ἄρρενος · ἡ γὰρ ψυχὴ οὐσία σώματός τινός ἐστιν. — Fr. NUYENS, *L'évolution ...*, pp. 260 et 257 ; cf. *supra*, pp. 56 et 61, nn. 1 et 16.

[51] Cf. *ibid.*, 738 b 27-35 et 738 b 35- 739 a 1.

[52] *Ibid.*, 738 b 19-20 : τὸ ζῷον σῶμα ἔμψυχόν ἐστιν · ἀεὶ δὲ παρέχει τὸ μὲν θῆλυ τὴν ὕλην, τὸ δ'ἄρρεν τὸ δημιουργοῦν.

[53] *De an.*, II 2, 414 a 14-28, *passim* : τριχῶς γὰρ λεγομένης τῆς οὐσίας (...), ὧν τὸ

On conviendra, sous réserve d'autres parallèles, que celui-ci présente un ensemble de concordances assez convaincant. En outre, le *De gen. anim.* offre, des définitions du *De anima*, une sorte de commentaire qui éclaire singulièrement l'aspect potentiel du substrat : δυνάμει ζωὴν ἔχοντος [54]. Certes, un équivalent en est donné aussitôt : ὀργανικόν, c'est-à-dire doté d'organes tels que la racine ou la bouche, selon le cas [55]. Mais le traité sur la reproduction donne à cette constitution organique une dimension *dynamique*, à peine perceptible dans l'autre dissertation : cette puissance se précise et se déploie selon des cheminements que nous avons à indiquer maintenant, sans nous dissimuler que certaines interprétations d'Aristote lui-même pourraient mettre en péril la conception hylémorphique.

L'auteur se demande notamment : « S'il est vrai que l'être femelle possède la même âme et que la matière est le résidu qui vient de lui, qu'a-t-il besoin du mâle, au lieu d'engendrer par lui-même ?(...) Que le problème énoncé ait quelque fondement, c'est clair dans le cas des oiseaux qui pondent des œufs non fécondés (...). En quel sens dira-t-on que ceux-ci ont la vie ? Ce ne peut être à l'égal des œufs féconds (car le vivant en acte en proviendrait), ni comme de la pierre ou du bois, car, si ces œufs périssent, c'est qu'ils avaient quelque part à la vie. Ils ont donc bien une âme en puissance. Laquelle donc ? nécessairement la plus basse, c'est-à-dire la végétative : celle-ci appartient pareillement à tous les animaux et végétaux. Pourquoi donc ne peut-elle parfaire les organes et l'animal ? parce qu'il leur faut avoir l'âme sensitive : pour les parties des animaux il n'en va point comme pour un végétal ; ainsi leur faut-il le concours du mâle (...) : les œufs de ce genre deviennent féconds lorsqu'en telle circonstance celui-ci les fertilise » [56].

μὲν εἶδος, τὸ δὲ ὕλη, τὸ δὲ ἐξ ἀμφοῖν, τούτων δ'ἡ μὲν ὕλη δύναμις, τὸ δὲ εἶδος ἐντελέχεια, ἐπεὶ τὸ ἐξ ἀμφοῖν ἔμψυχον, οὐ τὸ σῶμά ἐστιν ἐντελέχεια ψυχῆς, ἀλλ'αὕτη σώματός τινος. (...) σῶμα (...) οὐκ ἔστι, σώματος δέ τι, καὶ διὰ τοῦτο ἐν σώματι ὑπάρχει, καὶ ἐν σώματι τοιούτῳ, (...) οὐδὲ φαινομένου τοῦ τυχόντος δέχεσθαι τὸ τυχόν. (...) ἐντελέχειά τίς ἐστι καὶ λόγος τοῦ δύναμιν ἔχοντος εἶναι τοιούτου.

[54] *Ibid.*, II 1, 412 a 20-21, 27-28, et n. précéd., fin.

[55] *Ibid.*, 412 a 28 - b 6.

[56] *De gen. anim.*, II 5, 741 a 6-9, 16-17, 19-28, 29-31 : (...) εἴπερ ἔχει τὸ θῆλυ τὴν αὐτὴν ψυχήν, καὶ ἡ ὕλη τὸ περίττωμα τὸ τοῦ θήλεός ἐστι, τί προσδεῖται τοῦ ἄρρενος, ἀλλ' οὐκ αὐτὸ ἐξ αὑτοῦ γεννᾷ τὸ θῆλυ. (...) ὅτι γ'ἔχει λόγον ἡ λεχθεῖσα ἀπορία, φανερὸν ἐπὶ τῶν ὀρνίθων τῶν τὰ ὑπηνέμια τικτόντων (...), πῶς τις αὐτῶν τὰ ᾠὰ φήσει ζῆν. οὔτε γὰρ οὕτως ὡς τὰ γόνιμα ᾠὰ ἐνδέχεται (ἐγίγνετο γὰρ ἂν ἐξ αὐτῶν ἐνεργείᾳ ἔμψυχον) οὔθ'οὕτως ὥσπερ

Voici donc, au sein d'espèces sexuellement différenciées, des réalités biologiques imparfaites et fragiles, certes, mais possédant une relative autonomie avant l'intervention du mâle [57]. Or, nous avons cru comprendre, au paragraphe précédent, qu'Aristote situait — par extrapolation, disions-nous — à l'origine du vivant un stade potentiel, indistinct, seul capable à ses yeux d'expliquer la diversification ultérieure [58]; et nous savons combien notre philosophe tient à partager les rôles entre les partenaires. L'observation rapportée à l'instant implique-t-elle une exception à ces principes ?

Nullement, car nous le voyons ici même réserver au mâle la collation de l'âme sensitive et déclarer un peu plus haut : « la femelle ne saurait engendrer par elle-même un animal, car ce qui vient d'être dit ressortit à l'essence du mâle » [59]. D'autre part, le Stagirite insiste sur l'accès graduel de l'embryon à l'actualité qui définit le vivant adulte : aussitôt après avoir montré que « le sperme a une âme ; il est âme, en puissance », il note : « il peut être, en puissance, plus ou moins près de lui-même (sic), comme est plus éloigné (scil. de l'acte) le géomètre en sommeil que celui qui veille, et celui-ci plus que celui qui étudie » [60]. Ceci rappelle

ξύλον ἢ λίθος. ἔστι γὰρ καὶ τούτων τῶν ᾠῶν φθορά τις ὡς μετεχόντων τρόπον τινὰ ζωῆς πρότερον. δῆλον οὖν ὅτι ἔχει τινὰ δυνάμει ψυχήν. ποίαν οὖν ταύτην ; ἀνάγκη δὴ τὴν ἐσχάτην. αὕτη δ'ἐστὶν ἡ θρεπτική. αὕτη γὰρ ὑπάρχει πᾶσιν ὁμοίως ζῴοις τε καὶ φυτοῖς. διὰ τί οὖν οὐκ ἀποτελεῖ τὰ μόρια καὶ τὸ ζῷον ; ὅτι δεῖ αἰσθητικὴν αὐτὰ ἔχειν ψυχήν · οὐ γάρ ἐστιν ὥσπερ φυτοῦ τὰ μόρια τῶν ζῴων. διὸ δεῖται τῆς τοῦ ἄρρενος κοινωνίας · (...) τὰ γὰρ ὑπηνέμια γίγνεται γόνιμα, ἐὰν ἔν τινι καιρῷ τὸ ἄρρεν ἐποχεύσῃ.

[57] Autonomie relative, disons-nous : sujets à périr, de tels œufs diffèrent de la matière, mais ils ne peuvent donner le jour à des vivants en acte (a 20-22). Ar. souligne encore le caractère transitoire de leur état en notant que leur âme végétative est au degré potentiel : il semble bien que l'action du mâle (laquelle confère l'âme sensitive, a 27-28) soit requise pour que ce végétatif lui-même passe à l'acte, car les μόρια d'un animal diffèrent de ceux d'un végétal (ibid.). On voit avec quelle prudence l'auteur répond à la question : « en quel sens dira-t-on que ces œufs ont la vie ? » (a 19), et comment se traduit concrètement la formule du De an. : « corps organique ayant la vie en puissance ».

[58] Supra, pp. 63-64.

[59] De gen. anim., II 5, 741 a 27-28, 29-31, supra, et n. 56; cf. 741 b 6 : ἐμποιεῖ γὰρ τοῦτο τὴν αἰσθητικὴν ψυχήν; II 3, 737 a 29-34. — Ibid., 741 a 14-16 : ἀδύνατον τὸ θῆλυ αὐτὸ ἐξ αὑτοῦ γεννᾶν ζῷον · τὸ γὰρ εἰρημένον ἦν τὸ ἄρρενι εἶναι. Nous adoptons ici le datif; cf. S, deux mss. de MICHEL, et l'imparfait révélateur de la quiddité : BONITZ, Index, 764 a 50-57, et De part. anim., II 3, 649 b 21-22 : τὸ αἷμα (...) θερμόν, οἷόν τι ἦν αὐτῷ τὸ αἵματι εἶναι.

[60] De gen. anim., II 1 735 a 8-9 (cité supra, n. 8), a 9-11 : καὶ ἔχει καὶ ἔστι δυνάμει. ἐγγυτέρω δὲ καὶ πορρωτέρω αὐτὸ αὑτοῦ ἐνδέχεται εἶναι δυνάμει, ὥσπερ ὁ καθεύδων γεωμέτρης

le propos célèbre que formule le *De anima* avec une égale concision,
à propos de l'âme : « la forme est acte, et cela de deux façons : soit
comme savoir, soit comme étude exercée » [61].

On conclura de ces comparaisons qu'il n'y a point ici d'entorse à la
présentation hylémorphique de l'être engendré, mais bien une précision :
dans certains cas, c'est au cours du processus qu'intervient le mâle ;
cette intervention n'en est pas moins décisive : elle seule peut conduire
à l'actualité typique de l'espèce.

Une fois passé ce cap, on ne rencontre plus, nous semble-t-il, de difficultés dans l'interprétation de ce qui concerne le substrat et, par suite,
notre couple de co-principes.

Parlant des ostracodermes et des insectes sujets à la génération
spontanée, Aristote se demande « ce qui, chez les êtres de ce genre,
correspond dans sa constitution au principe matériel » [62]. Chez les
vivants, dit-il, « la nourriture est soit eau et terre, soit ce qui en est
composé ; ainsi, ce qu'élabore chez les (*scil.* autres) animaux la chaleur
venant de la nourriture, c'est la chaleur saisonnière environnante
qui, à partir de la mer et de la terre, le sécrète par cuisson et l'organise »
dans le cas de la génération spontanée [63].

Peu importe que la réponse ne puisse nous convaincre ; l'auteur
a pris soin de rappeler ses thèmes généraux concernant la reproduction, en des termes analogues à ceux que nous avons cités maintes
fois : ainsi, vient de la femelle « ce qui, potentiellement tel que l'être
dont il est issu, devient animal parfait grâce au principe moteur provenant du mâle » [64].

Il en va de même pour les développements qui remplissent les deux
derniers livres, plus anecdotiques et cependant instructifs. À travers
de nouvelles polémiques contre Empédocle et Démocrite, au long de

τοῦ ἐγρηγορότος πορρωτέρω, καὶ οὗτος τοῦ θεωροῦντος. Sur cette actualisation progressive, cf. *supra*, p. 63 ; *infra*, ch. V, pp. 254-257, 262-264.

[61] *De an.*, II 1, 412 a 9-11 (cf. 22-23) : ἔστι (...) τὸ δ'εἶδος ἐντελέχεια, καὶ τοῦτο διχῶς,
τὸ μὲν ὡς ἐπιστήμη, τὸ δ'ὡς τὸ θεωρεῖν.

[62] *De gen. anim.*, III 11, 762 a 35 - b 1 : τί τὸ κατὰ τὴν ὑλικὴν ἀρχὴν συνιστάμενόν
ἐστιν ἐν τοῖς τοιούτοις.

[63] *Ibid.*, 762 b 12-16 : τροφὴ δ'ἐστὶ τοῖς μὲν ὕδωρ καὶ γῆ, τοῖς δὲ τὰ ἐκ τούτων, ὥσθ'ὅπερ
ἡ ἐν τοῖς ζῴοις θερμότης ἐκ τῆς τροφῆς ἀπεργάζεται, τοῦθ'ἡ τῆς ὥρας ἐν τῷ περιέχοντι θερμότης
ἐκ θαλάττης καὶ γῆς συγκρίνει πέττουσα καὶ συνίστησιν.

[64] *Ibid.*, 762 b 2-4 : ὃ ἡ παρὰ τοῦ ἄρρενος ἀρχὴ κινοῦσα, δυνάμει τοιοῦτον ὂν οἷον ἀφ'οὗπερ
ἦλθεν, ἀποτελεῖ τὸ ζῷον.

laborieuses recherches sur l'hérédité de maints caractères, importants ou accessoires, on assiste en somme à une revanche de l'observation sur la théorie, et ce, précisément, quant au rôle plus important que joue l'apport féminin [65]. Mais, nous allons le voir, les principes ne se relâchent point pour autant.

Un long chapitre explique-t-il le sexe du rejeton en disant que l'apport mâle, « tantôt, vainqueur, annexe (*scil.* l'apport femelle), tantôt, dominé, se transforme en son contraire ou se détruit, car mâle et femelle sont des contraires » [66], l'auteur parsème son exposé de remarques visant à rappeler, si l'on peut dire, la valeur permanente de la doctrine orthodoxe : « le sperme possède le principe de la forme, à savoir le principe (…) moteur premier »; mâle et femelle « sont, l'un, capable, l'autre, incapable de procurer la sécrétion pure »; « ce qui caractérise la semence du mâle, c'est qu'il a en lui le principe capable de mouvoir, même au sein de l'animal, et d'opérer une décoction de la nourriture assimilée (*litt.* : dernière); celle de la femelle n'a que la matière » [67].

Cet exemple assez développé suffira sans doute [68]. Il complète à sa manière la présentation que nous donne Aristote du substrat de la génération. Corrélat de la forme provenant du mâle, réagissant parfois à cet apport tout en s'y adaptant, ce facteur présente des traits particuliers assez divers, de nature à étoffer ce que dit de lui le *De anima*, à savoir, on s'en souvient, qu'il possède la vie en puissance.

---

[65] Pour le détail des théories, cf. E. LESKY, *Die Zeugungs- und Vererbungslehren* …, pp. 1370-82. — Sur les résistances et l'activité réelle de la matière, le texte le plus net est en *De gen. anim.*, IV 3, 768 b 15-23; et cf. A. MANSION, *Introd.*, p. 245.

[66] *De gen. anim.*, IV 1, 766 b 15-16 : κρατῆσαν μὲν οὖν εἰς αὐτὸ ἄγει, κρατηθὲν δ'εἰς τοὐναντίον μεταβάλλει ἢ εἰς φθοράν. ἐναντίον δὲ τῷ ἄρρενι τὸ θῆλυ. Sur cette théorie, cf. aussi *Métaph.*, I 9, surtout 1058 a 30; a 37- b 1; b 23-24 : τὸ αὐτὸ σπέρμα θῆλυ ἢ ἄρρεν γίγνεται παθόν τι πάθος.

[67] *Ibid.*, 765 a 11-13 (cité *supra*, n. 41); 765 b 35-36 (cf. II 3, 737 a 28-29); 766 b 12-14 : σπέρμα ἔχον τὴν ἀρχὴν τοῦ εἴδους · λέγω δ'ἀρχὴν (…) τὴν κινοῦσαν πρώτην. — τὸ μὲν δύναται τὸ δ'ἀδυνατεῖ ἐκκρῖναι τὸ περίττωμα καθαρόν. — διαφέρει δὲ τὸ τοῦ ἄρρενος σπέρμα, ὅτι ἔχει ἀρχὴν ἐν ἑαυτῷ τοιαύτην οἵαν κινεῖν καὶ ἐν τῷ ζῴῳ καὶ διαπέττειν τὴν ἐσχάτην τροφήν, τὸ δὲ τοῦ θήλεος ὕλην μόνον. DROSSAART LULOFS encadre de *cruces* les mots espacés, mais à tort, selon nous; cf. *infra*, s. III, n. 59 à la p. 94.

[68] Nous omettons dès lors un second exemple aussi aisément convaincant : la dissertation sur la ressemblance du rejeton avec les parents et les autres ascendants, en *De gen. anim.*, IV 3-4, avec les reprises doctrinales de 767 b 18-20, 770 b 16-17.

4. *Conclusion*.

Au terme de cette seconde section, il semble possible, grâce à des comparaisons avec le *De anima*, de situer et de ramasser la doctrine hylémorphique du vivant que nous a révélée le traité sur la génération. On songe en particulier au texte qui présente l'âme comme étant à la fois cause formelle, cause finale et principe du mouvement, et que nous évoquions en commençant [69].

« L'âme est cause en tant que substance (formelle) des corps animés ; (...) car la cause de l'être, pour quiconque, est la substance formelle, et, pour les vivants, l'être, c'est la vie ; et l'âme en est la cause et le principe. De plus, c'est l'acte qui est 'raison' de l'être en puissance » [70].

Point n'est besoin de souligner longuement le parallèle, appuyé par chacun des trois paragraphes précédents. Le vivant doit sa réalité vraie et sa définition à l'âme ; sans elle, il n'a d'un animal que le nom. En second lieu, l'εἶδος actuel du générateur, le λόγος qui le définit, passe au rejeton grâce à la semence animée, qui est en puissance ce qu'il sera en acte. Enfin, « substance (formelle) d'un corps », l'âme est, d'abord en puissance, puis en acte, le corrélat d'une matière organisée. On n'aperçoit guère que des accents différents dans la terminologie avec sans doute, pour le texte du *De anima*, une tendance plus nette à la généralisation en ce qui concerne l'οὐσία.

Aristote poursuit : « Il est clair que l'âme est cause également à titre de fin : de même que l'intellect agit en vue de quelque chose, de même aussi la nature, et cela est son but. De ce genre est l'âme chez les animaux, conformément à la nature ; car tous les corps naturels sont organes de l'âme et, comme le sont ceux des animaux, ainsi également ceux des plantes ; car ils existent en vue de l'âme, et *ce en vue*

---

[69] P. 57 et n. 3. *De an.*, II 4, 415 b 8-27 ; cf. *De part. anim.*, I 1, 641 a 27 (cité *supra*, s. I, p. 37, n. 5). Pour divers points — plutôt secondaires, selon nos conjectures — de ce passage capital, on aimerait utiliser le témoignage de la version arabe due à Ishaq ibn Hunaïn ou, du moins, la traduction arabo-latine attribuée à Michel Scot et dont nous avons récemment souligné l'intérêt dans notre recension des éditions dues à P. SIWEK, 1965 et à A. JANNONE, 1966 (*Travaux* ..., *R.P.L.*, 1970, pp. 244-245). Mais les relevés publiés par L. MINIO-PALUELLO (*Le texte du « De an. »* ..., dans *Autour d'Ar.*, 1955, pp. 239-242), que nous avons utilisés pour étayer nos critiques, ne s'étendent pas au texte que nous examinons à présent.

[70] *Ibid.*, 415 b 11-15 : (...) ὡς ἡ οὐσία τῶν ἐμψύχων σωμάτων ἡ ψυχὴ αἰτία. (...) τὸ γὰρ αἴτιον τοῦ εἶναι πᾶσιν ἡ οὐσία, τὸ δὲ ζῆν τοῖς ζῶσι τὸ εἶναί ἐστιν, αἰτία δὲ καὶ ἀρχὴ τούτου ἡ ψυχή. ἔτι τοῦ δυνάμει ὄντος λόγος ἡ ἐντελέχεια.

de quoi a deux sens : l'objectif et le bénéficiaire (*litt.* : le *quoi* et le *pour quoi* ou *pour qui*)» [71].

Ce second passage méritera une exégèse approfondie, lorsqu'il nous faudra examiner les particularités doctrinales du *De anima*. Au stade présent de notre recherche, nous constaterons simplement que le *De gen. anim.* présente lui aussi l'âme comme *fin*, comme valeur visée (τὸ οὗ) par le dessein de la nature : «mieux vaut l'âme que le corps, l'animé que l'inanimé en raison de l'âme, être que ne pas être, vivre que ne pas vivre, et c'est pour ces raisons qu'il y a génération des animaux» [72]; nous avons également relevé la définition : «ce qui, chez les animaux, possède le principe de toute la croissance et sa fin» [73], encore que ceci vise seulement un des organes de l'âme, même s'il est le plus important, à savoir le cœur. Mais l'actualisation de l'être nouveau n'utilise-t-elle pas les apports mâle et femelle comme les instruments dont profite l'âme [74]? Celle-ci serait donc aussi *fin* au sens de τὸ ᾧ, c'est-à-dire bénéficiaire du processus génétique, la doctrine du *De gen. anim.* vérifiant ainsi l'un et l'autre des sens que, nous venons de le voir, le *De anima* attribue à l'expression typique de la finalité : «ce en vue de quoi».

Voici en troisième lieu comment le *De anima* présente la causalité motrice de l'âme : «D'autre part, origine première du mouvement local, l'âme l'est également; mais cette faculté n'existe pas chez tous les vivants. L'altération et la croissance ont aussi rapport à l'âme : la sensation est conçue comme une altération, et nul ne l'exerce qui n'ait part à l'âme; il en va de même pour la croissance et le déclin, car rien ne décroît ni ne croît selon la nature, qui ne se nourrisse, et rien ne se nourrit qui ne communie à la vie» [75].

---

[71] *Ibid.*, 415 b 15-21 (nous revenons à l'instant sur le sens des derniers termes) : φανερὸν δ'ὡς καὶ οὗ ἕνεκεν ἡ ψυχὴ αἰτία · ὥσπερ γὰρ ὁ νοῦς ἕνεκά του ποιεῖ, τὸν αὐτὸν τρόπον καὶ ἡ φύσις, καὶ τοῦτ'ἔστιν αὐτῆς τέλος. τοιοῦτον δ'ἐν τοῖς ζῴοις ἡ ψυχὴ κατὰ φύσιν · πάντα γὰρ τὰ φυσικὰ σώματα τῆς ψυχῆς ὄργανα, καθάπερ τὰ τῶν ζῴων, οὕτω καὶ τὰ τῶν φυτῶν, ὡς ἕνεκα τῆς ψυχῆς ὄντα · διττῶς δὲ τὸ οὗ ἕνεκα, τό τε οὗ καὶ τὸ ᾧ. — *Sic* Ross, mais on aura vu que nous préférons rétablir καί devant καθάπερ en b 19; cf. l'apparat.

[72] *De gen. anim.*, II 1, 731 b 28-31 (pour le contexte, cf. *supra*, s. I, avec les nn. 28 et 30) : βέλτιον δὲ ψυχὴ μὲν σώματος, τὸ δ'ἔμψυχον τοῦ ἀψύχου διὰ τὴν ψυχήν, καὶ τὸ εἶναι τοῦ μὴ εἶναι καὶ τὸ ζῆν τοῦ μὴ ζῆν, διὰ ταύτας τὰς αἰτίας γένεσις ζῴων ἐστίν. Notre ch. III, s. II, pp. 142-144, y revient en détail.

[73] *De gen. anim.*, II 6, 742 a 37 - b 1, cité s. I et n. 10, p. 38.

[74] Cf. notamment *De gen. anim.*, II 5, 741 a 6-31 cité *supra*, pp. 70-71 et nn. 56 à 60.

[75] *De an.*, II 4, 415 b 21-27 : ἀλλὰ μὴν καὶ ὅθεν πρῶτον ἡ κατὰ τόπον κίνησις, ψυχή·

Nul commentaire ne s'impose ici, puisque la production d'un vivant nous est apparue d'emblée comme la transmission d'un mouvement [76], ce qui, — on s'en doute à présent, — pourrait impliquer aussi une conception différente de l'hylémorphisme et devra, à ce titre, nous retenir dans la section suivante. En quel sens et à quel degré le traité implique-t-il aussi un aspect « instrumentiste », c'est en effet ce qu'il convient d'examiner à présent.

Section III. Les instruments du vivant

S'il a bien voulu nous suivre jusqu'ici, le lecteur n'aura pas manqué de percevoir le caractère à la fois nécessaire et paradoxal de la présente section.

On le notait en effet après avoir relevé que notre traité insiste sur la causalité motrice de l'âme [1] : s'il est vrai que la génération implique la transmission d'un mouvement, il faut se demander comment Aristote conçoit ce rôle du principe psychique et dans quelle mesure ceci viendrait nuancer la conception unitaire qu'après Nuyens nous avons longuement mise en lumière.

Mais, précisément, peut-il s'agir uniquement de nuances ? *L'évolution de la psychologie d'Aristote* tient, on le sait, que l'hylémorphisme et l'instrumentisme s'excluent mutuellement : une fois l'âme envisagée comme forme unique d'une substance unitaire, à savoir le vivant concret, le philosophe ne pouvait plus considérer le corps comme l'instrument de l'âme ; réciproquement, les exposés qui subordonnent celui-là à celle-ci, comme s'il s'agissait de deux réalités substantielles, ne peuvent être qu'antérieurs à ceux qui appliquent à l'être vivant la théorie hylémorphique.

Nous devrons donc évaluer avec pondération les aspects d'allure instrumentiste que présenterait le *De gen. anim.* C'est seulement par la suite qu'on pourra se demander à quel point les deux doctrines

οὐ πᾶσι δ'ὑπάρχει τοῖς ζῴοις ἡ δύναμις αὕτη. ἔστι δὲ καὶ ἀλλοίωσις καὶ αὔξησις κατὰ ψυχήν · ἡ μὲν γὰρ αἴσθησις ἀλλοίωσίς τις εἶναι δοκεῖ, αἰσθάνεται δ'οὐθὲν ὃ μὴ μετέχει ψυχῆς, ὁμοίως δὲ καὶ περὶ αὐξήσεώς τε καὶ φθίσεως ἔχει · οὐδὲν γὰρ φθίνει οὐδ'αὔξεται φυσικῶς μὴ τρεφόμενον, τρέφεται δ'οὐθὲν ὃ μὴ κοινωνεῖ ζωῆς.

[76] Cf. s. I, en particulier le par. 3 ; s. II, par. 2. En outre, II 5, 741 b 5-9 ; IV 3, 768 a 11-14.

[1] Cf. la fin de la section précédente et les renvois de la note 76.

sont incompatibles et si leur éventuelle présence côte à côte entraîne des conséquences pour l'unité de l'ouvrage.

1. *Âme, cœur, chaleur, pneuma.*

Puisque c'est Nuyens qui a eu l'intuition d'une théorie instrumentiste chez Aristote, il paraît sage de s'adresser d'abord à lui pour en recueillir les composantes.

Au lieu d'être ennemis comme c'était le cas dans l'*Eudème*, désormais « le corps et l'âme collaborent à une œuvre commune (...); cette collaboration est 'naturelle'. Dans cette conception toutefois l'âme ne perd pas du coup toute son autonomie. Elle est la 'force vitale' qui, liée à un organe déterminé, réside dans le corps et le rend vivant. Elle est la souveraine qui commande au corps; c'est elle qui en a l'usage, le corps est son instrument. Nous ne saurions mieux caractériser cette doctrine qu'en l'appelant 'instrumentisme vitaliste' ».

D'autre part, si « la vie comporte quelque chose qui lui appartient en propre, l'âme ou le principe de vie, (...) on relève divers passages où Aristote localise l'âme dans le corps. (...) Diverses formules limitent à l'âme sensible la localisation de l'âme dans le cœur sans que cette 'division' de l'âme soit expliquée davantage. (...) L'idée que l'âme siège dans une partie bien définie du corps est absolument incompatible avec le concept d'ἐντελέχεια ».

Enfin, il en va de même pour l'attribution de la vertu et de diverses activités, non au composé vivant, mais à l'âme seule, et pour « la distinction, dans l'âme, d'une partie 'rationnelle' et d'une partie 'irrationnelle' » [2].

Coopération de deux réalités avec relation de subordination, localisation plus ou moins nette et complète, attribution de mainte activité à l'âme seule : ces divers traits semblent si nets qu'on n'a guère contesté la cohérence de l'image.

Quant à la possibilité que cette théorie puisse coexister avec une doctrine hylémorphique, comme on l'a indiqué au chapitre I, deux

---

[2] Fr. NUYENS, *L'évolution*, ..., pp. 57, 159, 161, 165, 190-191. Nous laissons de côté pour l'instant le corollaire énoncé p. 58 : « Au fur et à mesure que, dans la période de transition, Aristote conçoit le corps et l'âme comme formant une unité de plus en plus intime, la séparation entre l'âme et l'esprit devient de plus en plus nette ». L'auteur déclare en effet, p. 60, qu'il a limité ses considérations chronologiques « à l'application d'un seul critère : celui des rapports de l'âme et du corps ».

auteurs l'ont évoquée notamment à propos du traité sur la reproduction. Selon Hardie, « le chapitre II, 6, déclare que, dans l'embryon, le cœur se développe le premier parce qu'il est l'organe central du sens » [3]. Mme Grene note que le pneuma inné, « véhicule assez spécial de l'âme, réalité semi-indépendante», rapproche notre traité du *De partibus*, et que, de part et d'autre, « le cœur est indiqué comme le principe de la vie ; (…) Aristote ne semble pas se douter qu'il a pu changer d'avis » de l'un à l'autre ouvrage [4].

Nous voici donc munis, pour notre recherche, de renforts assez étiques. Trop faibles pour nous priver des joies de la recherche, — chères au moraliste avisé qu'est Hardie [5], — ces indications nous invitent cependant à ne pas désespérer de l'entreprise.

Il semble qu'ici encore nous devions nous placer dans la perspective génétique propre au *De gen. anim.*

Signalons d'abord, sans nous y attarder, que déjà les premiers aperçus orientent l'attention vers ce qu'on pourrait appeler des médiations corporelles.

Pourquoi certaines espèces se propagent-elles au moyen du sperme, d'autres pas ? C'est que la supériorité des premières va de pair avec leur autonomie et la taille plus forte de leurs représentants. Cela implique davantage de puissance ($\delta \acute{v} \nu \alpha \mu \iota s$), de mobilité et, partant, de chaleur « vitale», ou liée à l'âme ($\theta \epsilon \rho \mu \acute{o} \tau \eta s \ \psi \nu \chi \iota \kappa \acute{\eta}$) ; ce mode de reproduction est bien le fait des animaux sanguins et qui se déplacent [6]. La diversification dans les modes de parturition est également due à des différences de chaleur : la chaleur « psychique », dite encore « naturelle » ($\phi \nu \sigma \iota \kappa \acute{\eta}$), dont il est question dans tout ce contexte [7] ; Aristote

---

[3] W.F.R. HARDIE, *Ar.'s Treatment of the Relation* … (*Philos. Quart.*, 1964), p. 60. Renvois à *De gen. anim.*, II 6, 743 a (lire : b) 25-26 ; II 1, 735 a 22-26 (le cœur est formé le premier) ; II 5, 741 b 15-22 (même chose ; mais $\kappa \alpha \tau \grave{\alpha} \ \tau \grave{\eta} \nu \ \alpha \check{\iota} \sigma \theta \eta \sigma \iota \nu$ signifie seulement « selon l'expérience » que nous en avons !) ; II 6, 742 b 35 - 743 a 1 (le cœur, source de mouvement) ; IV 1, 766 a 34-36 (le cœur, lieu de la chaleur naturelle).

[4] M. GRENE, *A Portrait of Ar.*, 1963, pp. 36-37. Allusion à *De gen. anim.*, II 3, 736 b 29 - 737 a 1, puis renvoi, pour le cœur, à II 5, 741 b 16-17. Bref, « we could if we liked break down the *Gen. of An.* itself into earlier and later pieces ».

[5] Cf. W.F.R. HARDIE, *Ar.'s Ethical Theory*, 1968, pp. 14 et 344.

[6] Cf. *De gen. anim.*, II 1, 732 a 15-23 ; cf. 18-20 : $\tau o \hat{v} \tau o \ \delta' o \mathring{v} \kappa \ \mathring{a} \nu \epsilon \nu \ \theta \epsilon \rho \mu \acute{o} \tau \eta \tau o s \ \psi \nu \chi \iota - \kappa \hat{\eta} s \cdot \mathring{a} \nu \acute{a} \gamma \kappa \eta \ \gamma \grave{a} \rho \ \tau \grave{o} \ \mu \epsilon \hat{\iota} \zeta o \nu \ \mathring{v} \pi \grave{o} \ \pi \lambda \epsilon \acute{\iota} o \nu o s \ \kappa \iota \nu \epsilon \hat{\iota} \sigma \theta \alpha \iota \ \delta \nu \nu \acute{a} \mu \epsilon \omega s, \ \tau \grave{o} \ \delta \grave{\epsilon} \ \theta \epsilon \rho \mu \grave{o} \nu \ \kappa \iota \nu \eta \tau \iota \kappa \acute{o} \nu.$

[7] Cf. *ibid.*, 732 b 28-34 : sont vivipares les espèces $\mu \epsilon \tau \acute{\epsilon} \chi o \nu \tau \alpha \ \kappa \alpha \theta \alpha \rho \omega \tau \acute{\epsilon} \rho \alpha s \ \mathring{a} \rho \chi \hat{\eta} s \ …,$ c'est-à-dire dotées d'un appareil respiratoire qui maintient dans ses limites ($\mathring{o} \rho o s \ \mathring{o} \ \pi \nu \epsilon \acute{v} \mu \omega \nu \ …, $ b 32) leur chaleur, plus élevée que chez les autres espèces.

justifie de la sorte une gradation à cinq paliers, le degré supérieur étant occupé, bien entendu, par les vivipares [8].

Dès ce stade de l'exposé, figure également le pneuma. Son émission accompagne l'éjaculation et explique les sensations concomitantes; il provoque également l'apparition des caractères sexuels [9]. Le philosophe en indique à deux reprises le lien avec la chaleur au cours du chapitre qui étudie la composition du sperme. Lors de son émission, ce dernier « inclut un pneuma très chaud, sous l'effet de la chaleur intérieure ». Au demeurant, on peut le définir comme « alliant du pneuma et de l'eau; et le pneuma est de l'air chaud » [10].

Quant au cœur, un rôle capital lui est également attribué, et ce, dès la première mise au point sur le développement de l'embryon. On se souvient de la comparaison avec les marionnettes, que nous citions vers la fin de la première section [11]. Tant le déploiement de l'aporie que sa solution admettent comme un postulat l'importance primordiale de l'organe formé en premier lieu, le cœur. Mais l'explication finale mérite d'être ajoutée ici.

« Nécessairement, se forme d'abord ce qui possède le principe de croissance; car, qu'il y ait plante ou animal, chez tous pareillement ce principe est le végétatif. (...) Et c'est nécessaire parce qu'un être, une fois né, doit croître, (...) et ce, par lui-même. (...) De sorte que, si le cœur se forme d'abord chez certains animaux (et, chez ceux qui ne le possèdent point, ce qui en est l'homologue), c'est de cet organe (chez ceux qui le possèdent; pour les autres, de son homologue) que doit provenir ce principe » [12].

La dernière formule : ἐκ ταύτης ἂν εἴη ἡ ἀρχή vise la concaténation dont les robots donnaient l'image approximative : les parties se différencient successivement sous l'action du principe végétatif. Celui-ci part

[8] Cf. *ibid.*, 733 a 32 - b 12.

[9] Cf. *De gen. anim.*, I 20, 728 a 9-11 (le premier de ces rôles est admis dans la Collection hippocratique : cf. PLATT, *ad loc.*; il semble bien indiqué par le *Timée*, 91 a); 728 b 27-32.

[10] *De gen. anim.*, II 2, 735 b 33-34; 736 a 1 : ὑπὸ τῆς ἐντὸς θερμότητος πνεῦμα πολὺ ἔχον θερμόν. (...) κοινὸν πνεύματος καὶ ὕδατος, τὸ δὲ πνεῦμά ἐστι θερμὸς ἀήρ.

[11] *De gen. anim.*, II 1, 734 b 9-17, 33-36, 735 a 12-16, cités *supra*, s. I, nn. 69-70 et p. 53. L'aporie se déploie en 733 b 31 - 734 b 4.

[12] *Ibid.*, 735 a 15-17, 19-20, 21, 23-26 : τοῦτο δὲ γίγνεσθαι ἀνάγκη πρῶτον ὃ αὐξήσεως ἀρχὴν ἔχει · εἴτε γὰρ φυτὸν εἴτε ζῷον, ὁμοίως τοῦτο πᾶσιν ὑπάρχει τὸ θρεπτικόν. (...) ἀνάγκη δὲ διὰ τόδε ὅτι ὅταν τι γένηται αὐξάνεσθαι ἀνάγκη. (...) αὔξεται δὲ δι'ἑαυτοῦ. (...) ὥστ'εἰ ἡ καρδία πρῶτον ἔν τισι ζῴοις γίγνεται, ἐν δὲ τοῖς μὴ ἔχουσι καρδίαν τὸ ταύτῃ ἀνάλογον, ἐκ ταύτης ἂν εἴη ἡ ἀρχὴ τοῖς ἔχουσι, τοῖς δ'ἄλλοις ἐκ τοῦ ἀνάλογον.

du cœur, qui semble bien en être le siège : ἔχει (...) τοῦτο, à savoir
τὸ θρεπτικόν.

Ce premier aperçu montre déjà sur le vif comment Aristote fait
appel à des intermédiaires corporels tels que le cœur, le pneuma,
la chaleur : physiologie et psychologie — si proches chez lui — semblent
bien requérir une présentation et une explication concrètes des phénomènes. Quant à nous, il est naturel que nous épinglions les passages
qui lient l'âme à ces divers facteurs, et ceux-ci mêmes l'un à l'autre.

Deux d'entre ceux-ci sont d'ailleurs joints, semble-t-il, par leur
nature même. Le pneuma aristotélicien a été défini par divers critiques
comme « le sujet de la chaleur » [13], propos qui prend parti entre les
affirmations quelque peu divergentes du Stagirite. Celui-ci dit bien
en effet que « ce qu'on nomme le chaud (...), c'est le pneuma et la réalité
naturelle qui s'y trouve » [14]. Mais ce passage reste isolé (nous y reviendrons au cours du chapitre cinq, en raison du lien qu'il semble établir
entre l'âme et l'élément astral) et, sans faire pour autant du pneuma
un « caméléon conceptuel » [15], on doit signaler ici qu'une de ses fonctions
consiste à *modérer* la chaleur vitale [16].

D'autre part, si, recourant à l'expérience, le philosophe distingue
nettement cette « chaleur psychique », immanente, de la chaleur am-
biante [17], il n'en va pas toujours de même pour le pneuma : lorsque, par
exemple, « retenir » ou « exercer le pneuma » est dit accroître la vigueur
ou faciliter la parturition [18], l'auteur fait sans doute appel à des phénomènes respiratoires qui tombent sous le sens, mais aussi aux propriétés

---

[13] « Subjekt der Wärme », disait W. JAEGER, *Das Pneuma im Lykeion* (*Hermes*, t. 18,
1913, p. 50, n. 1) ; cf. W. WIERSMA, *Die arist. Lehre vom Pn.* (*Mnemosyne*, t. 11, 1943,
p. 102) : « *Der Träger der organischen Wärme* » ; G. VERBEKE, *L'évol. de la doctr. du pneuma*,
1945, p. 14 (la n. 16 cite Jaeger) : « le pneuma psychique est le sujet de la chaleur vitale
et le premier instrument de l'âme » ; etc.

[14] *De gen. anim.*, II 3, 736 b 34-35, 37 : τὸ καλούμενον θερμόν. τοῦτο (...) ἐστιν (...)
τὸ (...) πνεῦμα καὶ ἡ ἐν τῷ πνεύματι φύσις. On peut voir ici le « καί, vi non multum
ab ἤ distans » de BONITZ, 357 b 20 : « ou (plus précisément) » ... Cf. *infra*, pp. 264-268.

[15] I. DÜRING, *Aristoteles*, 1966, p. 550 : « dieses Chamäleon unter den Begriffen des
Ar. ».

[16] Cf. Ross, *Parva Nat.*, 1955, pp. 41-42, et les références au *De iuventute* ; G. VERBEKE,
L'évolution ..., p. 14.

[17] Cf. *De gen. anim.*, V 6, 786 a 11-12, et BONITZ, *Index*, 327 a 13-26 : θερμότης οἰκεία,
ἡ ἐντός, σύμφυτος ... ; θερμότης ἀλλοτρία, ἡ ἐν τῷ περιέχοντι ...

[18] Cf. *De gen. anim.*, II 4, 737 b 36 - 738 a 1 ; IV 6, 775 b 1-2.

d'un pneuma psychique qui est certainement le fruit d'une déduction ; ainsi attribue-t-il expressément un tel pneuma à des animaux qui ne respirent point [19].

On se gardera donc de confondre pneuma et chaleur, ou même de voir en celui-là le simple support de celle-ci. Munis de ces précisions, poursuivons notre recherche. D'emblée, nous rencontrons à nouveau la triade : chaleur, pneuma, cœur ; quelques citations éclaireront leur rôle et leurs rapports.

S'expliquant avec plus de détails sur la différenciation des membres chez l'embryon et le nouveau-né, Aristote évoque derechef le travail de l'artisan et le mouvement qui imprime aux objets leur « forme » : « de même que (…) l'art est forme de ce qui se produit en autrui, ainsi le pouvoir de l'âme végétative ; (…) au sein des animaux (…) celui-ci accomplit la croissance, usant de la chaleur et du froid comme d'instruments : car c'est en eux que réside son mouvement … » [20].

Il poursuit : « Les membres des animaux sont différenciés par le souffle, mais non point par celui de la mère ni par celui de l'individu », puisque ce dernier, pense Aristote, ne peut recevoir en aucun cas l'air respiré par la mère, et que lui-même se développe avant d'être doté de poumons [21]. Si par exemple, après la naissance, les paupières se séparent, c'est que « l'aspect quantitatif, tout comme le qualitatif, préexiste en puissance et devient actuel par la suite, sous l'action des mêmes causes qui différencient le qualitatif : on passe d'un (*scil.* d'une paupière) à deux. Et il doit y avoir pneuma, car celui-ci est humide

---

[19] Cf. Ross, *Parva Nat.*, pp. 40, 42-43. — Des réflexions sur la signification historique du pneuma et de la chaleur psychiques trouveront plus naturellement leur place au chapitre V, où seront examinées les opinions de A.L. Peck, P. Moraux, Fr. Solmsen et H.A.T. Reiche ; cf. notamment pp. 264-268.

[20] *De gen. anim.*, II 4, 740 b 25, 28-32 (la citation simplifie la comparaison et n'en garde que les traits concernant notre propos) : ὥσπερ (…) ἡ τέχνη μορφὴ τῶν γιγνομένων ἐν ἄλλῳ, οὕτως ἡ τῆς θρεπτικῆς ψυχῆς δύναμις (…) ἐν αὐτοῖς τοῖς ζῴοις ποιεῖ τὴν αὔξησιν, χρωμένη οἷον ὀργάνοις θερμότητι καὶ ψυχρότητι · ἐν γὰρ τούτοις ἡ κίνησις ἐκείνης (…).

[21] *De gen. anim.*, II 6, 741 b 37-38 : Διορίζεται δὲ τὰ μέρη τῶν ζῴων πνεύματι, οὐ μέντοι οὔτε τῷ τῆς γεννώσης οὔτε τῷ αὐτοῦ. Contre Jaeger, qui voyait ici le pneuma inné, W. WIERSMA (*Die arist. Lehre* …, p. 103) discerne à juste titre l'air au sens général du terme ; la suite (742 a 1-7), que nous venons de résumer dans le texte, fait évidemment appel à l'air respiratoire. Mais le Stagirite va démontrer bientôt que les phénomènes évoqués exigent un pneuma immanent.

et chaud, ce dernier terme étant actif, l'autre, passif » [22]. Voici donc
le pneuma promu au rang de principe directeur de la croissance,
agissant par la chaleur qu'il comporte pour opérer la multiplication
et la spécification des organes.

Toujours dans le même contexte, après avoir dit et répété que « dans
le cœur réside le principe du mouvement » [23], le Stagirite nous offre
en troisième lieu une synthèse complexe, assez surprenante, qui mérite
une longue citation.

« Puisque le principe des sensations est dans le cœur, celui-ci est aussi,
dans l'ensemble de l'animal, ce qui se forme en premier lieu, et, en
raison de la chaleur qui est la sienne, le froid constitue, à l'extrémité
supérieure des vaisseaux, le cerveau, qui fait pendant à la chaleur de
la région cardiaque » [24]. Mais, voisins du cerveau, les yeux semblent
à l'auteur poser un problème : pourquoi connaissent-ils une phase de
recul au cours du développement [25] ? Dans la réponse, certains éléments
nous concernent.

« D'une part, comme les autres organes sensoriels, celui des yeux
touche à des conduits. Mais l'organe du toucher et du goût est immédiatement le corps des animaux, ou une part du corps, et l'odorat ainsi

---

[22] *Ibid.*, 742 a 11-16 : καθάπερ καὶ τὸ ποιόν, καὶ τὸ ποσὸν γίγνεται δυνάμει προϋπάρχον,
ἐνεργείᾳ δ'ὕστερον, ὑπὸ τῶν αὐτῶν αἰτίων ὑφ'ὧνπερ καὶ τὸ ποιὸν διορίζεται, καὶ γίγνεται
δύο ἐξ ἑνός. πνεῦμα δ'ὑπάρχειν ἀναγκαῖον ὅτι ὑγρὸν καὶ θερμόν, τοῦ μὲν ποιοῦντος, τοῦ δὲ
πάσχοντος. On notera, vers la fin, la leçon intéressante *ubi* que donnent, pour ὅτι, la
version arabe et la révision de Guillaume ; ce tour plus général semble cependant refléter
une interprétation. — W. WIERSMA, p. 106, amplifiant une note de A. PLATT, *ad loc.*,
déclare : « so entsteht aus dem Menstrualblute, durch die Einwirkung der im Samen
enthaltenen Lebenswärme, Pneuma ... ». On pourrait certes invoquer ce que dit le *De
gen. et corr.*, II 4, 331 b 14-16, sur la formation de l'air à partir du feu et de l'eau, et rappeler que les apports mâle et femelle sont considérés respectivement comme actif et passif.
Mais Aristote semble bien attribuer au sperme l'introduction du pneuma lors de la génération (cf. *supra* et n. 10), et le texte que nous commentons constate seulement la nécessité
et l'action de ce pneuma, sans s'expliquer sur son origine.

[23] *De gen. anim.*, II 6, 742 a 32-33, b 33-36 : πρῶτον μὲν ὑπάρχειν ἀναγκαῖόν τι μόριον
ἐν ᾧ ἡ ἀρχὴ τῆς κινήσεως. — ἀρχὴ (...) ἐν τοῖς γιγνομένοις (...) μία τὸν ἀριθμὸν ὅθεν ἡ κίνησίς
ἐστιν. διὸ πάντα τὰ ἔναιμα καρδίαν ἔχει πρῶτον.

[24] *Ibid.*, 743 b 25-29 : Διὰ μὲν οὖν τὸ τὴν ἀρχὴν ἐν τῇ καρδίᾳ τῶν αἰσθήσεων εἶναι,
καὶ τοῦ ζῴου παντὸς αὕτη γίγνεται πρῶτον, διὰ δὲ τὴν θερμότητα τὴν ταύτης, ᾗ τελευτῶσιν
αἱ φλέβες ἄνω, τὸ ψυχρὸν συνίστησιν, ἀντίστροφον τῇ θερμότητι τῇ περὶ τὴν καρδίαν, τὸν
ἐγκέφαλον.

[25] *Ibid.*, 743 b 32-35 ; cf. 744 a 14. Pour συμπίπτειν, l'acception « perte de volume »,
« contraction », semble bien s'imposer ; cf. BONITZ, *Index*, 717 b 55-57, dont s'inspire
LIDDELL-SCOTT, *s.v.*, IV (« *fall in, collapse*, Arist. *H A* 561 a 21 »).

que l'ouïe sont des conduits en connexion avec l'air extérieur, pleins
de pneuma interne et aboutissant aux vaisseaux qui, venant du cœur,
avoisinent le cerveau. L'œil, seul parmi les organes des sens, possède
un corps propre » [26]. La suite de l'explication revient à montrer que
les yeux, prolongement du cerveau, humides et froids comme lui,
participent à la contraction qui l'affecte.

L'homme, ajoute Aristote, a le cerveau particulièrement développé.
« La cause en est qu'il a aussi dans le cœur la chaleur la plus pure »,
entendez : la plus élevée, et l'on a vu que le cerveau a pour fonction
de faire équilibre à la chaleur cardiaque. « Son intelligence manifeste cet
heureux alliage : l'homme est, de tous les animaux, le plus réfléchi » [27].
« Quant aux autres parties, chacune se forme à partir de la nourriture :
les plus valables, celles qui ont en partage le principe souverain, au
moyen de la nourriture digérée, la plus pure, la première (...). La nature
constitue, à partir de la matière la plus pure, les chairs et les corps
des autres organes sensoriels (...) » [28].

On constate à nouveau que la perspective génétique du traité oblige
l'auteur à s'expliquer sur le rôle des entités auxquelles il recourt.

Le lecteur peut, il est vrai, se demander si son exposé laborieux ne
serait pas, en quelque mesure, circulaire. Siège par excellence de la
chaleur, le cœur joue à ce titre un rôle essentiel dans la formation des

---

[26] *Ibid.*, 743 b 36 - 744 a 6 (sur les πόροι, cf. la note de W. OGLE, Oxford Transl.,
à *De part. anim.*, II 10, 656 b 17 : mieux vaut en effet adopter un terme générique ;
quant au pneuma, le français a peine à rendre l'épithète σύμφυτον : « interne » n'est
qu'une approximation, « congénital » exclurait une autre provenance) : τὸ τῶν ὀφθαλμῶν
αἰσθητήριόν ἐστι μέν, ὥσπερ καὶ τὰ ἄλλα αἰσθητήρια, ἐπὶ πόρων · ἀλλὰ τὸ μὲν τῆς ἁφῆς καὶ
γεύσεως εὐθύς ἐστιν ἢ σῶμα ἢ τοῦ σώματός τι τῶν ζῴων, ἡ δ'ὄσφρησις καὶ ἡ ἀκοὴ πόροι
συνάπτοντες πρὸς τὸν ἀέρα τὸν θύραθεν, πλήρεις συμφύτου πνεύματος, περαίνοντες πρὸς τὰ
φλέβια τὰ περὶ τὸν ἐγκέφαλον τείνοντα ἀπὸ τῆς καρδίας · ὁ δ'ὀφθαλμὸς σῶμα μόνον ἴδιον
ἔχει τῶν αἰσθητηρίων.

[27] *Ibid.*, 744 a 28-31 : τούτου δ'αἴτιον ὅτι καὶ τὴν ἐν τῇ καρδίᾳ θερμότητα καθαρωτάτην.
δηλοῖ δὲ τὴν εὐκρασίαν ἡ διάνοια · φρονιμώτατον γάρ ἐστι τῶν ζῴων ἄνθρωπος. Ce passage,
parmi quelques autres, contient une clausule psychophysique si accusée, qu'on a pu
y voir poindre le matérialisme : cf. E. ZELLER, II 2⁴, 1921, p. 489 et n. 2 ; Ph. MERLAN,
The Cambridge Hist. of Later Greek ..., 1967, p. 41 et n. 1. Nous essaierons plus loin
d'intégrer ces expressions dans un ensemble qui les éclaire : cf. ch. IV, s. I, pp. 177-179.

[28] *Ibid.*, 744 b 11-14, 22-24 : Τῶν δ'ἄλλων γίγνεται μορίων ἕκαστον ἐκ τῆς τροφῆς,
τὰ μὲν τιμιώτατα καὶ μετειληφότα τῆς κυριωτάτης ἀρχῆς ἐκ τῆς πεπεμμένης καὶ καθαρωτάτης
καὶ πρώτης τροφῆς. (...) ἡ φύσις ἐκ μὲν τῆς καθαρωτάτης ὕλης σάρκας καὶ τῶν ἄλλων αἰσθητηρίων τὰ σώματα συνίστησιν (...).

organes ; s'il n'est pas formé lui-même, quelle est son origine ? D'autre part, cette même chaleur opère la digestion et, dès lors, on vient de le lire, commande notamment la genèse de divers organes sensoriels ; deux d'entre eux sont des conduits remplis de pneuma ; or, n'a-t-on pas confié à ce dernier la différenciation des organes ?

Mais ces deux apories se résolvent sans peine si l'on se rappelle que chaleur et pneuma sont, initialement, immanents au sperme lui-même ; par la suite, tout en étant cause de la digestion, la chaleur s'en accroît [29] ; quant au pneuma, faute d'indications positives, on peut conjecturer sans témérité qu'il trouve là également de quoi se renouveler [30]. Le cœur une fois formé, les deux facteurs peuvent dès lors étendre leur action et la maintenir tout au long de l'existence [31].

Ceci dit, point n'est besoin, nous semble-t-il, d'alléguer d'autres textes, par exemple ceux qui retiendront l'attention lorsque aux paragraphes suivants nous devrons mettre en relation des exposés d'allure hylémorphique et des explications analogues à celles que nous venons d'enregistrer. A nous en tenir aux définitions de Nuyens, il est clair désormais que le *De gen. anim.* offre en divers endroits tous les traits essentiels de ce qu'il appelle l'instrumentisme vitaliste et que nous énumérions au début du présent paragraphe.

Tour à tour, les principes végétatif, cinétique et sensitif se sont vu localiser dans le cœur, avec mission de provoquer dans les diverses parties du corps la croissance, le mouvement et les sensations [32] : usant de la chaleur et du pneuma comme d'instruments somatiques adéquats, ces facultés remplissent les missions caractéristiques du vivant. D'autre part, il n'aura pas échappé au lecteur que diverses expressions sont passibles d'une interprétation, sinon franchement

---

[29] Cf. *De part. anim.*, IV 5, 682 a 22-23 : τὸ θερμὸν καὶ δεῖται τροφῆς καὶ πέττει τὴν τροφήν.

[30] W. WIERSMA, *Die arist. Lehre* ..., p. 107 (et cf. *supra*, n. 22), renvoie à *De gen. anim.*, V 2, « 781 a 23 ff.» pour montrer que le pneuma se renouvellerait grâce à l'évaporation du sang, mais le contexte n'indique rien de semblable ; quant à *De iuvent.*, 26, 480 a 2-15, il traite d'une ἀναθυμίασις qui semble sans relation avec la production de pneuma.

[31] Le facteur propre qui détermine *l'ordre* d'apparition des divers organes reste, faut-il le dire, inconnu aujourd'hui encore.

[32] Ce qui « possède le principe de croissance », à savoir le θρεπτικόν, c'est le cœur ou son analogue : *De gen. anim.*, II 1, 735 a 16-17, 23-26 ; de même, dans le cœur « réside le principe du mouvement » : II 6, 742 a 32-33, b 33-36 ; enfin, « le principe des sensations est dans le cœur » : *ibid.*, 743 b 25-26. Cf. respectivement nn. 12, 23 et 24, *supra*, pp. 79 et 82.

dualiste, en tout cas moins nettement unitaire que dans l'hylémorphisme au sens où l'entend Nuyens : « meilleure est l'âme que le corps », « le corps vient de la femelle, l'âme du mâle » [33]. Est-ce à dire qu'il faille à présent déclarer conciliables les théories que cet auteur oppose si nettement ? Devons-nous, par exemple, voir dans l'instrumentisme une traduction concrète, — physiologique, si l'on veut, — de l'hylémorphisme et, plus précisément, de la causalité motrice qui revient à l'âme-forme ?

En faveur de cette hypothèse, on pourrait évoquer ce que nous avons lu dans le *De anima*, à l'endroit même où ce traité explicite un hylémorphisme identique à celui du *De gen. anim.*; Aristote y rapporte directement à l'âme les trois activités rappelées ci-dessus : « origine première du *mouvement* local, l'âme l'est également (...); altération et *croissance* ont aussi rapport à l'âme : la *sensation* est conçue comme une altération (...) ». Et nous notions antérieurement, à propos des textes relatifs à l'« homonymie », que ces développements hylémorphistes n'excluent pas, d'eux-mêmes, une certaine localisation de l'âme [34].

Cependant, nous ne devons pas perdre de vue que les deux théories distinguées par Nuyens pourraient correspondre en effet à des phases distinctes, voire antinomiques, dans l'évolution aristotélicienne. Car les propos instrumentistes du *De gen. anim.* peuvent traduire une conception élaborée à une autre période et amalgamée plus ou moins heureusement avec l'hylémorphisme. Nous devrons donc voir dans quelle mesure ces propos compromettent l'unité du traité sur la reproduction.

2. *Un contact entre hylémorphisme et instrumentisme* ?

Nous aimerions dissiper d'emblée une illusion possible en ce qui concerne le propos du présent paragraphe. A suivre d'assez près les controverses touchant la chronologie des traités aristotéliciens, on s'aperçoit en effet de ce que l'extrême diversité des critères employés, voire des positions de principe propres aux différents critiques, aboutit

[33] *De gen. anim.*, II 1, 731 b 29-30 (cité s. II, p. 75, n. 72); II 4, 738 b 25-26 (cité *ibid.*, p. 69, n. 50). Comme le note Fr. NUYENS, *L'évolution* ..., pp. 95-100, 190-197, un autre trait qu'il attribue à l'instrumentisme, à savoir la division de l'âme en parties rationnelle et irrationnelle, ressortit aux écrits d'éthique et de politique; le traité sur la génération n'appelait d'ailleurs pas une telle hiérarchie de valeurs, liée à une réflexion sur l'eudémonie.

[34] Cf. s. II *supra*, respectivement par. 4 (concl.), pp. 75-76 et n. 75 (citant *De an.*, II 4, 415 b 21-24), et par. 1, pp. 59-61.

à une mosaïque d'options parfois contradictoires quant à la genèse des écrits qui nous sont parvenus.

L'exemple que voici, relatif à la *Métaphysique*, semble d'autant plus instructif qu'il ne présente nullement un « cas-limite »; le problème met d'ailleurs en scène trois vétérans de l'aristotélisme. Alors que Ross analysait le chapitre 2 de *Métaph.*, *Γ* sans mettre en question l'unité et la continuité de l'exposé, l'édition critique de Jaeger y distingue — à la suite d'Alexandre et de quelques autres — un passage jugé ectopique, et l'entoure de crochets doubles : le philosophe l'aurait donc écrit après coup et inséré vaille que vaille dans son texte; mais Augustin Mansion expliquait l'année suivante qu'il n'en est rien, et que ce traitement doit être appliqué au passage qui suit immédiatement celui-là [35]. Si bien appuyée que paraisse cette dernière démonstration, les divergences de ce genre nous invitent à une extrême prudence au moment où nous devrons nous prononcer sur le degré de cohérence qui est le fait du long traité sur la reproduction.

Encore faut-il préciser le genre d'unité qui importe réellement à notre recherche.

Un relevé des doubles rédactions, voire des interpolations, une conclusion ferme sur l'hétérogénéité éventuelle des matériaux utilisés par l'auteur, etc., tout cela est sans nul doute d'un haut intérêt; cette question, relative à l'unité littéraire du traité, peut d'ailleurs être grosse de conséquences pour son unité doctrinale.

Mais un aspect seulement de cette dernière nous retient à présent : Aristote a-t-il pu tenir simultanément les positions que divers critiques s'accordent à répartir sur des périodes distinctes de son évolution, ou bien certains indices donnent-ils à penser qu'il les a considérées comme antinomiques ? L'unité littéraire du *De gen. anim.* ne nous concerne donc, directement, qu'en fonction du problème rappelé à l'instant.

Peut-être quelques textes suffiront-ils à dirimer le débat; peut-être aussi un tel problème ne saurait-il recevoir une réponse claire, du moins dans notre traité. Encore devions-nous le poser : moins aléatoire, une telle méthode est mieux accordée à notre sujet; c'est aussi la *via brevis* que préconisait notre chapitre d'introduction.

---

[35] *Métaph.*, *Γ* 2, 1003 b 22 - 1004 a 2 et 1004 a 2-9, respectivement; W.D. Ross, *Ar. 's Metaph.*, 1924, 1948², I, pp. 254-259; W. Jaeger, *Ar. Metaph.*, 1957, app. crit. aux pp. 60-61, cf. *Praefatio*, p. xviii; A. Mansion, *Philosophie première* ... (*R.P.L.*, 1958), pp. 189-194.

L'unité littéraire de l'ouvrage pris dans son ensemble ne pourra, nous semble-t-il, qu'en recevoir quelque éclairage. On y viendra donc, à titre de corollaire et de complément, au paragraphe 3. Mais rendons la parole au Stagirite, avec des propos qui prennent le relais des citations commentées au paragraphe précédent.

L'ample chapitre premier du livre IV nous paraît mériter un examen attentif. Il étudie les causes qui déterminent le sexe de l'embryon. Nous indiquerons la structure de l'exposé, noterons les particularités doctrinales et dégagerons les conséquences.

La première partie du chapitre énumère trois théories antérieures, celles qu'illustrent les noms d'Anaxagore, Empédocle et Démocrite, et les soumet à la critique; Aristote se plaît à les opposer, parfois à les confondre sous les mêmes arguments, mais aussi à dégager de cette aporie historique les leçons utilisables (763 b 27 - 765 b 6).

C'est contre Empédocle (764 a 12 - b 3) que le Stagirite ouvre le feu. Lorsqu'il attribue à la chaleur plus ou moins grande de la matrice — comme à celle d'un four (a 17) — la production des traits mâles ou femelles, Empédocle doit tout de même voir que ceux-ci comportent des différences anatomiques importantes, auxquelles la température ne changera rien; Démocrite est mieux inspiré en se souciant d'une différence originelle, génétique : τῆς γενέσεως τὴν διαφοράν (a 21), « et ce n'est pas une mince affaire » [36] de rattacher à la chaleur et au froid la formation des organes. Bien décidé, comme nous le verrons, à relever lui-même ce défi, Aristote objecte encore à l'Agrigentin le fait que des jumeaux de sexe différent se forment souvent au même endroit de la matrice.

Attaquant la théorie empédocléenne du σύμβολον [37], l'objection suivante (764 b 3-20) rappelle expressément que rien de matériel ne peut provenir du mâle; à ce titre, elle vise également Démocrite, pour qui le sexe de l'embryon est déterminé par le triomphe des éléments qui proviennent de l'un ou de l'autre des géniteurs.

---

[36] *De gen. anim.*, IV 1, 764 a 26-27 : οὐ μικρόν τε ἔργον : nous gardons le texte des mss., jugeant superflue la correction (δέ) de PLATT, reprise par DROSSAART LULOFS. Sur le τε isolé unissant des phrases complètes, cf. DENNISTON, p. 499 (Platon, etc.) et surtout BONITZ, *Index*, 749 a 20-23, par exemple *Éth. Nic.*, VII 13, 1153 b 7, où l'on notera (cf. app. crit. de BYWATER) que la version de Robert Grosseteste suppose une correction en δέ, comme chez PLATT ...

[37] Nous avons exposé cette théorie et sa réfutation *supra*, s. I, pp. 47-49 et nn. 51 à 53; cf. *De gen. anim.*, I 18, 722 b 6-30.

Mieux vaut certes, poursuit Aristote (764 b 20 - 765 a 3), raisonner de la sorte que de s'en remettre à la seule chaleur, mais on n'explique pas ainsi que cette influence se limite au sexe : pourquoi un rejeton mâle ne ressemble-t-il pas toujours à son père ? D'autre part, les différences d'ordre sexuel mettent en cause les vaisseaux nourriciers (mais non l'inverse), et donc le cœur lui-même : « le principe moteur doit toujours être antérieur ; il cause la genèse par le fait d'être de telle qualité » [38]. L'unité de l'organisme oblige donc à remonter à l'origine.

Les objections soulevées à l'endroit d'Empédocle et Démocrite servent également à régler le sort d'Anaxagore (765 a 3 - b 4), qui, pour sa part, lie étroitement mâle et côté droit, femelle et côté gauche, ces côtés étant ceux de la matrice, et aussi, antérieurement, ceux des testicules. A quelques remarques tirées de l'observation [39], ou prétendues telles, Aristote ajoute en terminant qu'une spéculation relative aux couples chaud-froid et côté droit-côté gauche « n'est pas sans fondement, car la droite du corps est plus chaude que la gauche, le semen élaboré (litt. à l'état cuit), plus chaud également ; or, tel est celui qui a été condensé, et celui qui est plus condensé est plus fécond » [40]. On ne sera donc pas surpris de voir notre philosophe revenir sur la corrélation qui règne entre plusieurs de ces termes : chaleur, élaboration, fécondité.

Fortune faite au contact de ses adversaires, Aristote déclare qu'il faut éviter les prémisses trop éloignées et procéder à partir des causes propres, déclarées « premières » en ce sens. Ceci introduit la deuxième partie, consacrée à l'exposé des trois principes aristotéliciens (765 b 6 - 766 a 16) [41].

La structure générale de l'organisme ayant été exposée et expliquée ailleurs [42], le développement accordé au premier de ces principes

[38] *De gen. anim.*, IV 1, 764 b 34-35 : τὴν δὲ κινοῦσαν ἀρχὴν ἀναγκαῖον ἀεὶ προτέραν εἶναι καὶ τῆς γενέσεως αἰτίαν εἶναι τῷ ποιάν εἶναί τινα.

[39] La première, en 765 a 12-16, analogue à celle qu'Aristote adressait en premier lieu à Empédocle (764 a 14-20), est introduite par la même tournure particulière : le participe adversatif, sans particule, ὁρῶν ou ὁρῶντες.

[40] *Ibid.*, 765 b 1-4 : (…) ἔχει τινὰ λόγον · θερμότερα γὰρ τὰ δεξιὰ τοῦ σώματος τῶν ἀριστερῶν καὶ τὸ σπέρμα τὸ πεπεμμένον θερμότερον, τοιοῦτον δὲ τὸ συνεστός, γονιμώτερον δὲ τὸ συνεστὸς μᾶλλον.

[41] Les spécialistes délimitent de diverses façons l'exposé de ces principes. Nous y revenons à la note 47.

[42] A savoir dans le *De part. anim.* Cf. *supra*, s. I, p. 36 et n. 3, p. 40 et n. 17.

(765 b 8-35) revient à offrir un bon résumé des thèses maîtresses que nous connaissons déjà : « est mâle ce qui peut élaborer (*litt.* cuire), constituer et sécréter le sperme possédant le principe de la forme, c'est-à-dire le principe (...) moteur premier (...); de plus, si toute élaboration est œuvre de la chaleur, nécessairement aussi les mâles des animaux sont plus chauds que les femelles »[43]. L'auteur repousse alors ce qu'on déduit souvent des apparences, à savoir du flux de sang qu'élimine la femelle ; en fait, la chaleur de celle-ci est en raison inverse de l'abondance de celui-là.

Deuxième principe (765 b 35 - 766 a 13) : à des capacités différentes répondent des organes appropriés, dont l'apparition est concomitante, et qui se forment et grandissent à partir du même matériau, la nourriture[44]. On retrouve ici l'essentielle bivalence de la faculté végétative : vouée à l'accroissement du vivant, elle le rend également capable de procréer[45].

Et voici l'exposé du dernier principe (766 a 13-16). On sait par ailleurs, dit Aristote, que la génération va en quelque sorte d'un contraire à l'autre[46]. « Outre ceux-là, c'est dès lors un troisième principe qu'il faut saisir : s'il est vrai que la destruction (*scil.* fait passer) vers le contraire, nécessairement aussi ce que l'artisan ne domine point se change en son contraire »[47].

[43] *De gen. anim.*, IV 1, 765 b 10-17 (cité partiellement *supra*, s. II, p. 73 et nn. 66-67) : τὸ μὲν γὰρ δυνάμενον πέττειν καὶ συνιστάναι τε καὶ ἐκκρίνειν σπέρμα ἔχον τὴν ἀρχὴν τοῦ εἴδους, ἄρρεν (λέγω δ᾽ ἀρχὴν ... τὴν κινοῦσαν πρώτην ...), (...) · ἔτι εἰ πᾶσα πέψις ἐργάζεται θερμῷ, ἀνάγκη καὶ τῶν ζῴων τὰ ἄρρενα τῶν θήλεων θερμότερα εἶναι. Malgré Liddell-Scott, *s.v.* ἐργάζομαι, III, voir les emplois passifs de ce verbe au présent dans Bonitz, 284 b 58-61.

[44] Cf. *ibid.*, 766 a 10-11 : ὄντος δὲ τοῦ αὐτοῦ ἐξ οὗ τε γίγνεται καὶ αὔξεται, τοῦτο δ᾽ ἐστὶν ἡ τροφή (...).

[45] Cf. *De gen. anim.*, II 1, 735 a 15-19 (cité partiellement *supra*, n. 12) : égalité entre αὐξήσεως ἀρχή, θρεπτικόν, γεννητικόν ; II 4, 740 b 29-37 ; *De an.*, II 4, 416 a 19-20 ; III 9, 432 b 10-11.

[46] Cf. *De gen. anim.*, IV 1, 766 a 13 : ἔτι δὲ γίγνεται πάλιν, ὥς φαμεν, ἐκ τοῦ ἐναντίου πως, et *De gen. et corr.*, II 4, 331 a 14 : ἡ γὰρ γένεσις εἰς ἐναντία καὶ ἐξ ἐναντίων, II 5, 332 b 21-22, II 7, 334 b 19-29.

[47] *De gen. anim.*, IV 1, 766 a 14-16 : τρίτον δὴ (δέ codd., edd.) πρὸς τούτοις ληπτέον ὅτι εἴπερ ἡ φθορὰ εἰς τοὐναντίον, καὶ τὸ μὴ κρατούμενον ὑπὸ τοῦ δημιουργοῦντος ἀνάγκη μεταβάλλειν εἰς τοὐναντίον. Ce passage pose un petit problème, philologique et doctrinal, dont la solution importe si l'on veut saisir la structure qu'Aristote a donnée à son exposé sur les principes.

Le τρίτον δέ semble introduire un principe autre que celui de la ligne précédente :

Le Stagirite peut dès lors énoncer la solution, qui occupe la troisième partie de ce chapitre (766 a16 - b26). Les trois propositions susdites vont être utilisées dans l'ordre inverse de leur apparition.

Tout d'abord, « si le principe (*scil.* de l'embryon) ne triomphe pas et, par manque de chaleur, ne peut élaborer ni amener (*scil.* le matériau) à la forme propre qui est la sienne, et qu'en cela il a le dessous, nécessairement il passe au terme contraire ; or, le contraire du mâle, c'est la femelle et ils sont tels en tant que mâle et femelle » [48].

« D'autre part, comme ils comportent une différence dans leur pouvoir, leur instrument également est différent : dès lors, il prend le genre approprié. Et lorsque change un seul organe important, tout l'organisme vivant se présente très différemment ». Observable dans le cas des eunuques, ce phénomène « a pour cause que certains organes sont des principes et, nécessairement, un ébranlement du principe modifie largement ce qui en dépend » [49].

ἔτι δὲ γίγνεται (...) ἐκ τοῦ ἐναντίου πως (cf. n. 46), que PLATT croit même pouvoir introduire par « in the second place ». Or, il n'en est rien : génération (cf. γίγνεται) et destruction (φθορά) étant corrélatives, Aristote ne fait qu'annoncer, à propos de la première, ce qu'il va dire et appliquer à propos de la seconde. D'autre part, l'annonce de principes propres en 765 b 6 et, un peu en aval de notre texte, le début de la solution (766 a 16-18) invitent à ne pas négliger le τρίτον, jalon rare et précieux pour qui veut percevoir les articulations du raisonnement.

Il nous apparaît que la ligne antérieure fait partie déjà, en réalité, du troisième argument. L'apparition un peu tardive de l'ordinal explique à suffisance que, très haut dans la tradition, on ait donné la préférence à une particule connotant au moins une distinction, à savoir δέ. Mais une correction ne s'en impose que davantage, et la candidature de δή paraît la meilleure. Certes, DENNISTON insiste (pp. 204-227 ; cf. p. 206) sur son sens emphatique, notamment après un nom de nombre ; mais nous croyons pouvoir retenir ici — sans rien renier du sens fondamental : « verily », « indeed »: cf. pp. 203-204 — l'acception « connective », parfois purement logique, plus fréquente au IVe siècle et relevée chez Aristote par EUCKEN (I, p. 41), comme il le note lui-même, p. 238. On s'explique ainsi notre modeste conjecture et notre traduction.

La structure générale s'éclaire du même coup : trois principes se succèdent nettement, l'exposé du second commençant en 765 b 35, comme semble l'avoir compris DROSSAART LULOFS, qui fait débuter là un alinéa.

[48] *De gen. anim.*, IV 1, 766 a 18-22 : ὅταν γὰρ μὴ κρατῇ ἡ ἀρχὴ μηδὲ δύνηται πέψαι δι'ἔνδειαν θερμότητος μηδ'ἀγάγῃ εἰς τὸ ἴδιον εἶδος τὸ αὐτοῦ ἀλλὰ ταύτῃ ἡττηθῇ, ἀνάγκη εἰς τοὐναντίον μεταβάλλειν. ἐναντίον δὲ τῷ ἄρρενι τὸ θῆλυ, καὶ ταύτῃ ᾗ τὸ μὲν ἄρρεν τὸ δὲ θῆλυ. — Cf. MICHEL, p. 177, 3-4 : φθορὰ γὰρ καὶ ἀποτυχία ἄρρενος τὸ θῆλυ.

[49] *Ibid.*, 766 a 22-25, 28-30 (traduction parfois moins proche de l'original que nous ne le souhaitons) : ἐπεὶ δ'ἔχει διαφορὰν ἐν τῇ δυνάμει, ἔχει καὶ τὸ ὄργανον διαφέρον, ὥστ'εἰς τοιοῦτον μεταβάλλει. ἑνὸς δὲ μορίου ἐπικαίρου μεταβάλλοντος, ὅλη ἡ σύστασις τοῦ ζῴου πολὺ

La première des propositions énoncées tantôt acquiert désormais toute sa portée. Puisque mâle et femelle s'opposent en ceci qu'ils peuvent, ou non, élaborer le sang, et que « la cause de cette différence réside dans le principe, l'organe, qui possède l'origine de la chaleur naturelle, il faut dès lors que se constitue un cœur chez les animaux sanguins et que devienne mâle ou femelle l'être qui se forme »; (chez les autres êtres sexués, cet organe sera l'homologue du cœur). « Le principe de la femelle et du mâle, la cause, c'est donc cet organe, c'en est là le siège » [50].

Le résumé final reprend quelques-unes des formules que nous venons de citer ; il montre en outre que les appareils reproducteurs mâle et femelle ont une conformation appropriée aux sécrétions qui sont les leurs [51].

L'analyse de ce long chapitre n'aura pas été vaine : une lecture vigilante aura, à la fois, montré sa forte unité littéraire et fait apparaître tour à tour divers traits doctrinaux qui semblent bien caractériser tantôt l'instrumentisme vitaliste, tantôt la conception hylémorphique du vivant.

D'une part, l'unité littéraire de l'exposé défie toute tentative d'y retrouver des rédactions successives. Même la grande aporie historique du début, — lieu pourtant propice à toute espèce d'insertions et de « repentirs », — paraît bien exécutée d'un seul jet. Voudrait-on excepter la critique du σύμβολον empédocléen (764 b 3-20) pour la raison que cette théorie n'a pas été annoncée dans l'énumération initiale ? Une foule de raisons empêchent d'y voir une addition : la réfutation se présente expressément comme un *a fortiori*, car, même dans cette hypothèse, chaleur ou froid ne peuvent expliquer le sexe du rejeton ; c'est encore l'occasion d'un renvoi (ὥσπερ τυγχάνομεν εἰρηκότες, 764 b 11), utile pour la suite, aux démonstrations du livre I, 18 et 22, sur la provenance du sperme et le rôle du mâle ; mais c'est surtout,

---

τῷ εἴδει διαφέρει. (...) τούτου δ'αἴτιον ὅτι ἔνια τῶν μορίων ἀρχαί εἰσιν — ἀρχῆς δὲ κινηθείσης πολλὰ ἀνάγκη μεθίστασθαι τῶν ἀκολουθούντων.

[50] *Ibid.*, 766 a 34 - b 1, 3-4 : τούτου δὲ τὸ αἴτιον ἐν τῇ ἀρχῇ καὶ τῷ μορίῳ τῷ ἔχοντι τὴν τῆς φυσικῆς θερμότητος ἀρχήν, ἀναγκαῖον ἄρα ἐν τοῖς ἐναίμοις συνίστασθαι καρδίαν, καὶ ἢ ἄρρεν ἔσεσθαι ἢ θῆλυ τὸ γιγνόμενον (...). ἡ μὲν οὖν ἀρχὴ τοῦ θήλεος καὶ τοῦ ἄρρενος καὶ ἡ αἰτία αὕτη καὶ ἐν τούτῳ ἐστίν.

[51] Cf. *ibid.*, 766 b 7-26 (nous avons cité b 12-14 et b 15-16 dans la s. II, p. 73 et nn. 67 et 66). Les trois principes développés dans la deuxième partie du chapitre sont repris cette fois dans l'ordre que voici : (1), b 7-14 ; (3), b 15-18 ; (2), 18-26.

on l'indiquait tantôt, le moyen de s'en prendre une première fois à Démocrite, dont la théorie est rappelée concurremment avec des citations d'Empédocle : dans un cas comme dans l'autre, l'adversaire oublie que le mâle n'apporte nulle matière à l'embryon. Tel est donc le cas le moins favorable ; on peut juger du reste, notamment au vu de l'ossature qu'a révélée ce chapitre.

Mais pouvons-nous prétendre sans réserves que l'instrumentisme et l'hylémorphisme soient représentés ici d'une façon suffisamment typique ? Ne doit-on pas signaler deux absences, et de marque : celle du pneuma, celle de l'âme elle-même ?

Le cas du pneuma se règle sans peine. Hormis sa présence dans le sperme et son rôle au moment de l'éjaculation, qui n'ont rien à faire dans cet exposé [52], nous avons vu Aristote lui reconnaître une mission, disions-nous, dans l'apparition des caractères sexuels [53] ; mais, à relire ce texte, on précisera qu'il s'agit seulement de leur manifestation au moment de la puberté. Le pneuma ne joue-t-il pas cependant un rôle important dans la différenciation des organes ? Important, certes, mais pas au point de figurer obligatoirement dans un développement centré, on l'a vu, sur les principes qui expliquent génétiquement la différence des sexes, beaucoup plus que sur une description physiologique.

On pourrait être plus perplexe en ne voyant pas nommer l'âme dans ce chapitre ; en pareil cas, sommes-nous autorisés à trouver ici les théories qui font du corps, soit l'instrument de l'âme, soit son co-principe substantiel ? Bien naturelle, cette objection doit, pensons-nous, provoquer un approfondissement de notre réflexion.

Car on aura vu que la présence de ces théories dans le traité n'est en somme liée que de façon assez épisodique à une mention explicite de l'âme [54] : c'est en considérant dans son ensemble la conception du vivant, que nous avons dû reconnaître tantôt l'une, tantôt l'autre des théories en cause. Il convient de nous en souvenir au moment où nous nous demandons si ce chapitre, IV 1, les réunit ou les oppose ;

---

[52] Cf. *supra*, p. 79 et nn. 9-10.

[53] Cf. *ibid.* et *De gen. anim.*, I 20, 728 b 27-32.

[54] Cette mention nominative n'abonde d'ailleurs pas dans l'ouvrage. Cf. l'*Index verborum potiorum* qui clôt l'édition de DROSSAART LULOFS : en 75 pages in-4°, treize apparitions isolées (en 726 b 22, l'auteur a omis l'astérisque indiquant que le terme figure seulement dans l'apparat), plus trois passages offrant plusieurs mentions. Pour ψυχικός, les nombres sont sept et une respectivement.

ici encore, — mais avec l'avantage, cette fois, que nous avons pu y
trouver un exposé fortement organisé et d'une seule venue, — envisageons une des lignes maîtresses de l'argumentation et les conceptions
qui la sous-tendent.

Un seul des principes indiqués tantôt peut en effet suffire à nous
éclairer ; nous songeons au premier de ceux que développait (765 b 8-35)
la deuxième partie et qui est repris en dernier lieu (766 a 30 - b 7) dans
la troisième, c'est-à-dire dans ce que nous avons appelé la conclusion.
Cette seule proposition ne se prête-t-elle pas à une double lecture ?

Il n'y a pas lieu de répéter en son intégralité le propos initial, cité
ailleurs et suffisamment révélateur de l'hylémorphisme, sur le σπέρμα
ἔχον τὴν ἀρχὴν τοῦ εἴδους. On pourrait, d'autre part, trouver peu
significatif de l'instrumentisme ce que nous alléguions peu après :
πᾶσα πέψις ἐργάζεται θερμῷ, pour la raison que le *De anima* s'exprime
en termes presque identiques [55] ; mais il n'en va plus de même lorsque
cette même prémisse est reprise dans la troisième partie : ce qui cause
la distinction des capacités mâle et femelle, précise Aristote, réside
ἐν τῇ ἀρχῇ καὶ τῷ μορίῳ τῷ ἔχοντι τὴν τῆς φυσικῆς θερμότητος
ἀρχήν [56], à savoir, dans le cœur.

On ne peut s'empêcher de constater que les deux théories sont ici
conjuguées : sans rien apporter de matériel à l'embryon, — le philosophe l'a-t-il assez dit, le rappelant dans ce même chapitre ! — la semence est porteuse de la forme spécifique, et cette dernière ne peut
donc être que *co-principe* du substrat qui lui résiste ; mais, à l'origine
première de la semence, et donc de la forme, se trouve, nettement
localisé dans le cœur, un pouvoir végétatif de l'âme, sexuellement
différencié par sa chaleur, et qu'il faut bien appeler une faculté : le
θρεπτικόν.

La raison de cette liaison doctrinale échappe-t-elle nécessairement
aux investigations ? Il semble que non, puisque le même développement
précise, en des termes que notre analyse n'évoquait que brièvement :
par principe (de la forme), dit l'auteur, « j'entends non pas un principe
ayant cette nature dont naît, comme d'une matière, l'être pareil au

---

[55] *De an.*, II 4, 416 b 28-29 : ἐργάζεται δὲ τὴν πέψιν τὸ θερμόν · διὸ πᾶν ἔμψυχον
ἔχει θερμότητα. — Nous citions ce premier argument du *De gen. anim.*, IV 1, *supra*,
p. 89 et n. 43.

[56] *De gen. anim.*, IV 1, 766 a 34-36, cité et traduit *supra*, n. 50 et p. 91.

géniteur, mais bien celui qui est moteur premier, qu'il soit capable de réaliser cela en lui ou en autrui » [57].

« *En autrui, en lui-même* » : appliqué à ce qui rend compte de la forme, ce dernier couple de possibilités motrices revêt ici une importance singulière. C'est, d'une part, le mouvement *transitif* que représente, à son origine, la reproduction : est mâle ce qui engendre en autrui ; mais c'est aussi le processus *immanent* qui, utilisant encore l'apport féminin et la nourriture comme des facteurs matériels [58], va, au sein du vivant, différencier ses divers organes [59].

Ainsi le principe moteur porte-t-il une double responsabilité : transmettre au rejeton la forme spécifique, co-principe du matériau ; conférer à cette cause de croissance le dynamisme qui lui permette d'épanouir le vivant. Et l'on se souvient, dans le contexte examiné, qu'au point de vue du sexe, la réussite complète sera mâle, la réalisation imparfaite, femelle.

L'analyse de *De gen. anim.*, IV 1, et le relevé de diverses particularités doctrinales montrent donc une conjonction remarquable de l'hylémorphisme et de l'instrumentisme. A ceux qui pourraient s'en étonner, Aristote indique même le biais conceptuel qui assure l'unité de ces deux perspectives ; il ne saurait dès lors être question de croire qu'il les a considérées comme inconciliables.

Doit-on remonter à la réalité elle-même pour juger si, en droit, deux théories de ce genre cadrent sans heurts l'une avec l'autre ? On peut certes songer au caractère biface des phénomènes biologiques : mettre au compte de l'εἶδος, en tant qu'essence intelligible, le statut métaphysique de co-principe, mais reconnaître le caractère matériel de son impact sur la croissance et les autres phénomènes physiologiques. Une interprétation de ce genre revient cependant à élaborer une philosophie de l'être vivant, ce qui déborde notre recherche.

---

[57] *Ibid.*, 765 b 11-14 : λέγω δ'ἀρχὴν οὐ τὴν τοιαύτην ἐξ ἧς ὥσπερ ὕλης γίγνεται τοιοῦτον οἷον τὸ γεννῶν, ἀλλὰ τὴν κινοῦσαν πρώτην, ἐάν τ'ἐν αὐτῷ ἐάν τ'ἐν ἄλλῳ τοῦτο δύνηται ποιεῖν.

[58] Cf. *ibid.*, 766 a 10-11 : ὄντος δὲ τοῦ αὐτοῦ ἐξ οὗ τε γίγνεται καὶ αὔξεται.

[59] Le propos trouve un écho direct dans le résumé final, *ibid.*, 766 b 12-14 : σπέρμα (...) ἔχει ἀρχὴν ἐν ἑαυτῷ τοιαύτην οἵαν κινεῖν καὶ ἐν τῷ ζῴῳ καὶ διαπέττειν τὴν ἐσχάτην τροφήν· Suspectés par Drossaart Lulofs (cf. *supra*, p. 73, n. 67), les mots espacés ont cependant tout leur sens dans la ligne de la citation précédente : *même au sein de l'animal,* — c'est-à-dire lorsque le pouvoir végétatif de l'embryon est passé à l'acte, — le principe transmis par le sperme a la capacité motrice et (ensuite) celle d'élaborer à son tour la semence.

Mais déjà le traité sur la reproduction semble avoir livré le secret de l'étiologie qui avait retenu notre attention dans la première section. On avait constaté en effet que, sans récuser les principes de sa physique, le philosophe poussait au premier plan la cause motrice et lui faisait jouer deux rôles ; aussi bien avions-nous dû, d'emblée, diviser comme suit le paragraphe 3, qui présentait dans son ensemble l'explication de la génération : « unité de l'être engendré » et « transmission d'un mouvement » [60]. Ainsi donc, repérée concrètement dans le chapitre sur la différenciation des sexes, la bivalence du principe moteur semble bien commander aussi l'orientation générale de l'ouvrage. Une fois encore, il apparaît que sa perspective proprement génétique a stimulé la réflexion du Stagirite : réfléchissant à neuf sur la génération, mais dans le cadre de sa philosophie générale et de ses observations de naturaliste, il a mis sous la mouvance de la cause efficiente la production d'un vivant foncièrement un et la concaténation des phénomènes qui jalonnent son existence.

3. *Sur l'unité d'ensemble du traité.*

Au vu de ces premières conclusions, on aperçoit mieux, pensons-nous, l'importance de cette longue analyse, de prime abord très particulière, pour qui veut évaluer la cohérence du *De gen. anim.* Nous ne sommes pas dispensé cependant de notre promesse initiale. Envisageons dès lors les indices qui seraient de nature à modifier l'appréciation qu'on vient de lire.

Sans préjudice d'autres recherches, dont nous toucherons un mot tout à l'heure, la méthode la plus rationnelle semble consister à suivre tour à tour divers thèmes au long de l'ouvrage. Le plus obvie, dont l'examen nous aidera aussi à préciser le statut du livre V, nous est fourni par quelques affirmations de Pierre Louis.

Selon ce critique, le *De gen. anim.* offre des « parties composées à des dates différentes ». A preuve, le traitement réservé à l'origine des cheveux : en V 3, 782 a 25, Aristote s'aligne sur le *Timée*, 76 b-c ; en II 6, 745 a 20, il contredit Platon. D'autre part, le livre V présente « de nombreuses traces d'inachèvement » [61].

Indiquons brièvement ce qu'enseigne le traité sur ce menu sujet. S'abstenant de rien couper en quatre, le premier livre indique sobrement

---

[60] Pp. 46-51 et 51-54, respectivement. Cf. aussi la conclusion de cette même section I.

[61] P. LOUIS, *Introd.* à l'éd. Belles Lettres, 1961, pp. IX et XI.

que le système pileux est le résultat d'une περίττωσις, comme les os, la corne ou les dents ; moins développés dans l'espèce humaine, les phénomènes qui les provoquent ont pour pendant chez elle une plus grande abondance de sécrétions sexuelles [62]. A la différence des chairs et des organes sensoriels, précise Aristote au livre II, les os, nerfs, cheveux, etc. sont formés à partir d'une nourriture moins élaborée, en quelque sorte de second choix : des περιττώματα. Mais pourquoi les dents sont-elles seules à ne pas changer de couleur au cours de l'existence ? Parce qu'elles ont même nature que les os, alors que les ongles, cheveux, etc. « sont formés à partir de la peau » [63].

Que dit à cet égard le *Timée*, auquel Louis oppose notre dernière citation ? « L'espèce des cheveux a pris naissance dans la peau ; ils sont fibreux et de même nature qu'elle ... » [64]. L'opposition à Platon n'est donc rien moins qu'évidente.

Il est vrai que le dialogue fait précéder ce propos de divers autres : les trous du crâne laissant sortir humidité et chaleur, « le mixte des éléments dont était faite également la peau, se soulevant de par ce mouvement, était repoussée par l'air extérieur qui l'enveloppait, et prenait racine » [65]. Mais notre livre V précise dans le même sens, bien qu'il vise à expliquer, non la genèse des cheveux, mais celle de leurs particularités : « Les cheveux naissent de la peau, lorsque s'évapore et s'exhale l'humidité qui est en eux. (...) Si la peau est serrée, ils sont fins, à cause de l'étroitesse des pores. (...) Si l'exhalaison est comme une fumée, étant chaude et sèche, elle rend le poil crépu (...) ; il se peut aussi qu'ils s'enroulent en étant séchés par ce qui les environne », à savoir par l'air [66].

---

[62] Cf. *De gen. anim.*, I 20, 728 b 14-21 ; la pilosité se développe à la puberté, en même temps que les caractères sexuels : cf. *ibid.*, b 22-27.

[63] *De gen. anim.*, II 6, 745 a 20-21 (cf. 744 b 24-26, 745 a 1-4, 18-24) : γίγνονται (...) ἐκ τοῦ δέρματος.

[64] *Timée*, 76 c : τὸ τριχῶν γένος ἐν τῷ δέρματι πέφυκεν, συγγενὲς μὲν ἱμαντῶδες ὂν αὐτοῦ (...).

[65] *Ibid.*, 76 b-c : τὸ δὲ μεικτὸν ἐξ ὧν καὶ τὸ δέρμα ἦν, αἰρόμενον μὲν ὑπὸ τῆς φορᾶς (...), ἀπωθούμενον ὑπὸ τοῦ περιεστῶτος ἔξωθεν πνεύματος (...) κατερριζοῦτο.

[66] *De gen. anim.*, V 3, 782 a 30-33, 782 b 1-2, 19-20, 24-26 : αἱ δὲ τρίχες (...) γίγνονται ἀπὸ τοῦ δέρματος, ἐξατμίζοντος καὶ ἀναθυμιωμένου ἐν αὐτοῖς τοῦ ὑγροῦ. (...) ἂν δὲ πυκνότερον, λεπταὶ διὰ τὴν στενότητα τῶν πόρων. (...). Et, à propos de l'ἀναθυμίασις : ἂν μὲν γάρ ᾖ καπνώδης, θερμὴ οὖσα καὶ ξηρὰ οὔλην τὴν τρίχα ποιεῖ. (...) ἐνδέχεται δὲ καὶ (...) ὑπὸ τοῦ περιέχοντος ξηραινομένας συσπᾶσθαι.

Comme la théorie exposée dans un même texte du *Timée* concorde substantiellement avec les propos que tient le *De gen. anim.* au livre II et au livre V, on voit mal en quoi ces derniers pourraient être opposés l'un à l'autre [67]. Achevant l'exposé du livre V, Aristote prend d'ailleurs soin de rappeler ce que nous avons lu au livre II : cheveux, poils et peau proviennent de la nourriture, et plus exactement de ses περιττώματα [68].

Cette contradiction prétendue entre le livre V et le reste du traité étant écartée, aucune autre divergence doctrinale ne nous semble s'imposer à l'attention ; on notera que le sujet de ce livre s'isole des autres en ceci qu'il doit, comme l'indiquent les premières lignes, expliquer des particularités (παθήματα) : ce fait rend plus significatif l'accord sur les principes invoqués. D'autre part, bien que les développements soient inégaux (ce qui concerne le système pileux occupe près de la moitié : chap. 3 à 6), on ne peut manquer d'y retrouver un ordre certain ; celui-ci correspond, mieux qu'en d'autres ouvrages d'Aristote, au programme fixé par le petit prologue [69].

Une indication d'ordre externe pourrait-elle faire envisager cependant une césure entre les livres IV et V ? Jaeger avait jadis mis en relief le fait que divers manuscrits aristotéliques présentent, comme beaucoup d'autres, des mentions amorçant, à la fin d'un ensemble, le début du suivant. Drossaart Lulofs relève à juste titre ces *custodes* à la fin des livres II et IV de notre traité [70]. L'ouvrage aurait, en ce cas, comporté trois λόγοι composés respectivement de I-II, III-IV, et V. Mais rien ne permet de séparer les livres II et III, et ce serait là confondre la

---

[67] P. Louis semble au total avoir joint, en les durcissant, deux opinions un peu disparates qu'émettait A. Rivaud (*Timée*, éd. Belles Lettres, pp. 103 et 205) et avoir omis de les vérifier (il transcrit l'erreur de référence de la p. 103 : V, 2, pour V, 3). — Dans le même temps que Rivaud, A.E. Taylor (*A Comm. on Pl.'s Tim.*, p. 538) citait plus judicieusement l'*Hist. anim.* (I 1 et III 11) et le *De anima*, I 5, 410 a 30 - b 1 : ὅσα γάρ ἐστιν ἐν τοῖς τῶν ζῴων σώμασιν ἁπλῶς γῆς, οἷον ὀστᾶ, νεῦρα, τρίχες ...

[68] Cf. *De gen. anim.*, V 6, 786 b 1-5 .— Il n'entre pas dans notre sujet de montrer les liens particuliers qui, selon Aristote, unissent pilosité abondante, humidité et cerveau ; cf. déjà IV 5, 774 a 33-36, puis V 1, 780 b 5-8, V 3, 784 a 2-4 et V 4, 784 b 3-6, 785 a 1-2.

[69] Cf. *De gen. anim.*, V 1, 778 a 16-19. Il y manque l'annonce du dernier chapitre consacré aux dents ; encore le programme ne se veut-il point exhaustif : λέγω δὲ τὰ τοιαῦτα ...

[70] W. Jaeger, *Studien zur Entst. der Met.*, 1912, pp. 162, 168, 181 ; H.J. Drossaart Lulofs, *Ar. De gen. anim.*, p. XVIII.

structure des dissertations aristotéliciennes avec un groupement matériel que commandaient des raisons utilitaires [71].

Une autre donnée externe inviterait plutôt à croire que le *De gen. anim.* se limitait aux trois premiers livres; nous songeons ici au témoignage d'un des catalogues anciens qui nous ont conservé les titres des écrits dus au Stagirite. Si le plus ancien, transmis par Diogène, ignore notre traité et beaucoup d'autres ouvrages ressortissant à la « physique », c'est sans doute parce que la liste dut être élaborée vers 200 a.C. au Lycée, milieu qui ne s'intéressait guère à ces matières [72]. D'autre part, la liste la plus récente, attribuée à Ptolémée Chennos, cite le *De gen. anim.* en lui reconnaissant cinq livres; mais elle ne fait là que noter l'état du *Corpus* après le travail d'édition d'Andronicus [73].

Par contre, l'appendice au catalogue transmis sous le nom d'Hésychius n'attribue que trois livres à notre traité. S'agit-il d'une faute? Comme « les textes corrompus n'effraient pas M. P. Moraux » [74], ce dernier n'hésite pas à corriger sur ce point le catalogue, et, par la même occasion, à restituer leur nombre actuel de livres à sept des onze traités cités dans cette section de la liste; selon lui, ces chiffres « sont quasi tous fautifs et ne méritent aucune confiance » [75]. Passe pour deux d'entre eux: on peut supputer un accident [76]. Mais le spécialiste

---

[71] Les cinq livres comptent respectivement 16 3/4 pages Bekker, 15 3/4, 14 3/4, 14 3/4 et 11. Mis à part le cinquième, derechef quelque peu isolé, on oscille légèrement autour de 15 pages, soit un millier de nos lignes : à peine plus que le calibre moyen d'un rouleau antique, comme le rappelle P. Moraux, *Les listes anciennes* ..., 1951, p. 192. Qu'ici, comme dans la *Métaphysique* et dans d'autres ouvrages, les livres aient été groupés par paires, cela semble suggérer que les *volumina* étaient doubles, mais sans doute rien de plus.

[72] Cf. P. Moraux, *Les listes anciennes* ..., p. 320, et A. Mansion, *Préface* au même, p. x ; on approuvera Moraux de ne pas s'attarder à l'hypothèse selon laquelle l'absence de ces traités serait due à leur date tardive et/ou à un inachèvement prétendu.

[73] Cf. P. Moraux, *ibid.*, pp. 297, 306-309. — Cette section de la liste n'est pas reproduite par V. Rose, *Ar. fragmenta*, 1886 (pp. 18-22 : Ptolemaei philosophi indicis ...).

[74] S. Mansion, *Le cinquième symposium arist.*, *R.P.L.*, t. 67, 1969, p. 607.

[75] Cf. V. Rose, *Ar. fr.*, pp. 16-17, *sub* 148-158. — P. Moraux, *ibid.*, pp. 279 et 252-253.

[76] Ce serait le cas pour la *Physique* (n° 148), nantie de 18 livres au lieu de 8, et pour le περὶ πλούτου ᾱ (151), que P. Moraux, p. 252, propose de lire περὶ οὐρανοῦ δ̄. Certes, le *De gen. et corr.* et les *Météor.* sont cités (149 et 150; 2 et 4 livres respectivement, comme de juste); mais peut-être les 18 livres indiqués pour la *Physique* les incluent-ils déjà ainsi que les quatre du *De caelo*? Cette interrogation montre seulement que les « anomalies » des catalogues n'appellent guère de solution simple.

des listes anciennes nous semble oublier ici ce que l'ensemble de son ouvrage met si bien en lumière : les λόγοι d'Aristote ont pu être répartis de diverses façons selon les « éditions » ou les nécessités scolaires.

Puisque les données avancées pour le *De motu* et le *De partibus* peuvent être expliquées sans difficulté majeure [77], nous inclinons à prendre au sérieux ce qui concerne le *De gen. anim.*, cité aussitôt après ; celui-ci aurait dès lors existé quelque temps en trois *volumina*, soit qu'il s'agisse des ensembles constitués par I-II, III-IV, et V, soit que cette « édition » ait été limitée aux trois premiers livres actuels. Cette seconde hypothèse pourrait s'autoriser de quelques faits : le début du livre IV s'exprime comme si le sujet assigné au traité était épuisé [78] ; d'autre part, si, comme on l'a dit, le livre V ne diverge pas par rapport aux quatre autres, le quatrième offre, lui, deux différences avec le deuxième ; enfin, le catalogue qui assigne trois livres au *De gen. anim.* suggère peut-être un candidat valable à la place laissée vacante par l'éventuelle absence des deux derniers. Que penser de ces trois indices ?

Ledit candidat a nom περὶ ἀνθρώπου φύσεως [79]. Précisant ce dernier terme, Rose le rend par « generatio », et à juste titre, si l'on considère

---

[77] Que le *De part. anim.* soit gratifié de trois livres (*sub* 157) au lieu de quatre, MORAUX, p. 253, serait prêt à l'admettre ; il cite lui-même NUYENS, dont l'exposé (*L'évolution* ..., pp. 198-199) montre bien que les livres II-IV ont dû exister indépendamment du premier : celui-ci constitue plutôt une introduction générale à la biologie. — D'autre part, A. MANSION a fait remarquer (*Introd.* ..., pp. 32-33) que ce premier livre, sans doute plus récent que les autres, n'a pu cependant former à lui seul un traité à part ; qu'il doive aussi introduire à « la recherche des causes des parties des animaux », quelques-uns de ses propos l'attestent, notamment à la fin. Mais parmi les phénomènes indiqués là (*De part.*, I 5, 645 b 33-34) et qu'il s'agit d'expliquer en général et en particulier (*ibid.*, 646 b 2-3), figure la marche, de pair avec les autres propriétés. On peut dès lors estimer que le n° 156 du catalogue, περὶ ζῴων κινήσεως γ̄, vise la collection suivante : *De part.*, I, *De incessu* (un livre, dont la liste ne souffle mot, pas plus que ne le fait Moraux), *De motu* (un livre également). La phrase initiale de ce dernier peut d'ailleurs faire admettre cette postposition (temporaire) de l'actuel περὶ κινήσεως (1, 698 a 1-7) : puisqu'on a déjà traité, dit Ar., des différences dans le mouvement selon les diverses espèces, reste à rechercher la cause commune du déplacement animal ; la finale de *De part.*, I, résumée plus haut, trouve là également un écho satisfaisant.

[78] *De gen. anim.*, IV 1, 763 b 20-21 : Περὶ μὲν οὖν τῆς γενέσεως τῆς τῶν ζῴων εἴρηται καὶ κοινῇ καὶ χωρὶς περὶ πάντων.

[79] V. ROSE, *Ar. fr.*, p. 17, n° 184. Les fragments conservés (282 à 289) figurent dans la section *Zoica*, pp. 219 à 226.

le contexte où il apparaît [80] ; la plupart des textes rapportés à cet écrit concernent d'ailleurs la reproduction, touchant même de préférence la gémellité et quelques autres *curiosa* que le *De gen. anim.* explique en IV 4, 5 et 6. Mais ce sujet n'est pas le seul, rares sont les citations quelque peu repérables [81], en sorte qu'au total le titre indiqué ne peut avoir recouvert les livres IV et V du traité. On approuvera donc les commentateurs qui, tel P. Moraux, voient dans le περὶ ἀνθρώπου φύσεως un choix de questions transcrites — librement, ajouterons-nous, — de divers traités biologiques [82].

Mais l'indépendance des trois premiers livres par rapport au reste du *De gen. anim.* pourrait, disait-on plus haut, se traduire dans deux dissonances entre les livres II et IV. Ayant rappelé la distinction entre le moteur et son instrument, le philosophe précise : « l'un, à savoir l'agent, doit exister d'abord — par exemple, le professeur avant l'élève — et les flûtes après celui qui apprend à en jouer »; mais il dira plus loin, expliquant la formation de l'appareil reproducteur : « c'est en même temps (ἅμα δέ) que la nature confère à chacun la faculté et l'organe (...); ainsi la vue ne se parfait-elle point sans yeux, ni l'œil sans la vue » [83].

La seconde divergence semble opposer également antériorité et simultanéité. Selon le livre II, la formation des os est due à la sécrétion sexuelle, leur croissance, aux résidus de la nourriture ; Aristote ajoute : « car en tout être se produit cette distinction (*litt.* le premier et le second), et, de la nourriture, (...) une part, nutritive, fournit l'être à l'ensemble et aux parties, l'autre, qui fait grandir, donne la croissance d'ordre quantitatif ». Mais le livre IV dira : « c'est de la même chose que proviennent formation et croissance, c'est-à-dire de la nourriture » [84].

---

[80] C'est le frg. 282, où il est question de différenciation de l'embryon ; cf. aussi le *testim.* d'Apulée cité p. 215 et, *ibid.*, l'annonce du frg. 285.

[81] En font foi notamment les références insérées à bon escient par Rose dans le texte même des fragments.

[82] P. Moraux, *Les listes* ..., p. 263 (avec renvois à Rose et à Heitz) ; p. 296, l'hypothèse selon laquelle le titre ne ferait qu'expliciter le contenu du précédent (περὶ εὐγενείας) nous avait effleuré également, mais on ne voit pas comment la vérifier.

[83] *De gen. anim.*, II 6, 742 a 25-27 ; IV 1, 766 a 5-6, 7-9 : τὸ μὲν ὑπάρχειν δεῖ πρότερον, τὸ ποιητικόν, οἷον τὸ διδάξαν τοῦ μανθάνοντος, τοὺς δ' αὐλοὺς ὕστερον τοῦ μανθάνοντος αὐλεῖν. (...) — ἅμα δ' ἡ φύσις τήν τε δύναμιν ἀποδίδωσιν ἑκάστῳ καὶ τὸ ὄργανον · (...) ὥσπερ οὔτ' ὄψις ἄνευ ὀφθαλμῶν, οὔτ' ὀφθαλμὸς τελειοῦται ἄνευ ὄψεως.

[84] *De gen. anim.*, II 6, 744 b 32-36 (en b 33, avec la majorité des mss. et les versions, nous gardons καί) ; IV 1, 766 a 10-11 : γίγνεται γὰρ ἐν παντὶ τὸ πρῶτον καὶ τὸ δεύτερον,

Cette seconde différence paraît, à la réflexion, de peu de conséquence :
en toute hypothèse, puisque les sécrétions sexuelles elles-mêmes proviennent de la nourriture, c'est à celle-ci que remontent et l'accroissement et la genèse même ; et tandis que le second exposé souligne cette
commune origine, le premier indique leur échelonnement temporel.

Mais pour l'autre paire de textes, même s'il s'agit apparemment
d'un point mineur, on ne voit guère comment éviter la contradiction :
d'un côté, l'outil apparaît après la puissance ; de l'autre, il y a con-
comitance [85]. On peut songer à l'emploi simplement « continuatif »
de ἅμα δέ que signale Bonitz [86] et que nous rendrions par : « dans
le même ordre d'idées ... » ; pourtant un second ἅμα surgit peu après [87],
dont le sens temporel est attesté par l'exemple des yeux et de la vue
traduit ci-dessus. Mais ce dernier exemple, avec la simultanéité qu'il
illustre, n'est-il pas dans la ligne de l'hylémorphisme et, plus précisément, des textes qui parlaient d'homonymie entre l'organe vivant et
son semblable privé de vie ? Le propos du livre II, d'allure plus mécaniste, ne révèle-t-il pas l'enchaînement génétique où excelle l'explication
instrumentiste ? Dirons-nous dès lors que ce livre II est dominé par
cette dernière conception, alors que le quatrième daterait de l'époque
où le Stagirite avait accédé à la perspective hylémorphique ? Tout
nous en empêche : ce livre IV, au même chapitre premier, nous révélait
tantôt la présence de l'autre conception [88], tandis que le livre II,
on s'en souvient sans doute, avait fourni mainte preuve de ce que son
auteur concevait l'âme et le corps comme des co-principes [89]. Ainsi

καὶ τῆς τροφῆς (...) θρεπτικὸν μὲν ὃ τὸ εἶναι παρέχεται τῷ τε ὅλῳ καὶ τοῖς μορίοις, αὐξητικὸν
δὲ τὸ εἰς μέγεθος ποιοῦν τὴν ἐπίδοσιν. (...) — ὄντος δὲ τοῦ αὐτοῦ ἐξ οὗ τε γίγνεται καὶ αὔξεται,
τοῦτο δ'ἐστὶν ἡ τροφή (...).

[85] Cf. la sobre indication de PLATT ad 766 a 6 : « A. is not always consistent on this
point ».

[86] BONITZ, Index, 36 a 6-9, et cf. Phys., I 2, 185 a 14 ; Métaph., B (lire Γ) 4, 1008 a 30,
etc. — DENNISTON semble ne pas l'avoir envisagé dans son examen de δέ. — LIDDELL-
SCOTT l'ignore ; le renvoi à Métaph., 1028 b 27 (lire sans doute K 12, 1068 b 27 et b 26,
ce dernier texte étant allégué par BONITZ, 36 b 54) vise un « ensemble » local, i.e. l'idée
de contiguïté.

[87] De gen. anim., IV 1, 766 a 6-7 : οἱ τόποι ἅμα (...) ταῖς δυνάμεσιν.

[88] Cf. supra, par. 2, pp. 93-94 et nn. 55 à 58.

[89] C'est le cas notamment de passages qui encadrent le texte à l'examen (i.e. De gen.
anim., II 6, 742 a 25-27) et qui ont fourni matière à notre exposé de la s. II : II 4, 738 b
26-27 (l'âme, forme du corps, cf. supra, p, 69, n. 50) ; II 5, 741 a 8-14 (l'homonymie,
texte 4 ; cf. p. 58, n. 9) ; II 5, 741 a 6-31 (l'actuation progressive, cf. p. 70, n. 56) ; II 6,
742 a 37 - b 1 (conjonction de la fin et du principe, cf. p, 75, n. 73).

ces deux textes trahissent-ils à leur façon la différence entre les deux perspectives, sans que nous puissions cependant voir là un principe quelconque de division entre les livres I—III et IV-V, respectivement.

Un troisième indice reste cependant à peser : aux premières lignes du livre IV, Aristote déclare avoir traité de tout ce qui concerne la reproduction des animaux [90]. Mais c'est pour ajouter aussitôt qu'il convient à présent de remonter à la génération de ce qui cause cette reproduction même, à savoir la différence entre les sexes [91]. Il est vrai que les livres IV et V s'attardent parfois, on l'a vu, à des particularités qui nous semblent superflues ; on observera cependant que seul le livre IV tient diverses promesses faites au livre I : ainsi celle d'étudier la nature et le rôle du lait, formulée au moment où l'auteur abordait le sujet propre du traité [92]. Nulle césure significative ne se dessine dès lors de ce côté.

4. *Conclusion.*

Ainsi avons-nous, dans le troisième paragraphe, examiné les observations qui visent à isoler du traité le livre V, puis pesé les autres indices que l'on pourrait invoquer pour mettre en cause l'homogénéité de ce grand ensemble littéraire. Nul ne peut se flatter, pensons-nous, d'envisager en pareille matière toutes les éventualités possibles ; mais, au terme d'une enquête où nous avons voulu ne négliger aucune donnée, même relativement ténue, force nous est de constater que le bilan se révèle négatif. Sans doute peut-on, en conjuguant le témoignage d'un catalogue ancien avec celui des *custodes*, présumer tout au plus que le *De gen. anim.* a connu une « édition » en trois *volumina*, qui devaient correspondre respectivement aux livres I-II, III-IV, et V ; mais rien ne semble appuyer ici l'hypothèse selon laquelle l'ouvrage amalgamerait des conceptions élaborées par le Stagirite à des époques différentes et que l'auteur aurait laissé subsister côte à côte. Au contraire, nous venons d'observer que les livres II et IV présentent

---

[90] Le texte a été cité *supra*, n. 78, p. 99.

[91] *De gen. anim.*, IV 1, 763 b 23 (cf. 21-26) : ταύτας τὰς δυνάμεις ἀρχάς φαμεν εἶναι.

[92] *De gen. anim.*, I 16, 721 a 27-30, annonçant l'étude qui figure en IV 8 ; sperme et lait sont aussi annoncés solidairement dans le *De part. anim.*, II 7, 653 b 9-18 et II 9, 655 b 23-27, textes qui font prévoir notre traité. De même, cf. le projet, réalisé en *De gen. anim.*, IV 4, 770 b 27-773 a 32, d'étudier la gémellité et les phénomènes similaires (I 20, 729 a 14-16).

l'un et l'autre, dans les mêmes contextes, des traits révélateurs de la doctrine hylémorphique et des indices suffisamment éloquents de ce que Nuyens étiquette « théorie instrumentiste » [93].

La cohésion du traité, telle que la révèle cet examen d'ensemble, concorde ainsi avec ce que manifestait, au paragraphe 2, l'analyse détaillée du chapitre relatif aux causes qui déterminent le sexe de l'embryon. On se le rappelle en effet : cet exposé très systématique réunit sans nulle gêne apparente ce qu'oppose notre modèle ; porteuse de la *forme* typique de l'espèce, la semence n'en est pas moins élaborée sous l'action d'une faculté psychique *localisée* franchement dans le cœur. Aristote nous indiquait lui-même ce qui assure le lien logique entre ces deux perspectives : capable d'imprimer au substrat féminin le co-principe spécifique, la cause motrice masculine provoque également la mise en branle, au sein de l'être nouveau, des processus moteurs qui caractérisent le vivant ; on retrouve de la sorte, sans qu'il y ait lieu de s'en étonner, l'insistance du *De gen. anim.* sur le rôle privilégié que joue dans la reproduction le principe du mouvement [94].

Ces observations retentissent profondément, pensons-nous, sur la signification que revêtent les données instrumentistes du traité énumérées au premier paragraphe. En introduisant leur examen, nous le présentions comme étant à la fois nécessaire et paradoxal. Le résultat a dépassé largement l'hypothèse initiale : d'une part, le thème qu'on pouvait éventuellement repérer par endroits s'est trouvé orchestré par des propos nombreux et convergents, qui intéressent les diverses facultés de l'animal ; d'autre part, ce thème instrumentiste se révèle en liaison intime avec la doctrine hylémorphique illustrée dans la section précédente. N'y a-t-il point là de quoi énoncer une conclusion, en ce qui regarde le *De gen. anim.*, sur l'incompatibilité qui opposerait les deux théories ?

On se souvient qu'au terme du chapitre premier, voulant rencontrer aussi précisément que possible le point de vue adopté par Nuyens, nous avions estimé devoir nous conformer à sa terminologie en parlant constamment de théories distinctes [95]. Une telle distinction ne paraît

[93] Cf. par. 3 *supra*, examen du deuxième indice, p. 101, ainsi que la suite de la présente conclusion.

[94] Cf. en particulier pp. 91-94 *supra*. Sur le lien entre l'étude de la génération et celle de la cause motrice, cf. le prologue examiné *supra*, s. I, p. 36 et n. 3.

[95] Cf. *supra*, pp. 29-30 ; une rectification, disions-nous p. 29, ne peut intervenir qu'après inspection prolongée du donné, par exemple, précisément, à la fin de ce ch. II.

plus tolérable à présent, du moins à propos de notre traité : loin de représenter ici un corps de doctrine différent de l'hylémorphisme, les traits instrumentistes manifestent la causalité motrice de l'âme-forme; et déjà nous notions dans le *De anima* que le Stagirite aime souligner le lien intrinsèque qui, chez le vivant orienté vers sa *fin*, unit l'*essence spécifique* et le principe du *mouvement* [96]. Mais il revient aux conclusions du présent chapitre de préciser le sens de ces constatations et ce qu'elles impliquent pour la suite de notre recherche.

Premières conclusions

Au terme de ce long chapitre, il conviendra d'indiquer les nouveaux objectifs qui s'offrent désormais à notre recherche. Encore faut-il en premier lieu résumer, en les interprétant brièvement, les principaux résultats qui paraissent acquis.

Dans quelle mesure les rapports qu'établit Aristote entre l'âme et le corps témoignent-ils d'une évolution doctrinale ? Nous avons pensé que déjà l'étude impartiale d'un seul traité biologique, — à la condition qu'il fût suffisamment riche de substance, — devait fournir au moins une première orientation. A cet égard et à divers autres, le *De generatione animalium* a largement dépassé nottre attente.

Si étrange que soit en ce domaine l'interprétation que donne le Stagirite de la reproduction, les principes qui la commandent manifestent les liens les plus étroits avec ceux qui régissent sa vision globale du monde et avec la doctrine des causes exposée notamment en physique : dans les nombreux cas où l'état encore embryonnaire de l'expérimentation (et de la mentalité scientifique elle-même) laisse en fait le champ libre à la conjecture, le philosophe opte invariablement pour une théorie qui, à son sens, corrobore sa vision hiérarchique de la société et de l'univers. C'est dans ce cadre idéologique qu'il faut citer les déclarations d'Aristote relatives à l'intérêt spécial, dans le *De gen. anim.*, de la cause motrice : la génération est donc comparée en son principe à une action artisanale, — on vise ici celle qui vient du partenaire mâle, seul efficient, — ensuite à un enchaînement de processus moteurs, et les espèces supérieures sont déclarées telles en ceci qu'elles offrent une distinction nette entre partenaires actifs et passifs, ces derniers

---

[96] Cf. *De an.*, II 4, 415 b 8-27, et *supra*, concl. de la s. I, pp. 74-76; s. I, p. 67; s. III, p. 85.

étant à la fois nécessaires et imparfaits. Cette perspective d'ensemble suggérait l'examen de l'être vivant, d'abord comme terme unitaire de la reproduction, ensuite comme théâtre des mouvements indiqués à l'instant; les sections 2 et 3 allaient y être consacrées.

Engendrer, c'est opérer le passage du non-être à l'être, c'est conférer à une matière — même élaborée au préalable — la forme typique de son espèce et sans laquelle, qui plus est, le « vivant » n'a plus rien de commun avec ce qu'on appelle de ce nom; que ladite forme soit l'âme, les textes qui parlent d'« homonymie » entre vivant et non-vivant ne laissent nul doute à ce sujet. S'expliquant sur cette genèse, Aristote, on le voit mieux à présent, use tour à tour des deux sens de « puissance » que distingue la *Métaphysique*, d'une façon plus scolaire, en Θ, chap. 1 : les apports mâle et femelle sont l'un et l'autre, « potentiellement » et encore indistinctement, l'être à venir; mais le sperme a en outre la « capacité » positive d'informer le matériau femelle en faisant passer à l'acte la forme spécifique : substitut du générateur mâle, il transmet le mouvement actuel qui doit organiser le vivant pour la vie. On note en passant le caractère périmé, si dommageable pour l'évolution des sociétés occidentales, d'une vision conditionnée notamment par l'ignorance de deux données scientifiques : la relative autonomie des gamètes et l'égalité des patrimoines génétiques mis en contact; ces deux faits appelaient une réflexion, — entrevue par un Empédocle, — sur la formation de l'être nouveau à partir de substances incomplètes. Mais on relève aussi l'allure très formelle de l'action génératrice : c'est une « idée » qui est transmise, — un « programme », si l'on veut, — non un matériau. Dans le *De gen. anim.*, notre philosophe manifeste ainsi qu'il a franchi une étape dont aucun système antérieur n'offre de témoignage explicite : l'âme n'est point pour lui une chose logée dans une autre, ni davantage un ange sur une machine, mais bien plutôt, comme dans le *De anima*, l'acte du substrat et l'être vrai du vivant (ὡς ἡ οὐσία τῶν ἐμψύχων σωμάτων ἡ ψυχὴ αἰτία, τοῦ δυνάμει ὄντος λόγος ἡ ἐντελέχεια), le terme que vise son déploiement organique (ὡς καὶ οὗ ἕνεκεν ἡ ψυχὴ αἰτία· τὰ φυσικὰ σώματα ... ἕνεκα τῆς ψυχῆς) et la source de ce dernier (καὶ ὅθεν πρῶτον ἡ κατὰ τόπον κίνησις, ψυχή) [1].

Si nettement *hylémorphique* que soit une telle doctrine, il apparaît

---

[1] *De an.*., II 4, 415 b 8-27, *passim*; cf. *supra*, concl. de la s. II, pp. 74-76 et nn. 70, 71 et 75.

rapidement que ce devenir semble vérifier *aussi*, dans le traité sur la reproduction, les caractères attribués par Nuyens à l'*instrumentisme*. C'est à quoi nous amène la troisième section ; intitulée « Les instruments du vivant » pour ne pas préjuger du résultat, nous savons à présent qu'elle a mis au jour, en réalité, les instruments des facultés psychiques logées dans le cœur. Ainsi l'embryogenèse doit-elle débuter par cet organe : τοῦτο δὲ γίγνεσθαι ἀνάγκη πρῶτον ὃ αὐξήσεως ἀρχὴν ἔχει· (...) τοῦτο πᾶσιν ὑπάρχει τὸ θρεπτικόν· τοῦτο δ'ἔστι τὸ γεννητικόν [2] ; c'est donc bien lui qui « possède » le principe de croissance, c'est-à-dire le végétatif, ou encore la faculté génératrice. De même, ledit principe, responsable de la différenciation sexuelle et, plus précisément, de l'élaboration séminale, réside dans l'organe qui possède la source de la chaleur vitale : « il faut donc que se constitue un cœur chez les animaux sanguins et que devienne mâle ou femelle l'être qui se forme (...) ; le principe du mâle et de la femelle, la cause, c'est donc cet organe, c'est là qu'il réside, αὕτη καὶ ἐν τούτῳ ἐστίν » [3]. Or, cause de l'élaboration séminale, le cœur est, par là même, à l'origine de la forme spécifique : on se souvient de la formule σπέρμα ἔχον τὴν ἀρχὴν τοῦ εἴδους, qui intervient dans le même contexte, soigneusement construit, du chapitre IV 1 [4]. Voilà donc, liées au sein du même raisonnement, l'expression de l'unité psycho-somatique en termes de matière et forme, et la localisation (dans le cœur) de la faculté qui met en œuvre la cause efficiente de cette unité. Du troisième paragraphe, on s'en souvient, il résulte que le reste de l'ouvrage ne permet pas davantage d'attribuer à des « couches rédactionnelles » différentes les thèmes qui ont fait l'objet des deux sections résumées à l'instant.

Il faut donc en convenir : dans le *De gen. anim.* ou, si l'on préfère, au stade d'évolution dont témoigne ce traité, Aristote n'a pu concevoir que l'instrumentisme fût, *per se*, en contradiction avec l'hylémorphisme. On s'écarterait donc de son intention en interprétant dans un sens dualiste les formules qui mettent les instruments somatiques au service des facultés psychiques, même si ces dernières sont localisées. Réciproquement, la doctrine métaphysique, si rigoureusement unitaire, qui voit dans l'âme et dans son substrat corporel des co-principes,

---

[2] *De gen. anim.*, II 1, 735 a 15-18 ; cf. *supra*, p. 79 et n. 12.

[3] *De gen. anim.*, IV 1, 766 a 36 - b 1, 3-4 ; cf. *supra*, p. 91 et n. 50.

[4] *De gen. anim.*, IV 1, 765 b 11 ; cf. *supra*, p. 89 et n. 43. Sur la structure du chapitre, cf. pp. 87-92.

n'exclut nullement le recours à des schèmes instrumentistes, à un étagement savant de médiations corporelles et au langage quelque peu
mécaniste qui explicite assez naturellement une telle perspective. Le
sens et la portée heuristique de cette double observation semblent
mériter quelques commentaires.

Il conviendrait en premier lieu de tirer au clair, autant que faire
se peut, l'incidence des localisations sur l'unité du vivant.

Soit dit schématiquement, on peut certes envisager un instrumentisme selon lequel l'âme, substance étroitement circonscrite, serait
logée en quelque organe comme une monade et n'exercerait une quelconque action vitale que grâce à des réalités qui lui fussent hétérogènes.
A l'inverse, on peut éventuellement concevoir l'âme-forme de l'hylémorphisme comme uniformément présente à tout le corps ; soit dit en
passant, une telle représentation ne serait pas moins imaginative que
la précédente, avec cette circonstance aggravante que cette seconde
doctrine se situe, de droit, à un niveau d'abstraction plus élevé.
Quoi qu'il en soit, ces schémas et l'opposition contradictoire qui les
caractérise nous paraissent ne refléter en rien ce qu'expriment les
divers textes examinés du *De gen. anim.*

Nous notions en effet, contre l'avis de Nuyens, que les passages relatifs à l'homonymie, si révélateurs de l'hylémorphisme, ne visent nullement à exclure une localisation de l'âme [5] ; on en sera moins surpris
si l'on veut bien se souvenir que cette doctrine unitaire se trouvait
confrontée constamment aux faits élémentaires dont elle avait à rendre
compte et, notamment, à une *hiérarchie* entre les divers organes ou
à une gradation dans leur « vitalité » : le philosophe souligne précisément
que certains d'entre eux, le cœur en particulier, sont « plus importants »
(κύρια, cf. κυριωτάτη ἀρχή)[6].

D'autre part, ce thème de l'homonymie manifeste, disions-nous, que
le dynamisme de l'âme doit atteindre tout le vivant, faute de quoi
on tombe dans l'équivoque pure et simple [7] ; bref, comme l'explique
le *De anima*, « pour les vivants, l'être, c'est la vie ; de cela l'âme est

---

[5] Cf. *supra*, s. II, par. 1, surtout pp. 59-61.

[6] *De gen. anim.*, II 6, 742 a 34, 744 b 13-14, b 31 ; IV 4, 771 a 13 ; nous retrouvons
cette observation dans un développement nettement hylémorphique de la *Métaph.* :
Z 10, 1035 b 25-27 ; cf. *infra*, ch. III, s. I, pp. 124-125, où nous groupons divers propos
analogues.

[7] Cf. *supra*, s. I, p. 61.

cause et principe» [8]. Vie et réalité vivante sont donc co-extensives, voire identiques, «formellement» parlant; mais ce n'est point dit de l'âme, qui est seulement «cause et principe» de cet être vivant : si tous les organes «possèdent» l'âme ou y «participent», si elle est déclarée y «résider» [9], c'est en raison de cette *action causale* omni-présente, qui les relie tous et chacun à l'unité dynamique de l'organisme et les définit comme parties vivantes du vivant organisé.

On comprend dès lors que les fonctions végétative, motrice et sensi-tive ne s'exercent pas indifféremment, — d'une façon en quelque sorte univoque et désincarnée, — dans le cœur et dans les ongles, mais bien d'une manière différenciée, à partir d'un centre dénommé origine ($\dot{\alpha}\rho\chi\dot{\eta}$), maître-organe ou partie dite principale ($\kappa\nu\rho\dot{\iota}\alpha$), qui en est le siège ($\dot{\epsilon}\nu$ $\tau o\dot{\upsilon}\tau\omega$ $\dot{\epsilon}\sigma\tau\dot{\iota}\nu$); loin d'exclure une localisation de ce genre, le rayonnement de l'âme-forme dans le vivant hiérarchisé ne conduit-il pas, bien plutôt, à la faire admettre comme un corollaire de l'unité organique [10] ?

---

[8] *De an.*, II 4, 415 b 13-14, cité *supra*, s. I, concl., p. 74, n. 70.

[9] Cf. les textes 2 à 4 sur l'homonymie, cités *supra*, s. I, pp. 57-58.

[10] Sans qu'il nous revienne, pensons-nous, de creuser pour lui-même le problème que pose à l'hylémorphisme la distinction entre l'âme et ses facultés, on aperçoit l'apport que peut fournir à sa solution le présent examen. Étant «forme» du corps, l'âme doit évidemment, disions-nous, lui être présente en tout point; Ar. refuse même que l'on mette en question cette unité radicale du vivant, pas plus que celle de la cire et de sa configuration : $o\dot{\upsilon}$ $\delta\epsilon\hat{\iota}$ $\zeta\eta\tau\epsilon\hat{\iota}\nu$ $\epsilon\dot{\iota}$ $\dot{\epsilon}\nu$ $\dot{\eta}$ $\psi\nu\chi\dot{\eta}$ $\kappa\alpha\dot{\iota}$ $\tau\dot{o}$ $\sigma\hat{\omega}\mu\alpha$ (*De an.*, II 1, 412 b 6). Ceci n'empêche pas l'auteur d'affirmer une pré-ence «principale» ou «première» de cette âme-forme en tel organe, $\dot{\epsilon}\nu$ $\hat{\omega}$ $\pi\rho\dot{\omega}\tau\omega$ $\dot{o}$ $\lambda\dot{o}\gamma o\varsigma$ $\kappa\alpha\dot{\iota}$ $\dot{\eta}$ $o\dot{\upsilon}\sigma\dot{\iota}\alpha$ (*Métaph.*, Z 10, 1035 b 25-27, examiné longuement *infra*, ch. III, s. I, pp. 121-126), et ce, vu la structure hiérarchique du vivant que nous venons d'évoquer. Si maintenant l'on passe aux diverses facultés de l'animal, on relève que le philosophe omet ici la précision marquée par $\pi\rho\hat{\omega}\tau o\varsigma$: nous avons vu que le *De gen. anim.* localise *simpliciter* (dans le cœur) les principes végé-tatif et générateur, cinétique et sensitif (*supra*, pp. 79-80, 82, 84). A moins d'invoquer sans autre raison un glissement idéologique de l'un à l'autre traité, on constate dès lors une différence de statut : comparées à l'âme, les facultés constituent des principes d'opéra-tion qui en concrétisent le dynamisme et, conformément à ses observations, le Stagirite les met plus nettement en rapport avec tel organe déterminé.

On aura noté toutefois qu'un même organe de l'animal, à savoir le cœur, se voit grati-fié ainsi de tous les principes en question. S'il est vrai que l'âme se caractérise par ses fonctions, voire par une seule (*De an.*, II 2, 413 a 22-25), et que les facultés ne diffèrent entre elles que selon l'essence (textes cités *infra*, ch. IV, s. III, p. 217 et n. 10), il faudra envisager la possibilité que certains propos, dans des contextes appelant moins de préci-sions théoriques, attribuent à l'âme elle-même une localisation que d'autres passages semblent bien réserver à ses fonctions. Que ce puisse être le cas par exemple dans le *De motu* et le *De partibus animalium*, seule une étude attentive du contexte permettra d'en décider; cf. *infra*, ch. IV, s. I.

Une seconde démarche nous acheminera vers un point de vue utile pour baliser nos recherches ultérieures. On vient de noter que le *De gen. anim.* accorde sans heurts *langage* instrumentiste et *doctrine* hylémorphique; la seule présence de ce langage, ou encore celle de ladite doctrine, ne peut donc suffire à classer un exposé dans tel ou tel moment évolutif, puisque entre elle et lui nous n'avons relevé aucune incompatibilité; cette constatation ôte sa valeur heuristique au « critère » dont usait Nuyens, c'est-à-dire à la présence soit de l'un, soit de l'autre des deux termes qu'il croyait antinomiques. Mais peut-être notre modèle a-t-il raison quant au fond du problème, en ce sens que l'évolution d'Aristote en psychologie comporterait quand même diverses phases doctrinales repérables, par exemple une période d'instrumentisme « à l'état pur », à distinguer nettement d'un hylémorphisme analogue à celui que nous venons de repérer. Si phases il y a, il conviendra d'en déterminer la succession; mais il apparaît déjà que diverses raisons inclinent à prendre comme hypothèse de travail l'ordre adopté par Nuyens : plus originale que l'instrumentisme, plus éloignée aussi du dualisme platonicien, la doctrine hylémorphique pourrait bien n'avoir été formulée qu'en un second temps [11].

C'est à celle-ci que nous consacrerons le chapitre suivant : sans que rien nous astreigne à mettre nos pas dans ceux de notre prédécesseur, il semble raisonnable d'examiner en premier lieu, après le *De gen. anim.*, les autres écrits où il a reconnu la présence d'une psychologie hylémorphique, à savoir les livres centraux de la *Métaphysique* et le *De anima* lui-même. Nous leur donnerons la parole aux fins de mieux saisir le sens de cette psychologie et, plus précisément, de voir ce qu'implique là l'unité métaphysique du vivant; ce que nous avons déjà établi ne peut manquer d'y recevoir des précisions ou des nuances significatives.

Quoi que puisse révéler ce chapitre III, il nous faudra ensuite nous mettre en quête de l'éventualité opposée : la psychologie de certains traités atteste-t-elle, sous une forme quelconque, l'existence d'un stade doctrinal étranger à l'hylémorphisme ? Tâche particulièrement malaisée, on le voit aussitôt : nous pourrions en effet repérer des schémas instru-

---

[11] Nuyens, on s'en souvient, préfixe en outre à l'ensemble de l'évolution une période caractérisée par le dualisme exacerbé de l'*Eudème*, « plus radical encore peut-être que celui de Platon »; cf. *supra*, ch. I, s. II, p. 9 et n. 20. Mais on conçoit que, ne pouvant aborder à présent l'exégèse des fragments qui nous restent des œuvres exotériques, nous nous limitions au *Corpus*.

mentistes qui traduisent en réalité, comme c'est le cas dans le *De gen. anim.*, la causalité de l'âme-forme, mais sans que l'hylémorphisme soit jamais thématisé; il pourrait s'agir aussi d'un instrumentisme franc, c'est-à-dire d'un dualisme qui envisage réellement le corps comme étant l'instrument d'une âme-substance logée en quelque organe, et nous avons noté que c'est là sans doute la perspective la plus obvie [12]; mais il se peut encore qu'Aristote ait consenti à conserver des développements conçus dans cette optique, alors même que déjà la doctrine hylémorphique s'était imposée à son esprit [13].

Ainsi avons-nous dû introduire une distinction, inconnue de Nuyens, entre deux types d'instrumentisme : le premier entend expliquer à lui seul l'unité psycho-somatique et dénote une psychologie dualiste, même si ce dualisme est modéré par l'adaptation naturelle des deux réalités en présence; dans le second, le langage instrumentiste explicite une doctrine hylémorphique, dont il offre seulement une variante adaptée à la recherche du « comment ». Importante au plan spéculatif, cette distinction ne l'est pas moins, on l'a vu, dans ses conséquences d'ordre heuristique : rendant inopérant le critère tiré dudit langage, elle nous oblige à envisager toutes et chacune des éventualités énumérées ci-dessus. Encore faut-il signaler, pour n'être pas trop incomplet, que nous n'avons rien dit des apories particulières posées par le psychisme humain : comme Nuyens l'a montré, la psychologie hylémorphique d'Aristote éprouve de grandes difficultés à intégrer à l'âme-forme un principe de pensée qui paraît bien la transcender à divers égards [14]; utilisant notamment ce que nous aurons nous-même observé, notre chapitre V devra montrer comment se présente ici le problème de l'unité psycho-somatique.

Notre itinéraire semble donc balisé pour de bon. Sans doute aurons-nous à refaire l'exégèse de textes difficiles et controversés, mais avec l'espoir que le point de vue adopté permettra parfois de lever des doutes que laissent subsister les commentaires traditionnels; nous pourrons par exemple repérer et utiliser çà et là des principes relevés à loisir dans

---

[12] Cf. *supra*, ch. I, s. III, p. 29 ; bien entendu, ce disant, on suppose dépassé un matérialisme grossier qui ne reconnaîtrait au principe vital aucune réalité propre.

[13] Ces trois hypothèses de travail nous guideront respectivement, au ch. IV, dans l'examen du *De motu*, du *De iuventute* et des *Éthiques*.

[14] Cf. *supra*, ch. I, s. s. I, p. 10 ; s. II, p. 13.

le traité sur la reproduction. Certes, un texte de *Job* [15] fait admettre
que d'autres courants de pensée comparaient aussi la génération à
l'action du potier, voire à l'efficience du ferment, qui n'entre point
dans la composition de la substance nouvelle. Mais il devait revenir
au Stagirite de relier une telle intuition à sa *Weltanschauung* et à ses
principes métaphysiques; si sa réflexion sur la genèse d'un nouvel
être a pu, en ce qui regarde la constitution du vivant, jouer le rôle
d'un révélateur, le fruit de cette même réflexion pourrait à son tour
nous révéler, dans d'autres écrits, à quel stade se situe sa doctrine de
l'être vivant.

---

[15] *Job*, 10, 9-10 : Μνήσθητι ὅτι πηλόν με ἔπλασας (…). Ἦ οὐχ ὥσπερ γάλα με ἤμελξας, ἐτύρωσας δέ με ἴσα τυρῷ ;

CHAPITRE III

HYLÉMORPHISME ET INSTRUMENTISME
DANS LA « MÉTAPHYSIQUE » ET LE « DE ANIMA »

Section I. « Métaphysique » : les livres centraux

Les conclusions du chapitre précédent auront suggéré pourquoi nous opérons à présent une plongée dans la *Métaphysique*, ensuite dans le *De anima*. Si l'on admet que les textes à examiner professent l'hylémorphisme en psychologie et que cette doctrine recourt dans le *De gen. anim.* aux schèmes instrumentistes, sans doute sera-t-il opportun de voir dans quelle mesure cette conjonction peut recevoir en ces traités une confirmation. Mais il importe plus encore de voir la signification précise que revêt ici la relation entre âme et corps ; en quel sens celle-là est-elle présente à celui-ci, quelle place la réflexion métaphysique peut-elle laisser à l'explication physiologique, comment l'unité psychosomatique et la tension qu'elle réduit s'intègrent-elles à la vision aristotélicienne du monde, ces divers thèmes pourraient s'éclairer à la lecture d'écrits considérés à juste titre comme fondamentaux.

C'est, on l'a dit déjà, une découverte due à Nuyens : les livres centraux de la *Métaphysique* — *Z* et *H* en particulier — supposent acquise la doctrine selon laquelle le vivant constitue une unité substantielle stricte, dont les co-principes sont l'âme et le corps. On sait aussi que, naguère, Block et Hardie ont déclaré trouver en *Z* 10, dans le voisinage immédiat de citations typiquement hylémorphiques, un propos négligé par Nuyens et selon lequel, dit Hardie, « l'âme est directement ou principalement présente dans une partie du corps » [1] ; quel en peut être le sens ?

Si étroitement circonscrit que semble le débat, celui-ci pourrait entraîner des développements considérables. S'il est vrai que la *Métaphysique* est « d'une difficulté désespérante », que dire des livres si complexes qui étudient la substance, même si l'on a pu profiter d'un

---

[1] Fr. Nuyens, *L'évolution* ..., pp. 176-181 ; I. Block, *The Order* ..., 1961, p. 57 ; W.F.R. Hardie, *Ar.'s Treatment* ..., 1964, p. 61. Cf. *supra*, ch. I, s. I, p. 10 ; s. II, pp. 24 à 26.

cours spécial sur le sujet [2] ? Aussi bien tenterons-nous de ne rien dire qui soit conditionné par des options métaphysiques particulières. En revanche, l'utilisation même de ce qu'a révélé le *De gen. anim.* pourrait éclairer la question ; quelques repères tirés de divers livres nous aideront à situer ce que dit *Z* sur le statut de la substance vivante.

1. *Propos sur la génération.*

Les premiers points de contact se présentent à nous dans le lexique philosophique qui interrompt la série plus ou moins cohérente des écrits métaphysiques, à savoir en *Δ*. On ne laisse pas d'être déconcerté par l'exemple illustrant la définition du principe comme origine non immanente, qui est le « point de départ naturel du mouvement et du changement : ainsi l'enfant provient du père et de la mère » [3]. Que ce dernier mot désigne ainsi la cause motrice de la génération, cela a choqué un Jaeger, qui se demande dans l'apparat critique si la formule ne serait pas interpolée ; elle aurait été empruntée au chapitre 24 du même livre, qui disserte sur les sens divers des termes « exister à partir de quelque chose » : τὸ ἔκ τινος εἶναι. Mais la formule est-elle plus orthodoxe dans cet autre contexte ? Après avoir examiné plusieurs types de provenance, Aristote précise là qu'une réalité peut encore « exister à partir de » certaines autres, mais non pas d'elles tout entières ; ainsi naissent « l'enfant du père et de la mère, les plantes, de la terre, en ceci qu'ils viennent d'une de leurs parties » [4]. Or, tel n'est pas, tout au moins, le langage du *De gen. anim.* : en supposant que l'on s'en tienne à la matérialité des sécrétions [5], ce traité refuse qu'on les

---

[2] Le mot cité est de W.D. Ross, *Ar.'s Metaph.*, I, p. VI : « this desperately difficult work », et nous faisons allusion au cours approfondi de métaphysique (1967-68) de Mlle S. Mansion, qui en a donné une première esquisse dans *Les positions maîtresses ...* (*Ar. et S. Thomas ...*, pp. 49-67) et creusé deux aspects dans *Tὸ σιμόν ...* (*Naturphilos. ...*, pp. 124-132) et dans *Sur la composition ontologique des substances sensibles chez Ar.* (*Philomathes, Studies ... Ph. Merlan*, 1971, pp. 75-87). Nous devrons renoncer à prendre position sur les thèses personnelles que défend R. Boehm, *Das Grundlegende ...*, 1965 (*de quo* cf. R. Claix, *Le statut ontol. du concept de « sujet » (...). L'aporie de « Métaph. VII (Z), 3 »*, R.P.L., 1972, pp. 335-359), mais nous recourrons aux principales études d'ensemble parues sur le sujet.

[3] *Métaph.*, *Δ* 1, 1013 a 8-9 (trad. Tricot) : ὅθεν πρῶτον ἡ κίνησις πέφυκεν ἄρχεσθαι καὶ ἡ μεταβολή, οἷον τὸ τέκνον ἐκ τοῦ πατρὸς καὶ τῆς μητρός.

[4] *Métaph.*, *Δ* 24, 1023 b 4-5 : οἷον ἐκ πατρὸς καὶ μητρὸς τὸ τέκνον καὶ ἐκ γῆς τὰ φυτά, ὅτι ἔκ τινος μέρους αὐτῶν.

[5] C'est l'option d'Alexandre (p. 423, 17-21 Hayduck), que cite et adopte Tricot, *Ar. La Métaph.*, I, 1962, p. 310, n. 1.

confonde avec une quelconque partie du corps [6]; sans doute Δ 24 veut-il seulement nier que les géniteurs soient, comme tels, les composants du rejeton, mais est-il plausible qu'Aristote emploie une formule de ce genre après avoir élaboré la doctrine du *De gen. anim.*? Concluons dès lors que le premier texte de Δ, et peut-être aussi le second, paraissent antérieurs à cette élaboration [7].

En revanche, d'autres chapitres du même lexique attribuent cette fois au seul père le principe moteur ou actif, à la mère, l'apport matériel [8] : l'orthodoxie est parfaite désormais. La différence avec les chapitres cités plus haut s'explique assez par le caractère fatalement composite d'une telle collection.

La théorie de la génération que nous connaissons n'est plus contredite dans les autres écrits métaphysiques, mais les points de rencontre n'abondent guère [9]. C'est le cas, même pour les livres sur la substance, à l'exception de Z, chap. 7 à 9 [10].

On n'en sera que plus intrigué par la présence en raccourci, dans ces quelques pages de Z 7-9, des thèses développées par le *De gen. anim.* Allons à l'essentiel [11].

---

[6] *De gen. anim.*, I 18 et 20; cf. I 18, 724 b 28-29 : ὅτι οὐκ ἂν εἴη μέρος, φανερόν.

[7] Fr. NUYENS, *L'évolution* ..., p. 175, n. 81, estime que le livre, « sous la forme où il nous est parvenu, (...) date de la période finale ». Certes, le texte indiqué au chap. 8, 1017 b 14-16, est bien hylémorphique; mais celui de 18, 1022 a 32 (ψυχὴ μέρος τι τοῦ ἀνθρώπου)paraît d'une tout autre veine et la divergence avec le *De gen. anim.* nous reporte aussi nettement en arrière.

[8] *Métaph.*, Δ 2, 1013 a 29-32; Δ 28, 1024 a 31-36: τοῦ πρώτου κινήσαντος,(...) γεννήσαντος (...) τῆς ὕλης.

[9] Nous relevons *Métaph.*, I 9 (évoqué *supra*, ch. II, s. II, p. 105, n. 66, à propos des résistances de la matière); Λ 4, 1070 b 14-15 (chaud et froid agissent sur la formation des tissus); Λ 5, 1071 a 13-17 (rôle moteur du père et de l'écliptique, mais la transmission de l'εἶδος n'est pas mise en relief); Λ 6, 1071 b 28-31 (la semence est cause en acte; les menstrues, matière); Λ 10, 1075 b 34-37 (le moteur, cause de l'unité psycho-somatique : texte cité dans la conclusion de la s. I, ch. II, p. 55, n. 73, et par Fr. NUYENS, *L'évolution* ..., p. 183).

[10] Cf. *Métaph.*, H 4, 1044 a 34 - b 3 (les menstrues sont la matière; le sperme, le moteur); Θ 7, 1049 a 1-3, 12-16 (le sperme, cause plus prochaine que la terre; il est potentiellement l'être nouveau, par lui-même, lorsqu'il a rencontré l'apport féminin); Θ 8, 1050 a 6-7 (il ne possède pas encore la forme, *scil.* en acte).

[11] Nous devons omettre une analyse détaillée des chap. 7 et 8, dont les thèmes qui nous concernent reviennent dans les textes synthétiques que nous allons citer. Relevons seulement, parmi les trois formes du devenir, l'insistance initiale sur le rôle des « natures », à entendre comme substances porteuses des traits spécifiques; cf. Z 7, 1032 a 22-25 : καὶ ἐξ οὗ φύσις, καὶ καθ'ὃ φύσις (...), καὶ ὑφ'οὗ ἡ κατὰ τὸ εἶδος λεγομένη φύσις ἡ ὁμοειδής,

Pour expliquer l'apparition d'un être nouveau, dit Aristote, point
n'est besoin d'échafauder les paradigmes platoniciens : « il suffit que le
générateur agisse, et qu'il soit cause de la forme dans la matière ;
ainsi le tout, c'est telle forme dans les chairs et os que voici : Callias
et Socrate ; et différence il y a de par la matière (celle-ci est autre),
mais identité spécifique car l'espèce est indivisible » [12].

Le parallélisme avec les orientations du *De gen. anim.* s'accentue
aussitôt. Après un développement sur la spontanéité qui caractérise
la matière en certains cas, où le lecteur se rappelle la théorie de la
génération spontanée [13], Aristote nous offre la synthèse complexe que
voici : « Le principe de tout, c'est l'essence (...). D'une part, le sperme
agit comme ce qui dépend de l'art : il a en puissance la forme et, en
quelque sorte, ce dont il procède porte le même nom (car il ne faut pas
exiger qu'en tout ce soit comme pour l'homme, qui naît d'un homme ;
en effet, même la femme provient d'un homme), ... à moins qu'il n'y

αὕτη δὲ ἐν ἄλλῳ · ἄνθρωπος γὰρ ἄνθρωπον γεννᾷ, texte auquel nous revenons *infra*, s. II,
p. 143 et n. 48.

[12] *Métaph.*, Z 8, 1034 a 4-8 (pour ἤδη, en a 5, voir LIDDELL-SCOTT, I 4, a : « of logical
proximity », et BONITZ, *Index*, 314 a 10-17) : ἱκανὸν τὸ γεννῶν ποιῆσαι, καὶ τοῦ εἴδους
αἴτιον εἶναι ἐν τῇ ὕλῃ. τὸ δ'ἅπαν ἤδη, τὸ τοιόνδε εἶδος ἐν ταῖσδε ταῖς σαρξὶ καὶ ὀστοῖς, Καλλίας
καὶ Σωκράτης · καὶ ἕτερον μὲν διὰ τὴν ὕλην (ἑτέρα γάρ), ταὐτὸ δὲ τῷ εἴδει (ἄτομον γὰρ τὸ εἶδος).
Pour beaucoup de commentateurs (et notamment NUYENS, *L'évolution ...*, p. 238, n. 53),
dont TRICOT rapporte l'opinion (*Ar. La Métaph.*, I, p. 392), ce texte présente un argument
décisif en faveur de ce qu'on appelle l'individuation par la matière : ce qui distingue deux
individus serait, pour Aristote, la portion de matière informée, de part et d'autre, par
le même principe formel. N'ayant pas à décider si telle est bien la pensée du Stagirite,
nous devons toutefois observer que sa préoccupation, dans le texte examiné, ne nous
semble pas se porter sur ce problème.

Après avoir démontré que, si le composé hylémorphique est engendré, il n'en peut
aller de même pour la forme (car dans ce cas elle aussi serait composée ; cf. 1033 b 11,
16-18), Aristote fait valoir contre Platon qu'elle n'a d'efficience et d'être véritable
qu'en union avec la matière (1033 b 19-29), à preuve la génération animale : même
lorsque l'être engendré s'écarte du type spécifique, une forme (par exemple celle, mitoyenne, du mulet) entre en composition (1033 b 29 - 1034 a 2).

Vient alors la conclusion que nous avons traduite. Lorsqu'on voit l'auteur évoquer
à nouveau, un peu plus loin (Z 9, 1034 b 2-4 ; cf. *infra* et n. 14), les échecs plus ou moins
nets du générateur, on conclut qu'il envisage moins la distinction numérique des individus
(malgré le οὐδὲ ἐν τῷ ἀριθμῷ de 1033 b 31) que le statut concret de la forme : l'union
à la matière précise les traits « inférieurs » à ce que connote le type spécifique ; elle va
même, en certains cas, jusqu'à le modifier. Comme le dit le *De gen. anim.*, IV 3, 768 b 25 :
ἐξίσταται τὸ πάσχον καὶ οὐ κρατεῖται ...

[13] *Métaph.*, Z 9, 1034 a 10-21 ; cf. *De gen. anim.*, III 11, 762 a 18-27, et notre esquisse
du sujet, *supra*, ch. II, s. II, p. 72 et n. 63.

ait anomalie : c'est pourquoi le mulet ne naît pas d'un mulet. D'autre part, des êtres se forment spontanément à l'instar de ceux-là : tous ceux dont la matière peut se mouvoir par elle-même du mouvement que confère le sperme » [14].

Considéré en lui-même et, plus encore, lu à la suite des citations précédentes, ce texte présente évidemment, — si rocailleux qu'en soit le libellé, — l'apport original du traité sur la reproduction. Celle-ci consiste à transmettre grâce à un mouvement la forme spécifique, non à joindre des matériaux ; encore la matière se voit-elle reconnaître une importance non négligeable : réagissant avec plus ou moins de succès à l'action du principe formel, elle peut la dévier, voire pallier son absence. On aura reconnu ce que développent les livres I à IV du *De gen. anim.*, sans s'étonner outre mesure de ce que les particularités étudiées au livre V ne trouvent pas ici d'écho caractérisé.

2. *Trois difficultés.*

Le passage de *Z* 10 qui sépare Nuyens de ses contradicteurs se comprend-il mieux à la lumière de ce que nous venons de lire en *Z* 7-9 ? Il n'est que juste de signaler que ces trois chapitres, étroitement liés, ont été parfois considérés comme une dissertation indépendante [15];

---

[14] *Métaph.*, *Z* 9, 1034 a 31, 33 - b 6 : πάντων ἀρχὴ ἡ οὐσία (...). τὸ μὲν γὰρ σπέρμα ποιεῖ ὥσπερ τὰ ἀπὸ τέχνης (ἔχει γὰρ δυνάμει τὸ εἶδος, καὶ ἀφ' οὗ τὸ σπέρμα, ἐστί πως ὁμώνυμον—οὐ γὰρ πάντα οὕτω δεῖ ζητεῖν ὡς ἐξ ἀνθρώπου ἄνθρωπος · καὶ γὰρ γυνὴ ἐξ ἀνδρός—ἐὰν μὴ πήρωμα ᾖ · διὸ ἡμίονος οὐκ ἐξ ἡμιόνου) · ὅσα δὲ ἀπὸ ταὐτομάτου ὥσπερ ἐκεῖ γίγνεται, ὅσων ἡ ὕλη δύναται καὶ ὑφ' αὑτῆς κινεῖσθαι ταύτην τὴν κίνησιν ἣν τὸ σπέρμα κινεῖ · — En b 1-4, nous adoptons le texte de Ross et, pour l'essentiel, sa ponctuation. En effet, il nous paraît au moins superflu de voir avec Jaeger en b 3-4, ἐὰν (...) ἡμιόνου, une addition « incertae sedis », pourvu que l'on admette le rôle que voici pour πως ὁμώνυμον : l'adverbe est expliqué par ce que nous mettons entre parenthèses, Aristote signalant là une exception apparente à l'homonymie parfaite ; mais, se souvenant sans doute qu'en un sens la production d'un être femelle est déjà une anomalie (cf. *De gen. anim.*, II 3, 737 a 27-28 : τὸ γὰρ θῆλυ ὥσπερ ἄρρεν ἐστὶ πεπηρωμένον), il en vient à indiquer ce qui déroge vraiment à la ressemblance qu'il érigeait en principe ; d'où la formule athétisée par Jaeger.

Quant à καὶ γάρ (1034 b 2-3), il doit avoir ici le sens décrit dans *Greek Particles*, sub II, pp. 109-110 ; car ce second membre de phrase précise et renchérit : « virtually speaking this is dialogue » (comme le note bien Denniston, p. 110, à propos de *Polit.*, III 9, 1280 a 11-13) ; ici également καί met en relief le premier mot qui suit les particules : « en effet, même la femme ... ».

[15] P. Natorp, résumé par W.D. Ross, *Ar.'s Metaph.*, II, p. 181, a cru pouvoir l'insérer dans une série qui comporterait *Z* 17, 7-9, 15-16, les chapitres 1 à 6 et 10 à 14 devant

mais peut-être la nature même de leur relation avec le chapitre suivant va-t-elle s'éclairer si nous gardons en mémoire les traits relevés tantôt.

La problématique dudit chapitre lance d'emblée la réflexion dans une direction différente : c'est de la définition qu'il s'agit désormais, non du devenir. Deux questions se présentent aussitôt : la définition des parties doit-elle figurer dans celle du tout ? Les parties sont-elles antérieures au tout, ou l'inverse est-il vrai ? Aristote va s'efforcer d'y répondre tour à tour, et ce, à deux reprises [16].

On devine que les deux questions se lient étroitement. D'autre part, il semblerait que l'antériorité logique (λόγῳ) soit seule en question, et non la priorité chronologique ou la préséance selon l'ordre onto-logique [17]. Le Stagirite avait, au seuil du même livre Z, explicité la priorité logique de la substance en disant : « nécessairement, la définition de l'οὐσία intervient dans celle de chaque être » [18] ; ici également, on se demande si les parties — ou lesquelles — ont à figurer dans la défi-nition, ce qui équivaut à s'interroger sur leur antériorité logique par rapport au tout. Il est vrai que le passage du logique à l'ontologique, voire au chronologique, ne va guère tarder ; est-ce simplement affaire de pédagogie, d'illustration, ou bien Aristote se meut-il vraiment sur ces divers plans ? Voyons de plus près ce cheminement.

Dès l'énoncé du second problème, l'auteur affirme que l'angle droit semble bien avoir priorité sur l'aigu, l'homme entier sur un de ses

constituer un premier traité de la substance ; tout en contestant sur divers points ce découpage, Ross admet que Z 7-9 interrompt le développement, mais les références des chapitres ultérieurs à ces trois-là, signalées par Ross lui-même, empêchent H. CHERNISS de le suivre (*Ar.'s Crit. of Pl.*, I, p. 331, n. 238). Plus récemment, Owens et Aubenque ont aussi plaidé sérieusement en faveur de la séquence traditionnelle : mis à cet endroit du traité par le philosophe lui-même, écrit Owens, ces trois chapitres ont, pour Aubenque, leur place nécessaire dans un livre qui examinerait surtout l'unité du composé ; cf. J. OWENS, *The Doctrine of Being* ..., 1963², p. 358 et n. 45 ; P. AUBENQUE, *Le probl. de l'être* ..., 1966², p. 476 et n. 1.

[16] *Métaph.*, Z 10, 1034 b 22-28 et 28-32 (énoncé) ; 1034 b 32 - 1035 b 3 et 1035 b 31 - 1036 a 13 (première question) ; 1035 b 3-31 et 1036 a 13-25 (deuxième question). Même répartition chez Ross, *Ar.'s Metaph.*, II, pp. 194-196.

[17] Ces trois divisions classiques de l'antériorité se retrouvent, on le sait, en *Métaph.*, Δ 11, 1018 b 30-37, 1018 a 14-19, 1019 a 2-14, respectivement. « Logique » semble le moins mauvais substitut pour : « relatif à notre connaissance conceptuelle », celle-ci étant ramassée précisément dans la définition, λόγος. Voir les mêmes catégories, mais à propos de l'acte, en *Métaph.*, Θ 8, 1049 b 12-17, 1049 b 17-1050 a 3, 1050 a 4 - 1051 a 3.

[18] *Métaph.*, Z 1, 1028 a 35-36 : ἀνάγκη γὰρ ἐν τῷ ἑκάστου λόγῳ τὸν τῆς οὐσίας ἐν-υπάρχειν.

organes, par exemple le doigt, « car c'est en partant de ceux-là (*scil.* l'angle droit ou l'homme) qu'on énonce les définitions, et ils sont premiers par leur existence sans réciproque (*scil.* nécessaire)» [19] : la partie se définit et existe par le tout, non l'inverse; mais « pouvoir exister sans d'autres êtres, sans que l'inverse soit vrai », c'est la définition même de la priorité ontologique, à savoir « selon la nature et l'essence » [20]. Nulle confusion dans ce texte, certes, entre ces deux types d'antériorité, mais le voisinage peut être significatif.

Vient alors une première réponse au problème initial : les éléments doivent figurer dans ce qui définit le tout s'ils sont du côté de la forme; c'est le cas pour les lettres dans la définition de la syllabe, mais non pour le matériau qui les reçoit : la cire de la tablette, voire l'air ébranlé [21]. Voici un autre exemple (presque intraduisible) : « si l'on divise une ligne, elle disparaît au profit des demi-lignes; ou encore l'homme (*scil.* se dissout) en os, nerfs et chairs; elle et lui n'en sont pas pour autant constitués comme si c'étaient les parties de leur essence, mais plutôt de leur matière : parties du composé, elles ne le sont plus de la forme, de ce dont il y a définition» [22]. D'où la distinction que voici : « certains êtres proviennent, comme de principes, de ce en quoi ils se dissolvent, d'autres, non» [23], énoncé qui hâte sans doute la résurgence des thèmes génétiques, comme on le verra bientôt. On aura noté surtout que le problème logique de la définition et de ses parties se résout grâce à une option — soit dit sans note péjorative — quant au statut ontologique des substances en cause [24] et de leurs composants :

---

[19] *Métaph.*, Z 10, 1034 b 31-32 : τῷ λόγῳ γὰρ λέγονται ἐξ ἐκείνων, καὶ τῷ εἶναι δὲ ἄνευ ἀλλήλων πρότερα.

[20] *Métaph.*, Δ 11, 1019 a 2-4 : τὰ δὲ κατὰ φύσιν καὶ οὐσίαν, ὅσα ἐνδέχεται εἶναι ἄνευ ἄλλων, ἐκεῖνα δὲ ἄνευ ἐκείνων μή.

[21] Cf. *Métaph.*, Z 10, 1035 a 3-4, 10-11, 14-17.

[22] *Ibid.*, 1035 a 17-21 : καὶ γὰρ ἡ γραμμὴ οὐκ εἰ διαιρουμένη εἰς τὰ ἡμίση φθείρεται, ἢ ὁ ἄνθρωπος εἰς τὰ ὀστᾶ καὶ νεῦρα καὶ σάρκας, διὰ τοῦτο καὶ εἰσὶν ἐκ τούτων οὕτως ὡς ὄντων τῆς οὐσίας μερῶν, ἀλλ' ὡς ἐξ ὕλης, καὶ τοῦ μὲν συνόλου μέρη, τοῦ εἴδους δὲ καὶ οὗ ὁ λόγος οὐκέτι. « Plutôt » semble ici le sens véritable du 2e ὡς (a 20), puisque l'auteur songe en fait au composé, comme il le dit aussitôt; il précisera d'ailleurs au chapitre suivant, 1036 a 31 - b 8, 26-32 : on peut se demander si la forme spécifique de l'homme doit nécessairement animer l'être humain que nous connaissons par l'expérience, mais une réponse affirmative s'impose. Cf. H. CHERNISS, *Ar.'s Crit. of Pl.*, I, pp. 326-328 et n. 233.

[23] *Ibid.*, 1035 a 24-25 : ἔνια μὲν ἐκ τούτων ὡς ἀρχῶν ἐστιν εἰς ἃ φθείρονται, ἔνια δὲ οὐκ ἔστιν.

[24] Ou des analogués cités pour les besoins de la démonstration : une ligne n'a pas pour Aristote, on le sait, d'existence « séparée ».

si les parties matérielles n'entrent pas dans la définition, c'est que celle-ci cerne la forme spécifique et que lesdites substances *sont*, essentiellement, formes [25].

Axée davantage sur la question de la priorité, la reprise annoncée en 1035 b 3-4 commence sur le mode le plus logique qui soit : « tout ce qui est partie de la définition, ce en quoi elle est analysée, cela est antérieur, pour toutes les parties, ou pour certaines » ; or, l'angle aigu se définit par le droit, le doigt par l'homme, et non l'inverse. « Dès lors, est postérieur ce qui est partie en tant que matière, ce en quoi un être se divise comme en sa matière ; ce qui l'est (*scil.* : partie) en tant qu'appartenant à la définition et à l'essence qu'elle définit [26], est antérieur, toujours ou dans certains cas » [27].

Le raisonnement a progressé : appartenance à la définition essentielle et antériorité sont désormais nettement liées. Mais on voit poindre, par deux fois, une exception : parmi les parties incluses dans la définition, il arrive que certaines (ἔνια) soient antérieures, et que dès lors plusieurs autres — à la rigueur, une seule — ne le soient pas. Que peuvent être ces dernières ? Ross paraît bien avisé en évoquant la différence spécifique, dont la venue à l'existence coïncide en effet avec celle de l'essence achevée [28] ; mais pourquoi donc Aristote use-t-il d'une formule, somme toute, mystérieuse ? Remontant le cours du temps, nous voyons un S. Thomas affirmer que certaines parties de la forme, par exemple la vue et l'ouïe, contribuent à la perfection de

---

[25] Cf., malgré 1035 a 1-2, qui admet la matière, les passages suivants : Z 7, 1032 b 1-2 : εἶδος δὲ λέγω τὸ τί ἦν εἶναι ἑκάστου καὶ τὴν πρώτην οὐσίαν, b 14 : λέγω δὲ οὐσίαν ἄνευ ὕλης τὸ τί ἦν εἶναι, Z 10, 1035 b 15-16 et 32, et BONITZ, *Index*, 764 b 11-28.

[26] En 1035 b 13, « l'essence qu'elle définit » tente de rendre τῆς οὐσίας τῆς κατὰ τὸν λόγον ; cf. la paraphrase de S. THOMAS, *In Met. Ar.*, n° 1483 Cathala : « forma secundum quam sumitur ratio rei ».

[27] *Métaph.*, Z 10, 1035 b 4-6 (cf. b 6-11), b 11-14 : ὅσα μὲν γὰρ τοῦ λόγου μέρη καὶ εἰς ἃ διαιρεῖται ὁ λόγος, ταῦτα πρότερα ἢ πάντα ἢ ἔνια · ὁ δὲ τῆς ὀρθῆς λόγος οὐ διαιρεῖται εἰς ὀξείας λόγον, ἀλλ' <ὁ> τῆς ὀξείας εἰς ὀρθήν · χρῆται γὰρ ὁ ὁριζόμενος τὴν ὀξεῖαν τῇ ὀρθῇ · « ἐλάττων » γὰρ « ὀρθῆς » ἡ ὀξεῖα. ὁμοίως δὲ καὶ ὁ κύκλος καὶ τὸ ἡμικύκλιον ἔχουσιν · τὸ γὰρ ἡμικύκλιον τῷ κύκλῳ ὁρίζεται καὶ ὁ δάκτυλος τῷ ὅλῳ · « τὸ » γὰρ « τοιόνδε μέρος ἀνθρώπου » δάκτυλος. ὥσθ' ὅσα μὲν μέρη ὡς ὕλη καὶ εἰς ἃ διαιρεῖται ὡς ὕλην, ὕστερα · ὅσα δὲ ὡς τοῦ λόγου καὶ τῆς οὐσίας τῆς κατὰ τὸν λόγον, πρότερα ἢ πάντα ἢ ἔνια.

[28] W.D. ROSS, *Ar.'s Metaph.*, II, p. 198, renvoyant à *Métaph.*, Z 12, 1038 a 19 : ἡ τελευταία διαφορὰ ἡ οὐσία τοῦ πράγματος ἔσται. Selon nous, ceci vise en effet la définition : par exemple, pour l'animal, être « rationnel », c'est par là même se définir comme homme, mais le propos vaut également pour l'ordre réel : devenir « rationnel », c'est simultanément accéder à l'espèce humaine.

l'espèce sans cependant être nécessaires à son intégrité [29]. Quant au commentateur paré du nom d'Alexandre, il explique que, dans le cas de l'homme, l'exercice de l'intellect ne peut être antérieur au composé, à l'inverse des pouvoirs végétatif et appétitif [30]; son avis préludait en somme à celui de Ross, mais il implique une perception des conditions concrètes, physiologiques, nécessaires à l'exercice des facultés et qui semblent bien interférer avec la question de l'antériorité logique.

« Quot capita … ». Mais voici que surgit, en 1035 b 14-27, le texte anthropologique; typiquement hylémorphique aux yeux de Nuyens, il recourrait en outre, selon d'autres, à la perspective instrumentiste. Nous voici nantis, pour l'aborder, de problèmes plutôt que de solutions : identification des parties non antérieures à la définition, passage de la priorité logique aux autres types d'antériorité, relation de ce chapitre à ce que développaient Z 7-9 sur le devenir et la génération. Mais point n'est besoin de réussir pour persévérer ! Tentons de serrer ce texte de près.

« L'âme des animaux, — car cela est l'essence de l'être animé, b 15 — c'est l'essence conforme à la définition, la forme, la quiddité [31] du corps d'une telle sorte (en tout cas, à bien définir chacune de ses parties, on ne le fera pas sans sa fonction, laquelle n'existera pas sans la sensation); aussi les parties de l'âme — soit toutes, soit quelques-unes — sont-elles antérieures au composé animal, et dès lors à l'individu b 20 également, tandis que le corps et ses parties sont postérieurs à cette essence, et que se divise en ces parties, comme en sa matière, non pas l'essence, mais le composé. Cela étant [32], d'une part, ces parties sont

[29] S. Thomas, *In Met. Ar.*, nº 1482 : « Potest enim esse animal sine his sensibus. Sunt tamen de perfectione animalis, quia animal perfectum hos etiam sensus habet. Et sic universaliter est verum, quod illae partes quae ponuntur in definitione alicuius sunt universaliter priores eo ». Ceci, sauf erreur, fait peu de cas de l'exception dont nous nous occupons ici.

[30] Ps.-Alex. (= Michel d'Éphèse, XIe s.), C.I.A.G., I, p. 508, 2-3 Hayduck, à propos de l'expression analogue qui figure en *Métaph.*, Z 10, 1035 b 18-19, et à laquelle nous venons à l'instant.

[31] τὸ τί ἦν εἶναι, 1035 b 16; sur cette notion, cf. *supra*, n. 25 et Tricot, *Ar. La Métaph.*, I, pp. 23-24 (n. 3), citant notamment Ravaisson : « la quiddité d'une chose n'est pas tout ce qu'elle est, mais seulement tout ce qu'elle ne peut pas ne pas être ». Le datif suivant est conforme à l'usage d'Aristote; cf. Bonitz, *Index*, 764 a 50 - b 6.

[32] Cette locution suggère que tout ce qui précède, depuis b 14, forme une longue protase commandée par ἐπεί. — L'emploi d'un μὲν οὖν pour ouvrir l'apodose (cf. ici même, en b 22) est indiqué par Bonitz, *Index*, 454 a 31-34. Quel est son sens exact dans le cas présent ? Ce n'est pas le « transitional use » de Denniston, p. 472, ni la marque d'une

en un sens antérieures au composé, en un sens, non (et elles ne peuvent
en effet exister séparées, car le doigt d'un animal ne le sera pas dans
b 25 n'importe quel état : mort, il n'en a que le nom) ; certaines, d'autre part,
sont simultanées : les parties souveraines, ce en quoi sont au premier
chef la notion et l'essence, par exemple le cœur ou le cerveau, s'ils sont
cela (lequel des deux est dans ce cas, cela n'importe en rien) » [33].

Le reste du chapitre applique seulement aux composants de la
définition et de la substance, considérées universellement, ce qui a
été dit à propos des individus, mais sans revenir sur les expressions
litigieuses traduites à l'instant. Le moment semble donc venu de
trancher, s'il se peut, le nœud gordien.

Que l'hylémorphisme soit, dans notre texte, étendu au composé
humain, cela n'est ni contestable ni, d'ailleurs, contesté. Mais pour
Nuyens, dans une telle doctrine, l'âme « n'a pas son siège en quelque
endroit du corps ; le corps tout entier est son substrat », à l'inverse
de ce qui caractérise l'instrumentisme [34]. À quoi Block et Hardie
rétorquent en substance : à poursuivre la lecture de Z 10, vous verriez
aussitôt que l'hylémorphisme n'empêche pas Aristote de situer principalement l'essence dans un maître-organe du corps [35].

A qui conçoit l'hylémorphisme dans la seule perspective de la causalité formelle, ces dernières lignes semblent marginales ou négligeables [36].

---

opposition (rare, sauf en début de réplique ; cf. *ibid.*, 475-479, et *Index*, 541 a 4-10) ;
on songe plutôt au sens (2) de *Greek Particles*, pp. 473-474 : « οὖν emphasizing a prospective
μέν », dont un usage aigu est signalé par l'*Index*, 454 a 35-38 et 540 b 58 - 541 a 4. Le
flottement dans l'usage de cette locution ne manque pas de surprendre chez notre auteur ;
cf. *De gen. anim.*, II 1, 733 b 26 et b 31, où elle introduit d'abord l'examen du premier
terme annoncé, ensuite le résumé lapidaire dudit examen.

b 15   [33] *Métaph.*, Z 10, 1035 b 14-27 : ἐπεὶ δὲ ἡ τῶν ζῴων ψυχή (τοῦτο γὰρ οὐσία τοῦ
ἐμψύχου) ἡ κατὰ τὸν λόγον οὐσία καὶ τὸ εἶδος καὶ τὸ τί ἦν εἶναι τῷ τοιῷδε σώματι (ἕκαστον
γοῦν τὸ μέρος ἐὰν ὁρίζηται καλῶς οὐκ ἄνευ τοῦ ἔργου ὁριεῖται, ὃ οὐχ ὑπάρξει ἄνευ αἰσθήσεως),
b 20   ὥστε τὰ ταύτης μέρη πρότερα ἢ πάντα ἢ ἔνια τοῦ συνόλου ζῴου, καὶ καθ' ἕκαστον δὴ ὁμοίως, τὸ
δὲ σῶμα καὶ τὰ τούτου μόρια ὕστερα ταύτης τῆς οὐσίας, καὶ διαιρεῖται εἰς ταῦτα ὡς εἰς ὕλην
οὐχ ἡ οὐσία ἀλλὰ τὸ σύνολον,—τοῦ μὲν οὖν συνόλου πρότερα ταῦτ' ἐστιν ὥς, ἔστι δ' ὡς οὔ
b 25   (οὐδὲ γὰρ εἶναι δύναται χωριζόμενα · οὐ γὰρ ὁ πάντως ἔχων δάκτυλος ζῴου, ἀλλ' ὁμώνυμος
ὁ τεθνεώς) · ἔνια δὲ ἅμα, ὅσα κύρια καὶ ἐν ᾧ πρώτῳ ὁ λόγος καὶ ἡ οὐσία, οἷον εἰ τοῦτο καρδία
ἢ ἐγκέφαλος · διαφέρει γὰρ οὐθὲν πότερον τοιοῦτον. — L'obscurité de ces dernières lignes,
rendues aussi littéralement que possible, se dissipera bientôt, nous l'espérons.

[34] Fr. NUYENS, *L'évolution* ..., p. 58 (citation partielle chez Hardie : cf. n. suiv.).

[35] Art. cités *supra*, p. 112, n. 1, *ibid.*

[36] Nous verrons (n. 64) si S. THOMAS les a entendues de cette façon, à moins que l'exces-
sive discrétion de son commentaire *ad loc.* ne soit un signe d'embarras : ces organes sont-

En ce qui nous concerne, les textes analysés dans la section précédente nous ont semblé montrer à loisir qu'Aristote n'a pas vu là, il s'en faut, de contradiction entre la présentation instrumentiste et la doctrine hylémorphique du vivant. Mais il convient d'avouer que les brefs propos de Block et de Hardie resteront sans écho tant qu'on n'aura pas expliqué la place de ces lignes dans le raisonnement et, par la même occasion, les autres énigmes de ce texte.

Or, nous osons estimer qu'elles peuvent livrer simultanément leur secret : si l'on consent à tenir compte, en lisant Z 10, de ce qu'avaient énoncé les trois chapitres précédents, on voit en quoi et pourquoi ce passage invoque, à l'appui de l'antériorité logique, les priorités onto-logique et chronologique, et la distinction entre « toutes les parties, ou certaines d'entre elles » cesse de constituer çà et là un rébus.

3. *Ἔνια δὲ ἅμα, (…) ἐν ᾧ πρώτῳ ὁ λόγος καὶ ἡ οὐσία.*

S'il est vrai qu'une disjonction intervient à cinq reprises en quelque vingt lignes [37], on accordera aisément que les trois premières mentions ont foncièrement la même visée : examinant les parties de la définition, Aristote les déclare d'abord antérieures — soit toutes, soit certaines (b 5-6) — parce que la notion du défini doit être rapportée à la leur, et non l'inverse; la deuxième formule (b 13-14) précise que l'auteur envisage l'appartenance de ces parties à la définition et à l'essence qui s'y reflète; ayant alors rappelé que l'âme est essence d'un corps adéquat, Aristote explique que les parties de cette âme-essence — toutes, ou certaines seulement — jouissent de la même antériorité à l'égard du composé animal (b 18-19). Certes, ce dernier point de réfé-rence diffère de celui qu'impliquent les deux premières mentions, mais Aristote n'a pas encore décidé si l'animal, c'est l'âme [38]; au total, c'est principalement des parties formelles qu'il s'agit dans les trois cas, et l'on peut estimer que le raisonnement s'oriente de plus en plus nette-ment vers l'explication du vivant animal, substance par excellence, objet privilégié de la définition.

dit-il, « partes principales corporis, in quibus primo consistit 'forma', scilicet anima; scilicet cor, vel cerebrum » (*In Met. Ar.*, nº 1489).

[37] *Métaph.*, Z 10, 1035 b 5-6, 14, 19, 23, 25. Les deux premières figurent dans le texte que nous avons présenté, avec une énumération de diverses opinions, avant de traduire le principal passage litigieux : cf. p. 119 et nn. 26-27; pour les trois autres, cf. p. 121 et n. 33.

[38] La fin du chapitre révèle la même indécision: on comparera 1036 a 16-17 et a 24.

Mais, même en supposant — *dato, non concesso* — que la première formule reste exclusivement logique, et que seule la troisième mette en cause un autre plan, comment interpréter la clausule disjonctive : toutes les parties, ou certaines seulement ? L'explication la plus naturelle nous semble être d'ordre génétique : selon la doctrine constante du *De gen. anim.*, « ce qui se forme (...) au sein des animaux mène d'abord une vie de végétal » [39] : dans le cas de l'animal, certaines parties de la forme ne sont pas antérieures au composé et ne peuvent l'être, à savoir celles qui impliquent un développement adéquat du substrat [40]. Assez claire, semble-t-il, dans la troisième mention (b 19), cette exception nous paraît se profiler dans l'esprit de l'auteur dès les deux premières (b 5-6 et 14) : déjà se prépare le passage du plan logique à celui de la genèse.

La quatrième disjonction (b 23) se présente sous une forme très différente : les membres sont, en un sens, antérieurs au composé ; mais, en un sens, ils ne le sont pas. Cette seconde formule, d'ailleurs éclairée par les deux lignes suivantes, ne donne prise à aucun doute : le doigt n'est lui-même que dans son union vitale au reste de l'organisme. Mais en quel « sens » dira-t-on qu'il lui est « antérieur » ? « Comme les éléments sont antérieurs au composé », écrit Tricot ; ceci est malaisément intelligible chez un penseur aussi ouvert à la biologie [41]. Une

---

[39] *De gen. anim.*, III 2, 753 b 27-28 : ζῇ δὲ τὸ πρῶτον τὰ (...) γιγνόμενα (...) ἐν τοῖς ζῴοις φυτοῦ βίον. Cf. II 3, 736 b 8-13 ; II 4, 740 a 25-26, b 8-10 ; V 1, 779 a 1-2. On accueille ainsi en substance les explications de Ross et du Ps. - Alexandre (cf. *supra* et nn. 28 et 30): l'avènement de la faculté sensitive est bien celui de la différence spécifique et, dès lors, de l'essence achevée.

D'autre part, la définition de l'âme (humaine) en *De an.*, II 2, 414 a 12-13 se réfère bien aux parties formelles ; celles-ci lui sont donc logiquement antérieures : ἡ ψυχὴ δὲ τοῦτο ᾧ ζῶμεν καὶ αἰσθανόμεθα καὶ διανοούμεθα πρώτως. Mais rien ici ne permet d'expliquer la clausule ἢ ἔνια.

La même remarque vaut, un peu plus loin, pour la comparaison bien connue entre les types d'âmes et les figures géométriques ; cf. *ibid.*, 414 b 29-32 : ἐν τῷ ἐφεξῆς ὑπάρχει δυνάμει τὸ πρότερον (...) οἷον ἐν τετραγώνῳ μὲν τρίγωνον, ἐν αἰσθητικῷ δὲ τὸ θρεπτικόν.

[40] Cf. τῷ τοιῷδε σώματι et la parenthèse qui suit en b 16-18. Si une bonne définition doit inclure la sensation, c'est que celle-ci garde sa priorité οὐσίᾳ. Le *De gen. anim.*, II 6, 742 a 21, s'accorde avec la *Métaph.* (A 8, 989 a 15-16 ; Θ 8, 1050 a 4-5) sur l'adage γενέσει πρότερον, οὐσίᾳ ὕστερον.

[41] J. Tricot, *Ar. La Métaph.*, I, p. 405, n. 6 ; même indication chez W.D. Ross, *Ar.'s Metaph.*, I, p. 199 et, avec une légère précision, chez S. Thomas, *In Met. Ar.*, n° 1488 : « priores sicut simplex composito ». — Certes, les *éléments* précèdent la formation du vivant, qui les intégrera grâce à l'action de la forme-fin-cause motrice. Mais on n'en peut dire autant des *organes*, par exemple le doigt ; à la théorie qui admet leur pré-

autre issue était cependant obvie : l'existence *potentielle* des membres,
que suggèrent un autre emploi aristotélicien de la disjonction ὡς/ὡς οὔ [42]
et, mieux encore, les propos répétés à satiété dans le *De gen. anim.* :
dès le stade des sécrétions sexuelles, les membres du vivant existent
en puissance [43] ; en ce sens, ils préexistent à l'organisme constitué.

La dernière formule importe plus spécialement à notre recherche
(b 25-27). On voit aussitôt qu'elle n'offre pas à elle seule une disjonction [44] : elle fait la paire avec l'expression qui introduisait la précédente (b 22), et constitue avec elle l'apodose de la période b 14-27.
Ainsi donc, d'une part, les membres ne sauraient exister séparés de
l'organisme ; on peut cependant les considérer comme antérieurs à
lui, mais à l'état potentiel ; ce trait, précisons-le, figure, sauf erreur,
dans le seul traité sur la reproduction et ne trouve écho que dans le
chapitre précédent de ce même livre Z : Aristote, on l'a vu tantôt,
attribue δυνάμει au sperme les traits qui caractérisent l'adulte [45].
D'autre part, poursuit à présent notre texte, certains organes, ὅσα κύρια
καὶ ἐν ᾧ πρώτῳ ὁ λόγος καὶ ἡ οὐσία, sont simultanés au composé [46].
Qu'est-ce à dire ?

On n'aperçoit guère le rapport entre cette formule et la doctrine
du *De gen. anim.* : ce traité n'a-t-il pas suffisamment établi que le

---

formation, Ar. en oppose une qui évoque l'épigénétisme et postule un stade radicalement
potentiel ; cf. *supra*, chap. II, section II, pp. 63-64, et la suite de notre texte : en ce
sens — mais en ce sens seulement — un organe peut être dit antérieur au σύνολον ζῷον.

[42] C'est le premier emploi noté par Bonitz, *Index*, 871 a 42 ; cf. *Météor.*, III 7, 378
a 32- b 1 : ἔστι μὲν ὡς ὕδωρ ταῦτα, ἔστι δ'ὡς οὔ · δυνάμει μὲν γὰρ ἡ ὕλη ὕδατος ἦν, ἔστι
δ'οὐκέτι.

[43] Les textes principaux ont été cités au ch. II, s. II : *De gen. anim.*, I 18, 723 a 21-23
(p. 64 et n. 26) ; I 19, 726 b 15-18 (*ibid.* et n. 28) ; II 1, 734 b 19-24 (p. 58 et n. 7). Cf.
encore, à propos des menstrues, II 5, 740 b 20 : ἔνεστι τὰ μόρια δυνάμει, ἐνεργείᾳ
δ'οὐθέν, et II 5, 741 b 7-8.

[44] Nous ne visons certes pas le couple cœur-cerveau (b 26-27), dont Aristote parle
avec un détachement qui n'a trompé personne. Tout comme le Ps.-Alex. (cité dans
Tricot, *Ar. La Métaph.*, I, p. 406, n. 3), S. Thomas (*In Met. Ar.*, n° 1489) précise :
« Nec *ad propositum* differt ». On songe aussi à l'indifférence que montre le Stagirite
en *De gen. anim.*, IV 1, 766 b 10-12, où il met à égalité la pangenèse et sa propre théorie ...
ajoutant toutefois : ὀρθότερον οὕτως. Et cf. *infra*, concl. et n. 58.

[45] Cf. Z 9, 1034 a 33 - b 1 et *supra*, p. 116. Il y est question directement de l'εἶδος,
mais on verra bientôt que ceci n'importe pas à notre propos.

[46] Nous avons disserté tantôt (ch. II, s. III, p. 101 et n. 86) sur les sens de ἅμα.
L'acception temporelle s'impose ici sans réserves.

cœur, — pour nous limiter à son cas, — se forme en premier lieu ?
C'est là un leitmotiv du livre II [47]. Or, il paraît téméraire de prendre
ici l'expression ἐν ᾧ πρώτῳ dans un sens génétique ; on y trouvera plutôt
l'acception courante de cet attribut chez Aristote : « sans intermédiaire »
ou « immédiatement » [48].

Mais peut-être serait-ce lâcher la proie pour l'ombre et ignorer des
coïncidences significatives. Trois rapprochements de textes, à côté d'autres possibles, nous semblent emporter la décision.

« Le principe moteur prochain auquel appartient l'idée, la forme
(…), c'est, chez les êtres en devenir, le mâle » [49]. Or, nous avons appris
récemment, et dans un contexte où la chaleur naturelle est dite découler
du cœur, que « le principe (…) du mâle, la cause, c'est cet organe, c'est
là qu'il réside » [50]. Si l'on ajoute que dans ce traité, plus que partout
ailleurs, le cœur est κύριος [51], il faudra bien admettre que la formule
de Z 10 trouve ici un premier équivalent.

Nous avons d'autre part reconnu l'hylémorphisme du *De gen. anim.*
à tel développement qui caractérise l'animal par la sensation et déclare
que, sans celle-ci, il n'y a plus qu'« homonymie » ; on en conclut que
l'âme sensitive est le λόγος du vivant [52]. Mais on sait que « le principe
des sensations est dans le cœur » [53]. Faut-il insister sur la conclusion ?
Un raisonnement formellement identique pourrait prendre pour moyen
terme la chaleur [54].

[47] *De gen. anim.*, II 1, 734 a 23-25 ; 735 a 23-26 (cité *supra*, ch. II, s. III, p. 79,
n. 12) ; II 4, 738 b 16-17 ; 740 a 3-9 ; II 5, 741 b 15-17 ; II 6, 742 a 32-33, b 32-33 (cité
ibid., p. 82, n. 23) ; 743 b 25-26 (cité *ibid.*, n. 24).

[48] La première traduction est suggérée par *Anal. post.*, I 5, 74 a 36 - b 2 ; la seconde
par la définition célèbre de la nature en *Phys.*, II 1, 192 b 21-23, telle que la rend A.
MANSION, *Introd.*, p. 99.

[49] *De gen. anim.*, II 1, 732 a 4-5, 8-9 (cité en entier *supra*, ch. II, s. I, p. 43 et n. 30).

[50] *De gen. anim.*, IV 1, 766 b 3-4 (cité *supra*, ch. II, s. III, p. 91 et n. 50).

[51] *De gen. anim.*, II 6, 742 a 34 (κυριώτατον), 744 b 13-14 (κυριωτάτη ἀρχή), b 31
(τὰ μόρια τὰ κύρια), etc. Nous retrouverons des expressions analogues dans les *Parva
Naturalia* ; cf. ch. III, concl., p. 154, n. 18 ; ch. IV, s. I, pp. 184-185, nn. 9-11.

[52] *De gen. anim.*, II 5, 741 a 9-13 (cité *supra*, ch. II, s. II, p. 58, n. 9, et expliqué
pp. 59-61).

[53] *De gen. anim.*, II 6, 743 b 25-26 (cité *supra*, ch. II, s. III, p. 82 et n. 24).

[54] La valeur d'un vivant se mesure à sa chaleur psychique : τὰ τιμιώτερα (…)
μεγέθους μετειληφέναι. τοῦτο δ᾽οὐκ ἄνευ θερμότητος ψυχικῆς (*De gen. anim.*, II 1, 732 a
17-19) ; cf. la conjonction entre espèces supérieures et degré de chaleur : τελεώτερα
καὶ θερμότερα (*ibid.*, 733 b 1). Or, on se souvient des textes qui localisent dans le
cœur le principe de cette chaleur : « l'homme a dans le cœur la chaleur la plus pure »

Le troisième ensemble pourrait s'appuyer sur les considérations théoriques figurant au début du livre V. Certaines particularités, concède Aristote, « ne se rattachent point à la définition qui est celle de l'essence : πρὸς τὸν λόγον τὸν τῆς οὐσίας »; et d'illustrer aussitôt la proposition converse : en règle générale, « la genèse se conforme à l'essence »; alors que les anciens ont négligé la forme et la fin (λόγος, τέλος), « chaque être existe en vue d'une fin (…) et ceci vaut pour tout ce qui appartient à sa définition » [55]. Mettons en regard quelques propos du livre II relatifs au cœur : « cet organe est d'emblée une part de la fin, la principale (…), ce qui possède le principe de toute la croissance et sa fin (…); en tant que moteur, il est premier, en tant que partie de la fin, il accompagne l'ensemble » [56]. Nous voici bien proches du ἔνια δὲ ἅμα de Z 10, dont une autre traduction, d'allure plus expérimentale, figure dans le *De gen. anim.* encore. La concaténation qui définit le vivant et qu'évoquent les robots a son principe dans le cœur, formé en premier lieu; « ceci est évident à l'observation, mais aussi à l'occasion de la mort, car c'est de là que la vie se retire en dernier lieu ». *Cor primum vivens, ultimum moriens* : la nature boucle son circuit, « car la génération va du non-être à l'être, la mort, elle, de l'être au non-être » … [57].

La formule litigieuse de Z 10 n'a-t-elle pas trouvé son meilleur commentaire dans le traité de la reproduction, et ce, en des termes où hylémorphisme et traits instrumentistes sont étroitement conjoints ?

4. *Conclusion.*

Ainsi Aristote, dissertant sur la définition du tout et des parties, a fait entrer en ligne de compte la doctrine de la génération, — et en particulier la reproduction d'une forme spécifique à travers un donné

(*De gen. anim.*, II 6, 744 a 29, cité *supra*, ch. II, s. III, p. 83 et n. 27); « le principe, l'organe, qui possède l'origine de la chaleur naturelle (…), le cœur » (IV 1, 766 a 34-36, cité *ibid.*, p. 91 et n. 50). Le cœur est donc principe de ce qui fait la valeur, la perfection d'un vivant.

[55] *De gen. anim.*, V 1, 778 a 34 - b 13, *passim* (cité *supra*, ch. II, s. I, p. 39 et nn. 11-13).

[56] *De gen. anim.*, II 6, 742 a 34-35, b 1, 2-3 : εὐθὺς τοῦτο τὸ μόριόν ἐστι τοῦ τέλους ἐν καὶ κυριώτατον (…), τὸ πάσης ἔχον τῆς φύσεως ἀρχὴν καὶ τέλος, (…), ᾗ μὲν κινητικὸν πρῶτον, ᾗ δὲ μόριον τοῦ τέλους μετὰ τοῦ ὅλου.

[57] *De gen. anim.*, II 5, 741 b 17-19, 22-24 : καὶ τοῦτο φανερὸν οὐ μόνον κατὰ τὴν αἴσθησιν ὅτι γίγνεται πρῶτον ἀλλὰ καὶ περὶ τὴν τελευτήν · ἀπολείπει γὰρ τὸ ζῆν ἐντεῦθεν τελευταῖον, (…). ἔστι γὰρ ἡ μὲν γένεσις ἐκ τοῦ μὴ ὄντος εἰς τὸ ὄν, ἡ δὲ φθορὰ ἐκ τοῦ ὄντος πάλιν εἰς τὸ μὴ ὄν.

matériel qualifié, — dont les chapitres 7 à 9 avaient offert le résumé; c'est le moins que l'on doive dire sur la relation logique, sinon nécessairement littéraire, entre ces trois chapitres et le suivant.

Attentif en premier lieu, — cela se conçoit sans peine, — à la priorité logique dont jouissent les éléments de la définition vis-à-vis de la forme définie, il n'a pas perdu de vue l'antériorité fondamentale qui caractérise l'être lui-même, dans la mesure où son existence implique celle d'autres êtres (ou aspects de l'être) sans que l'inverse soit nécessaire. Mais, appliquée au vivant, cette réflexion appelait fatalement, pensons-nous, l'entrée en jeu de la priorité chronologique, à savoir l'utilisation des termes antérieur, postérieur, simultané, au sens qu'ils ont dans la genèse de la substance par excellence, le vivant.

Ainsi, examinant les disjonctions qui, d'une façon assez mystérieuse, désignaient par exemple des parties non antérieures à la définition, nous avons été conduit à proposer une solution aux deux autres énigmes que nous présentait le chapitre Z 10. Songeant alors au débat qui provoqua la présente recherche, on jugera sans doute que la balance penche décidément en faveur de l'une des parties. Mais il convient de noter que l'opinion esquissée par Block et Hardie revêt à présent une signification philosophique considérable; une ultime précision est nécessaire à cet effet.

῎Ενια δὲ ἅμα, disait Z 10, ὅσα κύρια καὶ ἐν ᾧ πρώτῳ ὁ λόγος καὶ ἡ οὐσία, οἷον εἰ τοῦτο καρδία ἢ ἐγκέφαλος. L'épithète κύριος, qui connote déjà par elle-même une différence, se rencontre à diverses reprises au degré superlatif, — on l'a vu en parlant du cœur, — mais aussi au pluriel [58], ce qui nous invite à ne pas interpréter de façon univoque la « souveraineté » incarnée dans tel organe. On rapprochera de cette donnée la gradation que met Aristote dans la qualité de la nourriture destinée aux diverses parties du corps [59], ainsi que ce propos caractéristique : « Est incluse dans la sécrétion spermatique la chaleur possédant

---

[58] Cf. supra, n. 51; ibid., en Z 10 (cité dans le texte) et en De gen. anim., IV 4, 771 a 13 : ἐν τοῖς κυρίοις τοῦ ζῆν (cf. a 3-14, etc.), on peut déduire qu'Aristote vise par là, au minimum, le cœur et le foie, non la rate ni la vésicule biliaire (la nécessité du cerveau est impliquée ailleurs : II 6, 743 b 27-29, etc.).

[59] On évoquait supra (ch. II, s. III, p. 83 et n. 28) « la nourriture la plus pure » qui sert à former « les parties (...) les plus valables, celles qui ont en partage le principe souverain, (...) les chairs et les corps des autres organes sensoriels » : De gen. anim., II 6, 744 b 11-14, 22-24. Le même texte attribue des apports de moindre valeur et des déchets aux parties simplement « nécessaires et existant pour celles-là », aux os, nerfs, cheveux, ongles, etc.

le mouvement et l'actualité qui correspondent, en quantité et qualité, à chacune des parties » [60].

Nous remarquions plus haut que le Stagirite reconnaît à l'εἶδος le statut métaphysique de co-principe, mais aussi un impact matériel sur les phénomènes physiologiques [61]. Après notre dernière enquête, il convient de préciser que la forme agit et réside d'une façon analogique selon les diverses parties de l'organisme. On conçoit mieux, dès lors, que la théorie hylémorphique recoure au langage de l'instrumentisme et admette, en un sens très précis, que l'âme, localisée de façon préférentielle en tel organe, utilise la médiation d'instruments somatiques ; on voit aussi, réciproquement, que le schéma instrumentiste, si obvie dans l'explication du vivant, acquiert au sein de la doctrine hylémorphique une signification qui dépasse radicalement le dualisme dont il était porteur.

Sans doute est-il toujours téméraire de prétendre expliquer sur nouveaux frais un livre, difficile entre tous, du « cours » le plus complexe qui nous soit resté d'Aristote. Ainsi semble-t-il juste et opportun de nous rappeler en terminant l'exégèse que donnait, *ad locum*, un illustre devancier [62] : « Animae igitur partes vel omnes vel certe aliquot, exceptis nimirum quae ambitum notionis aequant, homine sunt priores. Materiales vero partes substantia hominis sunt posteriores, homine concreto quodammodo sunt priores, quatenus ex iis componitur [63], quodammodo non, quatenus priora dici ea nequeunt, quae non possunt seorsim ante ipsam compositionem exsistere. (...) Sunt etiam materiales partes, quibus ita inest vivendi causa et principium (...) ut nec priores sint nec posteriores, sed simul cum ipsa anima ».

C'est là, pensons-nous, l'exégèse d'un interprète lucide et bien informé ; nous espérons l'avoir complétée en faisant appel à des thèmes aristotéliciens qui nous sont devenus familiers. Si le Stagirite a eu le mérite de discerner le statut propre à la définition, à l'être de raison et, plus généralement, à l'ordre logique, il n'en reste pas moins que sa philosophie réaliste en énonce les règles en tenant compte de l'ordre

---

[60] *De gen. anim.*, II 6, 743 a 26-29 : Ἡ δὲ θερμότης ἐνυπάρχει ἐν τῷ σπερματικῷ περιττώματι τοσαύτην καὶ τοιαύτην ἔχουσα τὴν κίνησιν καὶ τὴν ἐνέργειαν ὅση σύμμετρος εἰς ἕκαστον τῶν μορίων.

[61] Cf. *supra*, ch. II, s. III, pp. 93-95.

[62] H. BONITZ, *Ar. Metaphysica*, Bonn, 1849, p. 335.

[63] S'il s'agit des éléments, *concedo* ; mais Ar. vise ici les organes : cf. Z 10, 1035 b 22-23, *supra*, n. 41, pp. 123-124.

réel, exploré avec un intérêt jamais lassé : dans le cas présent, si les
parties du corps sont dites « quodammodo priores » par rapport à la
substance de l'homme, c'est avant tout en ce sens qu'elles sont, en
germe, l'organisme que couronne la forme spécifique ; et si un organe,
siège privilégié de l'essence [64], est dit simultané au composé humain,
une thèse de ce genre dépasse les règles de la définition et nous fait
saisir ce qu'est le vivant dans l'unité de son déploiement.

Nous pensons donc que le *De gen. anim.* et *Métaph.*, Z s'éclairent
mutuellement, et que sont liées organiquement les solutions aux trois
problèmes posés : rapports entre les chapitres 7-9 et 10, sens des « exceptions » énoncées çà et là, portée des formules qui, à peu de distance,
rappellent deux « théories » différentes. Si nous n'avons point erré,
l'unité de la pensée aristotélicienne n'en apparaît que plus vivement.
Mais l'examen du *De anima* va nous demander un nouveau progrès dans
sa compréhension.

Section II. « De anima »

Examinant, dans la deuxième section du chapitre II, les traits doctrinaux qui révèlent l'hylémorphisme du *De gen. anim.*, nous avons pris
naturellement comme point de comparaison le traité qui développe
cette théorie en termes exprès [1]. On a fait observer au passage que,
réciproquement, telle particularité du *De anima* s'éclaire d'un jour
nouveau si l'on veut bien se souvenir que son auteur dispose aussi
d'une doctrine très élaborée sur la reproduction ; c'est le cas pour la
fameuse définition de l'âme comme acte d'un corps « ayant la vie
en puissance » [2].

La section suivante a permis de constater que le traitement d'un
même problème génétique avait requis, conjointement, la théorie
hylémorphique et les thèmes caractéristiques de ce que divers historiens

---

[64] « Partes quibus (...) inest vivendi causa et principium » expliquait à l'instant
Bonitz, « in quibus primo consistit 'forma', scilicet anima », notait S. Thomas (cf.
supra, n. 36, p. 122) plus nettement encore ; tel est bien le sens obvie d'un texte qui
« localise » l'âme-forme dans le sens indiqué.

[1] Cf. *supra*, ch. II, s. II, *per totum*, et en particulier les nn. 12, 13, 53, 60, 70-71, 75.

[2] Cf. *supra*, p. 70 et n. 54. La même réflexion s'applique, pensons-nous, à ce que
dit le *De an.* du germe et du fruit en II 1, 412 b 26-27 (cf. *De gen. anim.*, I 18, 724 b 19-
21) et à diverses formules qui figurent en *De an.*, II 2, 414 a 22 et 26.

appellent l'instrumentisme vitaliste, et le paragraphe qu'on vient de lire aura confirmé, à propos de la *Métaphysique*, qu'Aristote n'a pu discerner d'incompatibilité entre ces deux aspects de sa pensée. Le moment semble venu de se tourner à nouveau vers le *De anima*, en se demandant quelle place il reconnaît à d'éventuels éléments instrumentistes et quel surcroît de sens peut recevoir ici la doctrine métaphysique du vivant hylémorphe ; l'examen, *in fine*, du texte sur la triple causalité de l'âme pourrait contribuer à mettre au jour cette signification.

1. *Instruments de l'âme végétative.*

En guise de prélude, deux indices réunis en une même page du *De anima*, II 4, pourraient nous convaincre, si besoin en est, qu'une comparaison plus attentive entre ce traité et le *De gen. anim.* ne peut rester sans fruit.

Parlant du pouvoir végétatif, Aristote blâme Empédocle d'avoir attribué à deux facteurs différents la croissance des plantes et leur enracinement, et, partant, de rendre inintelligible l'unité du vivant. Il s'explique : « l'être se disloquera, si rien ne vient l'en empêcher » [3] ; or, pour qui se souvient des vues que professe l'Agrigentin sur la double provenance des parties de l'organisme, le verbe employé ici, διασπασθήσεται, a valeur de citation, voire d'argument *ad hominem* : c'est bien le cas de le dire, insinue Aristote, il y aura « déchirement » du vivant [4].

Aussitôt après, d'autres penseurs se voient reprocher d'identifier au feu la cause de la croissance. Mais cette dernière, note le Stagirite, relève davantage de l'âme, « car le feu s'étend à l'infini, tant qu'il y a du combustible, tandis que, pour tous les êtres qui se constituent naturellement, il est une limite et une proportion à leur taille et à leur croissance : celles-ci ressortissent à l'âme, non au feu, et à la forme plutôt qu'à la matière » [5]. Aristote n'illustrant pas davantage ici cette doctrine,

---

[3] *De an.*, II 4, 416 a 7-8 (cf. 415 b 28- 416 a 9) : διασπασθήσεται γάρ, εἰ μή τι ἔσται τὸ κωλῦον.

[4] On se rappelle la citation d'Empédocle : « διέσπασται μελέων φύσις ἡ μὲν ἐν ἀνδρός » en *De gen. anim.*, I 18, 722 b 12-13 (cf. ch. II, s. I, pp. 47-49 et nn. 51 à 53), reprise en IV 1, 764 b 17-18 (cf. ch. II, s. III, pp. 87 et 91).

[5] *De an.*, II 4, 416 a 9-18 : δοκεῖ δέ τισιν ἡ τοῦ πυρὸς φύσις ἁπλῶς αἰτία τῆς τροφῆς καὶ τῆς αὐξήσεως εἶναι · καὶ γὰρ αὐτὸ φαίνεται μόνον τῶν σωμάτων [ἢ τῶν στοιχείων] τρεφόμενον καὶ αὐξόμενον, διὸ καὶ ἐν τοῖς φυτοῖς καὶ ἐν τοῖς ζῴοις ὑπολάβοι τις ἂν τοῦτο εἶναι τὸ

on est porté à se demander s'il n'y aurait pas complémentarité entre cet exposé et ceux du *De gen. anim.*, livre II : nous rappelions dans un paragraphe précédent le passage qui voit dans la taille dévolue à certaines espèces un critère de leur supériorité [6] ; l'auteur s'étend plus loin sur l'aspect typique de la croissance, à savoir le développement du squelette chez les animaux, ajoutant : « quant à la raison pour laquelle ils ne grandissent pas toujours, on devra l'indiquer plus tard » [7], mais, comme le traité sur la reproduction ne tient pas lui-même cette promesse, on peut en voir un accomplissement dans le texte du *De anima* cité *supra* : la raison n'est autre que l'idée spécifique, la forme.

Du long alinéa qui suit, retenons ici seulement qu'il prépare le terrain pour les précisions à fournir sur le rôle de la nourriture, d'autant mieux que l'auteur appelle « δύναμις » — au singulier — ce qui caractérise une même faculté de l'âme, génératrice en même temps que végétative [8].

Encore faut-il, notera le philosophe, distinguer deux propriétés de la nourriture : « en tant que le vivant est quantitatif, elle fait croître ; en tant qu'il est déterminé, essence, elle le sustente, — car elle maintient l'essence (…), — et est agent de la génération » [9]. La suite de ce texte a souffert : on s'en aperçoit à examiner l'apparat ; si les éditeurs n'ont fait, à notre avis, que détériorer la situation, c'est, sans doute, faute de respecter l'unité foncière de la fonction végétative. On voudra bien nous permettre quelques suggestions à ce sujet.

Aristote reprend : « Aussi le principe psychique en question est-il une faculté de nature à faire perdurer l'être qui la reçoit, en tant qu'il la reçoit, et la nourriture le prépare à être actif ; c'est pourquoi, privé de nourriture, il ne peut exister ». Il semble inadéquat de traduire ces

---

ἐργαζόμενον. τὸ δὲ συναίτιον μέν πώς ἐστιν, οὐ μὴν ἁπλῶς γε αἴτιον, ἀλλὰ μᾶλλον ἡ ψυχή · ἡ μὲν γὰρ τοῦ πυρὸς αὔξησις εἰς ἄπειρον, ἕως ἂν ᾖ τὸ καυστόν, τῶν δὲ φύσει συνισταμένων πάντων ἔστι πέρας καὶ λόγος μεγέθους τε καὶ αὐξήσεως · ταῦτα δὲ ψυχῆς, ἀλλ' οὐ πυρός, καὶ λόγου μᾶλλον ἢ ὕλης.

[6] *De gen. anim.*, II 1 732 a 17-23 ; cf. *supra*, s. I, p. 125 et n. 54.

[7] *De gen. anim.*, II 6, 745 a 9-10 : δι'ἣν μὲν οὖν αἰτίαν οὐκ ἀεὶ λαμβάνουσιν αὔξησιν, λεκτέον ὕστερον.

[8] Cf. la première phrase, *De an.*, II 4, 416 a 19-21. Nous devons passer ensuite à 416 b 11, faute de pouvoir examiner les rapports multi-latéraux existant entre ce développement (a 21 - b 9) et *De gen. anim.*, II, *De gen. et corr.*, I 5 (surtout 322 a 4-33), *Météor.*, IV, 2-3.

[9] *De an.*, II 4, 416 b 11-15 : ἔστι δ' ἕτερον τροφῇ καὶ αὐξητικῷ εἶναι · ᾗ μὲν γὰρ ποσόν τι τὸ ἔμψυχον, αὐξητικόν, ᾗ δὲ τόδε τι καὶ οὐσία, τροφή (σῴζει γὰρ τὴν οὐσίαν, καὶ μέχρι τούτου ἔστιν ἕως ἂν τρέφηται), καὶ γενέσεως ποιητικόν.

propos comme si l'auteur perdait de vue ce que dit le contexte au sujet de la génération [10].

Dans cette perspective, on se gardera d'avaliser le déplacement des ll. b 20-23 (après 25) que Ross a adopté dans son édition, car il convient de conserver à cette division ternaire toute son ampleur : ἐπεὶ δ' ἔστι τρία, τὸ τρεφόμενον καὶ ᾧ τρέφεται καὶ τὸ τρέφον, τὸ μὲν τρέφον ἐστὶν ἡ πρώτη ψυχή, τὸ δὲ τρεφόμενον τὸ ἔχον ταύτην σῶμα, ᾧ δὲ τρέφεται, ἡ τροφή. Ce n'est donc pas de nourriture au sens commun du terme qu'il s'agit, mais du pouvoir végétatif dans son ensemble. Ces lignes commandent la suite : Aristote le fait comprendre en développant les deux premiers termes, qui demandent encore explication.

C'est d'abord τὸ τρέφον, alias ἡ πρώτη ψυχή : au sens propre, — celui qui s'impose si l'on considère la fin, — cette âme primaire doit être le pouvoir d'engendrer un vivant pareil à soi [11].

Quant à ᾧ τρέφει [12], l'instrument du pouvoir végétatif, « il est double, de même que 'ce par quoi l'on dirige', c'est à la fois la main et le gouvernail, celui-ci étant mû et moteur, celle-là, motrice seule-

---

[10] 416 b 17-20 : ὥσθ' ἡ μὲν τοιαύτη τῆς ψυχῆς ἀρχὴ δύναμίς ἐστιν οἵα σῴζειν τὸ ἔχον αὐτὴν ᾗ τοιοῦτον, ἡ δὲ τροφὴ παρασκευάζει ἐνεργεῖν · διὸ στερηθὲν τροφῆς οὐ δύναται εἶναι. En b 18-19, la formule ᾗ τοιοῦτον est généralement assimilée à ᾗ τόδε τι καὶ οὐσία de b 13 ; ainsi font THEILER, p. 32 (« insofern er ein bestimmtes Etwas ist »), Ross, p. 231 (« it preserves the feeder's individuality », avec renvoi à b 13), SIWEK, p. 127 (« tale, quale fuit »), BARBOTIN, p. 102, n. 4, (« tel qu'il est, c'est-à-dire dans son identité individuelle et substantielle : cf. supra, 416 b 13 »). Nous estimons beaucoup plus naturel de rapporter cette réduplication au participe qui la précède immédiatement. La variante δεχόμενον (pour ἔχον) s'impose alors sans réserves, d'autant que ἐνεργεῖν et εἶναι (b 19 et 20) offrent ainsi un sens plus satisfaisant : grâce à l'apport nutritif, la faculté végétative permet au vivant — notamment à l'être nouveau — d'exister en acte ; dès lors, sans cet apport, il ne peut être. En revanche, nous gardons ἔχον en b 22, car δεχόμενον n'est cette fois appuyé que par le seul ms. P : celui-ci semble bien avoir voulu effacer la disparité entre les deux formules, disparité dont témoigne pour sa part GUILLAUME de Moerbeke : « suscipiens ipsam » et « habens hanc », respectivement.

[11] Cf. ibid., b 23-25 : ἐπεὶ δὲ ἀπὸ τοῦ τέλους ἅπαντα προσαγορεύειν δίκαιον, τέλος δὲ τὸ γεννῆσαι οἷον αὐτό, εἴη ἂν ἡ πρώτη ψυχὴ γεννητικὴ οἷον αὐτό. — S. THOMAS, In Arist. De an., no 347 Pirotta, reste dans la ligne de ce texte en précisant : « Tertia autem perfectissima et finalis (scil. operatio) est generatio (...) ; sequitur quod ipsa sit conveniens definitio primae animae, scilicet vegetabilis, ut sit generativum alterius similis secundum speciem ». — THEILER cède donc à la facilité en considérant (pp. 33 et 116) les lignes b 23-25 comme une addition, fût-elle d'Aristote lui-même.

[12] Meilleur, au total, que ᾧ τρέφεται, lequel a pu être introduit dans la majorité des mss. par souci de conformité à b 21 et 23. Mais les facteurs sont repris ici dans un ordre différent ; le choix entre ces deux locutions n'importe guère à notre propos.

ment » [13]. Et Aristote d'ajouter une formule que nous connaissons :
« Et il est nécessaire que toute nourriture puisse être élaborée ; or, cette
élaboration est l'œuvre du chaud ; c'est pourquoi tout vivant possède
de la chaleur » [14]. Quel sens précis faut-il attribuer à cette mention de
la chaleur et à la comparaison qui précède ?

Dépassant les commentaires anciens dont il s'est entouré [15], saint
Thomas raisonne comme suit. A l'instar du gouvernail, l'aliment (moteur mû) est un instrument, « cuius forma nondum est anima ». Or,
il doit exister aussi, à l'image de la main, un « moteur non mû »,
instrument dit « conjoint », qui sera la chaleur. « Sicut igitur gubernator
movet temonem manu, navem autem temone, ita anima movet
calido alimentum, et alimento nutrit. (...) Si autem haec anima non
haberet instrumentum coniunctum, non esset actus alicuius partis
corporis : quod soli intellectui competit » [16].

[13] *Ibid.*, b 25-27. Voici à nouveau le texte de Ross, auquel nous joignons son apparat :
ἔστι δὲ ᾧ τρέφει διττόν, ὥσπερ καὶ ᾧ κυβερνᾷ καὶ ἡ χεὶρ καὶ τὸ πηδάλιον, τὸ μὲν κινοῦν καὶ
κινούμενον, τὸ δὲ κινούμενον μόνον. 25 τρέφει CΦ¹ᵖ, Alex. ap. Φ, cf. Θ 53.26 : τρέφεται
PSUXeS¹Σ 26 καὶ¹ CPVeΣΦ¹ : om. SUX καὶ² CVeΦ¹, cf. Sᵖ 116. 3, Θ 53.29 : om.
PSUX 27 κινούμ.μόνον S, W² mg., Φᵖ : κινοῦν μόνον C PUVXSᵖ ΘΦᵖ, Alex. ap. Φ,
Averr. (movens tantum) : κινούμενον (sic) e : κινούμενον μόνως Σ. Comme on le voit
par notre traduction, nous adoptons la leçon, de loin la mieux attestée, κινοῦν
μόνον. Ross, p. 232, dit préférer κινούμενον μόνον pour assurer un parallélisme direct
entre χείρ et πηδάλιον, d'une part, et les deux participes, d'autre part. Mais le grec
offre parfois un chiasme en pareil cas, τὸ μέν renvoyant alors au *second* terme annoncé :
cf. LIDDELL-SCOTT, *s.v.* ὁ, A VI, 1, et le texte de *Métaph.*, Λ cité *infra*, p. 142, n. 44,
où τὸ δέ se rapporte manifestement au premier terme annoncé, et inversement ;
c'est ce qu'oublie également BARBOTIN, d'ordinaire plus avisé : son éditeur ayant adopté
correctement κινοῦν, lui-même fait dire au Stagirite : « celui-ci (*i.e.* le *gouvernail*) est
moteur seulement » !

[14] *Ibid.*, b 28-29 (cf. *supra*, ch. II, s. III, p. 93 et n. 55) : πᾶσαν δ'ἀναγκαῖον τροφὴν
δύνασθαι πέττεσθαι, ἐργάζεται δὲ τὴν πέψιν τὸ θερμόν · διὸ πᾶν ἔμψυχον ἔχει θερμότητα.

[15] Leurs positions sont exposées par ROSS, pp. 231-232 ; indiquons seulement celle
du plus prestigieux, Alexandre (cité par PHILOPON, p. 288, 5-19 Hayduck) : le moteur
(non mû) serait la faculté végétative ; le moteur mû, la chaleur innée. Sur l'utilisation
de Thémistius dans le *In De an.* de S. Thomas, cf. G. VERBEKE, *Les sources* (...) *du
comm. de S. Th. au De an.* (...) (*R.P.L.*, 1947, pp. 314-338), pp. 321-334 ; *L'œuvre scientif.*
de M. A. Mansion (dans *Autour d'Ar.*, 1955, pp. 11-44), p. 33 ; et, pour Philopon et
Thémistius, les récentes éditions crit. (1966, 1957), dues au même, de leurs commentaires
au *De an.*, traduits par GUILLAUME de Moerbeke, pp. LXXI-LXXXVI et IX-LXII, respectivement. — Pour un tableau des opinions, cf. *infra*, p. 136, n. 18.

[16] S. THOMAS, *In Arist. De an.*, n° 348 Pirotta.

On remarque d'emblée que ce commentaire reste très attentif à la causalité formelle :
cf. « forma », « actus » et l'évocation de l'intellect. Ceci doit-il nous orienter vers un texte

La pensée propre de S. Thomas ne nous concerne pas. Mais voilà une exégèse faite sur un texte semblable à celui que nous avons justifié et attentive à situer les déclarations d'Aristote dans la perspective hylémorphique du *De anima*. On pourrait ajouter que ses explications ont simultanément une allure « instrumentiste » qui donne à penser en ce qui regarde la « contradiction » entre les deux théories : le fait de posséder un instrument (matériel) conjoint n'est-il pas présenté comme la *condition* de l'hylémorphisme ? Mais ceci ne nous dispense pas de tenter à notre tour un éclaircissement, compte tenu du contexte que nous avons indiqué.

On rappellera à cet égard que l'énigmatique ᾧ τρέφει suit immédiatement ce qui est dit de la faculté génératrice ; comme ce propos ne peut guère avoir quitté soudain l'esprit de l'auteur, ne doit-il pas être pris en considération pour la suite du texte ? D'autre part, l'exégèse la plus cohérente à notre connaissance, — celle qu'on vient de résumer, — offre au moins le léger inconvénient de voir dans la chaleur vitale un κινοῦν μόνον, un moteur non mû. Nous proposons dès lors de remonter au cœur pour y trouver la source du mouvement [17] et de paraphraser comme suit les lignes b 25-29 :

auquel songe peut-être l'auteur, c'est-à-dire II 2, 414 a 4-14 (cf. a 14-28) ? Ar. y déclare : ᾧ ζῶμεν διχῶς λέγεται, (...) ὁμοίως δὲ καὶ ᾧ (ᾧ secl. Bywater, Ross) ὑγιαίνομεν τὸ μὲν ὑγιείᾳ τὸ δὲ μορίῳ τινὶ τοῦ σώματος ἢ καὶ ὅλῳ, (...) ἡ μὲν ὑγίεια μορφὴ (...) καὶ οἷον ἐνέργεια τοῦ δεκτικοῦ (...), ἡ ψυχὴ δὲ τοῦτο ᾧ ζῶμεν πρώτως.

La parenté des expressions impliquerait alors que dans notre passage (II 4, 416 b 20-27, surtout 25-27) le Stagirite entend comme suit la bivalence (cf. διττόν, b 26) de l'expression ᾧ τρέφει (à lire plutôt, dans ce cas, ᾧ τρέφεται : ce par quoi le vivant se nourrit) : au sens premier, c'est simplement la cause formelle, μορφή, ἐνέργεια ; en un second sens, c'est le δεκτικόν, par exemple la chaleur vitale, analogue du μόριόν τι vis-à-vis de la santé.

Sans doute les deux textes soulignent-ils les coordonnées somatiques : à ἐν σώματι τοιούτῳ (II 2, 414 a 22 ; cf. a 18-28) pourrait faire écho τὸ ἔχον ταύτην σῶμα (II 4, 416 b 22 ; cf. b 25-29). Il n'empêche que la visée diffère profondément, nous semble-t-il, ici et là : le chap. 2 parachève la définition de l'âme en notant qu'elle est bien « ce par quoi » nous vivons, mais qu'elle l'est « formellement », non comme substrat ; le chap. 4, sans rien renier de cette explication, précise l'action de la forme et l'applique au cas de l'âme végétative (τὸ τρέφον, 416 b 21-22 ; cf. b 25), qui régit le σῶμα τρεφόμενον (cf. b 22) par une double « médiation » : ᾧ τρέφει διττόν (b 25-26). Ce dernier mot ne répond donc pas au διχῶς de 414 a 4, lequel commande en réalité l'âme (végétative, *in casu*), d'une part, et, d'autre part, les divers termes qui concrétisent son agir.

[17] Ross, qui allègue la chaleur vitale dans son introduction (pp. 23-24), évoque longuement le cœur dans le commentaire (p. 231), mais en y voyant un moteur mû : on se souvient en effet qu'il adopte en fin de phrase la leçon κινούμενον μόνον, locution qu'il

« Venons-en au second des trois termes énumérés plus haut : ce par quoi opère la faculté végétative, τὸ τρέφον, qui est chargée de la nutrition et, en dernière analyse, de la génération. Ce moyen, ᾧ τρέφει, est double : il en va du corps — le troisième terme, τὸ τρεφόμενον — comme d'une embarcation, que contribuent à diriger deux facteurs : la main du pilote (solidaire de celui-ci et, à ce titre, moteur non mû par autre chose) et son gouvernail, mû par elle et déterminant le cap. Ainsi le pouvoir végétatif de l'âme agit-il à partir de l'organe qui en est solidaire : le cœur, source du mouvement et de la chaleur vitale ; transmise aux aliments, celle-ci les élabore pour assurer les fonctions somatiques indiquées tantôt : croissance, maintien du type spécifique chez l'individu et transmission de ce type à la descendance » [18].

Certes, certains aspects de cette interprétation restent, comme il est naturel, sujets à discussion. Mais on aura constaté, à propos de ces quelques traits qui voisinent dans le texte du *De anima*, ce que suggèrent les rapprochements avec la doctrine de la reproduction : éclairant des points obscurs ou traités ici à un niveau plus théorique,

---

se voit contraint d'appliquer à la nourriture ; bien qu'elles soient également celles de RODIER (II, pp. 245-246) et de HICKS (p. 349), ces deux solutions paraissent toutes deux inacceptables. D'autre part, ROSS appuie son second avis sur divers textes tirés du *De iuvent.* (3, 469 a 2-10 et 4, 469 b 9-17), écrit qui présente, comme on le verra dans le chapitre quatre, l'anthologie idéale de l'instrumentisme vitaliste ; mais ROSS, on se le rappelle, accepte sans restriction l'opinion selon laquelle le *De an.* (au moins les livres II et III, 1-8) constitue la charte de l'hylémorphisme en psychologie et le dernier écrit d'Aristote en cette matière (éd. des *Parva Naturalia*, 1955, p. 17 ; *The Development of Ar.'s Thought*, dans *Ar. and Pl. ...*, 1960, p. 4), tandis que le *De iuvent.* appartient — toujours selon Ross — à la période médiane (éd. des *P.N.*, pp. 8-11) ; est-il dès lors fondé à invoquer ce dernier, sans autre forme de procès, pour expliquer un traité dont la doctrine lui apparaît foncièrement différente ?

Nous devons par ailleurs laisser aux spécialistes de saint Thomas le soin d'expliquer pourquoi, étant insensible à la « contradiction » qui nous occupe, cet aristotélicien fervent n'a pas, lui, songé à illustrer la théorie de la faculté végétative en recourant à des écrits tels que le *De iuvent.* Que nous sachions, il a dû connaître et même commenter toutes les œuvres connues du Stagirite, ainsi que le prescrivaient les statuts des Artiens datés de 1255 (le dernier titre, « librum de vita et morte », semble bien recouvrir les trois derniers des *Parva Nat.*), et nous avons repéré par exemple un renvoi explicite au *De longit. et brevit. vitae* en *Iᵃ Pars*, 89, 5 c. Une étude récente sur ses principes et sa méthode en ce domaine n'offre pas ici de précisions utilisables : S. DECLOUX, *Temps, Dieu, liberté dans les comm. arist. de S. Th. d'Aquin*, 1967 ; pour lesdits statuts, cf. DENIFLE-CHATELAIN, *Chartularium Univ. Paris.*, I, 1889, pp. 277-279.

[18] On pourrait évoquer plus précisément l'élaboration ultime de l'aliment en sperme porteur de mouvement « actuel », mais sans oublier que la dernière formule, qui vise

ils viennent, de façon assez significative, nuancer dans un sens instrumentiste divers exposés que l'on pourrait croire uniquement hylémorphiques.

2. *Un langage dualiste ?*

On sera dès lors moins surpris de rencontrer, toujours au livre II, certains propos qui semblent totalement étrangers à la doctrine dominante.

Nous pensons d'abord à l'explication que donne Aristote de la phonation. Inspirer représente une nécessité, dit-il, à l'égard de ($\pi\rho\delta s$) la chaleur interne [19] : l'air dessert le poumon et la région cardiaque, ce qui explique sa pénétration profonde. Dès lors, — et ici se greffe une seconde utilité de l'inspiration, — « le choc de l'air qu'on inspire, sous l'action de l'âme (*scil.* qui réside, ou qui agit) en ces organes, contre ce qu'on appelle la trachée, c'est la voix » [20].

tout vivant, paraît englober également la génération asexuée. — La complexité de la question appelle sans doute un tableau comparatif des termes et des opinions en présence :

paradigme	texte adopté			Alexandre Thémistius	S. Thomas	Ross	interprétation proposée
pilote	$\tau\rho\epsilon\phi o\nu$				âme	âme	âme
main	$\left.\begin{array}{c}\\\\\end{array}\right\rbrace$ $\overset{\tilde{\omega}\ \tau\rho\epsilon\phi\epsilon\iota}{\delta\iota\tau\tau\delta\nu}$	$\left\lbrace\begin{array}{c}\\\\\\\\\end{array}\right.$	$\kappa\iota\nu o\tilde{\nu}\nu\ \mu\delta\nu o\nu$	fac. végét.	chaleur	cœur *ou* chaleur	cœur
godille			$\kappa\iota\nu o\tilde{\nu}\nu\ \kappa a\grave{\iota}$ $\kappa\iota\nu o\acute{\nu}\mu\epsilon\nu o\nu$	chaleur	aliment	aliment	aliment
barque	$\tau\rho\epsilon\phi\delta\mu\epsilon\nu o\nu$				corps	corps	corps

Certaines similitudes sont trompeuses : on se souvient (cf. *supra*, nn. 13 et 17) que Ross attribue au cœur (pp. 231-232) ou à la chaleur (pp. 23-24) la désignation $\kappa\iota\nu o\tilde{\nu}\nu\ \kappa a\grave{\iota}$ $\kappa\iota\nu o\acute{\nu}\mu\epsilon\nu o\nu$, à la nourriture la formule $\kappa\iota\nu o\acute{\nu}\mu\epsilon\nu o\nu\ \mu\delta\nu o\nu$ qu'il lit en 416 b 27.

[19] *De an.*, II 8, 420 b 20-21. Suit (b 21-22) une référence aux ouvrages biologiques : $\tau\grave{o}\ \delta$'$a\check{\iota}\tau\iota o\nu\ \grave{\epsilon}\nu\ \grave{\epsilon}\tau\acute{\epsilon}\rho o\iota s\ \epsilon\check{\iota}\rho\eta\tau a\iota$ (majorité des témoins) : $\epsilon\grave{\iota}\rho\acute{\eta}\sigma\epsilon\tau a\iota$ (e, paraphrase de Phil., *dicetur* Guill., edd.). Si cette seconde forme (de sens futur), plus rare, mérite en effet la préférence, on se trouve devant un nouveau renvoi incompatible avec la chronologie de Nuyens : l'explication plus précise des termes indiqués ici figure surtout en *De iuvent.*, 7, 470 b 24-26 ; 16, 475 b 17, 476 a 8 ; 21, 478 a 23-25, moins nettement en *De part. anim.*, III 6, 668 b 34. Mais le *De gen. anim.* donne un sommaire de la théorie en II 1, 732 b 28-32. On tendra dès lors à conclure qu'il s'agit ici d'un renvoi basé sur la séquence méthodique des traités ; c'est en tout cas, dans la perspective de Nuyens, la seule explication valable pour *De an.*, III 9, 432 b 11-12, qui annonce le *De iuvent.* et le *De somno.*

[20] *De an.*, II 8, 420 b 27-29 (WyH$^a\Phi^p$ atténuent $\psi v\chi\tilde{\eta}s$ en $\psi v\chi\iota\kappa\tilde{\eta}s\ \delta v\nu\acute{a}\mu\epsilon\omega s$. $\delta v\nu\acute{a}\mu\epsilon\omega s$ om. H^a) : $\grave{\eta}\ \pi\lambda\eta\gamma\grave{\eta}\ \tau o\tilde{v}\ \grave{a}\nu a\pi\nu\epsilon o\mu\acute{\epsilon}\nu o v\ \grave{a}\acute{\epsilon}\rho o s\ \grave{v}\pi\grave{o}\ \tau\tilde{\eta}s\ \grave{\epsilon}\nu\ \tau o\acute{v}\tau o\iota s\ \tau o\tilde{\iota}s\ \mu o\rho\acute{\iota}o\iota s\ \psi v\chi\tilde{\eta}s\ \pi\rho\grave{o}s\ \tau\grave{\eta}\nu\ \kappa a\lambda o v\mu\acute{\epsilon}\nu\eta\nu\ \grave{a}\rho\tau\eta\rho\acute{\iota}a\nu\ \phi\omega\nu\acute{\eta}\ \grave{\epsilon}\sigma\tau\iota\nu$.

Nuyens a bien vu l'allure instrumentiste de cette phrase. Il fait appel à l'aide d'Alexandre, mais l'explication de ce dernier se contente de développer ainsi les mots litigieux : ὑπὸ τῆς ἐν τοῖς φωνητικοῖς ὀργάνοις δυνάμεως ψυχικῆς [21]. Or, peu importe qu'on localise une faculté ou l'âme entière, ... bien qu'Aristote parle en fait de *l'âme*; d'autre part, le contexte invite à élargir l'identification des organes considérés, puisque le poumon et la région du cœur, on l'a vu, entrent aussi en jeu dans l'ensemble du processus.

C'est ce qu'a compris saint Thomas, qui dit, plus fidèlement : « Quae quidem percussio fit ab anima, quae est in his partibus, id est principaliter in corde. Quamvis enim anima sit in toto corpore, ut est forma animalis, tamen vis eius motiva est principaliter in corde » [22]. Sans craindre de nous répéter, disons que l'interprétation thomiste ne nous lie en aucune manière. Mais Nuyens, lui, semble bien le vouloir : il cite la seconde phrase, et elle seule, pour nous convaincre qu'il n'y a point ici localisation de l'âme. Or, de deux choses l'une. Ou bien « vis motiva » n'a qu'un sens anodin et vise seulement un mécanisme secondaire; dans ce cas, saint Thomas aurait franchement exténué le sens de la formule aristotélicienne ὑπὸ τῆς ἐν τούτοις τοῖς μορίοις ψυχῆς. Ou bien elle équivaut à « facultas motiva », ce qui paraît plus conforme au texte rapporté par la première phrase; mais alors l'exégète n'a point conçu qu'une formule instrumentiste pût contredire l'hylémorphisme. Le lecteur pourra conclure, non sans avoir observé que ce bref passage du *De anima* répond bien aux critères qui définissent l'instrumentisme : localisation de l'âme (du moins « principaliter »), rôle moteur, recours à divers instruments [23].

Plus embarrassante est, sans contredit, la réflexion qui clôt le premier grand exposé hylémorphique, celui du chapitre 1. Le « contenu pour le moins fort inattendu » (Nuyens) de ce « texte obscur d'Aristote » (A. Mansion) a provoqué un déferlement de commentaires. Qu'on en juge. Après avoir noté que, l'âme étant forme du corps, certaines facultés — non pas toutes — sont l'acte de tels organes et dès lors « inséparables », le philosophe déclare : « De plus, on ne voit pas clairement si l'âme est l'acte du corps à la façon dont le pilote l'est du navire » [24].

---

[21] Fr. NUYENS, *L'évolution* ..., n. 77 aux pp. 247-248, citant ALEXANDRE, *Liber de Anima*, 49, 9-11 Bruns.

[22] S. THOMAS, *In Arist. De an.*, n° 476.

[23] Cf. *supra*, ch. II, s. III, p. 77.

[24] Fr. NUYENS, *L'évolution* ..., pp. 272-273; A. MANSION, *L'immortalité* ... (*R.P.L.*,

Estimant que ce « curieux propos (...) suggère une théorie de l'âme complètement différente de celle que présente le reste du chapitre », voire qu'il la « contredit platement », Ross introduit un ἤ devant la mention du pilote : le Stagirite se demanderait donc si l'âme est bien, comme on l'a dit plus haut, l'acte du corps, *ou* si leur rapport est celui du pilote et de son embarcation [25]. Dans la ligne de remarques émises récemment, il faut cependant noter que, corrigé de la sorte, le texte mettrait formellement en doute ce que tout le chapitre vient d'établir [26]. Il nous semble que le remède est en somme pire que le mal, si mal il y a ; mais ne convient-il pas d'y regarder de plus près ?

On comprend aisément que le texte et le contexte immédiatement précédent aient orienté l'attention vers le problème de la « séparabilité ». Ainsi Alexandre, auquel font écho plus ou moins nettement la plupart des exégètes, repousse une hypothèse qui reconnaîtrait à la forme substantielle une indépendance au moins relative : la question posée n'évoque-t-elle point Platon plutôt qu'Aristote [27] ? Mais ce dernier ne peut guère avoir déclaré indécise (ἄδηλον) une telle question, et c'est sans doute ce qui a poussé les successeurs d'Alexandre à restreindre cette séparation, ou sa possibilité, au cas de l'âme rationnelle ; ainsi interprètent, avec des nuances dont nous n'avons pas à connaître ici, Thémistius (que suit fidèlement Nuyens), Philopon, Simplicius (dont s'inspire Rodier), Averroès, Albert le Grand [28].

Mais, si considérable que soit ce concert d'opinions, nous pensons devoir lui opposer deux constatations. Aristote vient de déclarer que certaines parties pourraient bien être séparables et même d'expliquer

1953, pp. 444-472), pp. 456-457 (nous empruntons ici sa traduction) ; *De an.*, II 1, 413 a 8-9 : ἔτι δὲ ἄδηλον εἰ οὕτως ἐντελέχεια τοῦ σώματος ἡ ψυχὴ ὥσπερ πλωτὴρ πλοίου.

[25] W.D. Ross, *Ar. De an.*, 1961, pp. 21, 212, 214-215, et le texte qu'il imprime.

[26] Cf. H.J. EASTERLING, *A Note on De an. 413 a 8-9* (dans *Phronesis*, t. 11, 1966, pp. 159-163), p. 161 ; W.F.R. HARDIE, *Ar.'s Ethical Theory*, 1968, pp. 81-83 ; Hardie croit que la conjecture de Ross trouve un support chez Thémistius et Philopon, mais à notre sens il n'en est rien : expliquant la question posée par le texte, ces commentateurs échafaudent deux réponses possibles, ce qui est assez naturel, mais cela ne permet pas de conclure que la phrase d'Aristote, telle qu'ils la lisaient, fût d'allure disjonctive.

[27] A. MANSION, *L'immortalité* ..., présente longuement les commentaires grecs (n. 20, pp. 457-458) et médiévaux jusqu'à S. Thomas inclus (pp. 458, n. 21, et 460-465), mais principalement dans le but de montrer comment ce dernier (suivi par « des disciples fidèles, mais trop confiants ») a pu être amené à mettre au compte de Platon la comparaison en question. (Au passage qu'A. Mansion cite de la *Qu. De an.*, 1 c, on peut ajouter *ibid.*, 11 c., début : « Plato (...) dicens animam esse in corpore sicut nauta in navi ».)

[28] Cf. A. MANSION (n. précéd.) ; G. RODIER, II, p. 187.

pourquoi il en est ainsi [29]; pourquoi donc dirait-il qu'il n'y voit pas encore clair ? D'autre part, il semble bien que l'auteur touche ici une autre question : l'expression ἔτι δέ a comme fonction classique chez lui d'annoncer des arguments ou des problèmes distincts [30].

Ainsi pensons-nous qu'au terme d'un chapitre consacré en sa totalité à la causalité formelle de l'âme, le philosophe indique un problème connexe : acte du corps, forme du vivant, l'âme peut-elle être encore considérée comme principe moteur ? Certes, il a déjà indiqué que le corps dont il traite est un « être naturel de telle sorte, possédant en lui-même le principe du mouvement et du repos » [31]. Mais on aura reconnu ici la définition très générale de tout ce qui — le minéral compris — ressortit à la philosophie de la nature, par opposition aux objets fabriqués — la hache, par exemple — évoqués à l'instant; ce premier chapitre n'a rien dit encore de la causalité motrice que reconnaissaient à l'âme la plupart des philosophes. Aussi bien l'auteur indique-t-il lui-même le caractère encore schématique de ce premier exposé [32]; après une réflexion sur la définition causale, les chapitres suivants seront plus attentifs à l'ensemble du donné, notamment à cette causalité motrice [33].

On voit dès lors à quelles conditions nous approuverons les interprètes qui songent plutôt — ou exclusivement — à ce problème. Il ne s'agit point de réfuter Platon ou ses pareils, en se demandant si l'âme pourrait n'être *que* motrice [34]; c'est ici une « vraie question ». D'autre part, l'auteur n'a pu combiner ce propos avec celui que suppose l'interprétation précédente, c'est-à-dire envisager l'efficience de l'âme-acte et, en même temps, une séparation essentielle [35]. Enfin et surtout,

[29] *De an.*, II 1, 413 a 6-7 : ἐνιά γε οὐθὲν κωλύει, διὰ τὸ μηθενὸς εἶναι σώματος ἐντελεχείας.

[30] Cf. Bonitz, *Index*, 291 a 13-16 ; *Métaph.*, B, *per tot.*, etc.

[31] *De an.*, II 1, 412 b 16-17 : (...) φυσικοῦ τοιουδί, ἔχοντος ἀρχὴν κινήσεως καὶ στάσεως ἐν ἑαυτῷ.

[32] Cf. *ibid.*, 413 a 9 : τύπῳ (...) ταύτῃ διωρίσθω (...).

[33] Cf. *De an.*, II 2, 413 a 23-24 (*bis*), b 13, etc., et le passage sur la triple causalité, auquel nous revenons *infra*.

[34] *Sic* S. Thomas, *In Arist. De an.*, n° 243 : « (...) hoc nondum est manifestum, si anima sic sit actus corporis (...) ut motor tantum ».

[35] *Sic* S. Albert (cité par A. Mansion, *L'immortalité* ..., n. 21 de la page 458) : « (...) si anima sic movet corpus totum intellectu gubernante (...), ipsa separatur tota essentialiter a corpore ». W. Theiler, *Ar. Ueber die Seele*, 1966, p. 108 : « (...) wie der Matrose (...), d.h. getrennt vom Schiff und doch in ihm und so seine Vollendung ».

comme nous l'avons fait remarquer ailleurs à Hardie, on ne voit pas
pourquoi il faudrait, en cette occasion ou autrement, minimiser le sens
philosophique rigoureux de l'hylémorphisme qu'Aristote applique à
l'homme [36].

Nous rejoignons ainsi, à maints égards, une interprétation que pro-
fessait A. Mansion. Selon lui, « le philosophe veut dire : l'âme, acte
du corps, serait-elle en outre son moteur, comme le nautonier ? Il répon-
dra par l'affirmative »[37]. Encore estimons-nous qu'une telle formule
implique une perspective instrumentiste, ce qui paraîtra assez naturel
à qui nous aura suivi dans nos analyses précédentes. Mais un dernier
texte doit auparavant nous retenir à nouveau.

3. *La triple causalité de l'âme.*

On se souvient en effet qu'au chapitre II (section II, conclusion)
nous nous étions demandé si la doctrine hylémorphique relevée dans
le *De gen. anim.* présentait quelque analogie avec le passage synthétique
du *De anima*, II 4, qui démontre la triple causalité de l'âme ; le résultat
de cette confrontation avait été largement positif [38]. Ayant découvert
depuis lors que le *De gen. anim.*, *Métaph.*, *Z*, voire, par endroits, le
De anima lui-même admettent — ou même justifient — une conjonction
des perspectives hylémorphique et instrumentiste, il nous semble utile
de revenir à cet exposé pour examiner si ce nouvel éclairage ne serait pas
profitable aux doctrines en présence.

Comme la causalité formelle ne posait nul problème et que les formules rencontrées dans le présent chapitre n'ont fait que confirmer du
l'acquis, nous abordons d'emblée la signification du deuxième propos :
l'âme est cause finale. Quelles nuances devons-nous apporter
à ce que révélait un premier examen de l'expression mystérieuse : « l'âme

[36] Recension de W.F.R. HARDIE, *Ar.'s Ethical Theory* (*Travaux* ..., dans *R.P.L.*,
1970, p. 258). L'auteur avait déclaré, p. 80 : « It is the connection in description rather
than the causal connection which is suggested ». Ce qu'il accorde à l'instrumentisme
est donc retiré à la doctrine hylémorphique, qu'il qualifie de « indeterminate and flexible »
(p. 81) ; dévaluant les formules d'Aristote, Hardie estime de surcroît que, même à ce prix,
elles ne correspondent pas aux faits (cf. pp. 83-93 et *Ar.'s Treatment* ..., 1964, p. 66) :
ce platonisant distingué est aussi — *salua reuerentia* — un platonicien.

[37] A. MANSION, non pas dans *L'immortalité* ..., qui ne se proposait pas de conclure
sur ce point (cf. *supra*, n. 27), mais dans un cours inédit de 1946-47 ; nous avons estimé
équitable de transcrire les notes qui nous en restent et qui concernent le point contro-
versé.

[38] *De an.*, II 4, 415 b 8-27. *Supra*, pp. 74-76.

est cause également comme étant *ce en vue de quoi* (οὗ ἕνεκεν) » ?
Rappelons le contexte. Aristote poursuit : « Il est clair que l'âme
est cause également à titre de fin : de même que l'intellect agit en vue
de quelque chose, de même aussi la nature et cela est son but. De ce
genre est l'âme chez les animaux, conformément à la nature ; car tous
les corps naturels sont organes de l'âme et, comme le sont ceux des
animaux, ainsi également ceux des plantes ; car ils existent en vue
de l'âme, et *ce en vue de quoi* a deux sens : l'objectif et le bénéficiaire
(*litt.* : le *quoi* et le *pour qui* ou *pour quoi*) » [39].

Avant de risquer une explication, tenons compte de ce que les derniers
mots de ce passage ont reçu des interprétations divergentes. Nul
ne l'ignore, Aristote envisage le terme *fin* en deux sens ; mais auquel
songe-t-il lorsqu'il l'applique à l'âme ?

Dans la logique de son exégèse hylémorphique, Nuyens raisonne
comme suit : « En tant que forme substantielle d'un être vivant, l'âme
en est cause finale au sens de τὸ οὗ, de but. Le but auquel est destiné
l'être vivant est de se développer et de se reproduire pour la conservation de l'espèce (cf. II 4, 415 a 23-26). Cette fonction (…) trouve son
explication dans la forme substantielle elle-même (…) ; l'âme (…),
comme cause finale, *n'est pas* une chose à laquelle une autre (le corps)
est destinée : elle est le but à réaliser lui-même » [40]. Ross, dont on sait
qu'il épouse la thèse de Nuyens, — du moins quant à la portée et à la
date de ce livre II, — tranche cependant en sens opposé pour le passage
qui nous occupe : les corps existent dans l'intérêt de l'âme ; celle-ci est
donc τὸ ᾧ [41].

Antérieurement, Rodier avait résumé les propos, également disso-

[39] *Ibid.*, 415 b 15-21 (nous revenons à l'instant sur le sens des derniers termes) :
φανερὸν δ᾽ὡς καὶ οὗ ἕνεκεν ἡ ψυχὴ αἰτία · ὥσπερ γὰρ ὁ νοῦς ἕνεκά του ποιεῖ, τὸν αὐτὸν τρόπον
καὶ ἡ φύσις, καὶ τοῦτ᾽ἐστιν αὐτῆς τέλος. τοιοῦτον δ᾽ἐν τοῖς ζῴοις ἡ ψυχὴ κατὰ φύσιν · πάντα
γὰρ τὰ φυσικὰ σώματα τῆς ψυχῆς ὄργανα, καθάπερ τὰ τῶν ζῴων, οὕτω καὶ τὰ τῶν φυτῶν,
ὡς ἕνεκα τῆς ψυχῆς ὄντα · διττῶς δὲ τὸ οὗ ἕνεκα, τό τε οὗ καὶ τὸ ᾧ. *Sic* Ross, mais on aura
vu que nous préférons rétablir καὶ devant καθάπερ en b 19 ; cf. l'apparat.

[40] Fr. Nuyens, *L'évolution* …, pp. 245-246.

[41] D. Ross, *Ar.'s De anima*, p. 228: « soul is the οὗ ἕνεκα in the sense of being that
in whose interest the bodies of animals and of plants exist ». L'auteur ajoute judicieusement que, malgré sa présence en 415 b 2 également, la phrase terminale ne peut être
suspectée. On observera qu'elle est cependant absente des fragments conservés du ms. E
(cf. *ibid.*, *Appendix* I), mais ces morceaux ont, pour le livre II, une allure scolaire et
simplificatrice qui leur laisse peu de titres à rivaliser avec le reste de la tradition et les
commentateurs.

nants, des commentateurs anciens, et, pour sa part, suggéré prudemment un compromis : l'âme serait bien la fin visée, τὸ οὗ, tandis que le sujet auquel profite le processus, τὸ ᾧ, serait l'animal [42]. A l'examen, cette intéressante suggestion se révèle sans support dans le texte : c'est l'âme qui est dite *fin*, non le vivant ; c'est d'elle que les corps sont les outils, lesquels existent « en vue d'elle ». Mais peut-être le texte demande-t-il une synthèse, non un compromis, ni davantage l'alternative qui sépare Ross et Nuyens.

Nous rappellerons qu'Aristote énonce en quatre endroits cette distinction explicite entre deux sens de οὗ ἕνεκα. Dans la *Physique*, après s'être expliqué sur la finalité objective de la nature et l'avoir comparée avec l'action artisanale, il ajoute à propos de celle-ci : « et nous en usons comme si tout existait en vue de nous-mêmes : en quelque sorte, nous sommes, nous aussi, *fin*, car *ce en vue de quoi* a deux sens » [43]. Autant dire que l'auteur s'aperçoit de la signification — dérivée, en somme, dans le cas présent — qu'il vient de donner à l'expression *en vue de* ; aussi nous avise-t-il de ce qu'il est passé du premier sens au second, celui de « bénéficiaire ». Le même souci d'éviter à l'auditeur une confusion regrettable se révèle en *Métaph.*, *Λ* : « Que la fin (τὸ οὗ ἕνεκα) existe chez les êtres immuables, l'analyse le montre : car *ce en vue de quoi*, c'est *pour* et *de* quelque chose ; de ces sens, l'un est possible, l'autre ne l'est pas. Or, c'est comme objet de désir qu'est moteur » le Principe immuable [44], lequel, on le sait, ne gagne rien en cette affaire.

Dans ces deux textes, la distinction entre les deux sens de la formule a servi à isoler l'un d'entre eux. En va-t-il de même pour les deux autres passages ? Ceux-ci figurent dans le *De anima* ; le premier précède de quelques lignes celui qui nous intéresse.

En parfait accord avec ce que dit en son début le livre II du *De gen. anim.*, le philosophe présente la génération des vivants comme « la

---

[42] Cf. G. RODIER, *Ar. Traité de l'âme*, 1900, II, pp. 232-233.

[43] *Phys.*, II 2, 194 a 34-36 (considéré comme provenant du *De philosophia*, frg. 28 Ross) : καὶ χρώμεθα ὡς ἡμῶν ἕνεκα πάντων ὑπαρχόντων (ἐσμὲν γάρ πως καὶ ἡμεῖς τέλος · διχῶς γὰρ τὸ οὗ ἕνεκα · ...).

[44] *Métaph.*, *Λ* 7, 1072 b 1-3 : ὅτι δ'ἔστι τὸ οὗ ἕνεκα ἐν τοῖς ἀκινήτοις, ἡ διαίρεσις δηλοῖ · ἔστι γὰρ τινὶ τὸ οὗ ἕνεκα καὶ τινός, ὧν τὸ μὲν ἔστι τὸ δ'οὐκ ἔστι. κινεῖ δὲ ὡς ἐρώμενον. Le καί, restitué par Christ et Jaeger d'après Alexandre, est exigé par le pluriel qui suit. Cf. la finale d'*É.E.*, VIII 3, 1249 b 14-16 : τὸ ᾧ est exclu au profit de τὸ οὗ, ces termes restant sous-entendus : ὁ θεὸς (...) οὗ ἕνεκα ἡ φρόνησις ἐπιτάττει. διττὸν δὲ τὸ οὗ ἕνεκα (...) · ἐκεῖνός γε οὐθενὸς δεῖται.

production d'un autre pareil à soi (…), en sorte qu'ils obtiennent part à l'éternel (τοῦ ἀεί) et au divin autant qu'ils le peuvent; car c'est là ce à quoi tendent tous les êtres, c'est en vue de cela qu'agit quiconque agit selon la nature, et *ce en vue de quoi* est double : l'objectif et le bénéficiaire. Puis donc qu'ils ne peuvent communier à l'éternel et au divin par leur permanence, — car nul être périssable ne peut survivre tel quel dans son individualité, — chacun y communie dans la mesure où il peut y participer » [45].

Par le truchement de la reproduction spécifique, les individus dépassent donc les limites temporelles qui leur sont fixées et atteignent en quelque façon à l'éternité qui est le bien de l'espèce; selon la signification immédiate du texte, ce bien, le οὗ ἕνεκα auquel aspirent les vivants, est donc ici τὸ οὗ.

Mais devons-nous exclure l'autre aspect ? On ne perdra pas de vue que, reliant des réalités [46], μετέχειν et κοινωνεῖν désignent une relation réversible : avoir part, ou communier, à la mémoire ou à la sensation, ce n'est point recevoir partiellement une réalité qui existerait au dehors de soi, c'est, pour sa part, constituer l'ordre des êtres caractérisés par tel ou tel privilège; être membre de la communauté politique, c'est contribuer au bien de l'ensemble comme au sien propre : il suffit ici de faire allusion aux développements sur l'homme, ζῷον πολιτικόν [47]. D'autre part, l'homologue de l'éternel, nous le trouvons dans l'ordre des « natures », substances porteuses des traits spécifiques permanents, qu'évoquait Z 7 en parlant du devenir naturel [48]; s'il est

---

[45] *De an.*, II 4, 415 a 28 - b 6 : τὸ ποιῆσαι ἕτερον οἷον αὐτό(…), ἵνα τοῦ ἀεὶ καὶ τοῦ θείου μετέχωσιν ᾗ δύνανται · πάντα γὰρ ἐκείνου ὀρέγεται, καὶ ἐκείνου ἕνεκα πράττει ὅσα πράττει κατὰ φύσιν (τὸ δ'οὗ ἕνεκα διττόν, τὸ μὲν οὗ τὸ δὲ ᾧ). ἐπεὶ οὖν κοινωνεῖν ἀδυνατεῖ τοῦ ἀεὶ καὶ τοῦ θείου τῇ συνεχείᾳ, διὰ τὸ μηδὲν ἐνδέχεσθαι τῶν φθαρτῶν ταὐτὸ καὶ ἓν ἀριθμῷ διαμένειν, ᾗ δύναται μετέχειν ἕκαστον, κοινωνεῖ ταύτῃ.

[46] Nous écartons dès lors ici la participation logique, — celle des espèces aux genres, par exemple, — qui n'est point réciproque, ainsi que son application aux Idées, qui se déploie dans un contexte polémique.

[47] Cf. notamment *Polit.*, I 1 et 2, en particulier 1253 a 18-29, sur le bien commun et sur le besoin de participation chez l'homme digne de ce nom; VII 8, 1328 a 35-37, sur le bonheur visé. Nous n'entrons pas ici dans la distinction, parfois esquissée chez Aristote, entre μετέχειν et κοινωνεῖν, ce dernier semblant connoter davantage une participation concrète aux activités : cf. IV 6, 1293 a 1-6; mais le sens est identique en *De an.*, II 4, 415 b 25 et 27, ainsi qu'en *De gen. anim.*, I 23, 731 a 32 et b 1.

[48] *Métaph.*, Z 7, 1032 a 22-25 (cité *supra*, s. I, p. 114, n. 11) : « l'origine est nature, ce à quoi on se conforme est nature (…), et l'agent, c'est la nature de même forme qui tire son nom de l'espèce : c'est elle, en un autre sujet, car l'homme engendre l'homme ».

vrai que « Dieu n'a besoin de rien » [49], néanmoins, au dessous de lui,
« tous les êtres constituent un même ordre », — à des degrés divers,
certes, — « et c'est leur nature à chacun qui est un principe de ce genre » [50].

On voit mieux dès lors qu'Aristote ne nous induit pas en erreur en
notant le double sens que revêt le terme *fin*, sans nous inviter à choisir
l'un d'entre eux : les êtres « désirent » la durée et le divin, τοῦ ἀεὶ καὶ
τοῦ θείου (...) ὀρέγεται, et toutes les actions naturelles ont cette
fin, ἐκείνου ἕνεκα πράττει (...) ; or, « *ce en vue de quoi* est double »,
etc. La première formule citée désigne donc sans équivoque le οὗ,
régime caractéristique des verbes de cette catégorie, tandis que la
seconde, franchement bivalente, est mise au point par le propos qui
présente les deux sens de *fin* : ces actions sont à la fois « *possessives* »
et « *constitutives* » d'un ordre permanent et, selon la mesure de chacun, —
ᾗ δύναται, — divin ; y participer, c'est aussi en élargir l'existence [51].

Bref, confirmant encore que « le principe de tout, c'est l'essence » [52],
la génération et l'ensemble de l'activité biologique relient solidement
forme, fin, efficience, ce qui nous prépare à mieux entendre le passage
directement relatif à l'âme, cause finale [53].

---

[49] *Éth. Eud.*, VIII 3, 1249 b 16 (cité *supra*, n. 44), écho fidèle, notamment, d'EURI-
PIDE, *Hér. furieux*, vv. 1345-1346.

[50] *Métaph.*, Λ 10, 1075 a 18-19, 22-23 : πρὸς μὲν γὰρ ἓν ἅπαντα συντέτακται (...)
τοιαύτη γὰρ ἀρχὴ ἑκάστου αὐτῶν ἡ φύσις ἐστίν.

[51] Si nous lisons bien K. GAISER, *Das zweifache Telos* ... (dans *Naturphilosophie* ...,
1969, pp. 97-113), pp. 103-104, la fin rendue par l'expression au génitif (τινος) désignerait
selon lui l'ordre universel auquel se vouent de manière diverse les individus (« ... die
Lebewesen ... sich alle mehr oder weniger dem allgemeinen, göttlichen Ziel hingeben »),
tandis que l'autre formule (τινι, c'est-à-dire τὸ ᾧ) indiquerait l'épanouissement individuel
(« im Rahmen der allgemeinen Zuordnung ... wird jedes Lebewesen sich selbst u. seine
Art zu verwirklichen u. zu erhalten suchen : ... eine auf das einzelne Subjekt Zweck-
tätigkeit »). On ne peut que louer l'auteur d'indiquer nettement que notre texte voue
chaque être à une réalité divine ; mais l'attribution des facteurs à chacune des deux
formules est exactement l'inverse de ce qu'exige, nous semble-t-il, la construction.
Une erreur du même genre se rencontre chez M.P. LERNER, *La notion de finalité
chez Ar.*, 1969 (recensé dans *Travaux* ..., *R.P.L.*, 1970, pp. 251-252), p. 101 : « Le but
ou la fin (τὸ οὗ), c'est pour le vivant de participer à l'éternel et au divin ; mais en même
temps, cette fin est pour lui (τὸ ᾧ), il y participe avec tout son corps ». Non, ce n'est pas
le vivant, qui est l'antécédent de οὗ ἕνεκα, mais τὸ θεῖον ! Au demeurant, on n'oubliera
pas que dans le cas présent « divin » n'implique pas nécessairement « transcendant » : la
remarque d'Ar. sur le double sens de *fin* nous semble précisément indiquer le contraire.

[52] *Métaph.*, Z 9, 1034 a 31 (cité *supra*, s. I, p. 115, n. 14) : πάντων ἀρχὴ ἡ οὐσία.

[53] Cf. à nouveau *De an.*, II 4, 415 b 15-21, rappelé *supra*, n. 39, p. 141.

Il semble en effet que désormais tout nous invite à prendre au sérieux, ici également, l'indication selon laquelle le sens de *fin* est double ; encore convient-il, en nous justifiant, de le préciser.

Que l'âme même soit, comme le dit ce texte, « fin » ou « objectif » (τὸ οὗ) de la « nature », nous le voyons plus clairement après le vigoureux rappel de *Métaph.*, Z 10 [54], qui caractérise l'âme comme οὐσία et comme quiddité du vivant, mais aussi après ce qu'a exposé le *De gen. anim.* sur le développement progressif de l'embryon [55] : bien que « toute âme ne soit pas nature », — ainsi faut-il réserver l'intellect à une discipline supérieure [56], — c'est en tant qu'être de nature que le vivant est lui-même, c'est-à-dire caractérisé par le principe psychique de son espèce, à l'état actuel. Alors seulement, comme dit notre texte, « les corps naturels sont les organes de l'âme » [57].

Encore l'exégèse de ce premier aspect devrait-elle écarter l'un ou l'autre malentendu possible. Si ces « corps naturels » sont bien « en vue de l'âme » en ce sens que la nature monte vers l'âme, est-ce à dire que cette nature dispose de quelque autonomie ? Nous espérons n'avoir rien insinué qui fît croire à un tel monisme : c'est de nature spécifique qu'il s'agit dans tous les textes examinés, ou encore du dessein propre à l'espèce, mis en œuvre tandis que passe à l'acte la forme de cette espèce [58]. — Mais, dira-t-on, n'est-ce point là poser un devenir de la forme, en dépit d'Aristote qui la soustrait à la génération [59] ? Certes, seul le composé concret est sujet à ce processus [60], et cependant la genèse de l'animal, par exemple, se caractérise par une succession de paliers, chaque stade connaissant à son tour les degrés potentiel et actuel [61] : sans être pour autant « produite », cette forme n'en atteint

[54] Cf. *Métaph.*, Z 10, 1035 b 14-16, cité *supra*, s. I, n. 33, p. 121, et examiné *ibid.*

[55] Cf. ch. II, s. III, notamment pp. 79, 81, 83.

[56] *De part. anim.*, I 1, 641 b 9-10 : οὐδὲ γὰρ πᾶσα ψυχὴ φύσις.

[57] *De an.*, II 4, 415 b 18-19 : πάντα γὰρ τὰ φυσικὰ σώματα τῆς ψυχῆς ὄργανα.

[58] Cf. *De an.*, II 4, 415 b 16-18 : ὥσπερ γὰρ ὁ νοῦς (...), καὶ ἡ φύσις, (...) τοιοῦτον δ'ἐν τοῖς ζῴοις ἡ ψυχὴ κατὰ φύσιν, et *supra*, ch. II, s. I, pp. 41-42, à propos de *De gen. anim.*, I 22, 730 b 24-32.

[59] Cf. *Métaph.*, Z 8, 1033 b 11, 17 (évoqué *supra*, s. I, p. 115, n. 12) : τοῦ δὲ σφαίρᾳ εἶναι ὅλως εἰ ἔσται γένεσις, ἔκ τινος τὶ ἔσται. (...) τὸ μὲν ὡς εἶδος ἢ οὐσία λεγόμενον οὐ γίγνεται (...).

[60] Cf. la suite du même texte, 1033 b 17-18 : (...) ἡ δὲ σύνολος ἡ κατὰ ταύτην λεγομένη γίγνεται.

[61] Le ch. II *supra* illustre et commente à loisir ce développement; cf. en particulier les textes 2 et 3 sur l'homonymie, pp. 57-58; pp. 70-72; *De gen. anim.*, II 3 (auquel revient le ch. V *infra*), 736 b 2-3 : οὐ γὰρ ἅμα γίγνεται ζῷον καὶ ἄνθρωπος.

pas moins successivement divers états, qui correspondent à la fois
à des êtres connus [62] et à l'élaboration plus ou moins avancée du substrat corrélatif [63]. — Peut-être ce dernier propos prêtera-t-il à une
troisième méprise, dans la mesure où il paraît donner audit substrat
une sorte de priorité incompatible avec la primauté de la forme ?
Nous répondrions derechef qu'à notre sens il n'en est rien, et ce,
pour la même raison : appliqué au domaine de la vie, l'hylémorphisme
tient précisément le corps et l'âme pour des co-principes ; s'il est vrai
que les sécrétions sexuelles doivent préexister et que celle du mâle
donne le branle à la genèse du vivant, « c'est en même temps que la
nature confère à chacun la faculté et l'organe (...) ainsi la vue ne se
parfait-elle point sans yeux, ni l'œil sans la vue » [64]. Oui, « c'est comme
essence des corps animés, que l'âme est cause » [65] ...

Ces précisions confirment donc ce qu'a bien vu Nuyens : « en tant
que forme substantielle d'un être vivant, l'âme en est cause finale
au sens de $\tau\grave{o}\ o\hat{v}$, de but (...), elle est le but à réaliser lui-même ».
Il est vrai que, selon cet auteur, l'autre formule ne serait pas de mise
dans le De anima : faisant de l'âme « l'être auquel autre chose est destiné,
$\tau\grave{o}\ \hat{\omega}$ », elle caractériserait la « période de transition », c'est-à-dire un
instrumentisme inconciliable avec l'hylémorphisme [66]. Qu'en est-il au
juste ?

Notons d'abord qu'à nouveau Aristote ne nous invite nullement
à choisir entre ces deux équivalents : « ce en vue de quoi est double ... » ;
on relève l'analogie avec le texte sur la pérennité des générations (qui
se prête en effet à ces deux lectures, $\tau\grave{o}\ o\hat{v}$ et $\tau\grave{o}\ \hat{\omega}$), mais aussi le contraste avec ceux de la Physique et de la Métaphysique, qui n'en autori-

---

[62] Cf., pour le degré potentiel de l'âme végétative, supra, ch. II, s. II, le cas des œufs
non fécondés (pp. 70-72, avec la n. 57).

[63] Cf. De gen. anim., II 3, 736 b 23-24 : ταύτας ἄνευ σώματος ἀδύνατον ὑπάρχειν,
οἷον βαδίζειν ἄνευ ποδῶν.

[64] De gen. anim., IV 1, 766 a 5-6, 7-9, cité supra, ch. II, s. III, p. 100, n. 83 ; cf. notre
mise au point, pp. 101-102.

[65] De an., II 4, 415 b 11-12, cité supra, ch. II, s. II, p. 74, n. 70.

[66] Fr. NUYENS, L'évolution ..., pp. 245-246. S'abstenant de toute réflexion sur l'exégèse et les catégories de Nuyens, K. GAISER, Das zweifache Telos ..., pp. 104-105, insiste
ici sur la participation différenciée de chaque espèce à une vaste scala naturae, ce qui nous
paraît correspondre davantage à la perspective du texte précédent sur le cycle des
générations : dans le cas présent, Ar. se préoccupe plutôt de montrer que sa définition
de l'âme, entendue comme forme du corps, couvre l'ensemble des données qu'il a convenu
de rattacher à l'essence de l'espèce.

sent qu'une, comme le philosophe l'indique clairement [67]. Au demeurant, on pourrait s'aviser de ce que, dans notre passage, à la ligne précédente, le terme ὄργανα [68] prépare à point nommé cette double lecture; « *organes* » au sens d'éléments constitutifs animés, parvenus au degré actuel de la forme spécifique (l'âme étant ainsi τὸ οὗ), les corps et leurs parties n'en sont pas moins ses « *outils* » : formant des ensembles très différenciés, ces instruments lui sont plus ou moins nettement indispensables (l'âme est alors τὸ ᾧ), au point qu'elle peut être dite — jusque dans le *De anima* — agir, voire résider principalement en telle partie. D'autre part, le Stagirite va passer aussitôt à l'examen de l'âme comme cause de mouvement local, d'altération et de croissance [69]. La bivalence de ὄργανα dans ce passage sur la cause finale, préludant à celle de οὗ ἕνεκα dans la formule litigieuse, assure donc une transition remarquable entre les réflexions sur les causalités formelle et motrice : but auquel tendent les phénomènes et réalités organiques (notamment la génération), l'âme « définit » le vivant; les utilisant comme des instruments, elle est équivalemment le principe de leur activité [70].

Certes, on comprend sans peine que Nuyens et divers autres répugnent à reconnaître ici le second sens de la formule οὗ ἕνεκα, dans toute la mesure où ce sens correspond à ce qu'ils appellent « instrumentisme ». Car cette méfiance repose sur une équivoque, que nous espérons pour notre part avoir dissipée au terme du chapitre précédent et, mieux encore, au cours de celui-ci : sans doute le recours à des schèmes instrumentistes peut-il traduire une philosophie d'allure dualiste, assurément

[67] Cf. *supra*, pp. 142-144 et 142, respectivement.

[68] Cf. *supra*, n. 57.

[69] Troisième aspect de la causalité reconnue à l'âme : *De an.*, II 4, 415 b 21-27, cité *supra*, ch. II, s. III, p. 75, n. 75.

[70] Il semble que cette bivalence de la formule soit indiquée déjà par A. Mansion, *Introd.*, p. 260 : « c'est l'âme (...) qui est la nature de l'être; or, il est manifeste que toute l'organisation des vivants et l'ensemble d'opérations qui en dérivent sont ordonnées à la conservation et à la reproduction de l'être : l'essence ou la forme-nature profite donc elle-même de ce qu'elle a produit (n. 29 : *De an.*, II 4, 415 a 26 - b 7; 415 b 15-21 ...) ». Lors de la génération, d'autre part, la nature « de l'être nouveau est fin, au sens de but et de résultat de l'action, car elle est le terme auquel aboutit la génération naturelle », à savoir τὸ οὗ; mais dans ce second cas l'auteur songe visiblement au composé plutôt qu'à la forme, alors que cette dernière, nous semble-t-il, retient ici l'attention d'Aristote. L'explication de Lerner, pp. 103-105, manque de netteté : renvoyant en note à Nuyens, il paraît adopter dans le texte la position de Rodier (signalée *supra*, p. 142).

incompatible avec l'unité métaphysique que thématise l'hylémorphisme [71] ; mais on sait à présent que cette dernière doctrine utilise encore,
elle aussi, des schèmes de ce genre pour exprimer, précisément, l'activité
motrice de l'âme, celle-ci faisant du corps son instrument [72]. Rien
n'empêche désormais d'admettre que cette seconde perspective figure
parmi celles que trace le passage, dense et admirablement construit,
sur la triple causalité de l'âme.

4. *Conclusion.*

Soit dit pour synthétiser rapidement l'acquis de la présente section,
le livre II du *De anima* permet de voir comment l'hylémorphisme
intègre les traits dont on a cru, trop aisément sans doute, qu'ils dénotent
nécessairement une doctrine différente. Cette intégration s'opère en
somme à trois niveaux, représentés par les trois paragraphes précédents.

Au plan des mécanismes caractéristiques de la vie, l'ordre et le
libellé même du texte le mieux attesté demandent que la fonction
végétative soit considérée comme agissant à partir du cœur, source
du mouvement et de la chaleur vitale.

En second lieu, il semble également nécessaire de respecter le sens
obvie et le texte même des propos qui ont embarrassé les commentateurs en raison de leur langage apparemment dualiste : celui qui localise
dans la région du cœur l'âme, cause motrice de la phonation, et la
formule qui envisage de comparer l'âme-forme à un nautonier dirigeant
son embarcation.

---

[71] Cf. *supra*, pp. 107-110. C'est bien cette antinomie que veut traduire A. MANSION,
Travaux d'ensemble sur Ar. (…) (dans *R.P.L.*, t. 57, 1959, pp. 44-70), p. 52 : « Le passage
de *De an.*, II 4, 415 b 18, où le corps est dit instrument de l'âme est écrit dans un tout
autre esprit (*scil.* que celui de la période intermédiaire) : le rapprochement entre l'âme
et la nature, qui dans les choses n'est pas une réalité indépendante, le montre assez ».
Pour notre part, nous avons soutenu de même cette immanence de la nature (cf.
encore *supra*, n. 58), mais rien ne nous semble empêcher que les outils de l'âme forment
l'ensemble différencié décrit dans le texte et que, dès lors, le corps soit « instrument »
au sens le plus obvie du terme. Quant à l'extension d'une « période intermédiaire », voire
à son existence, on sait que nous devons y venir au chapitre suivant.

[72] C'est d'ailleurs ce qu'implique également — s'il est permis de quitter un instant
le livre II — la finale de *De an.*, I 3 (407 b 25-26) ; certes, Aristote vient de polémiquer
contre les Pythagoriciens, leur reprochant de faire entrer n'importe quelle âme dans le
premier corps venu, mais on ne voit pas que l'assise du raisonnement, énoncée en terminant, puisse ne pas représenter sa conviction personnelle : « il faut en effet que, comme
l'art se sert de ses instruments, ainsi l'âme de son corps » : δεῖ γὰρ τὴν μὲν τέχνην χρῆσθαι
τοῖς ὀργάνοις, τὴν δὲ ψυχὴν τῷ σώματι.

Le passage sur la triple causalité offre à son tour de quoi intégrer, au niveau de la synthèse philosophique, les traits rappelés à l'instant; on les considérera, dès lors, comme complétant la théorie hylémorphique, dans la perspective de celle-ci.

Conclusions

La pratique de la recherche montre à loisir l'inanité d'un titre tel que celui-ci, et que peut-être nous conservons par fétichisme académique : pas plus qu'ailleurs, il ne peut être question de clore notre enquête, mais bien plutôt de la relancer. Sans doute vient-on de lire, ramassé en quelques propositions, l'acquis fourni par l'examen du *De anima*, au livre même qui codifie l'hylémorphisme psychologique d'Aristote, et l'on saisit d'emblée que la même doctrine intègre aussi aisément l'apport livré dans la section précédente par l'analyse de *Métaphysique, Z*, à savoir la localisation « principale » de l'οὐσία en tel maître-organe. Encore faut-il se demander si cette conjonction de traits doctrinaux — ceux-là mêmes que d'aucuns ont estimés nécessairement antinomiques — laisse subsister une possibilité de déceler l'évolution doctrinale du Stagirite. Le prochain chapitre, consacré à l'existence éventuelle d'une phase purement instrumentiste, doit constituer à cet égard une épreuve décisive. Mais il semble que deux réflexions se proposent à nous dès à présent.

Disposons-nous d'indices qui suggèrent un ordre de succession entre les divers développements déjà analysés ? On pourrait examiner dans ce sens les renvois d'un ouvrage à l'autre; de références relativement claires, on en trouve trois, qui toutes reportent le lecteur du *De gen. anim.* au *De anima*.

L'une d'elles note que la finalité de la voix, sa nature et celle du son en général ont été énoncées ailleurs : τὰ μὲν ἐν τοῖς περὶ αἰσθήσεως εἴρηται, τὰ δ'ἐν τοῖς περὶ ψυχῆς [1]. Ces formules rigoureusement parallèles semblent bien viser respectivement le *De sensu* et le *De anima*; cependant, le premier nommé est ... muet sur ces sujets. Admettrons-nous que cette double référence est bien d'Aristote, τὰ μὲν (...) visant alors un *De sensu* auquel l'auteur (ou un de ses

---

[1] *De gen. anim.*, V 7, 786 b 24-25.

héritiers) aurait, par la suite, soustrait l'examen du deuxième sens [2] ?
Ou tiendra-t-on qu'elle provient d'un « éditeur » ancien, trop peu
attentif aux lacunes de ce traité [3] ? Il paraît difficile d'en décider :
voilà une formule qui s'encadre correctement dans le contexte, mais
qui pose un problème, *deficiente materia* ; les deux autres sont heureusement plus rassurantes, du moins à ce point de vue.

Un second passage, en effet, renvoie réellement aux deux traités à la
fois, à propos de l'élément constitutif de l'œil : ... ἐστὶν ὥσπερ ἐλέχθη
πρότερον ἐν τοῖς περὶ τὰς αἰσθήσεις καὶ τούτων ἔτι πρότερον ἐν
τοῖς περὶ ψυχῆς διωρισμένοις, καὶ ὅτι ὕδατος καὶ δι'ἣν αἰτίαν ὕδατος
ἀλλ' οὐκ ἀέρος ἢ πυρός [4].

Un autre enfin vise le seul *De anima* et y trouve, lui aussi, un précédent : semences et embryons possèdent l'âme végétative, dit Aristote ;
et l'auteur ajoute ce propos que les éditeurs mettent entre parenthèses :
δι'ὅτι δὲ ταύτην πρῶτον ἀναγκαῖόν ἐστι λαβεῖν, ἐκ τῶν περὶ ψυχῆς
διωρισμένων ἐν ἄλλοις φανερόν [5].

Présentant de la sorte le traité sur la reproduction comme postérieur
au *De anima*, voire au *De sensu*, ces renvois offraient à Nuyens une
confirmation précieuse au moment où il soutenait l'appartenance
du *De gen. anim.* à la période « finale » ; car l'essentiel de la démonstration reposait, on s'en souvient, sur des éléments doctrinaux trop rares
et fragmentaires [6]. Il faut cependant constater que notre devancier
adopte vis-à-vis des références une attitude opposée, quand elles ne
concordent pas avec le tableau chronologique établi par lui : ainsi
en va-t-il lorsque le *De part. anim.*, II-IV, suppose connu le *De sensu*,
ou que le *De iuventute* renvoie au *De anima* [7] ; on avouera qu'il peut y

---

[2] La suggestion est émise notamment par Ross, *Ar. Parva Nat.*, 1955, p. 23 ; mais
l'auteur tient plutôt que l'étude fouillée consacrée à ce sens et au toucher par le *De an.*
rendait superflus de nouveaux développements dans le *De sensu* : cf. *ibid.* et *Ar. De an.*,
1961, p. 247.

[3] Peut-être aussi aurait-il amplifié de rares et minces allusions à ce sens : *De sensu*,
3, 440 b 23-25 (annonce un examen des divers « sensibles » et de leurs espèces) ; 6, 445
b 20-22 (conclut cet examen, mais sous une forme très générale) ; 6, 446 a 15-20 (conclut
l'étude du rapport entre sens et étendue) ?

[4] *De gen. anim.*, V 1, 779 b 21-24 ; cf. *De sensu*, 2, 438 a 5 - b 30 ; *De an.*, III 1, 425
a 4.

[5] *De gen. anim.*, II 3, 736 a 36 - b 1 ; cf. *De an.*, II 4, 415 a 23-25.

[6] Cf. Fr. NUYENS, *L'évolution ...*, pp. 257-260 (l'examen des références figure aux
pp. 260-263) ; *supra*, ch. II, s. II, pp. 56-59, 69-70.

[7] *De part. anim.*, II 10, 656 a 29-30 ; *De iuvent.*, 14, 474 b 11-12 ; cf. Fr. NUYENS,
L'évolution ..., pp. 262 et 168 (« la référence doit être négligée »).

avoir là de quoi justifier, sinon un scepticisme total, en tout cas la plus grande réserve dans l'usage des références.

Pour notre part, nous osons croire suffisamment établie par ailleurs une intime parenté doctrinale entre le *De gen. anim.*, la *Métaph.* (livres centraux) et le *De anima* au point de vue qui nous occupe, c'est-à-dire leur commun hylémorphisme, intégrant dans les trois traités les schèmes instrumentistes. Ainsi nous demandons-nous seulement s'il est possible de préciser la situation respective de ces écrits. Les renvois nous y aideront-ils ?

Il ne doit pas nous échapper que ces clausules peuvent simplement indiquer l'ordre méthodique que le Stagirite a voulu conférer à ses écrits de philosophie naturelle, proposant aux disciples une « séquence » qui repose sur certains principes spéculatifs ou péda-gogiques et laisse dès lors au second plan d'éventuelles disso-nances dans la présentation [8]. Deux indications peuvent être avancées dans ce sens. Maint critique a relevé les formules initiales ou finales des écrits biologiques, qui figurent dans tout ou partie de la tradition manuscrite, et solidement établi l'existence de trois « cours » d'ampleur diverse ; si le *De anima* n'y occupe pas toujours la même place, le *De gen. anim.* ne le précède jamais et, deux fois sur trois, il figure en dernière position [9]. En second lieu, et touchant encore l'ensemble des écrits biologiques, nous devons indiquer un fait aisé à relever, mais qui ne semble pas avoir été mis en relation avec le précédent, à savoir que, sauf erreur, toutes les références se conforment à l'un ou l'autre des schémas pédagogiques évoqués à l'instant, alors qu'aucune ne déroge à leur ensemble [10].

---

[8] Cf. W. JAEGER, *Aristotle*, pp. 294-295 : « ... the general scheme — perhaps a thor-oughly late idea — into which at the end of his researches Ar. forced the mass of his detailed inquiries. It agrees with the order as given in the best manuscripts », cité (en all.) et traduit par Fr. NUYENS, *L'évolution* ..., pp. 109 et 169, mais seulement pour appuyer le rejet des références qui ne cadrent pas avec son schéma évolutif.

[9] Cf., parmi d'autres, l'exposé fouillé de A. MANSION, *Introd.*, pp. 22-34, complétant diverses indications recueillies par Jaeger ; on peut y ajouter ce que révèlent les cata-logues d'HESYCHIUS (V. ROSE, *Ar. fragmenta*, Leipzig, 1886, pp. 16-17) et de PTOLÉMÉE (P. MORAUX, *Les listes anciennes des ouvrages d'Ar.*, Louvain, 1951, p. 297), bien qu'ici le *De gen. anim.* soit suivi de *De incessu, De longit., De vita.*

[10] Nous ne pouvons ici qu'effleurer les exceptions apparentes ou les particularités: à lire les données copieuses rassemblées dans BONITZ, *Index*, 97 b 41 - 104 a 2, on con-state par exemple (100 a) que le *De part. anim.* renvoie au *De incessu*, censé existant, à trois reprises (IV 11, 690 b 15, et 692 a 17 ; IV 13, 696 a 11), alors que ce second traité

Puisque les renvois d'un ouvrage à l'autre amènent les interprètes à opérer des choix arbitraires dès qu'on prétend en tirer des indications chronologiques, et que, par contre, ces mêmes renvois rentrent sans difficulté dans des séquences méthodologiques, on comprendra que nous estimions mieux fondée cette seconde façon de voir. *In casu*, parmi les formules rapportées tantôt, la première ne peut s'expliquer, on l'a vu, que par des hypothèses invérifiables [11]. La seconde doit être tenue pour adventice [12]; sa suppression améliore la logique et la clarté du texte [13]. Quant à la troisième, elle voit bien dans le *De anima* la *raison* pour laquelle l'âme végétative doit précéder les autres : ce niveau constitue le dénominateur commun, toujours présent, en acte chez les végétaux, en puissance au sein des vivants moins rudimentaires. Mais il n'est « antérieur », dans ce traité, qu'en ce sens très précis, non au sens génétique [14]; d'autre part, cette formule ne peut être, dans le

suit l'autre dans le second schéma (A. MANSION, *Introd.*, p. 26). Mais il faut observer que c'est le seul « cours » où figure de façon certaine le *De inc.*, qui a donc pu entretenir d'autres rapports avec le *De part.*; d'autre part, les chapitres de ce dernier qui y renvoient figurent en queue de l'ouvrage : ils semblent avoir été ajoutés, car leur place normale serait plus haut, après IV 4 (cf. le plan de W. OGLE, Oxf. Transl., p. XVIII).

[11] Cf. *supra* et nn. 1 et 2.

[12] Ch.-H. KAHN, *Sensation and Consciousness in Ar.'s Psych.* (dans *Archiv f. Gesch.d. Philos.*, t. 48, 1966, pp. 43-81), p. 47, reconnaît en passant le caractère méthodologique de cette double référence (*De gen. anim.*, V 1, 779 b 21-26, cf. *supra* et n. 4), qui, selon NUYENS, *L'évolution ...*, p. 261, implique « l'antériorité du *De an.* vis-à-vis du *De sensu* ». En fait, l'ordre en question est aussi bien celui des « cours » dont nous parlions dans le texte.

[13] Cette précision vaut peut-être qu'on l'indique ici. Selon Empédocle, (*a*) les yeux clairs sont de nature ignée, les yeux foncés plutôt de nature aqueuse; (*b*) c'est pourquoi les premiers voient moins bien le jour, les seconds la nuit. Aristote rejette ces positions (ordre inverse : *b*, puis *a*) : οὐ λέγεται καλῶς, εἴπερ μὴ πυρὸς τὴν ὄψιν θετέον ἀλλ'ὕδατος πᾶσιν. ἔτι δ'ἐνδέχεται τῶν χρωμάτων τὴν αἰτίαν ἀποδοῦναι καὶ κατ'ἄλλον τρόπον, ἀλλ'εἴπερ [[ἐστὶν ὥσπερ ἐλέχθη πρότερον ἐν τοῖς (...) καὶ (...), καὶ ὅτι ὕδατος καὶ δι'ἣν αἰτίαν ὕδατος ἀλλ'οὐκ ἀέρος ἢ πυρὸς]] τὸ αἰσθητήριον τοῦτ'ἐστι, ταύτην αἰτίαν ὑποληπτέον εἶναι τῶν εἰρημένων. Le Stagirite expliquera ensuite (ordre direct) qu'une « humidité » plus ou moins grande rend compte en effet de la teinte des yeux (779 b 26-34) et de leur acuité relative (779 b 34 - 780 a 25). On constate aussitôt que la formule mise entre crochets doubles (cf. encore *supra* et n. 4) constitue une redondance dans le raisonnement; qui plus est, la troisième mention de αἰτία (ταύτην αἰτίαν) renvoie, non pas à la seconde (celle de la parenthèse), mais à la première.

[14] Cf. *De an.*, II 4, 414 b 29-32 : δυνάμει τὸ πρότερον (...), οἷον (...) ἐν αἰσθητικῷ τὸ θρεπτικόν, et 416 b 25, sur la πρώτη ψυχὴ γεννητική (ROSS, p. 232, interprète bien : « the first, i.e. the minimal, soul »; on a vu que le *De gen. anim.*, II 5, 741 a 23-25, cité *supra*, p. 71, n. 56, emploie concurremment, en ce sens, l'expression ψυχὴν τὴν ἐσχάτην).

De gen. anim., qu'une parenthèse. On peut dès lors se demander si Aristote ne l'aurait pas ajoutée lors d'une rédaction ultérieure, mettant de la sorte en relief un aspect passé inaperçu lorsque furent composés les deux ouvrages ; comment pourrait-elle, par conséquent, nous indiquer d'une façon quelque peu sûre leur chronologie relative ?

Dans notre cheminement vers cette conclusion réticente, nous avons fait allusion au *De sensu* ; avec les quatre petits traités qui le suivent, il rejoint selon Nuyens les ouvrages dont nous nous sommes occupé jusqu'à présent : comme le *De gen. anim.*, la *Métaph.* (livres centraux) et le *De anima*, ces écrits appartiennent à la période hylémorphique, ainsi qu'en font foi leur doctrine et les références qu'on peut y trouver [15]. Sans doute jugera-t-on opportun que ces propos fassent ici l'objet d'une vérification, très brève au demeurant : les éléments significatifs se révèlent en effet singulièrement peu abondants.

Vaut-il la peine de défendre contre Ross l'orientation hylémorphique du *De sensu* ? On se rappelle que ce critique discerne le dualisme — « a two-substance view » — dans la proposition qui parle de phénomènes « communs à l'âme et au corps » [16]. Mais le *De anima* lui-même ne renonce nullement, que l'on sache, à parler d'âme et de corps ; il souligne lui aussi leur interaction, justifiant par là l'interprétation métaphysique donnée à leur union. Sans doute le *De sensu* n'avait-il point à la thématiser systématiquement, mais la formule citée trouve écho dans cette œuvre et dans les suivantes ; comme le note bien Nuyens, c'est le « même monde d'idées que le *De anima* » [17].

D'accord en cela avec notre devancier, nous nous étonnons de ce qu'il n'ait pas relevé simultanément une autre analogie avec ce traité, à savoir, divers traits instrumentistes : on songe ici aux formules

---

Notons encore qu'en *De iuvent.*, 14, 474 a 31 et b 10-12, il est aussi question de la πρώτη θρεπτικὴ ψυχή, sans laquelle ne peuvent exister les autres facultés : ce texte n'est pas moins explicite que le *De an.*, 415 a 23-25, auquel, selon Nuyens, renvoie le *De gen. anim.*, mais il ne répond pas mieux à ce que suppose la référence.

[15] Fr. NUYENS, *L'évolution* ..., pp. 250-254, examinant le *De sensu*, le *De memoria*, le *De somno*, le *De insomniis* et le *De divinatione*.

[16] *De sensu*, 1, 436 a 7-8 ; Ross, *Ar. Parva Nat.*, p. 16 ; cf. *supra*, ch. I, s. II, p. 18 et n. 26.

[17] Fr. NUYENS, *L'évolution* ..., p. 251, citant les passages qui insistent sur le caractère « corporel » des phénomènes vitaux : *De sensu*, 6, 445 b 17-18 ; *De memoria*, 1, 449 b 31 - 450 a 1 ; 2, 453 a 14-23 ; *De somno*, 1, 454 a 7-11. — Sur une divergence prétendue entre *De an.* et *Parva Nat.* à propos du sensorium commun, cf. *infra*, ch. IV, s. II, pp. 185-186.

qui localisent le principe sensitif et dont l'une, particulièrement flagrante, déclare que la mémoire se produit, « grâce à la sensation, dans
l'âme et dans la partie du corps qui la possède » [18]; nous savons désormais que la présence de ces traits dans un écrit hylémorphique ne
compromet en rien son unité doctrinale ou littéraire [19]. Certes, il n'y a
guère à dire du cinquième de la série, le *De divinatione*, si ce n'est qu'il
apparaît dans le sillage du *De insomniis*. Quant au *De longitudine*,
il offre des développements difficiles, parfois d'une haute portée
spéculative, mêlés à des observations très anecdotiques; au plan
psychologique, un passage nous semble révéler en deux points la
doctrine du *De anima* [20], mais aussi des parallèles significatifs avec
des développements instrumentistes que nous connaissons [21].

Cela étant, point n'est besoin de s'attarder à l'examen des références
qui nous reportent de ces *Parva Naturalia* au *De anima* [22]. Dans la
mesure où elles peuvent émaner de la rédaction originelle, on n'y verra
que la confirmation de l'avis esquissé à l'instant. Mais on sait pour
quelles raisons nous sommes amené à reconnaître plutôt dans ces
clausules des indications conformes à une « séquence » qu'a suggérée
le philosophe au lecteur, sans doute lors d'une révision de ses écrits :
au plan pédagogique, ces petits traités constituent en effet un complé-

[18] *De memoria*, 1, 450 a 28-29 : διὰ τῆς αἰσθήσεως ἐν τῇ ψυχῇ καὶ τῷ μορίῳ τοῦ
σώματος τῷ ἔχοντι αὐτήν (texte signalé par Ross également : *Ar. P.N.*, p. 16). Cf. encore
De somno, 2, 455 b 34 - 456 a 1, 4 : ἡ τῆς αἰσθήσεως ἀρχὴ γίγνεται ἀπὸ τοῦ αὐτοῦ
μέρους τοῖς ζῴοις ἀφ'οὗπερ καὶ ἡ τῆς κινήσεως · (...) τοῦτ'ἐστι τὸ περὶ τὴν καρδίαν
μέρος, de même que *De insomniis*, 3, 461 a 6-7 : les impressions sensibles ἐπὶ τὴν ἀρχὴν
τῆς αἰσθήσεως καταφέρονται.

[19] Toutefois, comme rien de bien sérieux ne lui a encore été opposé, il convient de
soumettre à un nouvel examen la thèse plausible de H.J. DROSSAART LULOFS (*De insomniis ...*, 1947, pp. xv-xxvi), qui voit dans la première partie du *De somno* actuel
(jusqu'à 445 b 13) une reprise du sujet, postérieure dès lors à ce qui la suit dans les manuscrits. On vérifiera de même la succession, également vraisemblable, qu'il discerne
entre les quatre exposés sur le sommeil : *Hist. anim.*, IV 10, *De somno* (2e partie), *De
gen. anim.*, V 1, 778 b 20 - 779 a 26, *De somno* (1e partie); cf. *ibid.*, pp. xix-xxi.

[20] *De longit.*, 2, 465 a 25-26, évoque *De an.*, III 5, 430 a 23-24, sur l'oubli que provoque
la mort; aussitôt après, l'auteur se demande si l'âme est dans le corps comme le savoir
dans l'âme (c'est-à-dire d'une façon non substantielle), et sa réponse est motivée comme
suit : ἐπεὶ οὐ φαίνεται τοιαύτη οὖσα (...) (*ibid.*, 465 a 30-31). Ce traité est examiné
par NUYENS aux pp. 163 et 169.

[21] Cf. les exposés sur la chaleur, *De longit.*, 3, 5, 6, *passim*; sur le haut et le bas,
en 6, 467 a 32-34, etc. On notera que l'unité de composition de ce curieux opuscule
mérite une sérieuse analyse, de même que ses relations avec la littérature médicale.

[22] Fr. NUYENS, *L'évolution...*, les énumère aux pp. 250-254.

ment tout indiqué du *De anima,* sans qu'on puisse rien conclure de plus précis sur leur situation chronologique, du moins à partir des données qui nous occupent.

On se résoudra dès lors à l'admettre : à cet égard, la même incertitude relative affecte ces œuvres et l'ensemble des écrits que nous avons examinés jusqu'à présent, et qui ont en commun une doctrine hylémorphique recourant aux schèmes instrumentistes.

CHAPITRE IV

SUR L'EXISTENCE D'UNE PÉRIODE INSTRUMENTISTE

Section I. « De motu animalium » et autres écrits zoologiques

Abordant à présent divers écrits dont notre devancier a vivement souligné le caractère instrumentiste, on se rappellera d'abord que l'authenticité du *De motu* a été longtemps et unanimement rejetée ou, du moins, mise en doute [1]. Une démonstration de Jaeger a beaucoup contribué à la rétablir dans l'esprit des aristotélisants; nul d'entre eux, écrit Düring, ne la suspecte plus à présent [2]. Nuyens fait, pour sa part, la remarque suivante : l'instrumentisme de l'œuvre, que celle-ci partage avec divers autres écrits, lui assigne très naturellement une place intermédiaire entre le dualisme franc que professa d'abord Aristote et la doctrine du *De anima*; ceci constitue « un argument très fort en faveur de l'authenticité » [3]. Nous verrons bientôt si cette conclusion, parfaitement logique dans la perspective de l'auteur, est confirmée par notre examen du *De motu*; dans l'immédiat, sans perdre de vue cette question, tentons de creuser les richesses doctrinales de ce petit ouvrage dense et difficile; considérant l'absence de commentaire quelque peu organisé, indiquons en même temps la structure des développements [4].

[1] Cf. les auteurs cités par Fr. Nuyens, *L'évolution* ..., pp. 54-56 (V. Rose, Ed. Zeller, E. Rolfes, etc.); A. Grant, *The Ethics of Ar.*, 1874, p. 263 : « now generally attributed to a later follower of his school »; et encore L. Robin, *Ar.*, 1944, p. 18 : « authenticité incertaine ».

[2] W. Jaeger, *Das Pneuma im Lykeion* (*Hermes*, 1913, pp. 29-74, par. I et II), résumé et approuvé par A. Mansion, *La genèse* ... (*Rev. néo-scol. de phil.*, 1927, pp. 307-341, 423-466), pp. 312-313. Cf. W.D. Ross, *Aristote*, 1930, p. 23 (indépendant des précédents); P. Aubenque, *Le problème* ..., 1966², p. 366; I. Düring, *Aristoteles*, 1966, p. 295, qui note judicieusement que l'Oxford Translation, annotée, due à A.S.L. Farquharson, a joué dans le même sens que l'étude de Jaeger.

[3] Fr. Nuyens, *L'évolution* ..., p. 56; cf. p. 160, n. 41, et pp. 243-263.

[4] I. Düring, *Aristoteles.*, pp. 337-343, présente comme d'ordinaire bon nombre de citations résumées; *ibid.*, p. 296, de même que dans les notes de l'Oxford Translation et chez W. Jaeger (*Das Pneuma* ..., cf. n. 2, *supra*), on trouvera diverses références à maints ouvrages d'Aristote.

1. *Thèmes du* De motu.

La première des deux parties (chap. 1 à 5) situe le mouvement des animaux dans le cadre du mouvement qui anime l'univers; la seconde (chap. 6 à 11) abordera de front le problème propre du traité.

Supposant tirée au clair la nécessité d'un premier moteur immobile, l'auteur veut sans nul doute rendre compte du concret et, d'abord, montrer que tout déplacement exige un point d'appui. Dans la flexion d'un membre, l'articulation se dédouble; l'un des deux termes constitue le point en question : appui interne en ce cas (chap. 1). Mais tout mouvement requiert en outre un appui externe, à preuve la marche dans le sable ou la propulsion d'une barque à la gaffe (chap. 2); le moteur ne peut faire partie du mû, comme l'indique aussi la critique, développée à loisir, de certaines vues astronomiques [5]. Enfin, le mouvement local restant normalement la forme fondamentale du changement, les autres formes à envisager ici — accroissement et altération — sont régies par les mêmes principes (chap. 5).

La seconde partie offre une structure aussi remarquable, d'ailleurs étroitement reliée aux principes et aux applications qu'exposait la première.

Déterminée et limitée par son but, — un bien réalisable, réel ou apparent, — la tendance motrice est celle de l'intellect et du désir : la décision (ou le choix : προαίρεσις) ne se définit-elle pas comme un mixte de ces deux facteurs ? Ainsi la fin est-elle moteur non mû, comme dans le cas de l'univers [6] : le bien authentique et premier, im-

---

[5] *De motu*, 3 et 4, selon lesquels l'univers ne peut avoir les pôles pour moteurs, et la terre ne saurait constituer le point d'appui adéquat pour ce mouvement. W. JAEGER, *Aristotle*, pp. 355-357, estime que ces précisions répondent à de nouvelles théories et révèlent une mentalité plus ouverte à la science positive; elles viendraient ainsi corriger l'allure métaphysique de *Métaph.*, *Λ*, tout comme le chapitre 8 ajouté tardivement à ce dernier. Par contre, W.D. ROSS, *Ar.'s Physics*, 1936, p. 99, voit dans *De motu*, 2-4, l'allusion probablement la plus ancienne à la doctrine d'un Moteur transcendant : simple argument par analogie, et peu assuré (« only tentative »), écrit-il. Mais les passages auxquels renvoient ses références suggèrent bien plutôt que la doctrine est censée connue; on leur ajoutera *De motu*, 6, 700 b 7-9, où nous voyons une « allusion transparente au contenu, sinon au texte même, de *Métaph.*, XII (*Λ*), 6-8 », comme le dit A. MANSION, *Philos. première* ... (*R.P.L.*, 1958), p. 170. Cf. n. suiv.

[6] Cf. *De motu*, 6, 700 b 30-32 : δῆλον ὅτι ἔστι μὲν ᾗ ὁμοίως κινεῖται τὸ ἀεὶ κινούμενον ὑπὸ τοῦ ἀεὶ κινοῦντος καὶ τῶν ζῴων ἕκαστον, ἔστι δ' ᾗ ἄλλως, διὸ καὶ τὸ μὲν ἀεὶ κινεῖται, ἡ δὲ τῶν ζῴων κίνησις ἔχει πέρας. H. CHERNISS, *Ar.'s Crit. of Pl.*, I, p. 598, note que le mouvement du ciel doit dès lors être caractérisé comme « volontaire », ce qui montrerait

muable comme celui qu'exalte le *Banquet,* est trop précieux pour qu'on
le rapporte à autre chose. Du mouvement — mouvement mû, cette
fois — dû à la tendance, découlera normalement le déplacement des
vivants. On songe, certes, au *De anima,* III 10, mais rien encore ne
permet de choisir entre les multiples hypothèses que peut éveiller
ce parallèle.

Le chapitre 7 précise ce mécanisme de l'action. Les concordances
se font plus précises avec les écrits éthiques : ceux-ci décrivent en termes
analogues ce qu'il est convenu d'appeler le syllogisme pratique, à savoir
l'enchaînement instantané dont la conclusion n'est autre que l'action
elle-même [7] : perçois-je une conduite désirable ou à rejeter, aussitôt,
j'agis en conséquence [8]. Quant au déclenchement du processus moteur,
il évoque chez l'auteur, comme on devait s'y attendre, les marionnettes
que nous a rendues familières le *De gen. anim.* [9] ; mais on nous avertit
que le mouvement des vivants, contrairement à celui des automates,
inclut un aspect qualitatif : les sensations, suppléées par l'imagination
et la pensée, sont des altérations (ἀλλοιώσεις τινές), et une menue
modification survenant en leur principe (ἐν ἀρχῇ) peut entraîner des
conséquences somatiques importantes.

Cette concaténation est développée au chapitre suivant, après
qu'ont été rappelées les conditions matérielles — la chaleur et le

---

qu'une telle épithète n'inclut pas l'automotricité de l'éther. Celle-ci ne nous semble toutefois pas exclue de la théologie aristotélicienne ; l'auteur du *De motu* a d'ailleurs rappelé
plus haut (4, 700 a 11-21) le problème que pose le mouvement spontané des éléments et
des vivants dans son rapport avec l'existence du Premier Moteur. Mais on retiendra
surtout de notre passage que l'évocation du mouvement céleste dans la première partie
préparait bien le présent raisonnement : dans les deux cas, le moteur immobile κινεῖ
ὡς ἐρώμενον (*Métaph.,* Λ 7, 1072 b 3), il est fin en tant que ὀρεκτόν (*ibid.,* 1072 a 26).

   [7] On comparera *De motu,* 7, 701 a 7 - b 1 et *Éth. Nic.,* notamment VII 3, 1147 a 24-31,
comme l'a fait D.J. ALLAN, *The Practical Syllogism* (dans *Autour d'Ar.,* 1955, pp. 325-
340), pp. 327-331, 336-339, ce qui porte à conclure que l'analyse du *De motu* correspond au stade le plus élaboré de la réflexion, distinguant bien (7, 701 a 23-25) les prémisses
énonçant une fin d'avec celles qui partent de la valeur intrinsèque.

   [8] Nous n'avons pas à peser ici la part que laisse l'auteur à la liberté. ALLAN, pp.
332-336, nie que celle-ci puisse infléchir la marche du désir, mais il reconnaissait (*Ar.
le Philos.,* 1962, p. 183) que « au moins partiellement, nous sommes responsables de nos
inclinations ».

   [9] Cf. *De motu,* 7, 701 b 1-13, et *supra,* p. 53 et n. 69 ; *De gen. anim.,* II 1, 734 b 9-17
et II 5, 741 b 7-10. Ces endroits sont, sauf erreur, uniques dans le *Corpus,* hormis une
brève allusion, en *Métaph.,* A 2, 983 a 14, à l'étonnement de qui ne connaît pas le
mécanisme.

froid — permettant l'altération des organes : de ceux-ci on remonte, *via* les sensations agréables ou pénibles, au désir et à la faculté des images, sensibles ou noétiques [10]. « Quant à ce qui meut en premier l'animal, il doit résider dans un organe primaire » [11]. Ainsi, l'articulation, comme on le disait au chapitre 1, se dédouble lorsqu'elle fonctionne, un des termes étant le point immobile : « si l'animal était le bras, c'est là, en somme, que serait le principe de l'âme chargé de mouvoir » ; mais l'auteur laisse entendre évidemment qu'en fait ce principe réside « plus haut », à savoir dans le tronc [12]. On n'aura pas manqué de noter cette localisation et, qui plus est, le contraste avec l'exemple bien connu du *De anima* : « l'œil fût-il un animal, la vue serait son âme, car elle est l'essence de l'œil » ... [13] ; notre texte en prend-il expressément le contrepied ?

L'étape suivante (chap. 9) nous conduit au cœur, grâce à la formule extraordinaire qui doit rendre compte des mouvements aux extrémités : « c'est nécessairement au milieu qu'est le principe de l'âme motrice ; car, par rapport aux deux extrêmes, c'est le centre qui est ultime » [14]. Et encore : « c'est là que, selon nous, réside la faculté sensitive : lorsque, grâce à la sensation, est altérée et se modifie la région avoisinant le principe, les organes contigus se modifient de concert par extensions et contractions, en sorte que, de ce fait, se produit nécessairement le mouvement chez les animaux. Et la partie médiane du corps, une par sa faculté, doit se multiplier dans son exercice » [15]. Comparez-la au

[10] Cf. *De motu*, 8, 702 a 17-21.

[11] *Ibid.*, 702 a 21-22 : τὸ δὲ κινοῦν πρῶτον τὸ ζῷον ἀνάγκη εἶναι ἔν τινι ἀρχῇ. Il faut certes entendre ceci du premier moteur *mû*, puisque seule la fin est immobile : l'auteur se place ici dans l'ordre de l'exécution motrice. Propos analogue en *De an.*, III 10, 433 b 10, où nous adoptons la leçon de Ross.

[12] *De motu*, 8, 702 a 31-32 (cf. b 10 : ἀνωτέρω) : εἰ τὸ ζῷον ἦν ὁ βραχίων, ἐνταῦθ' ἄν που ἦν ἡ ἀρχὴ τῆς ψυχῆς ἡ κινοῦσα.

[13] *De an.*, II 1, 412 b 18-20, cité *supra*, p. 60 et n. 12.

[14] *De motu*, 9, 702 b 15-17 : ἀνάγκη ἐν τῷ μέσῳ εἶναι τὴν ἀρχὴν τῆς ψυχῆς τῆς κινούσης · ἀμφοτέρων γὰρ τῶν ἄκρων τὸ μέσον ἔσχατον. Le paradoxe est très aristotélicien, comme le note bien FARQUHARSON ; son application la plus profonde nous semble concerner la μεσότης en *Éth. Nic.*, II 6, 1107 a 6-8 : κατὰ μὲν τὴν οὐσίαν (...) μεσότης ἐστὶν ἡ ἀρετή, κατὰ δὲ τὸ ἄριστον καὶ τὸ εὖ ἀκρότης.

[15] *De motu*, 9, 702 b 20-26 : καὶ γὰρ τὸ αἰσθητικὸν ἐνταῦθα εἶναί φαμεν, ὥστ' ἀλλοιουμένου διὰ τὴν αἴσθησιν τοῦ τόπου τοῦ περὶ τὴν ἀρχὴν καὶ μεταβάλλοντος τὰ ἐχόμενα συμμεταβάλλει ἐκτεινόμενά τε καὶ συναγόμενα τὰ μόρια, ὥστ' ἐξ ἀνάγκης διὰ ταῦτα γίγνεσθαι τὴν κίνησιν τοῖς ζῴοις. τὸ δὲ μέσον τοῦ σώματος μέρος δυνάμει μὲν ἕν, ἐνεργείᾳ δ' ἀνάγκη γίγνεσθαι πλείω.

sommet de l'angle BAC, vous devrez bien admettre qu'A, dans le cas présent, « ne saurait être un point, mais une grandeur. Or, il se peut que C soit mû en même temps que B : ce sont alors leurs deux origines qui, mues en A, sont motrices. Il faut donc que le moteur soit un terme différent d'elles et non mû. (...) Mais il faut qu'existe ce qui les meut toutes deux. Et cela est l'âme, autre que la grandeur en question, mais résidant en elle » [16].

On admettra que ces précisions, déjà très instructives, appellent un développement sur la « grandeur » évoquée à l'instant et sur ses relations avec l'âme. Ce sera l'objet du chapitre 10, que nous allons présenter en entier.

a 5   « Selon la définition qui énonce la cause du mouvement, le désir est le terme médian, qui meut en étant mû, et chez les vivants corporels [17] il doit exister un corps de ce genre. On sait que l'être mû incapable de mouvoir peut être affecté par une force étrangère, alors que le moteur doit avoir une certaine force ou énergie. Et l'on constate

a 10 que tous les animaux possèdent du pneuma interne (*alias* : inné), dont ils tirent leur énergie. Comment celui-ci est-il conservé, on l'a dit ailleurs ; mais il semble avoir avec le principe psychique le même rapport que, dans les articulations, le point qui est mû et moteur avec celui qui est immobile. Et comme le principe est, pour les uns, dans

a 15 le cœur, pour les autres, dans son équivalent, pour cette raison il apparaît que le pneuma inné se trouve là également.

« Ce pneuma est-il toujours identique ou se renouvelle-t-il constamment, ce doit être une question différente, car [18] elle se pose également pour les autres parties ; mais on constate que sa nature le dispose à la mobilité et fournit de l'énergie. Or, le mouvement s'exerce par

---

[16] *Ibid.*, 702 b 31-35, 703 a 1-3 (en 703 a 2, Torraca, à la suite de l'Oxford translator, propose de lire ἐν εἶναι : cf. le *unum* dont témoignent Guillaume et Albert le Grand, mais cette addition nous semble relever de l'interprétation et constitue une solution de facilité ; le sens serait alors : « ce qui les meut toutes deux doit être unique ») : ἀνάγκη μὴ στιγμὴν ἀλλὰ μέγεθός τι εἶναι. ἀλλὰ μὴν ἐνδέχεται τὸ Γ ἅμα τῷ Β κινεῖσθαι, ὥστ' ἀνάγκη ἀμφοτέρας τὰς ἀρχὰς τὰς ἐν τῷ Α κινουμένας κινεῖν. δεῖ τι ἄρα εἶναι παρὰ ταύτας ἕτερον τὸ κινοῦν καὶ μὴ κινούμενον. (...) ἀλλὰ τὸ κινοῦν ἄμφω ἀναγκαῖον εἶναι. τοῦτο δ' ἐστὶν ἡ ψυχή, ἕτερον μὲν οὖσα τοῦ μεγέθους τοῦ τοιούτου, ἐν τούτῳ δ' οὖσα.

[17] *Litt.* : corps animés. Cette précision de l'auteur n'oppose pas la catégorie considérée à celle des êtres inanimés, puisqu'on vient de citer le désir, mais apparemment à des êtres doués de désir et qui ne seraient point corporels.

[18] Tour assez elliptique, expliquant pourquoi le problème mérite un examen *différent*. Cf. Denniston, pp. 60-61 (γάρ, III 1).

a 20 poussée et par traction, de sorte que l'instrument doit pouvoir et
s'étendre et se contracter. Et tel est par nature le pneuma: c'est sans
violence [19] qu'il se contracte, et c'est en vertu de la même cause
qu'il peut exercer force et poussée; il est également doté de pesanteur
par rapport aux corps ignés et de légèreté vis-à-vis de leurs contraires.
a 25 Et il faut que soit ainsi fait ce qui doit mouvoir sans altération [20];
car, si les corps naturels l'emportent l'un sur l'autre, c'est en raison
d'un déséquilibre : le léger est entraîné vers le bas par l'ensemble plus
lourd ; le lourd, vers le haut, par le plus léger» [21]. L'auteur conclut :
« On a ainsi expliqué par quelle partie en mouvement l'âme meut
le corps, et pour quelle raison ». Mais voici le texte tant allégué par
a 30 Nuyens [22] : « Il faut concevoir l'être vivant comme constitué à l'instar

[19] Avec FARQUHARSON, nous lisons ἀβιάστως (repris sous cette forme par LIDDELL-
SCOTT avec renvoi à *MA*, 703 a 22) pour ἀβίαστος, mais nous estimons qu'une explication
de MICHEL ne permet pas de remplacer καὶ βιαστική par τε καὶ ἐκτεινομένη καὶ ἑλκτική.

[20] Entendez : sans être affecté lui-même ; l'auteur répète en effet à diverses reprises
(cf. *supra*, 7, 701 b 15-18, et notre résumé; *infra*, 11, 703 b 11-18) que les sensations
constituent des altérations communiquées à l'organisme. Comme cette expression est
précédée de κινεῖν, on inclinerait à la rattacher à τοιοῦτον, ce qui donnerait : le pneuma
doit, pour causer le mouvement, être tel (*i.e.* médian entre le feu et les autres éléments)
sans pouvoir être altéré ; mais l'explication suivante nous semble montrer que ce statut
médian *suffit* pour échapper aux servitudes qui affectent les éléments dans les composi-
tions ordinaires.

[21] (*Litt.* : «par ce qui est plus lourd» et «par ce qui est plus léger».) *De motu*,
a 5 10, 703 a 4-28 : *Κατὰ μὲν οὖν τὸν λόγον τὸν λέγοντα τὴν αἰτίαν τῆς κινήσεώς ἐστιν ἡ ὄρεξις
τὸ μέσον, ὃ κινεῖ κινούμενον · ἐν δὲ τοῖς ἐμψύχοις σώμασι δεῖ τι εἶναι σῶμα τοιοῦτον. τὸ μὲν
οὖν κινούμενον μὲν μὴ πεφυκὸς δὲ κινεῖν δύναται πάσχειν κατ᾽ ἀλλοτρίαν δύναμιν · τὸ δὲ κινοῦν
a 10 ἀναγκαῖον ἔχειν τινὰ δύναμιν καὶ ἰσχύν. πάντα δὲ φαίνεται τὰ ζῷα καὶ ἔχοντα πνεῦμα σύμφυτον
καὶ ἰσχύοντα τούτῳ. (τίς μὲν οὖν ἡ σωτηρία τοῦ συμφύτου πνεύματος, εἴρηται ἐν ἄλλοις.)
τοῦτο δὲ πρὸς τὴν ἀρχὴν τὴν ψυχικὴν ἔοικεν ὁμοίως ἔχειν ὥσπερ τὸ ἐν ταῖς καμπαῖς σημεῖον,
τὸ κινοῦν καὶ κινούμενον, πρὸς τὸ ἀκίνητον. ἐπεὶ δ᾽ ἡ ἀρχὴ τοῖς μὲν ἐν τῇ καρδίᾳ τοῖς δ᾽ ἐν
a 15 τῷ ἀνάλογον, διὰ τοῦτο καὶ τὸ πνεῦμα τὸ σύμφυτον ἐνταῦθα φαίνεται ὄν. πότερον μὲν οὖν
ταὐτόν ἐστι τὸ πνεῦμα ἀεὶ ἢ γίγνεται ἀεὶ ἕτερον, ἔστω ἄλλος λόγος (ὁ αὐτὸς γάρ ἐστι καὶ περὶ
τῶν ἄλλων μορίων) · φαίνεται δ᾽ εὐφυῶς ἔχον πρὸς τὸ κινητικὸν εἶναι καὶ παρέχειν ἰσχύν.
a 20 τὰ δ᾽ ἔργα τῆς κινήσεως ὦσις καὶ ἕλξις, ὥστε δεῖ τὸ ὄργανον αὐξάνεσθαί τε δύνασθαι καὶ
συστέλλεσθαι. τοιαύτη δ᾽ ἐστὶν ἡ τοῦ πνεύματος φύσις · καὶ γὰρ ἀβιάστως συστελλομένη καὶ
βιαστικὴ καὶ ὠστικὴ διὰ τὴν αὐτὴν αἰτίαν, καὶ ἔχει καὶ βάρος πρὸς τὰ πυρώδη καὶ κουφότητα
a 25 πρὸς τὰ ἐναντία. δεῖ δὲ τὸ μέλλον κινεῖν μὴ ἀλλοιώσει τοιοῦτον εἶναι · κρατεῖ γὰρ κατὰ τὴν
ὑπεροχὴν τὰ φυσικὰ σώματα ἀλλήλων, τὸ μὲν κοῦφον κάτω ὑπὸ τοῦ βαρυτέρου ἀπονικώμενον,
τὸ δὲ βαρὺ ἄνω ὑπὸ τοῦ κουφοτέρου.*

[22] Fr. NUYENS, *L'évolution* ..., pp. 55, 160, 243, 247, 260. Nous reprenons pour ce
passage (10, 703 a 29 - b 2) sa seconde traduction, qui est excellente (*L'évolution* ...,
p. 160) : celle de la page 55 paraît moins fidèle.

d'un État bien gouverné. Car une fois que dans la cité l'ordre est bien
établi, il n'y a plus aucun besoin d'un chef distinct, chargé de présider
à l'exercice des différentes fonctions. Chaque individu exécute, pour
sa part, sa propre tâche telle qu'elle lui a été imposée et un acte suit
l'autre en vertu de l'habitude. Il en va de même dans les êtres vivants
a 35 en vertu de la nature et du fait que les divers organes dont ils sont
constitués s'acquittent par nature de leurs fonctions respectives. Dès
lors, il n'est pas nécessaire qu'il y ait une âme dans chacun des organes,
mais du fait que l'âme réside dans un organe primaire du corps, les
b 1 autres parties vivent grâce à leur union naturelle avec lui et accom-
plissent par nature la tâche qui leur est propre » [23].

Tel est donc ce remarquable chapitre 10. Le onzième et dernier,
consacré aux mouvements involontaires, n'apporte pas de nouveaux
éléments doctrinaux ; ses particularités pouvant être signalées dans les
comparaisons qui vont suivre, abordons la partie critique de notre
analyse.

2. Ἔν τινι ἀρχῇ τοῦ σώματος : une âme-substance ?

Un point ressort avec évidence de ce qu'on vient de lire : Nuyens
est parfaitement fondé à trouver ici les linéaments ce qu'il appelle
l'instrumentisme vitaliste. « Coopération de deux réalités avec relation
de subordination, localisation plus ou moins nette et complète, attribution de mainte activité à l'âme seule », disions-nous au chapitre II
(section III, début) en résumant son propos ; la théorie qui rend compte
du mouvement chez les animaux présente tous et chacun de ces traits.
L'image est donc juste, et l'on ne peut que s'étonner de voir un Hardie
la pousser jusqu'à la caricature en écrivant : « nous ne pouvons guère,
sauf à y être contraint, attribuer à Aristote la doctrine selon laquelle
des parties de notre corps ne sont pas vivantes, ἔμψυχα » [24].

---

[23] De motu, 10, 703 a 28 - b 2 (pour ἔν τινι ἀρχῇ, en a 37, Nuyens disait, p. 55 : « une
sorte de poste de commandement » ; cf. Farquharson : « a kind of central governing
place ») : Ὧι μὲν οὖν κινεῖ κινουμένῳ μορίῳ ἡ ψυχή, εἴρηται, καὶ δι᾽ ἣν αἰτίαν · ὑποληπτέον
a 30 δὲ συνεστάναι τὸ ζῷον ὥσπερ πόλιν εὐνομουμένην. ἔν τε γὰρ τῇ πόλει ὅταν ἅπαξ στῇ ἡ τάξις,
οὐδὲν δεῖ κεχωρισμένου μονάρχου, ὃν δεῖ παρεῖναι παρ᾽ ἕκαστον τῶν γιγνομένων, ἀλλ᾽ αὐτὸς
ἕκαστος ποιεῖ τὰ αὑτοῦ ὡς τέτακται, καὶ γίγνεται τόδε μετὰ τόδε διὰ τὸ ἔθος · ἔν τε τοῖς ζῴοις
a 35 τὸ αὐτὸ τοῦτο διὰ τὴν φύσιν γίγνεται καὶ τῷ πεφυκέναι ἕκαστον οὕτω συστάντων ποιεῖν τὸ
αὑτοῦ ἔργον, ὥστε μηδὲν δεῖν ἐν ἑκάστῳ εἶναι ψυχήν, ἀλλ᾽ ἔν τινι ἀρχῇ τοῦ σώματος οὔσης
b 1 τἆλλα ζῆν μὲν τῷ προσπεφυκέναι, ποιεῖν δὲ τὸ ἔργον τὸ αὑτῶν διὰ τὴν φύσιν.
[24] W.F.R. Hardie, Ar.'s Treatment ..., p. 60.

D'autre part, à l'inverse de ce qui nous est apparu au long du *De gen. anim.* et dans certains passages de la *Métaphysique* et du *De anima*, le *De motu* ne nous semble présenter aucune formule, aucun trait doctrinal, qui soient caractéristiques de l'autre théorie, c'est-à-dire, dans le cas présent, de l'hylémorphisme. Nous n'avons pas davantage, notons-le en passant, repéré ce qui nous avait mis sur la piste d'une conjonction entre les deux théories, à savoir l'évocation du système typique par lequel Aristote explique la génération des vivants. Pouvons-nous donc, comme nous le pensions, conclure qu'il y a cette fois dissymétrie et que le *De motu* atteste un stade particulier dans l'évolution d'Aristote en psychologie ?

Un certain nombre d'éléments, dont plusieurs auront sans doute frappé le lecteur à la vue des textes cités, nous semblent cependant peu favorables à une telle proposition. Exprimons dès lors nos doutes et nos objections, mais en songeant plus que jamais aux limites inhérentes à un raisonnement par convergence d'indices, et en laissant expressément le champ libre à une lecture plus pénétrante que la nôtre.

Avant d'énoncer ce qui nous semble rapprocher le *De motu* du *De anima*, nous voudrions préciser en quel sens on peut dire que la doctrine du *De gen. anim.* ne se retrouve point dans les six pages in-4º que nous avons analysées. Cette absence pourrait être fortuite. En fait, il ne semble pas, pour autant qu'on puisse parler d'absence.

Le traité sur la reproduction veut rendre intelligibles, on le sait, la transmission de la forme spécifique, — en quoi il recourt davantage à la doctrine hylémorphique, — et celle d'un mouvement qui constitue progressivement l'être vivant, ce second thème donnant prise assez naturellement aux formules de type instrumentiste. Or, nous allons voir que le *De motu* prend, ici seulement, le relais : c'est du mouvement chez le vivant déjà formé qu'il est question dans ce traité ; l'on s'explique alors, dans une assez large mesure, qu'il fasse appel à la seconde théorie, ou à ce que nous continuons d'appeler ainsi pour respecter les conventions initiales.

Le bref chapitre 5 confirme cette appréciation. L'auteur se demande si les principes de mécanique énoncés valent seulement pour l'être qui se déplace ou s'ils régissent également son altération et son accroissement ; « pour la génération radicale et la mort, dit-il, c'est un autre problème » [25]. Rappelant que la translation doit être la forme première

---

[25] *De motu*, 5, 700 a 28 : περὶ δὲ γενέσεως τῆς ἀπ᾽ἀρχῆς καὶ φθορᾶς ἄλλος λόγος.

du changement, il précise : « comme dans l'univers, ainsi chez le vivant ce mouvement est premier, lorsque l'être est achevé » [26]. Et de conclure qu'en toute hypothèse « le moteur préexiste à ce qu'il met en mouvement, comme le générateur à l'engendré : rien n'est antérieur à soi-même » [27].

Songeant alors au thème évoqué dans notre résumé des chapitres 3 et 4, et selon lequel le moteur ne peut faire partie du mû, sans doute comprend-on mieux l'incroyable insistance du *De gen. anim.* sur l'idée que le sperme ne peut transmettre *que* le mouvement actuel (lequel communique la forme) sans pouvoir en aucune façon entrer en composition avec le matériau constitutif de l'être nouveau. L'affinité méritait d'autant mieux une mention que le *De motu* exclut de son plan, on l'a vu, le problème de la génération.

Autre question déclarée également étrangère au sujet : la conservation ou le renouvellement du pneuma et des diverses parties du corps [28]. Nous n'avons pas à rappeler que ces dernières retenaient l'attention du *De gen. anim.*, II 6-7, car nul ne sait si la formule du *De motu* annonce ce développement ou si elle le suppose connu. Quant à la provenance du pneuma ou à son renouvellement, on sait que seule une solution conjecturale semble se dégager des œuvres d'Aristote [29]. Mais son rôle et sa composition même, tels qu'on les a vus décrits au chapitre 10, rappellent nettement des propos du *De gen. anim.* que nous connaissons : sa nature humide et chaude convient parfaitement au statut médian qui est le sien ici, entre le feu et ses opposés ; et nous constatons de part et d'autre l'aspect quantitatif de son action [30].

Mais un relevé de ces affinités doctrinales [31] ne pouvait tendre qu'à

---

[26] *Ibid.*, 700 a 31-32 : ὥσπερ δ'ἐν τῷ ὅλῳ, καὶ ἐν τῷ ζῴῳ κίνησις πρώτη αὕτη, ὅταν τελεωθῇ.

[27] *Ibid.*, 700 b 1-3 : προϋπάρχειν γὰρ δεῖ τὸ κινοῦν τοῦ κινουμένου καὶ τὸ γεννῶν τοῦ γεννωμένου · αὐτὸ δ'αὑτοῦ πρότερον οὐδέν ἐστιν.

[28] Cf. *De motu*, 10, 703 a 16-18, traduit *supra*, p. 160.

[29] Cf. *supra* ch. II, s. III, par. 1, pp. 79-84, *passim* et nn. 22, 26 et 30.

[30] Cf. *De motu*,10, 703 a 20-21 et 23-24, *supra*, avec la n. 20. *De gen. anim.*, II 6, 742 a 11-16, cité ch. II, s. III, par. 1, p. 81-82 et n. 22.

[31] On indiquait tantôt (n. 9 *supra*) une même évocation — unique en ce sens — des marionnettes. En revanche, on pourrait trouver que la présentation de la « puissance spermatique semblable à un animal » (*De motu*, 11, 703 b 25-26) ne s'accorde pas avec le *De gen. anim.* (cf. I 18, 722 b 4-5, contre Empédocle) ; mais la comparaison se comprend quand on songe au « mouvement en acte » souvent évoqué (par ex. I 22, 730 b 20-21 ; *supra*, ch. II, s. I, p. 52, n. 64) ; d'autre part, l'auteur s'explique ici sur les mouvements

nuancer une première impression d'ignorance mutuelle entre les deux traités. Tournons-nous à présent vers le *De anima*; parmi d'autres, la question du pneuma va surgir à nouveau.

On a déjà deviné que la seconde partie du *De motu*, spécialement le chapitre 10, présente des analogies remarquables avec l'exposé sur la faculté motrice qui figure vers la fin du *De anima*, livre III, en particulier au chapitre 10 également. Une simple juxtaposition de ces textes en convainc aisément; encore faut-il préciser les convergences, éventuellement les dissonances, entre les deux écrits (*sigles de circonstance* : M et A).

Tout mouvement local a un but : le bien réalisable, soit réel, soit apparent; le désirable perçu est ainsi moteur premier, déclaré immobile [32]. Le moteur en mouvement, immédiatement subordonné au précédent, c'est le désir [33].

Les deux traités tentent d'exprimer le rapport du désir et de la « perception », au sens large de ce terme. C'est le cas également pour un développement éthique bien connu : « le choix (προαίρεσις), c'est l'intelligence chargée de désir, ou le désir éclairé par la pensée » [34]. M s'explique en des termes analogues : « le choix participe de la pensée

incontrôlés de l'αἰδοῖον (cf. *De motu*, 11, 703 b 6, 16-18), qu'il compare, comme le cœur, à un « animal indépendant » (b 21-22, cf. *De an.*, III 9, 432 b 31 - 433 a 1) : on peut penser à certains cultes phalliques, notamment à celui dont parle HÉRODOTE, II 48 (référence signalée par FARQUHARSON).

[32] M 6, 700 b 15 : τὰ ζῷα κινεῖ καὶ κινεῖται ἕνεκά τινος ; M 6, 700 b 23-29 : κινεῖ πρῶτον τὸ ὀρεκτὸν καὶ τὸ διανοητόν. οὐ πᾶν δὲ τὸ διανοητόν, ἀλλὰ τὸ τῶν πρακτῶν τέλος. (...) φαινόμενον γάρ ἐστιν ἀγαθόν ; M 8, 701 b 33-34 : Ἀρχὴ (...) τῆς κινήσεως τὸ ἐν τῷ πρακτῷ διωκτὸν καὶ φευκτόν ; M 6, 700 b 35 : τὸ (...) πρῶτον οὐ κινούμενον κινεῖ ; A 10, 433 a 27-29 : ἀεὶ κινεῖ μὲν τὸ ὀρεκτόν, ἀλλὰ τοῦτ'ἔστιν ἢ τὸ ἀγαθὸν ἢ τὸ φαινόμενον ἀγαθόν · οὐ πᾶν δέ, ἀλλὰ τὸ πρακτὸν ἀγαθόν ; A 10, 433 b 14-16 : τὸ δὲ κινοῦν διττόν, τὸ μὲν ἀκίνητον, (...) ἔστι δὴ τὸ μὲν ἀκίνητον τὸ πρακτὸν ἀγαθόν.

[33] M 10, 703 a 4-5 : ἡ ὄρεξις τὸ μέσον, ὃ κινεῖ κινούμενον, « le désir est le terme médian, qui meut en étant mû ». A 10, 433 b 16-17 : τὸ δὲ κινοῦν καὶ κινούμενον, τὸ ὀρεκτικόν, « ce qui est moteur et mû, c'est la faculté désirante ». Cf. 433 a 21, où JANNONE suit, comme souvent, les leçons de Hᵃ et lit : τὸ κινοῦν πρῶτον τὸ ὀρεκτόν (cette seconde variante est bien appuyée, cf. app. crit. de ROSS). Le sens est acceptable, mais nous estimons que l'apparition de ces leçons s'explique plus aisément (cf. a 19-20) que celle de leurs rivales. Selon SIWEK, Hᵃ doit en fait se lire Hᵃ2 dans le cas présent ; mais ce « repentir » peut prêter à des conclusions opposées. Nous lisons dès lors : τὸ κινοῦν (...) τὸ ὀρεκτικόν.

[34] *Éth. Nic.*, VI 2, 1139 b 4 : ἢ ὀρεκτικὸς νοῦς ἡ προαίρεσις, ἢ ὄρεξις διανοητική. Cf. D. J. ALLAN, *Ar. le Philos.*, pp. 186-187.

et du désir ». A ne fait mention du choix que dans un autre contexte, celui du livre I : « L'âme semble mouvoir l'animal (…) *via* un choix et une connaissance » [35].

Nos deux exposés retracent la recherche d'une formule plus précise, ou, si l'on préfère, reflètent la même préoccupation pédagogique. C'est d'abord une mise à égalité : « l'intellect ou le désir », « le désir et la pensée » [36].

Puis, évoquant le passage à l'acte, M déclare : « la cause dernière du mouvement est le désir, et celui-ci se produit par le canal de la sensation, ou bien de l'imagination et de la pensée », tandis que A justifie et nuance ce propos : « Unique est la réalité motrice, la faculté désirante. Seraient-ils deux à être moteurs — l'intelligence et le désir — ils le seraient selon un trait commun. Or, en fait, on le constate [37], l'intelligence ne meut point sans désir : la volition est désir, et lorsque le mouvement se conforme au raisonnement, il s'exerce également selon la volition ; mais le désir meut aussi en marge du raisonnement : l'appétit inférieur est également un désir » [38].

Finalement, l'imagination trouve une place plus précise dans le processus. Selon M, « l'imagination se forme par le biais de la pensée ou de la sensation ». Selon A, « l'imagination doit être soit intellectuelle, soit sensible. (…) Cette dernière appartient aussi aux autres animaux » … [39].

La formule qu'on vient de lire nous invite à signaler quelques différences entre les deux développements. Jointe aux précisions relatives à la βούλησις, elle nous paraît manifester une préoccupation spécifique de A : s'il est vrai que le Stagirite y étudie les problèmes que pose

[35] M 6, 700 b 23 : ἡ δὲ προαίρεσις κοινὸν διανοίας καὶ ὀρέξεως. A I 3, 406 b 24-25 : φαίνεται κινεῖν ἡ ψυχὴ τὸ ζῷον (…) διὰ προαιρέσεώς τινος καὶ νοήσεως.

[36] M 6, 700 b 18-19, après énumération de divers facteurs psychologiques : ταῦτα δὲ πάντα ἀνάγεται εἰς νοῦν καὶ ὄρεξιν. A 10, 433 a 9-10, 13, 18 : δύο (…) κινοῦντα, ἢ ὄρεξις ἢ νοῦς, εἴ τις τὴν φαντασίαν τιθείη ὡς νόησίν τινα. (…) νοῦς καὶ ὄρεξις καὶ διάνοια πρακτική.

[37] Bonne formule de E. BARBOTIN, pour 433 a 23 comme en divers autres endroits.

[38] M 7, 701 a 34-36 : τῆς μὲν ἐσχάτης αἰτίας τοῦ κινεῖσθαι ὀρέξεως οὔσης, ταύτης δὲ γιγνομένης ἢ δι᾽ αἰσθήσεως ἢ διὰ φαντασίας καὶ νοήσεως. A 10, 433 a 21-26 (cf. 433 b 11-12 ; pour le texte en a 21, cf. n. 33 *supra*) : ἐν δή τι τὸ κινοῦν, τὸ ὀρεκτικόν. εἰ γὰρ δύο, νοῦς καὶ ὄρεξις, ἐκίνουν, κατὰ κοινὸν ἄν τι ἐκίνουν εἶδος · νῦν δὲ ὁ μὲν νοῦς οὐ φαίνεται κινῶν ἄνευ ὀρέξεως (ἡ γὰρ βούλησις ὄρεξις, ὅταν δὲ κατὰ τὸν λογισμὸν κινῆται, καὶ κατὰ βούλησιν κινεῖται), ἡ δ᾽ ὄρεξις κινεῖ καὶ παρὰ τὸν λογισμόν · ἡ γὰρ ἐπιθυμία ὄρεξίς τίς ἐστιν.

[39] M 8, 702 a 19 : φαντασία (…) γίγνεται ἢ διὰ νοήσεως ἢ δι᾽ αἰσθήσεως. A 10, 433 b 29 ; A 11, 434 a 5-6 (cf. A 10, 433 a 11-12) : φαντασία δὲ πᾶσα ἢ λογιστικὴ ἢ αἰσθητική. (…) ἡ μὲν οὖν αἰσθητικὴ φαντασία καὶ ἐν τοῖς ἄλλοις ζῴοις ὑπάρχει.

tout vivant, il est souvent préoccupé de mettre à part ce qui est propre à l'homme; en ce sens, nous rejoignons Nuyens, lorsqu'il veut démontrer que la problématique de l'intellect contribue à donner à ce traité une incontestable unité [40]. Cette préoccupation apparaît moins en M, qui, en revanche, souligne plus nettement le rôle réellement moteur de l'image ou de l'idée en l'absence de la sensation [41].

D'autre part, on aura vu qu'en M (chap. 7) la description du « syllogisme pratique » insiste sur le caractère immédiat, voire automatique, de la « conclusion », c'est-à-dire de l'action [42]. Plus nuancé, A évoque le conflit qui peut régner entre les tendances : « Il arrive aussi que les désirs s'opposent l'un à l'autre; c'est le cas lorsque la raison est contraire aux appétits inférieurs [43], et cela se produit chez ceux qui ont la perception du temps : l'intelligence commande de résister, en raison de l'avenir; l'appétit invoque le présent, car celui-ci paraît agréable : agréable et bon sans réserve, parce qu'on ne voit pas l'avenir. Dès lors, on peut dire que le moteur est un spécifiquement, — c'est la faculté désirante en tant que telle, — (...), mais, numériquement, les moteurs sont multiples » [44]. Ici encore, A présente un caractère beaucoup plus anthropologique que M.

Cet exposé sommaire des convergences et des dissonances entre M et A permettra déjà, pensons-nous, d'apprécier plus correctement ce qu'ils nous disent l'un et l'autre de l'instrument somatique auquel recourt le désir. Au développement considérable de M que nous avons traduit tantôt et aux résumés qui l'ont encadré [45], on voudra bien comparer ces propos de A :

[40] Cf. Fr. NUYENS, L'évolution ..., pp. 217-220, chap. VII, notamment pp. 275 et 311.

[41] M 11, 703 b 18-20 (cf. M 7, 701 b 18-22) : τὰ ποιητικὰ τῶν παθημάτων προσφέρουσιν.

[42] M 7, 701 a 14, 15, 17, 22, 28, 30, 33 : εὐθύς ou ses équivalents (sept fois).

[43] W. THEILER, p. 152, en déduit que la raison « hat hier ein Strebevermögen » et renvoie au Phèdre, 237 d et suiv. Cette exégèse serait convaincante si le De anima n'avait expressément exclu la raison des causes qui provoquent (directement) le mouvement (A 9, 432 b 26 - 433 a 6). Aussi bien Aristote veut-il indiquer ici le rôle de la βούλησις, c'est-à-dire d'une ὄρεξις κατὰ λογισμόν.

[44] A 10, 433 b 5-11, 12-13 (cf. A 9, 433 a 6-8; A 11, 434 a 12-15) : ἐπεὶ δ' ὀρέξεις γίγνονται ἐναντίαι ἀλλήλαις, τοῦτο δὲ συμβαίνει ὅταν ὁ λόγος καὶ αἱ ἐπιθυμίαι ἐναντίαι ὦσι, γίγνεται δ' ἐν τοῖς χρόνου αἴσθησιν ἔχουσιν (ὁ μὲν γὰρ νοῦς διὰ τὸ μέλλον ἀνθέλκειν κελεύει, ἡ δ' ἐπιθυμία διὰ τὸ ἤδη · φαίνεται γὰρ τὸ ἤδη ἡδὺ καὶ ἁπλῶς ἡδὺ καὶ ἀγαθὸν ἁπλῶς, διὰ τὸ μὴ ὁρᾶν τὸ μέλλον), εἴδει μὲν ἕν ἂν εἴη τὸ κινοῦν, τὸ ὀρεκτικόν, ᾗ ὀρεκτικόν. (...) ἀριθμῷ δὲ πλείω τὰ κινοῦντα.

[45] Cf. supra, pp. 160-162, n. 21, ainsi que pp. 157-160 et les nn. 32 et 33 (p. 165).

« Posons trois termes (...). L'immobile, c'est le bien à réaliser ; le moteur en mouvement, c'est la faculté désirante : l'être mû est tel en tant qu'il désire, et le désir est un mouvement en tant qu'il est en acte [46] ; l'être mû, c'est l'animal. D'autre part, l'instrument par lequel meut le désir, c'est d'emblée une réalité corporelle ; il faut donc l'étudier parmi les actions communes au corps et à l'âme. Soit dit en bref à présent, ce qui meut comme un outil se trouve, comme l'articulation, là où s'identifient principe et fin : là, convexe et concave sont respectivement fin et début, l'un étant ainsi au repos, l'autre en mouvement ; et s'ils diffèrent par la définition, l'étendue ne les sépare point, car tout se meut par poussée et par traction » [47].

Sans prétendre imposer notre jugement, nous ne pouvons que voir ici, sous une forme plus succincte, la doctrine exposée en M, notamment au chapitre 10. Le texte ci-dessus fait d'ailleurs référence, en b 20, à un exposé plus développé ; dans l'état actuel du *Corpus*, ce ne peut être que M. Τοῦτο σωματικόν ἐστιν. διὸ ἐν τοῖς κοινοῖς σώματος καὶ ψυχῆς θεωρητέον περὶ αὐτοῦ. νῦν δὲ ὡς ἐν κεφαλαίῳ εἰπεῖν ...: la formule employée semble, on le voit, annoncer M plutôt qu'elle ne le présente comme déjà composé ; mais on a fait remarquer qu'il est aventureux de prendre pour une indication chronologique ce qui peut ne révéler qu'une séquence méthodologique [48]. Un indice plus sérieux peut se tirer de la dernière phrase citée : convexe et concave ne sont point spatialement séparés, *car* tout mouvement se ramène à des déplacements rectilignes de sens opposés. On avouera que l'ellipse passe l'entendement ; ce texte nous livre-t-il une « note de cours » qui appelle un exposé futur, ou se borne-t-il à résumer une doctrine censée connue ? Jusqu'à preuve du contraire, nous pensons plutôt que

---

[46] L'apparat critique à 433 b 18 montre les incertitudes de la tradition. Notre option veut respecter la symétrie qui nous semble inspirer ce propos.

[47] A 10, 433 b 13, 15-26 : ἐπεὶ δ'ἔστι τρία, (...) ἔστι δὴ τὸ μὲν ἀκίνητον τὸ πρακτὸν ἀγαθόν, τὸ δὲ κινοῦν καὶ κινούμενον τὸ ὀρεκτικόν (κινεῖται γὰρ τὸ κινούμενον ᾗ ὀρέγεται, καὶ ἡ ὄρεξις κίνησίς τίς ἐστιν, ἡ ἐνεργείᾳ), τὸ δὲ κινούμενον τὸ ζῷον · ᾧ δὲ κινεῖ ὀργάνῳ ἡ ὄρεξις, ἤδη τοῦτο σωματικόν ἐστιν — διὸ ἐν τοῖς κοινοῖς σώματος καὶ ψυχῆς ἔργοις θεωρητέον περὶ αὐτοῦ. νῦν δὲ ὡς ἐν κεφαλαίῳ εἰπεῖν, τὸ κινοῦν ὀργανικῶς ὅπου ἀρχὴ καὶ τελευτὴ τὸ αὐτό — οἷον ὁ γιγγλυμός · ἐνταῦθα γὰρ τὸ κυρτὸν καὶ τὸ κοῖλον τὸ μὲν τελευτὴ τὸ δ' ἀρχή (διὸ τὸ μὲν ἠρεμεῖ τὸ δὲ κινεῖται), λόγῳ μὲν ἕτερα ὄντα, μεγέθει δ' ἀχώριστα. πάντα γὰρ ὤσει καὶ ἕλξει κινεῖται.

[48] Cf. *supra*, conclusion du ch. III, pp. 151-153. Nous estimons donc ne rien pouvoir conclure de ce renvoi apparemment si fâcheux pour la thèse de Nuyens, puisque A semble y annoncer M. Mais cet auteur n'en souffle mot.

cette phrase de A suppose enseignées, à la fois, l'élasticité du pneuma, sa nature essentiellement active, voire la médiation qu'il opère entre le mouvement rectiligne et le changement qualitatif. On pourrait en déduire que l'exposé de M a plus de chances d'être antérieur.

Abordant alors le développement si typiquement instrumentiste qui escorte les propos sur le pneuma, dirons-nous qu'il représente un stade plus ancien au plan doctrinal ? Nous aurions peine à l'admettre, pour la raison que les deux exposés font, dans l'ensemble, état de la même théorie psychologique, ou, plus exactement, psychophysique. Même étagement, rigoureux et thématisé, de quatre réalités : le désirable, le désir, l'instrument somatique, l'animal. Même progrès dialectique amenant, chemin faisant, à mettre au service du « moteur mû », lui-même d'ordre psychologique, un outil corporel : le pneuma [49]. Même insistance, enfin, sur l'étroite liaison de ce que nos psychologues appellent les deux « faces » du phénomène psychique : les λόγοι ἔνυλοι de A sont bien les πάθη de M. Si, en effet, au dire de ce dernier, « tout mouvement chez les animaux vise un but », si « les sensations se trouvent être des altérations », tandis qu'un enchaînement causal relie de proche en proche les organes et leurs affections corporelles aux aspects le plus nettement psychologiques [50], on peut difficilement ne pas trouver là ce que A, dans son prologue, formule d'une façon plus systématique : « Il est clair que les affections sont des formes impliquant une matière, en sorte que leurs définitions seront de ce genre : la colère, c'est un mouvement de tel corps, ou organe, ou puissance, dû à telle cause en vue de tel but » [51].

Ainsi M manifeste-t-il une orientation de pensée analogue à celle du traité qui professe le plus ouvertement l'unité métaphysique du vivant. De cet écrit, nous avons, il est vrai, cité à l'instant le tout premier chapitre et, plus haut, ceux qui, vers la fin, concernent le mouvement (III 9-11); pouvons-nous certifier que ces exposés ne relèvent pas d'une autre mentalité et peut-être, par conséquent, d'une

---

[49] Rappelons ici les références, pour le cas où elles auraient échappé à l'attention : M 10, 703 a 4-6 (*supra*, n. 21, p. 161) ; A 10, 433 b 19 (*supra*, n. 47, p. 163).

[50] M 6, 700 b 16 : τοῦτ᾿ἐστιν αὐτοῖς πάσης τῆς κινήσεως πέρας, τὸ οὗ ἔνεκα. M 7, 701 b 17-18 : αἱ (...) αἰσθήσεις εὐθὺς ὑπάρχουσιν ἀλλοιώσεις τινὲς οὖσαι. M 8, 702 a 17-19 (cf. a 2-4) : τὰ μὲν γὰρ ὀργανικὰ μέρη παρασκευάζει ἐπιτηδείως τὰ πάθη, ἡ δ᾿ ὄρεξις τὰ πάθη, τὴν δ᾿ ὄρεξιν ἡ φαντασία · αὕτη δὲ γίγνεται ἢ διὰ νοήσεως ἢ δι᾿ αἰσθήσεως.

[51] A I 1, 403 a 25-27 : δῆλον ὅτι τὰ πάθη λόγοι ἔνυλοί εἰσιν · ὥστε οἱ ὅροι τοιοῦτοι οἷον « τὸ ὀργίζεσθαι κίνησίς τις τοῦ τοιουδὶ σώματος ἢ μέρους ἢ δυνάμεως ὑπὸ τοῦδε ἔνεκα τοῦδε».

autre époque que le livre II, charte de l'hylémorphisme en psychologie ? Deux remarques doivent nous retenir de mettre ce traité sur un tel lit de Procuste : le chapitre I 1 vient de nous révéler lui-même jusqu'où il entend pousser l'interprétation « unitaire » des phénomènes psychiques ; quant à l'exposé sur le mouvement, il est le seul du traité à tenir une promesse impliquée à la fois par l'exposé historique du livre premier, par les remarques du livre II sur l'âme envisagée comme cause motrice et par le propos qui ouvre cet exposé lui-même : les facultés se ramènent en somme à deux : le discernement (τὸ κριτικόν) et le mouvement local [52].

Mais, dira-t-on, dans le cas du mouvement, seul M utilise la formule qui, sans autre forme de procès, localise l'âme dans un organe primaire et déclare inutile la présence d'une âme aux divers endroits du corps. Certes, et cependant, après les indications relevées ci-dessus, on comprendra sans doute que nous ne puissions guère subordonner à cette déclaration tout l'apport doctrinal du traité. Aussi convient-il de la situer dans son contexte.

« On a ainsi expliqué par quelle partie en mouvement l'âme meut le corps » [53], déclare l'auteur à propos des précisions plus techniques qui détaillent le fonctionnement du pneuma. Vient alors la comparaison avec une cité bien policée. L'ordre qu'on y relève (τάξις, τέτακται : a 31 et a 33) est manifestement d'ordre dynamique : ἅπαξ, γιγνομένων, γίγνεται, τόδε μετὰ τόδε. Dans la société harmonieuse et bien structurée dont nous parlent la *Politique* et, par allusions, Λ de la *Métaphysique*, pourquoi donc le déroulement des activités civiques exigerait-il l'intervention indiscrète d'un « deus ex machina » mis à part, κεχωρισμένος μόναρχος (a 31), en chacun des événements ? « Tous les

---

[52] Cf. A I 2, 403 b 25 - 404 b 8, 404 b 27 - 405 a 7, 405 b 11-12 ; A I 3 ; A I 5, 409 b 19-20, 411 a 24 - b 3 (exposés ou sommaires selon lesquels la fonction motrice est retenue à juste titre parmi les phénomènes à expliquer). A II 1, 413 a 8-9 (l'âme est-elle motrice à l'instar du nautonier ? Cf. *supra*, ch. III, s. II, pp. 137-140) ; A II 2-4 (cf. *ibid.*, pp. 130-136, 145-147) ; A III 3, 427 a 17-18, repris en 9, 432 a 15-17, que nous citions dans le texte. Ont, parmi beaucoup d'autres, souligné sur ce point l'unité du traité : HICKS, qui explique, p. 474, que l'examen du mouvement repose sur l'analyse des facultés « critiques » et devait donc leur être postérieur ; A. DE IVÁNKA, *Sur la composition du De an.* (*Rev. néo-scol. de philos.*, t. 32, 1930, pp. 75-83), *per tot.* : voulant surtout montrer, contre Jaeger, que la doctrine de l'intellect ne peut constituer un reliquat de type platonicien, l'auteur indique bien comment l'ouvrage exécute fermement un même et double dessein ; Fr. NUYENS, *L'évolution ...*, p. 218, donne un écho personnel à ces travaux.

[53] M 10, 703 a 28-29, traduit *supra*, p. 161, où l'on trouvera la suite de ce texte.

êtres sont ordonnés (συντέτακται) à un même but » ; si l'ordre est au
sommet « en sa perfection », il sera partout : « le chef doit détenir la
vertu éthique achevée, car l'œuvre relève essentiellement de l'architecte
et la raison est architectonique » [54], ce qui est bien le cas de la loi dans
notre État policé.

Le texte poursuit en soulignant, à tout le moins, une certaine
rigueur dans le parallèle : ἔν τε γὰρ τῇ πόλει (...), ἔν τε τοῖς ζῴοις
τὸ αὐτὸ τοῦτο (a 30, a 34). Que sera donc le fonctionnement (ποιεῖν
τὸ αὐτοῦ ἔργον, a 36, cf. b 1) des divers organes, sinon la traduction
de l'ordre dynamique auquel les voue, non plus la loi, mais la nature
elle-même ?

Rappelons-nous comment l'auteur conçoit cet ordre dynamique.
Le premier responsable du mouvement, nous l'avons vu, c'est l'âme
motrice, — motrice en tant que désirante, — et son caractère inétendu
ne l'empêche pas de résider au lieu d'origine du mouvement [55]. Une
seconde médiation, de nature corporelle cette fois, doit concourir
à la production de l'énergie motrice. Mais, notons-le bien, ce pneuma
est, lui aussi, localisé : « puisque le principe (scil. psychique) est, chez
les uns, dans le cœur, chez les autres, dans son équivalent, pour cette
raison il apparaît que le pneuma inné se trouve là également » [56]. Si
l'on se souvient en outre de la peine dépensée par l'auteur — exemples
géométriques et physiologiques à l'appui — pour montrer que le moteur
doit se trouver en deçà des organes à mouvoir, on entrevoit sans doute
l'idée dont il veut nous convaincre et le sens du propos, en somme
assez étrange, selon lequel « il n'est pas besoin d'une âme en chaque
organe » !

Satisfait d'avoir mis au jour l'instrument corporel d'une âme inéten-
due, il s'empresse de nous dire que sa trouvaille, loin de compromettre

---

[54] *Métaph.*, Λ 10, 1075 a 18-19 et *passim* (cité *supra*, ch. II, s. I, p. 45 et n. 37) : πρὸς
μὲν γὰρ ἓν ἅπαντα συντέτακται. *Polit.*, I 13, 1260 a 17-19 : τὸν μὲν ἄρχοντα τελέαν δεῖ
ἔχειν τὴν ἠθικὴν ἀρετήν · τὸ γὰρ ἔργον ἐστὶν ἁπλῶς τοῦ ἀρχιτέκτονος, ὁ δὲ λόγος ἀρχιτέκτων.

[55] Cf. M 8, 702 a 31-32 ; 9, 702 b 15-16, 703 a 2-3 ; 10, 703 a 4-5 ; cf. 7, 701 a 34-36,
cité *supra*, p. 166 et n. 38.

[56] M 10, 703 a 14-16. On aura vu que le dernier participe donne à la formule un
caractère de constat. Nous notions dans le *De gen. anim.*, II 6, 744 a 2-3 (*supra*,
ch. II, s. III, p. 83 et n. 26), que l'odorat et l'ouïe sont des « conduits pleins de pneuma
interne », mais on sait que la présentation de ce matériau n'est pas aisément réductible
à l'unité ; il s'agit au demeurant d'une autre fonction, de même qu'en *De gen. anim.*,
II 3, 736 b 36- 37, où Aristote postule sa présence dans le sperme.

l'unité du vivant, assure à ce dernier une cohésion dynamique qui est la marque d'une vie harmonieuse conforme à la nature. Et puisque en son livre II le traité hylémorphique par excellence reconnaît lui aussi une localisation de l'âme motrice [57], on trouvera peu révélateur, en somme, que notre passage s'exprime de même. Soit dit sans paradoxe, son intention propre serait plutôt celle d'un naturaliste qui se refuse à morceler le vivant et admire sans réserves l'unité naturelle qui lui donne la vie : ζῆν τῷ προσπεφυκέναι, 703 b 1.

On comprend à présent que les aristotélisants aient apprécié la haute tenue du *De motu animalium* alors même que, trompés par une remarque hypercritique de Rose, ils en niaient l'authenticité : « Insignis auctoris praeclara et diligens disputatio », disait-il lui-même ; à quoi Jaeger a répondu fort justement qu'on ne saurait s'en étonner, puisque tout concourt à révéler ici la main d'Aristote lui-même [58]. Nous notions tantôt le témoignage des listes anciennes, non négligeable assurément [59] ; on peut y ajouter à présent les liens de tout genre qu'a mis en lumière notre longue analyse : le traité suppose acquises maintes doctrines très élaborées de l'*Éth. Nic.*, de *Métaph.*, Λ, et surtout du *De anima*.

Le *De motu* se présente, vis-à-vis du *De anima*, comme un exposé souvent parallèle en effet, mais, on l'a vu, moins préoccupé de situer les prérogatives humaines par rapport au psychisme animal ; ainsi avons-nous reconnu ici une conception quelque peu ingénue du mécanisme qui conduit à l'action. Lorsqu'il marque la différence entre le pneuma et la chaleur, ainsi que le caractère inétendu de l'âme, il se différencie nettement, lui aussi, de ses prédécesseurs présocratiques et des écoles médicales, auxquels se rattacheront les stoïciens [60]. S'il localise l'âme ou l'une de ses facultés, c'est, à notre avis, pour souligner que les mouvements du vivant, normalement bien coordonnés, traduisent l'unité hiérarchique qui le caractérise ; ce faisant, le *De*

---

[57] A II 8, 420 b 27-29 (à propos de la phonation), cité *supra*, ch. III, s. II, p. 136, n. 20.

[58] W. JAEGER, *Das Pneuma* ..., p. 77 de la réimpr., puis A. MANSION, *La genèse* ..., p. 312.

[59] Cf. *supra*, ch. II, s. III, p. 99 et n. 77.

[60] Cf. W. JAEGER, *Das Pneuma* ..., p. 75 ; ce thème nous retiendra dans la section suivante à propos du *De iuventute*.

motu rejoint encore le *De anima* qui, répétons-le, ne craint pas de situer l'âme dans le cœur, en tant qu'elle commande le mouvement [61].

Au vu de ces constatations, on conviendra sans doute qu'il devient extrêmement imprudent de prétendre reconnaître dans le *De motu* une phase doctrinale nettement distincte de celle que codifie le *De anima* : non seulement les traits instrumentistes de celui-là sont compatibles avec l'hylémorphisme de celui-ci, mais encore — hormis les différences d'accent rappelées au début de l'alinéa précédent — les parallèles se sont révélés nombreux et précis, même sur le plan du vocabulaire et dans le cheminement que suit la mise en œuvre [62]. Rien ne permet dès lors, pensons-nous, d'affirmer que ces traits constituent à eux seuls, dans le *De motu*, une explication globale inspirée par une « philosophie instrumentiste » d'allure dualiste et, de ce chef, irréductible à l'hylémorphisme ; avant de tenir que, d'un écrit à l'autre, le Stagirite s'est dédit, il faudra par exemple prouver sur nouveaux frais que, de l'un à l'autre, la doctrine se contredit.

Il va de soi que l'on ne veut ni ne peut établir par là l'inexistence d'une période purement « instrumentiste » dans l'évolution d'Aristote ; peut-être même cette question est-elle inaccessible à toute démarche scientifique. On croit seulement devoir affirmer que le *De motu* ne saurait être allégué comme un témoin quelque peu sûr d'une telle période. Mais voici venir d'autres traités, dont l'examen pourrait compléter ou nuancer notre appréciation.

3. *Notes sur les autres écrits zoologiques.*

Il paraît opportun de toucher un mot des ouvrages que la plupart des critiques relient, non sans raisons plausibles, au *De motu* [63] ; nous

---

[61] Cf. encore le renvoi de la note 57, *supra*, et la conclusion énoncée p. 148.

[62] On rappellera, si besoin en est, la recherche, de part et d'autre, d'une formule plus précise que « l'intellect ou le désir » et la place accordée à l'imagination (*supra*, pp. 165-166), l'introduction du pneuma, faisant nombre avec les trois autres termes (p. 169), etc. Certes, le *De motu* n'offre pas d'assertions formelles sur la nature hylémorphique du vivant, mais on notera que ces propos revenaient plutôt au *De an.*, qui seul en traite *ex professo*, ou aux « Substanzbücher » de la *Métaph.*, lorsqu'ils examinent le statut de l'être au sens plénier, ou encore au *De gen. anim.*, qui explique la formation de la substance vivante.

[63] Fr. NUYENS, *L'évolution* ..., n'en examine que quelques textes, l'accent principal étant mis à diverses reprises, on l'a vu, sur les formules du *De motu* que nous venons d'étudier ; cf. pp. 159-162 (*De part. anim.*, touché encore aux pp. 198-202, 209-214), 170-171 (*De incessu*) ; l'*Hist. anim.* figure aux pp. 147-158, mais l'auteur veut surtout montrer l'accès d'Ar. à une psychologie plus générale, c'est-à-dire étendue à l'ensemble des vivants.

réservons seulement pour la section suivante le *De iuventute*, en raison
des problèmes particuliers qu'il soulève.

Nul ne tentera de minimiser la part de l'instrumentisme dans le
De partibus animalium, aux livres II à IV, que nous examinons en
premier lieu : parmi d'autres assertions, le cœur y est décrit de façon
répétée comme le siège de la chaleur vitale, de l'âme végétative et
sensitive [64]. Posséderions-nous ici un exposé conçu et rédigé avant
que l'auteur eût envisagé d'appliquer au vivant la doctrine hylémorphique, voire — qui sait ? — un traité qui renoncerait désormais à en
faire usage ? Comme la seule présence des schèmes instrumentistes
ne peut absolument plus accréditer l'une ou l'autre de ces hypothèses,
c'est dans d'autres directions qu'il faut nous orienter.

On relève dans le *De part. anim.* mainte annonce du *De gen. anim.* [65],
tandis que ce dernier présente parfois l'autre comme déjà composé[66].
Est-ce à dire que le philosophe veuille nous présenter le traité sur la
reproduction comme appartenant à un stade ultérieur de sa réflexion ?
Avant d'opiner dans ce sens, il serait bon de relire le prologue du
De gen. anim., qui avait attiré tantôt notre attention et que ne citent
ni Bonitz, ni Nuyens, pourtant si attentifs aux références : l'ouvrage
se distingue du *De part. anim.*, dit Aristote, par l'examen de la cause
motrice, mais il se relie étroitement à lui par sa visée d'ordre anatomique ; bref, les deux traités forment un diptyque : le premier, plus général,
est dominé par la recherche de la cause finale, le second, d'ordre génétique, par une réflexion sur le principe moteur [67]. Ces propos catégoriques
semblent ne laisser aucune vraisemblance à une interprétation chronologique des références ; à fortiori, on ne peut y trouver la confirmation

---

[64] Cf. respectivement *De part. anim.*, III 7, 670 a 23-26 ; II 1, 647 a 25-26 ; III 3,
665 a 10-13, III 5, 667 b 21-24, IV 5, 678 b 2-4 (références reprises au début de la section
suivante, p. 185, n. 10, dans un tableau des convergences avec le *De gen. anim.* et le
De iuvent.). Les coordonnées propres au livre I seront indiquées *infra*, pp. 179-181.

[65] *De part. anim.*, II 3, 650 b 8-11 ; II 7, 653 b 13-17 et II 9, 655 b 23-27 (cités *supra*,
ch. II, s. III, p. 102, n. 92) ; III 5, 668 a 7-9 ; III 14, 674 a 19-21 ; IV 4, 678 a 16-20 ; IV 10,
689 a 16-20 ; IV 11, 692 a 15-16 ; IV 12, 693 b 24-25, 694 a 27-28, 695 a 27-28 ; IV 14,697
b 29-30. Ces références, qu'avait repérées Bonitz, *Index*, 99 b 30 - 100 a 43, sont reprises partiellement par Fr. Nuyens, *L'évolution ...*, p. 262, n. 129.

[66] Deux références explicites (relevées par Nuyens, p. 262, n. 128) : *De gen. anim.*,
I 15, 720 b 18-20 et V 3, 782 a 20-22 ; quelques autres, moins formelles ou exclusives :
I 1, 715 a 1 (περὶ τῶν ἄλλων μορίων) ; I 16, 721 a 26-27 ; I 19, 726 b 1-3 ; IV 1, 765 b 6-8
(cité, de même que 782 a 20-22, *supra*, ch. II, s. I, p. 40, nn. 17 et 18) ; V 1, 778 b 1-2,
qui nous retiendra *infra*, p. 179 et n. 90.

[67] Cf. *De gen. anim.*, I 1, 715 a 11-18 ; *supra*, ch. II, s. I, pp. 36-37 et n. 3.

d'une évolution doctrinale en deux phases distinctes : lorsque l'un des
traités annonce les exposés génétiques du second, il se contente de
rappeler la répartition des matières entre les deux œuvres : c'est le
type même de la « séquence » méthodologique [68].

Mais peut-être l'analyse doctrinale n'a-t-elle pas dit son dernier mot ;
à tout prendre, si le Stagirite souligne de la sorte cette connexion des
traités dans l'exécution de son programme, leurs développements ne
trahiraient-ils pas çà et là des préoccupations similaires? Dans l'attente
d'une étude plus complète, nous ferions volontiers état des indices que
voici.

S'il renvoie régulièrement au *De gen. anim.* le traitement *ex professo* de la génération animale, le *De part. anim.* n'en manifeste pas
moins qu'il en connaît la doctrine. On ne vise pas ici certaines données
n'engageant guère la conception qu'Aristote se fait du vivant [69],
mais plutôt l'exposé qui, au seuil du livre II, esquisse les relations entre
éléments, tissus et parties différenciées.

« Tout être en formation, dit Aristote, accomplit sa genèse à partir
de quelque chose vers quelque chose, d'un principe vers un principe,
de celui qui est moteur prochain, possédant déjà telle nature, vers telle
forme [70] ou un autre but de ce genre : l'homme engendre l'homme, de
même la plante, à partir de la matière sous-jacente qui concerne chaque
être. Selon le temps, la matière et la genèse doivent être premières ;
selon la notion, c'est l'essence et la forme de chacun » [71].

Ce texte illustre l'adage bien connu de la *Métaphysique* : γενέσει
πρότερον, οὐσίᾳ ὕστερον, que nous retrouvions dans le *De gen. anim.* [72].
On remarque le couple matière-forme, dont la signification est confirmée

---

[68] Dans le *De part. anim.*, toutes les annonces du *De gen. anim.* réservent en effet à ce
dernier ces exposés. Sur les « séquences » en question, cf. *supra*, ch. III, concl., pp. 151-
153.

[69] Ainsi la formation du cœur avant les autres organes : *De part. anim.*, III 4, 666
a 20-22.

[70] Sur τις (cf. τινα φύσιν et τινα μορφήν, a 33), comme indiquant « un objet *indéterminé*, mais pourvu d'une *qualité bien connue* » ou encore un « *type défini* », cf. J. HUMBERT,
Syntaxe grecque, 1954, pp. 26.

[71] *De part. anim.*, II 1, 646 a 30 - b 2 : πᾶν γὰρ τὸ γιγνόμενον ἔκ τινος καὶ εἴς τι
ποιεῖται τὴν γένεσιν, καὶ ἀπ'ἀρχῆς ἐπ'ἀρχήν, ἀπὸ τῆς πρώτης κινούσης καὶ ἐχούσης ἤδη τινὰ
φύσιν ἐπί τινα μορφὴν ἢ τοιοῦτον ἄλλο τέλος · ἄνθρωπος γὰρ ἄνθρωπον καὶ φυτὸν γεννᾷ φυτὸν
ἐκ τῆς περὶ ἕκαστον ὑποκειμένης ὕλης. τῷ μὲν οὖν χρόνῳ προτέραν τὴν ὕλην ἀναγκαῖον εἶναι
καὶ τὴν γένεσιν, τῷ λόγῳ δὲ τὴν οὐσίαν καὶ τὴν ἑκάστου μορφήν.

[72] *De gen. anim.*, II 6, 742 a 21-22 ; cf. *supra*, p. 123, n. 40, et les références.

par deux exemples empruntés à l'art de construire [73] et appuyée par l'opposition entre le devenir et l'essence. Mais on relève aussi l'expression caractéristique qui inscrit ce devenir entre les deux termes complémentaires, moteur et final, et qui définit le « principe *moteur* prochain » d'une façon si familière pour nous : « celui qui possède déjà telle *nature* » : voilà évoquée en peu de mots l'action génératrice du mâle, chargé de transmettre la nature spécifique [74]. Or, ce disant, Aristote vise-t-il la même réalité que dans le *De gen. anim.* ? Parlant de ce qui caractérise le vivant comme vivant de telle espèce, lui assurant le mouvement qui le porte à sa fin, songe-t-il vraiment à l'âme-forme, telle que la conçoit l'hylémorphisme ?

Il semble difficile d'en décider : l'âme n'est point nommée ici ; au demeurant, elle n'apparaît guère davantage dans le long exposé d'anatomie comparée qui remplit ces livres II à IV [75]. Dans le présent contexte, on constate seulement l'analogie avec le traité sur la reproduction, sinon pour la mention de l'âme, du moins dans l'interprétation générale de la genèse biologique : même insistance sur le substrat approprié [76] et, on l'a vu, sur la génération comme passage $\mathring{\alpha}\pi'\mathring{\alpha}\rho\chi\hat{\eta}\varsigma\ \mathring{\epsilon}\pi'\mathring{\alpha}\rho\chi\acute{\eta}\nu$, avènement de l'$o\mathring{\upsilon}\sigma\acute{\iota}\alpha$ sous l'action d'une cause motrice prochaine [77]. Cette parenté pourrait se confirmer, ne serait-ce qu'indirectement, à la lecture des indications suivantes.

L'être vivant dont traite le *De part. anim.* est-il plutôt présenté comme biparti, consistant dès lors dans l'union de deux réalités — psychique et somatique — qui garderaient peu ou prou leur autonomie de substances ? Ou bien la synergie psycho-somatique revêt-elle ici des traits qui traduisent mieux une conception foncièrement unitaire ? Le début du présent paragraphe a évoqué les propos instrumen-

---

[73] *De part. anim.*, II 1, 646 a 27-28 et b 4-5.

[74] Cf. *supra*, ch. II, s. II, pp. 62-67. Qu'il s'agisse bien de nature *spécifique*, on s'en convainc en voyant la $\phi\acute{\upsilon}\sigma\iota\varsigma$ en question (*De part. anim.*, II 1, 646 a 33) appelée plus loin $\mathring{\epsilon}\kappa\acute{\alpha}\sigma\tau\sigma\upsilon\ \mu\sigma\rho\phi\acute{\eta}$ (*ibid.*, 646 b 2) : il ne peut s'agir de l'individu comme tel, mais de l'espèce, ainsi que l'atteste le début du chapitre (*ibid.*, 646 a 10) : $\delta\iota'\mathring{\alpha}\varsigma\ \alpha\mathring{\iota}\tau\acute{\iota}\alpha\varsigma\ \mathring{\epsilon}\kappa\alpha\sigma\tau\sigma\nu$ $\tau\sigma\hat{\upsilon}\tau\sigma\nu\ \mathring{\epsilon}\chi\epsilon\iota\ \tau\grave{\sigma}\nu\ \tau\rho\acute{\sigma}\pi\sigma\nu,\ \mathring{\epsilon}\pi\iota\sigma\kappa\epsilon\pi\tau\acute{\epsilon}\sigma\nu\ \nu\hat{\upsilon}\nu.$

[75] On citait tantôt (n. 64) *De part. anim.*, III 5, 667 b 28-29, et IV 6, 678 b 2-4, qui « localisent » l'âme sensitive en tel organe.

[76] Cf. *De part. anim.*, II 1, 646 a 34-35 : $\mathring{\epsilon}\kappa\ \tau\hat{\eta}\varsigma\ \pi\epsilon\rho\grave{\iota}\ \mathring{\epsilon}\kappa\alpha\sigma\tau\sigma\nu\ \mathring{\upsilon}\pi\sigma\kappa\epsilon\iota\mu\acute{\epsilon}\nu\eta\varsigma\ \mathring{\upsilon}\lambda\eta\varsigma.$ *De gen. anim.*, IV 1, 766 a 12 : $\mathring{\epsilon}\kappa\ \tau\sigma\iota\alpha\acute{\upsilon}\tau\eta\varsigma\ \mathring{\upsilon}\lambda\eta\varsigma\ \mathring{\eta}\varsigma\ \delta\epsilon\kappa\tau\iota\kappa\acute{\sigma}\nu\ \mathring{\epsilon}\sigma\tau\iota$; II 4, 738 b 26-27 : $\mathring{\eta}\ \gamma\grave{\alpha}\rho\ \psi\upsilon\chi\grave{\eta}\ \sigma\mathring{\upsilon}\sigma\acute{\iota}\alpha\ \sigma\acute{\omega}\mu\alpha\tau\acute{\sigma}\varsigma\ \tau\iota\nu\acute{\sigma}\varsigma\ \mathring{\epsilon}\sigma\tau\iota\nu$; *supra*, ch. II, s. II, pp. 69-70.

[77] Cf. *De part. anim.*, II 1, 646 a 31-32, b 1 (*supra*, n. 71). *De gen. anim.*, I 21, 729 b 14-21 (*supra*, ch. II, s. II, p. 56, n. 31 et *passim*).

tistes qui ont induit Nuyens à opiner résolument dans le premier sens.
Il en est toutefois d'autres, qui permettent de se demander si ceux-là
ne seraient pas, une fois encore, intégrés à une réflexion de type
hylémorphique.

On songe aux liens qu'entretiennent, au livre II, finesse de l'« intelligence » et pureté du sang [78], équilibre thermique et haut développement du cerveau humain [79], propriétés de la langue et qualité des
perceptions chez l'homme [80]. Le livre III met les coordonnées du cœur
en relation avec le « caractère » des diverses espèces animales [81], ensuite
la structure du diaphragme ainsi que la finesse de la peau, d'une part,
avec, d'autre part, le … propre de l'homme : le mouvement qui accompagne le rire est transmis au diaphragme, et le phénomène « rend
manifeste notre pensée, en même temps qu'il l'ébranle en dépit de
notre intention » [82] ; ces derniers mots, dans le contexte du traité,
semblent bien souligner une exception — relevant des privilèges de
l'homme — à ce qui, dès lors, paraît être la règle, c'est-à-dire l'unité
psycho-somatique. Au livre IV, enfin, figurent les développements
illustres qui relient station droite et pensée, intelligence et main :
l'homme n'est point intelligent parce qu'il utilise cet ὄργανον πρὸ
ὀργάνων, il en dispose parce qu'il est intelligent [83].

Ces multiples corrélations traduisent-elles une théorie différente
de l'hylémorphisme ? On voudra bien noter que le *De anima*, au livre II,
professe les mêmes vues, dans les mêmes termes : le sens du toucher,
dit-il notamment, est beaucoup plus précis chez l'homme que chez
les autres animaux, διὸ καὶ φρονιμώτατόν ἐστι τῶν ζῴων [84] ; il en va
de même pour le *De gen. anim.*, tant dans le choix des paradigmes

[78] *De part. anim.*, II 2, 648 a 2-11; cf. 7-8 : τὰ ψυχρὸν ἔχοντα καὶ λεπτὸν αἷμα φρονι-
μώτερα. II 4, 650 b 18-27, cf. 19-21 : ἔνιά γε καὶ γλαφυρωτέραν ἔχειν τὴν διάνοιαν (...)
διὰ τὴν λεπτότητα. Cf. II 10, 656 b 3-4.

[79] Cf. *De part. anim.*, II 7, 652 b 16-22, 26-27, 653 a 27-30; II 14, 658 b 7-8.

[80] *De part. anim.*, II 17, 660 a 16-25, cf. a 20-22 : ὁ γὰρ ἄνθρωπος εὐαισθητότατος (...),
καὶ ἡ μαλακὴ γλῶττα · ἁπτικωτάτη γάρ, ἡ δὲ γεῦσις ἁφή τίς ἐστιν.

[81] *De part. anim.*, III 4, 667 a 11-22, cf. a 11-13 : αἱ δὲ διαφοραὶ τῆς καρδίας (...)
τείνουσί πη καὶ πρὸς τὰ ἤθη.

[82] *De part. anim.*, III 10, 672 b 30-33, 673 a 1-10, 26-28, cf. a 4-6 : (...) διὰ τὸ τὴν
κίνησιν ἀφικνεῖσθαι ταχὺ πρὸς τὸν τόπον τοῦτον, (...) ποιεῖν ὁμῶς (ὅπως S, ὅλως Υ, ὅμως
rell., edd.) ἐπίδηλον τὴν διάνοιαν καὶ κινεῖν παρὰ τὴν προαίρεσιν.

[83] *De part. anim.*, IV 10, 686 a 25-29, 687 a 7-23, cf. a 16-21.

[84] *De an.*, II 9, 421 a 20-23.

que dans l'énoncé des corrélations [85]. Mais peut-être nous faut-il
voir plus large et plus profond : dans les trois traités, ces corrélations
n'impliquent-elles pas un aspect, peu souligné encore, du finalisme
aristotélicien ?

Expliquant la genèse du vivant et prenant pour exemple la construction d'une maison, le *De part. anim.*, livre II, pose résolument que « la
notion de l'entreprise inclut celle de l'habitation ; mais celle-ci ne présuppose point celle-là » [86]. Sans doute n'est-ce qu'une comparaison,
mais elle nous enseigne que le λόγος du vivant dispose d'une remarquable
priorité par rapport aux réalités mises en œuvre ; elle rend compte
par là même du propos, cité à la page prédécente, sur la subordination
de la main aux facultés psychiques : la genèse de l'organisme est
appelée par sa fin, qui suggère ainsi une idée spécifique immanente
et dynamique, bref, une âme-forme. Les autres corrélations que nous
avons énumérées s'éclairent du même coup : sans doute un tel parallélisme psycho-physiologique pouvait-il, théoriquement, s'accommoder
aussi d'un principe vital ayant un statut substantiel ; on voit à présent
que la pensée d'Aristote est autre : ces corrélations manifestent simplement l'unité d'un être commandé tout entier par une fin dont le dynamisme apparaît ici dans une plus vive lumière. L'idée du tout appelle la
différenciation des parties que met en œuvre le mouvement générateur :
la genèse s'opère ἀπ'ἀρχῆς ἐπ'ἀρχήν, ἀπὸ τῆς πρώτης κινούσης καὶ
ἐχούσης ἤδη τινὰ φύσιν ἐπί τινα μορφήν [87].

Comme dans le *De motu*, mais pour des raisons différentes, on constate
dès lors en *De part. anim.*, II-IV, que l'existence de l'hylémorphisme
psychologique n'est point suspendue à l'affleurement d'une définition
canonique présentant l'âme comme forme du substrat corporel. Dans
les livres que nous venons d'examiner, la présence de cette doctrine
se trouve bien plutôt suggérée par la convergence de trois coordonnées :
théorie génétique qui recouvre celle du traité sur la reproduction,
synergie psycho-somatique très marquée, priorité de la fin spécifique

---

[85] *De gen. anim.*, II 6, 742 a 25-28 et *De part. anim.*, IV 10, 687 a 12-15 (cf. *supra*
et n. 83), recourent pareillement à l'exemple de la flûte pour illustrer la priorité de la
faculté sur l'organe, qui est suscité par elle ; à *De part. anim.*, II 7 (cf. *supra* et n. 79),
correspond exactement *De gen. anim.*, II 6, 744 a 28-31 : δηλοῖ δὲ τὴν εὐκρασίαν ἡ
διάνοια · φρονιμώτατον γάρ ἐστι (...).

[86] *De part. anim.*, II 1, 646 b 3-4 (pour le contexte, cf. *supra*, p. 175 et n. 71) :
ὁ μὲν γὰρ τῆς οἰκοδομήσεως λόγος ἔχει τὸν τῆς οἰκίας, ὁ δὲ τῆς οἰκίας οὐκ ἔχει τὸν τῆς οἰκοδομήσεως.

[87] *De part. anim.*, II 1, 646 a 31-33 (*supra*, n. 71).

— non substantielle, comme par définition — sur les divers aspects du phénomène vital. Il devient par conséquent périlleux de soutenir que le grand exposé d'anatomie comparée s'inspire d'une « philosophie instrumentiste » de tendance dualiste : les indices relevés évoquent le même monde d'idées que celui du *De anima*.

Le livre I du *De part. anim.* présente à cet égard une situation plus simple, dont nous allons toucher un mot. Il paraît sûr que le traité a connu une édition qui ne l'incluait pas, comme l'a bien montré Nuyens ; toutefois, la réciproque ne s'impose nullement : cet exposé n'a pu former un traité à part, mais seulement l'introduction à un ou plusieurs ouvrages de biologie [88]. On se gardera donc de traiter *a priori* les quatre livres comme un tout homogène, sans pour autant préjuger du stade doctrinal qui caractériserait le premier d'entre eux.

Dans la ligne des réflexions précédentes, il convient sans doute de relever une formule du *De gen. anim.* qui semble n'avoir pas été épinglée. Affirmant, comme l'on sait, que « pour toutes les productions de la nature qui sont ordonnées et déterminées, (…) c'est plutôt leur réalité de telle sorte qui les fait devenir telles ou telles : le devenir est l'acolyte de l'essence et existe en vue de celle-ci, au lieu que ce soit l'inverse »[89], Aristote introduit ce propos comme suit : ὥσπερ γὰρ ἐλέχθη κατ᾽ ἀρχὰς ἐν τοῖς πρώτοις λόγοις [90]. Or, le même traité n'offre point le précédent attendu, que l'on repère au contraire dans le *De part. anim.* : au livre I, très clairement, mais aussi, comme le suggère peut-être le pluriel, au livre II, notamment dans un passage commenté tantôt [91]. Pas plus ici qu'ailleurs on ne tirera de ce fait aucune conclusion d'ordre chronologique ; mais, outre la confirmation du lien méthodologique qui rapproche ces exposés, on voit souligner de la sorte une même préoccupation d'ordre métaphysique.

Celle-ci prend forme, en *De part. anim.*, I, dans les expressions les plus explicites de l'hylémorphisme, dont certaines ont d'ailleurs éclairé notre compréhension de cette doctrine : « homonymie » régnant entre

---

[88] Cf. Fr. Nuyens, *L'évolution* …, pp. 198-199 ; A. Mansion, *Introd.* …, pp. 32-33, et nos suggestions *supra*, ch. II, s. III, p. 99, n. 77.

[89] *De gen. anim.*, V 1, 778 b 3-6 (cité *supra* ch. II, s. I, p. 39, n. 12).

[90] *Ibid.*, 778 b 1-2.

[91] *De part. anim.*, I 1, 640 a 15-26, notamment a 15-19 et 25-26 (cf., en 640 b 4 - 641 a 9 surtout, une critique des Physiologues, analogue à celle de *De gen. anim.*, V 1, 778 b 7-10) ; II 1, 646 a 24 - b 6 (cf. *supra*, n. 71).

le vivant et le cadavre, définition du vivant par sa « forme », relativité du substrat, coïncidence des causes formelle, motrice et finale [92].

Nuyens estime cependant que ces développements trahissent une *transition* entre l'instrumentisme et l'hylémorphisme, Aristote se demandant encore si « la forme, c'est l'âme, ou l'une de ses parties » ; de même, ce n'est pas au philosophe de la nature qu'il revient de traiter de toute espèce d'âme, οὐδὲ γὰρ πᾶσα ψυχὴ φύσις, ἀλλά τι μόριον αὐτῆς, ἓν ἢ καὶ πλείω [93]. Selon notre devancier, cette « étape nouvelle », où l'âme « n'est forme qu'en quelques-unes de ses parties », représente pour le Stagirite une « solution provisoire », car, « dans le *De anima*, l'âme est identifiée sans plus à la forme substantielle » [94]. Qu'en est-il au juste ?

On constate que les assises du raisonnement ne résistent pas à l'examen. Concluant la première démonstration hylémorphique, le *De anima* note, lui aussi : « il est en effet des parties de l'âme dont l'entéléchie est celle des organes correspondants » [95]. D'autre part, à propos de la forme, Aristote emploie bien une première formule d'apparence ambiguë : Εἰ δὴ τοῦτό ἐστι ψυχὴ ἢ ψυχῆς μέρος, mais c'est précisément pour faire percevoir le problème que pose la compétence du biologiste : il montre aussitôt que sa science ne saurait englober l'immatériel, οὐδὲ γὰρ πᾶσα ψυχὴ φύσις ; peu importe le nombre exact des facultés qui restent de son ressort, l'âme humaine ne saurait être forme à tous égards [96]. On s'explique d'ailleurs l'erreur de Nuyens : tenant les livres II à IV pour typiquement instrumentistes, il pouvait malaisément reconnaître un hylémorphisme franc au livre I, même en accentuant l'hiatus littéraire qui le sépare des trois autres. Ce danger de distorsion s'es-

---

[92] Cf. respectivement *De part. anim.*, I 1, 640 b 33 - 641 a 2 (cité *supra*, ch. II, s. II, p. 61, n. 15) ; 641 a 15-18 (cité *ibid.*) ; 641 b 26-27 (*ibid.*, p. 69, n. 49) ; 641 a 27 (*ibid.*, p. 74, n. 69) : ces divers traits correspondent aux quatre paragraphes de notre section sur « l'unité substantielle du vivant » dans le *De gen. anim.*

[93] *De part. anim.*, I 1, 641 a 17-18, b 9-10.

[94] Fr. Nuyens, *L'évolution ...*, pp. 199-201, 209-214 (cf. pp. 214, 213, 209), dont s'inspire — avec prudence — J.M. Le Blond, *Ar.,philosophe de la vie*, 1945, pp. 151-152.

[95] *De an.*, II 1, 413 a 5-6 (trad. Barbotin) : ἐνίων γὰρ ἡ ἐντελέχεια τῶν μερῶν ἐστιν αὐτῶν. Nuyens commentera plus loin ce texte correctement (pp. 272-273), mais il ne semble pas avoir aperçu qu'il traduit la même doctrine que celle du *De part. anim.* W.F.R. Hardie, *Ar.'s Treatment ...*, p. 62 et n. 56, qui note cette concordance, semble croire que Nuyens perd de vue l'exception majeure présentée en *De an.*, III 4-5, à propos de l'intellect. Cf. encore *De an.*, II 2, 413 b 24-28.

[96] Cf. *De part. anim.*, I 1, 641 a 17-18 et 28, a 29 - b 8, b 9-10.

tompe, on l'aura remarqué, si l'on consent à reconnaître que la doctrine des livres II à IV correspond à la perspective hylémorphique.

Resteraient à examiner le *De incessu animalium* et l'*Historia animalium*, œuvres qui, jusqu'à présent, n'ont pas fourni de données sur les relations de l'âme et du corps : c'est ce dont convient Nuyens; celui-ci estime toutefois que le caractère instrumentiste de ces écrits apparaît suffisamment probable au vu de leurs liens avec le *De motu* et le *De partibus* [97]. Mais, après ce que nous venons d'indiquer pour ce dernier et ce que disait du *De motu* le paragraphe précédent, on saisit pourquoi ces mêmes liens invitent bien plutôt à ne pas ratifier la conclusion de l'auteur : une parenté avec des écrits qui nous ont paru graviter dans l'orbite du *De anima* — ou, du moins, ne pas présenter de divergences doctrinales notables vis-à-vis de lui — ne peut être invoquée pour les situer à un stade très différent de l'évolution aristotélicienne.

4. *Conclusion.*

Certes, en rigueur de termes, un seul témoignage suffisamment clair permet d'établir chez Aristote l'existence d'une période « purement instrumentiste », c'est-à-dire d'une phase au cours de laquelle l'auteur n'accorde pas aux vivants le haut degré d'unité qui caractérise à ses yeux les autres substances; nous devrons voir si le *De iuventute* est représentatif de pareil stade, et peut-être d'autres traités peuvent-ils lui être joints. Mais sans doute a-t-on perçu avec nous, à mesure que progressaient nos analyses, combien s'amenuise la place d'une telle période dans l'élaboration des écrits qui traitent directement de la vie.

Au vu des œuvres que nous avons pu examiner plus à loisir, on pourrait proposer les précisions que voici. Aristote s'intéresse très fréquemment au « comment » des phénomènes vitaux, l'ampleur et l'objet exact de ses développements variant, comme bien on pense, avec les divers problèmes qu'il examine; mais ce type d'explication n'est-il point indifférent, par lui-même, au regard de la métaphysique — uni-

---

[97] Fr. Nuyens, *L'évolution* ..., pp. 170-171 pour le *De incessu*; p. 158 pour l'*Historia anim.*, dont on doit dire, avec Nuyens (cf. p. 147), qu'il constitue une « compilation » : les faits rassemblés dans ce gros recueil peuvent donc, ainsi que l'ont noté beaucoup de critiques, provenir d'observations remontant à des époques très différentes.

taire ou dualiste — que professe l'auteur ? Ceci laisserait ouverte la
possibilité que des matériaux anciens aient été intégrés dans un cadre
nouveau : par exemple, le résultat de recherches menées durant une
période dualiste serait incorporé à un traité conçu selon la doctrine
hylémorphique ; en principe, la signification de ces données se modifie
alors sensiblement, dans la mesure où elles traduisent désormais la
causalité motrice de l'âme-forme. Mais il nous faut constater qu'une
telle différence ne nous est pas apparue dans les textes. La raison pourrait en être double : d'une part, les traités analysés seraient effectivement, tous et chacun, conçus et rédigés dans la perspective hylémorphique, ce qui ôterait la possibilité de comparer les schèmes instrumentistes imaginés à ce moment et ceux qui seraient antérieurs ; ou encore,
comme on se le demandait à l'instant, ces schèmes — de type empirique,
ou conçus dans le prolongement de l'expérience — seraient par eux-
mêmes conciliables avec des philosophies différentes.

Ces propositions peuvent nous rester présentes au cours de la section
suivante ; sans doute se nuanceront-elles à la lecture d'un autre écrit,
assurément plus singulier qu'il n'a semblé jusqu'à présent : le *De
iuventute*.

Section II. « De iuventute »

Déjà nous avons jeté la sonde dans les *Parva Naturalia*. Les six
premiers nous sont apparus dans le sillage du *De anima* [1]. D'autre part,
si le *De motu* n'est pas édité sous ce titre collectif (d'origine médiévale),
son objet intéresse à la fois l'âme et le corps, comme le *De anima*
semble bien le noter expressément [2]. Or, d'après le prologue de la série,
telle est précisément la perspective de ces écrits : sensation et mémoire,
désir, plaisir et peine, jeunesse et vieillesse, inspiration et expiration,
vie et mort, tout cela implique la sensation, laquelle διὰ σώματος
γίγνεται τῇ ψυχῇ [3].

Au vu de cette parenté entre les sujets étudiés, allons-nous considérer
cette collection comme vraiment homogène au plan doctrinal ? Diverses
études récentes nous invitent à n'en rien faire. S'il est vrai que Theiler

[1] Cf. *supra*, concl. du ch. III, pp. 153-154.
[2] Cf. *De an.*, III 10, 433 b 19-21 ; *supra*, s. I, p. 168, n. 47.
[3] *De sensu*, 1, 436 a 7-10, 14-15, 17-18, b 1-7, cf. b 6-7.
[4] W. Theiler, *Ar. Ueber die Seele*, 1966², pp. 75-77, situe l'ensemble des *P.N.*, le *De*

et Siwek admettent une telle unité [4], Nuyens, Ross et Düring soulignent des différences entre ces divers petits traités ; tous trois jugent comme étant le plus ancien le *De iuventute*, en mettant sous ce titre également ce qui le suit jusqu'à la fin des *Parva Naturalia* [5].

Au point où nous en sommes, il semble tout indiqué de nous intéresser à cet écrit et d'adopter comme hypothèse de départ son ancienneté relative. On verra chemin faisant quel genre d'unité caractérise ce petit ensemble ; un coup d'œil sur les thèmes qu'il traite montre que ceux-ci s'ordonnent tant bien que mal autour de la respiration, condition primordiale de la vie [6], et divers témoignages, par exemple celui

---

motu et le *De part. anim.* vers 330, c'est-à-dire quelque cinq ans *après* le *De an.* P. SIWEK, *Ar. P.N.*, 1963, pp. XIII-XV et *Ar. Tr. De an.*, 1965, pp. 14-21, soutient que toute la doctrine des *P.N.* est compatible avec celle du *De an.*, que celle-là suppose celle-ci et la complète.

[5] Fr. NUYENS, *L'évolution ...*, pp. 163-170, 254-256 ; W.D. Ross, *Ar. P.N.*, 1955, pp. 17-18 (les quatre précédents, c'est-à-dire la série à partir du *De somno*, relèveraient également de la période biologique, celle de l'*Hist. anim.* et du *De part. anim.*) ; I. DÜRING, *Aristoteles*, 1966, p. 562.

[6] Estimant superflue dans le cas présent une analyse détaillée du *De iuventute*, nous en donnons ici, d'après Ross (p. 182), un argument sommaire (la division du texte en chapitres, rappelons-le, ne remonte qu'à l'édition érasmienne de Bâle, 1550) ; cet aperçu montre par exemple qu'il serait difficile de diviser ce petit ensemble en divers traités :

1. Le siège de l'âme végétative et de l'âme sensitive.

2 et 3. Importance de la partie centrale chez les animaux et les plantes.

4. Le cœur, principe de la chaleur vitale.

5. Le feu s'éteint de deux façons.

6. Comment se conserve la chaleur naturelle des plantes et des animaux.

7. (Ici commence le *De resp.*) Erreurs anciennes concernant la respiration.

8 à 11. Critique d'Anaxagore et de Diogène, de Démocrite, de Platon.

12. La respiration n'a pas pour but de conserver la chaleur naturelle.

13. Critique d'Empédocle.

14. Tout animal a besoin d'une réfrigération.

15 et 16. Comment et par quel organe elle est produite.

17. La Nature utilise la bouche pour la nutrition et pour la respiration.

18. L'ingestion d'eau par les cétacés ne vise pas la réfrigération.

19. Pourquoi certains animaux ont des poumons, et d'autres des branchies.

20. Critique d'Empédocle à propos des animaux aquatiques.

21 et 22. Raison et mécanisme de la respiration.

23. La mort et ses modalités.

24. Définitions : genèse et vie, jeunesse et vieillesse, maturité, mort.

25. Pourquoi les animaux qui respirent étouffent dans l'eau, et les poissons dans l'air.

26 et 27. Trois actions du cœur : palpitation, pulsation, respiration. Conclusion.

du catalogue attribué à Ptolémée, donnent à penser qu'on a vu aussi bien dans cet écrit une dissertation « sur la vie et la mort » [7].

Comme Nuyens et Ross basent leur datation relativement haute du traité sur son caractère résolument instrumentiste, — on s'en doutait un peu, — nous aborderons à notre tour, mais par un autre biais, cet aspect de sa doctrine. Celui-ci nous mettra sur la piste de particularités dignes, pensons-nous, de retenir l'attention.

1. *L'instrumentisme du traité.*

Puisque les ressemblances entre le *De iuventute* et le *De partibus anim.*, II-IV, relevées longuement par Ross [8], semblent bien ne permettre aucun doute raisonnable quant à une similitude réelle entre ces deux exposés, nous élargirons le débat en indiquant quelques parallèles entre ces traités et le *De gen. anim.* On s'aperçoit rapidement qu'il en va comme de mainte coalition : le fait de souscrire aux mêmes thèses et d'affronter les mêmes problèmes — *in casu* l'explication du vivant — n'exclut pas que les partenaires s'inspirent à des sources différentes, ni qu'ils puissent éprouver des sincérités successives. Mais comparaison n'est pas raison : il nous faut d'abord indiquer, même en bref, ce qui rapproche les trois écrits.

Dans les trois cas, le cœur est le « principe » des vaisseaux ; différencié en premier lieu, il fabrique le sang qui dessert les divers organes [9]. Siège

---

[7] Ce titre doit désigner le *De iuventute* et la suite : comme le signale Ross (*Ar. P.N.*, p. 3), trois titres antérieurs de la liste visent respectivement le *De sensu*, puis les quatre suivants, enfin le *De longit.* Cf. P. Moraux, *Les listes anciennes* ..., 1951, pp. 296-297. Nous avons relevé *supra*, ch. III, s. II, p. 135, n. 17, deux témoignages remontant au XIIIᵉ siècle et qui concernent respectivement le *De longit.* et le *De vita et morte.*

[8] W.D. Ross, *Ar. P.N.*, pp. 6-10, étoffant les observations de Fr. Nuyens, *L'évolution* ..., pp. 163-170, et de H.J. Drossaart Lulofs, *Ar. De insomniis* ..., 1947, p. xiv, Cf. encore I. Block, *The Order* ... (*Am. Journ. of Philol.*, 1961), p. 59, et I. Düring, *Aristoteles*, p. 562 : « Keine der Schriften in dieser Sammlung steht der Schrift PA II - IV so nahe wie diese ».

[9] Comme les divergences verbales sont souvent minimes, on nous permettra, pour cette note et les deux suivantes, d'abréger les citations.

N.B. : *GA = De gen anim.*, ; *PA = De part. anim.*; *Iuv = De iuventute.*

Le cœur, principe des vaisseaux, ἀρχὴ τῶν φλεβῶν, *GA*, II 4, 740 a 22-23 ; IV 8, 776 b 12-13 ; *PA*, II 9, 654 b 11 ; III 4, 665 b 15-16, 31-34 ; *Iuv*, 3, 468 b 31-32 ; 14, 474 b 7.

Le cœur, formé en premier lieu : *GA*, II 4, 740 a 3-4 (πρῶτον ... ἐνεργείᾳ ...) ; *PA*, III 4, 666 a 10-11 ; *Iuv*, 3, 468 b 28.

Production du sang destiné aux organes : *GA*, III 11, 762 b 25-26 (ἀρχὴν ... τῶν μορίων αἱματικήν) ; *PA*, II 1, 647 b 5-6 ; III 4, 666 a 7-8, 21-22 (ὡς ἀρχὴ τῆς φύσεως) ; *Iuv*, 3, 469 a 1-2 (ἐξ οὗ) ; 14, 474 b 4-5 (id.) ; 26, 480 a 6-7 (αἷμα ... δημιουργεῖται).

de la chaleur vitale, de l'âme végétative et sensitive [10], il exerce son action sur l'individu à partir du centre [11]. Alors que certaines sensations se produisent dans la tête, c'est au cœur qu'elles aboutissent toutes; ceci requiert un mot d'explication, d'autant que Block, on s'en souvient, fait grand cas de ce que disent les divers traités du rôle dévolu respectivement au cœur et aux divers organes sensoriels [12].

A propos de ces derniers, nous avons cité déjà un texte du *De gen. anim.*, II 6, qui indique en passant que tous « sont situés sur des conduits » [13]. Ceux-ci défèrent-ils les sensations au cœur du vivant? C'est ce qu'implique un autre passage du même traité, V 2; mais on doit admettre, avec divers critiques, qu'il s'agit ici d'une pièce rapportée, et il se pourrait qu'elle ait été rédigée à partir d'œuvres différentes, sans considération d'une éventuelle évolution chez Aristote [14]. En fait, d'autres assertions du *De gen. anim.* — non suspectes, celles-là — aboutissent au même résultat lorsqu'elles localisent franchement dans le cœur le principe sensitif [15].

Cette dernière thèse se retrouve, d'abord telle quelle, puis précisée,

---

[10] Chaleur, principe végétatif et sensitif :

GA : respectivement II 6, 743 b 27; IV 1, 766 a 34-36 (cf. *supra*, ch. II, s. III, p. 91, n. 50); II 6, 743 b 25-26 (cité *ibid.*, p. 82, n. 24; *infra*, n. 15);

PA : resp. III 7, 670 a 23-26; II 1, 647 a 25-26; *ibid.*, III 3, 665 a 10-13, III 5, 667 b 28-29, IV 5, 678 b 2-4;

Iuv : resp. 4, 469 b 9-15; 3, 469 a 6; *ibid.*, a 5-6.

[11] *GA*, II 6, 742 b 1; II 7, 747 a 20 ;

PA, III 3, 665 a 10-13; III 4, 665 b 18-20; 666 a 14-16;

Iuv, 2, 468 a 20-23, 4, 469 a 24 - b 1; 23, 478 b 31 - 479 a 1.

[12] I. BLOCK, *The Order* ..., pp. 62-74; cf.*supra*, ch. I, s. II, p. 23.

[13] *GA*, II 6, 743 b 36 - 744 a 6 (cité *supra*, ch. II, s. III, p. 83) : ἐστι (...) ἐπὶ πόρων (...); les organes du toucher et du goût ne sont autres que le corps, ou une part du corps, tandis que ceux de l'ouïe et de l'odorat aboutissent aux vaisseaux qui, venant du cœur, avoisinent le cerveau; *ibid.*, a 8-13 : les yeux sont, eux, en liaison avec les méninges.

[14] *GA*, V 2, 781 a 20-22 : οἱ γὰρ πόροι τῶν αἰσθητηρίων πάντων, ὥσπερ εἴρηται ἐν τοῖς περὶ αἰσθήσεως, τείνουσι πρὸς τὴν καρδίαν (...). Ceci éclaire les propos précédents, mais en les durcissant; cet indice, ajouté à ceux que relève A.L. PECK, *Ar. The Generation of Animals* (Loeb Cl. Libr.), pp. 563-565, semble justifier cet auteur lorsqu'il voit dans le passage 781 a 20 - b 5 une addition postérieure, composée à partir d'éléments aristotéliciens mal coordonnés. Quant au renvoi dont il est question ici, on sait que rien n'y correspond dans notre *De sensu*; W. THEILER, *Ar. Ueber die Seele*, p. 75, n. 1, note qu'il peut désigner par ce titre — le premier des *P.N.* — l'ensemble de la série et, dès lors, viser *Iuv*, 3, que nous allons citer.

[15] Cf. *De gen. anim.*, II 6, 743 b 25-26 (rappelé à la note 10 *supra*) : τὴν ἀρχὴν ἐν τῇ καρδίᾳ τῶν αἰσθήσεων εἶναι.

dans le *De partibus* [16] ; hormis des variantes peu significatives pour notre propos, les organes spécialisés sont localisés de la même façon : goût et toucher, en particulier, ont un lien direct avec le cœur [17]. Quant au *De iuventute*, il énonce cette même liaison directe et l'existence de sensations dans la tête, mais prononce également que toutes doivent aboutir au cœur [18].

On constate dès lors que nos trois écrits professent, sur les rapports entre le sensorium central et les divers organes des sens, une théorie similaire et semblablement équilibrée : quoi qu'en dise Block, il serait aventureux de voir ici un critère d'échelonnement chronologique ; soit dit en passant, le *De anima* n'offre pas, à cet égard, de différences marquées [19]. On note d'ailleurs que chaque traité présente, le plus souvent, ces affirmations complémentaires au sein du même contexte [20].

---

[16] *De part. anim.*, II 10, 656 a 28-29 : ἀρχὴ τῶν αἰσθήσεών ἐστιν ὁ περὶ τὴν καρδίαν τόπος (...), avec la même référence, assez typique en sa forme, qu'en *De gen. anim.*, V 2, 781 a 21-22 (cf. n. 14 *supra*) ; III 4, 666 a 11-13, parlant du cœur : αἱ κινήσεις (...) πάσης αἰσθήσεως ἐντεῦθεν ἀρχόμεναι φαίνονται καὶ πρὸς ταύτην περαίνουσαι.

[17] *De part. anim.*, II 10, 656 a 30 : goût et toucher φανερῶς ἠρτημέναι πρὸς τὴν καρδίαν εἰσίν. *Ibid.*, a 31 - b 19 : l'odorat est « médian » (μέση) entre ceux-là et les deux restants, terme qui se retrouve en *De sensu*, 5, 445 a 4-14 ; vue et ouïe sont normalement logées dans la tête, à cause des affinités de composition entre les yeux et le cerveau, entre l'air qui remplit l'oreille et celui qu'Aristote suppose exister à l'arrière des hémisphères.

[18] *De iuvent.*, 3, 469 a 12-14, 20-23 (et cf. 14-20) : δύο δὲ φανερῶς ἐνταῦθα συντεινούσας ὁρῶμεν, τήν τε γεῦσιν καὶ τὴν ἀφήν, ὥστε καὶ τὰς ἄλλας ἀναγκαῖον (...). διὰ τί δ' αἱ μὲν τῶν αἰσθήσεων συντείνουσι πρὸς τὴν καρδίαν, αἱ δ' εἰσὶν ἐν τῇ κεφαλῇ (...), τὸ αἴτιον τούτων ἐν ἑτέροις εἴρηται χωρίς. On notera avec Ross, *Ar. P.N.*, p. 300, que ces derniers mots visent le *De part.*, II 10, 656 a 27 - 657 a 12, que nous citions aux deux notes précédentes. Mais (cf. n. 16) ce texte doit viser le *De iuvent.* ; de deux références réciproques, l'une doit être adventice.

[19] Peu avant le passage cité à la n. précéd., le *De iuvent.*, 3, 469 a 10-12, parle du πάντων τῶν αἰσθητηρίων κοινὸν αἰσθητήριον. Même propos en *De somno*, 2, 455 a 33-34 : τοῦ γὰρ κυρίου τῶν ἄλλων πάντων αἰσθητηρίου, que BLOCK (*The Order* ..., pp. 62-67) oppose au *De anima* : ici, le « sens commun », « dépourvu d'appellation spécifique », aurait « pour seule mission de comparer et d'unifier les sensations venues des divers sens » (p. 63). Mais Block semble ignorer par exemple *De an.*, II 12, 424 a 17-19, 24-28 : parlant en général de toute sensation, Aristote prouve que ce phénomène consiste à recevoir les formes sensibles ἄνευ τῆς ὕλης, et il poursuit : αἰσθητήριον δὲ πρῶτον ἐν ᾧ ἡ τοιαύτη δύναμις, à savoir : le sensorium primaire, — c'est-à-dire le cœur, note à bon droit BARBOTIN, p. 65, — est celui où réside une faculté de cette sorte. Voilà donc, dans le *De an.*, un titre spécifique, parfaitement adéquat, et une mission importante qui prélude à celles de l'imagination et de l'intellect. Au demeurant, comme l'optique de ce traité dépasse celle des écrits examinés à présent, on comprendra que nous limitions cette comparaison à l'essentiel.

[20] Cf. *supra*, les notes 13 et 15, 16 et 17, 18 et 19, et encore *De part.*, II 1, 647 a 6 8,

Même limitée à ce qui constitue nos principaux centres d'intérêt, une comparaison entre le *De gen. anim.*, *De part.* et *De iuvent.* met donc en lumière d'importantes convergences [21]. S'agit-il vraiment de doctrines qui n'auraient guère varié chez l'auteur au cours de ses recherches ou, du moins, dans l'enseignement dont nous scrutons le témoignage ? L'hypothèse semble naturelle, mais, dût-elle être controuvée, ces ressemblances ne donnent que plus de relief aux différences que nous indiquons à présent.

Nous constations tantôt que l'écrit dit *De iuventute* a reçu souvent, non sans raison, l'appellation *De vita et morte*. D'autre part, on rappelait à l'instant les traits, principalement d'ordre physiologique, qui le rapprochent du *De gen. anim.* N'est-il pas d'autant plus étrange qu'on n'y trouve strictement rien qui évoque, même de loin, la théorie proprement dite de la génération ?

Ce n'est pas que ce thème soit ignoré : même si l'auteur s'intéresse plus souvent à la mort de l'individu qu'à sa genèse, celle-ci fait l'objet d'une définition. La voici, dans son contexte : « L'être se forme lorsque dans la chaleur il commence à participer à l'âme végétative ; la vie est le maintien de cet état. La jeunesse est la croissance de l'organe primaire chargé du refroidissement, la vieillesse en est le déclin, la fleur de l'âge, le milieu entre elles » [22].

27-29 et 31 : τὸ τῶν αἰσθήσεων ὁποιανοῦν ἑνός τινος εἶναι γένους, καὶ τὸ αἰσθητήριον ἑκάστου δεκτικὸν εἶναι τῶν αἰσθητῶν. (...) τὸ ἔχον πρῶτον μόριον τὰς τοιαύτας ἀρχάς, ᾗ μέν ἐστι δεκτικὸν πάντων τῶν αἰσθητῶν, τῶν ἁπλῶν εἶναι μορίων (...), ἡ καρδία τοιοῦτόν ἐστιν. Block aurait pu remarquer que, déjà chez Platon, âme et organe sensoriel sont intimement unis: la sensation ne se produit réellement que lorsque l'ébranlement atteint l'âme ; cf. *Tim.*, 45 d, *Théét.*, 184 d : textes bien connus que relevait quelques années plus tôt, dans la même revue (*Am. Journ. of Philol.*, t. 76, 1955, pp. 146-164), Fr. SOLMSEN, *Antecedents of Ar.'s Psychology* ..., pp. 155-156. Même constatation, pour la Collection hippocratique, dans le *Régime*, I 35, 5 : αἱ γὰρ αἰσθήσιες τῆς ψυχῆς ὁκόσαι μὲν δι'ὄψιος ἢ ἀκοῆς εἰσι : c'est l'âme qui perçoit, mais à travers un organe.

[21] Le pneuma interne ne se prêtait guère à des parallèles, du fait qu'il est peu représenté en *De part.* et *De iuvent.* ; ceci n'autorise pas pour autant DÜRING à dire (cf. *Aristoteles*, p. 562) que ce dernier traité n'en parle pas : cf. 15, 475 a 6-11.

[22] *De iuvent.*, 24, 479 a 29-32 : Γένεσις μὲν οὖν ἐστιν ἡ πρώτη μέθεξις ἐν τῷ θερμῷ τῆς θρεπτικῆς ψυχῆς, ζωὴ δ'ἡ μονὴ ταύτης, νεότης δ'ἐστὶν ἡ τοῦ πρώτου καταψυκτικοῦ μορίου αὔξησις, γῆρας δ'ἡ τούτου φθίσις, ἀκμὴ δὲ τὸ τούτων μέσον. Nous avons indiqué *supra*, ch. III, s. I, n. 32 de la p. 121, la plasticité de μὲν οὖν chez Aristote ; il équivaut ici à une transition des plus banales. En a 29, comme le souligne bien W.D. ROSS (*Ar. P.N.*, p. 335), θερμῷ ne saurait être régime de μέθεξις (même option chez G.R.T. Ross, Oxford Transl., 1908, — qui cependant donne dans la paraphrase : « the initial participation, mediated by warm substance, in the nutritive soul », — ainsi que chez P. SIWEK, *Ar.*

Belle symétrie, certes, et dont certains traits rappellent même l'un ou l'autre texte du *De gen. anim.* que nous connaissons : « le pouvoir végétatif accomplit la croissance au moyen du chaud et du froid, car c'est en eux que réside son mouvement »; et, peu après : la nature boucle son circuit « du non-être à l'être, de l'être au non-être » [23]. Mais on ne peut que noter l'absence des thèmes qui dominent, nous l'avons vu, le traité sur la reproduction : différenciation progressive des organes par mouvement en chaîne, aspect cinétique de toute la genèse, non seulement dans la conception, — phase dont le *De iuvent.* n'avait sans doute pas à s'occuper, — mais aussi dans le déploiement progressif du vivant [24]. Loin de prolonger cette perspective par une mise en valeur du mouvement aux divers âges de la vie, notre écrit passe sous silence l'action motrice du cœur et suppose même que ce dernier n'est pas indispensable à cet égard : certains animaux sanguins « survivent longtemps à l'ablation du cœur, — par exemple les tortues, — et se meuvent sur leurs pattes » [25].

Au lieu de cela, le *De iuvent.* nous offre une dissertation centrée de façon tout à fait prépondérante sur la chaleur vitale, sa nécessité, son excès et les facteurs qui la modèrent. Mais on ne trouve ici nulle allusion au rôle d'un organe que jugent essentiel le *De part.* et le *De gen. anim.* pour tempérer la chaleur, à savoir le cerveau [26]; par contre, le poumon, que ces traités mettent à sa place dans l'ensemble de l'organisme [27], reçoit dans le *De iuvent.* toute l'attention de l'auteur : n'était son sérieux habituel, on citerait telle comédie où un médecin d'occasion évoque le poumon à chaque tirade …

P.N., 1963; *contra*, R. Mugnier). Selon Liddell-Scott, *s.v.* μέθεξις, ce substantif veut en effet au génitif la réalité participée, mais on trouve là comme premier exemple *Parménide*, 151 e (fin) : οὐσίας μετὰ χρόνον, « participation of being in time », ce qui nous paraît aberrant; cf. la trad. de Diès : « participation à l'être avec temps présent », ainsi que le *Lexique* de des Places, p. 330, et H.H. Berger, *Ousia in de dialogen van Pl.*, 1961, p. 181 : « deelhebbing aan ousia »; il semble donc que, même chez Platon, le substantif n'admette pas la duplication du préfixe.

[23] Cf. *De gen. anim.*, II 4, 740 b 29-32 (cité *supra*, ch. II, s. III, p. 81 et n. 20); II 5, 741 b 20-24 (cité *supra*, ch. III, s. I, p. 126 et n. 57).

[24] Cf. nos résumés, s. I, *supra*, pp. 52-54; ch. II, s. III, pp. 81-83.

[25] *De iuvent.*, 23, 479 a 4-6 (cf., en des termes analogues, 2, 468 b 14-15) : πολὺν χρόνον ζῶσιν ἐξῃρημένης τῆς καρδίας, οἷον αἱ χελῶναι, καὶ κινοῦνται τοῖς ποσίν.

[26] Cf. notamment *De part.*, II 7, 652 b 17-23, 26-27; *De gen. anim.*, II 6, 743 b 27-29.

[27] Cf. *De part.*, III 6; *De gen. anim.*, II 1, 732 b 28-34 (utilisé *supra*, ch. II, s. III, p. 78 et n. 7); II 6, 741 b 37 - 742 a 6 (cf. *ibid.*, p. 81 et n. 21).

2. *L'âme embrasée.*

En admettant que le sujet traité, voire un éventuel dessein d'examiner à fond le problème de la respiration, puissent expliquer en quelque mesure ce déséquilibre, on n'en devrait pas moins rester en arrêt devant des affirmations aussi singulières et aussi répétées que celles-ci.

Ayant posé que la chaleur naturelle interne a son siège dans le cœur et opère l'élaboration des aliments, l'auteur en vient à noter que le refroidissement des autres organes n'entraîne pas la mort, tandis que « si le cœur perd sa chaleur, la vie s'éteint complètement, car tous les organes dépendent de cette source de chaleur et *l'âme se trouve comme embrasée dans cette partie* » [28]. Plus loin, sur la θρεπτικὴ δύναμις ψυχῆς : « celle-ci ne peut exister sans le feu naturel, car c'est au sein de ce dernier que la nature l'a embrasée » [29], et encore : « Le refroidissement est, d'une façon générale, nécessaire à la nature des animaux, de par l'embrasement de l'âme dans le cœur » [30].

On ne peut que louer Nuyens d'avoir mis en relief ce récital de psychologie instrumentiste. Mais ne faut-il pas aller plus loin ? Car enfin, comment concilier de tels propos avec ce que dit de l'âme le début du traité : « il est clair que son essence ne saurait être corporelle », δῆλον ὅτι οὐχ οἷόν τ'εἶναι σῶμα τὴν οὐσίαν αὐτῆς [31] ?

Nul ne soutiendra, pensons-nous, que « âme embrasée » soit ici une figuration poétique : même si l'on peut recourir à une telle explication pour certains passages du *Timée*, il faut noter que Platon manifeste souvent le souci de distinguer les thèses et les exemples [32], et que

---

[28] *De iuvent.*, 4, 469 b 14-16 (trad. — et italiques — de Fr. NUYENS, *L'évolution* ...,
p. 166) : τοῦ δ'ἐν ταύτῃ (*scil.* ψυχομένου) φθείρεται πάμπαν, διὰ τὸ τὴν ἀρχὴν ἐντεῦθεν τῆς θερμότητος ἠρτῆσθαι πᾶσι, καὶ τῆς ψυχῆς ὥσπερ ἐμπεπυρευμένης ἐν τοῖς μορίοις τούτοις.

[29] *De iuvent.*, 14, 474 b 10, 12-13 : ἀδύνατον ὑπάρχειν (...) ταύτην (...) ἄνευ τοῦ φυσικοῦ πυρός · ἐν τούτῳ γὰρ ἡ φύσις ἐμπεπύρευκεν αὐτήν.

[30] *De iuvent.*, 22, 478 a 28-30 (*in fine*, Ross — cf. Ar. *P.N.*, p. 333 — lit ἐμπύρευσιν ; les deux vocables sont aussi rares l'un que l'autre) : καταψύξεως μὲν οὖν ὅλως ἡ τῶν ζῴων δεῖται φύσις διὰ τὴν ἐν τῇ καρδίᾳ τῆς ψυχῆς ἐμπύρωσιν.

[31] *De iuvent.*, 1, 467 b 14, cité par Fr. NUYENS, *L'évolution* ..., p. 163 (cf. p. 165), et par A. MANSION, *Conception arist. et conc. averroïste de l'homme* (*Congr. intern. di filos.*, 1960, pp. 161-171), p. 164, qui relèvent ici respectivement « la conception d'une âme incorporelle » et sa « nature spirituelle » ; nous y revenons *infra*, p. 193 et n. 51, pp. 198, 199, 212 (n. 125, fin). G. SOLERI, *L'immortalità* ..., p. 79, semble avoir perçu la difficulté ; cf. sa paraphrase : « l'anima è come fusa con il parti calde del corpo ».

[32] Pour nous limiter à l'exposé centré sur la respiration, voir l'emploi de οἷον ou

nous venons de lire les assertions d'un φυσικός, d'un penseur attaché à l'interprétation rationnelle de la nature, sans concession à la « littérature » [33]. Concernant ἐμπυρεύειν, on ne voit pas comment ce terme échapperait à l'acception simplement physique, ordinaire chez Aristote comme ailleurs [34], et ce, même si le Liddell-Scott suggère une formule qui prête à la métaphore : « set aglow » [35] ; car l'excellent lexicographe est ici simplement à la remorque d'un interprète, l'auteur de l'Oxford Translation [36].

Que l'âme soit ainsi affectée par le feu, le fait est unique dans les traités d'Aristote. Le *De gen. anim.* situe certes « le principe psychique dans la chaleur » [37], mais il précise bien, à propos de la chaleur fécondante, qu'« elle n'est pas le feu ni un facteur semblable » [38]. Quant au

de τρόπον τοιόνδε, introduisant une comparaison ou une figuration approximative, en *Timée*, 77 c 7, 78 c 4, 79 a 3, 79 d 3.

[33] Si Aristote apprécie les trouvailles verbales d'un Empédocle, — δεινὸς περὶ τὴν φράσιν γέγονε, μεταφορικός τ'ὢν καὶ τοῖς περὶ ποιητικὴν ἐπιτεύγμασι χρώμενος, — il situe franchement Platon à mi-chemin entre la poésie et la prose : τὴν τῶν λόγων ἰδέαν αὐτοῦ μεταξὺ ποιήματος εἶναι καὶ πεζοῦ λόγου (*Ar. fragmenta*, De poetis, frg. 1 et 4 Ross = 70 et 73 Rose, 1886, tirés de Diogène Laërce). Et l'on connaît le verdict des *Topiques* ; voir VI 2, 139 b 34 : πᾶν ἀσαφὲς τὸ κατὰ μεταφορὰν λεγόμενον.

[34] Cf. LIDDELL-SCOTT, citant Aristophane, Théophraste, etc. : *set on fire*, voire *roast in* or *on fire*. Ce dernier sens prévaut en *De part.*, II 2, 649 a 26 : par le fait de leur combustion — τῷ ἐμπεπυρεῦσθαι — certaines substances conservent quelque chaleur ; en II 8, 654 a 7-8, la carapace des non-sanguins protège τὸ ἐμπεπυρευμένον θερμόν, à savoir leur chaleur portée à l'état igné ; en *De gen. anim.*, II 4, 739 b 10-12, il s'agit d'une chaleur élevée (*kindle in*, dit L.-Sc., mais peut-être avec excès) : l'émission des règles enflamme la chaleur de l'organe. Cf. n. 36, *infra*.

[35] Cf. *Harrap's Shorter* ..., *s.v.* aglow : « enflammé, embrasé », se dit aussi d'un visage resplendissant de santé.

[36] Dans sa version, éditée en 1908, G.R.T. ROSS emploie en effet cette même locution pour les deux seuls passages que cite le LIDDELL-SCOTT sous cette rubrique : Arist. *Resp.* 474 b 13, cf. *Juv.* 469 b 16. L'avertissement de la dernière grande mise à jour (1925-1940) du L.-Sc., précise, pp. VII-VIII, XI-XII, qu'elle est notamment l'œuvre de divers Oxford translators.

[37] *De gen. anim.*, III 1, 751 b 6 : ἐν γὰρ τῷ θερμῷ ἡ ψυχικὴ ἀρχή.

[38] *De gen. anim.*, II 3, 736 b 34-35 : τὸ καλούμενον θερμόν. τοῦτο δ'οὐ πῦρ οὐδὲ τοιαύτη δύναμίς ἐστιν ... Commentant ce passage, P. MORAUX, *À propos du νοῦς θύραθεν...* (dans *Autour d'Ar.*, 1955, pp. 255-295), p. 278 (cf. p. 285), et Fr. SOLMSEN, *The Vital Heat* ... (*J. Hell. St.*, 1957, pp. 119-123), pp. 120-121, soutiennent l'un et l'autre, — sans que le second semble avoir connu le premier, — que d'ordinaire Aristote n'hésite pas à identifier feu et chaleur vitale ; ils invoquent tous deux les textes du *De iuvent.* dont nous nous occupons (mais cf. *infra* !) et celui du *De part.* que nous citons à la note suivante ; Moraux

De part., il déclare : « ceux qui prennent les choses d'une façon trop grossière prétendent que l'âme de l'animal est du feu ou quelque force du même genre. Il vaut mieux, semble-t-il, dire qu'elle se constitue au sein d'un corps de cette espèce. La raison en est que rien ne seconde davantage les fonctions de l'âme que la chaleur du corps. (...) Dès lors, représenter l'âme comme étant du feu, c'est tout comme identifier la scie ou la tarière au charpentier ou à l'art du charpentier (...)» [39]. On s'en aperçoit : Aristote évoque le feu dans un contexte polémique, pour caractériser la position qu'il repousse ou qu'il veut corriger ; exposant son point de vue personnel, il recourt à la notion de chaleur [40].

Mais on comprend mieux que les assertions du *De iuvent.* n'aient guère d'écho dans les autres traités [41], lorsque l'on étudie le traitement

---

ajoute *De an.*, II 4, 416 a 9-18, dont le sens coïncide exactement avec celui du précédent (cf. *infra* et n. 40).

[39] *De part.*, II 7, 652 b 7-11, 13-14 (trad. Fr. NUYENS, *L'évolution* ..., p. 159, qui donne, pour ἐν ... συνεστάναι, b 9, « elle est intimement unie »; nous estimons que le sens moyen peut être respecté et que la tournure équivaut à συνίσταται de *De gen. anim.*, II 1, 733 b 20 : l'embryon se forme ; et à συνιστάμενον de II 3, 737 b 2) : οἱ μὲν γὰρ τοῦ ζῴου τὴν ψυχὴν τιθέασι πῦρ ἢ τοιαύτην τινὰ δύναμιν φορτικῶς τιθέντες · βέλτιον δ'ἴσως φάναι ἐν τοιούτῳ τινὶ σώματι συνεστάναι. τούτου δ'αἴτιον ὅτι τοῖς τῆς ψυχῆς ἔργοις ὑπηρετικώτατον τῶν σωμάτων τὸ θερμόν ἐστιν (...). ὅμοιον οὖν τὸ τὴν ψυχὴν εἶναι φάναι πῦρ, καὶ τὸ πρίονα ἢ τρύπανον τὸν τέκτονα ἢ τὴν τεκτονικήν.

[40] Cf. encore *De an.*, II 4, 416 a 9-18 : l'âme n'est pas faite de feu, car ce dernier ne peut être que συναίτιόν πως (polémique évoquée *supra*, ch. III, s. II, p. 130 et n. 5); *ibid.*, 416 b 28-29 : l'élaboration de la nourriture requiert la chaleur (exposé positif, cité *supra*, ch. II, s. III, p. 93 et n. 55).

[41] Les experts décideront du sort à réserver à l'exemple énoncé en *Topiques*, V 2, pour montrer que le « propre » devant caractériser un sujet ne peut être moins intelligible que lui (sur cette règle, énoncée *ibid.*, 129 b 1-5, cf. G. VERBEKE, *La notion de propriété dans les Top.*, dans *Ar. on Dialectic*, 1968, pp. 265-267). Ar. s'explique comme suit (*ibid.*, 129 b 18-19) : ὁ θεὶς πυρὸς ἴδιον τὸ ἐν ᾧ πρώτῳ ψυχὴ πέφυκεν εἶναι ἀγνωστοτέρῳ κέχρηται τοῦ πυρός (...).

Le libellé de la thèse, parfaitement aristotélicien en ses tournures, n'incline guère à penser que l'auteur évoque ici les propos d'un autre penseur ; et il apparaît aussitôt que la désapprobation vise non pas cette thèse, mais la faute logique et pédagogique consistant à éclairer, — si on l'ose écrire à propos du feu, — *obscurum per obscurius*. En sens opposé, il faut maintenir que de telles illustrations ne peuvent nous assurer de la vraie position d'Aristote au moment où il écrit, si ce n'est lorsque le texte l'impose (cf. I. DÜRING, *Ar.'s Use of Examples*, même recueil, pp. 203-209).

Jusqu'à plus ample informé, nous concluons que cet exemple, matériellement identique à ce que nous lisions en *De iuvent.*, 14, 474 b 12-13, — cf. ἐν τούτῳ (scil., τῷ πυρί) ἡ φύσις ἐμπεπύρευκεν αὐτήν, — représente sans doute une position du Stagirite, mais

que réserve d'ordinaire Aristote à l'élément igné. Ces développements
ex professo figurent dans le *De gen. et corruptione*, ouvrage que Nuyens
attribue, il est vrai, à la première période de l'évolution, au vu de la seule
expression suivante, jugée dualiste : « les modifications propres *à l'âme*,
par ex. acquérir la culture musicale et la perdre ensuite » [42] ; mais le
même traité déclare aussi bien que cette culture et sa négation sont
des attributs *de l'homme* [43] : est-ce là le dualisme ? En somme, correctement appliqué, le critère même de Nuyens ne nous empêcherait pas
de voir dans cette œuvre l'expression de la doctrine aristotélicienne en
sa maturité ; nul élément convaincant n'a d'ailleurs été apporté qui
puisse modifier cette *condicio possidentis*.

Que nous apprend le *De gen. et corr.* à propos du feu ? « Lorsque le
substrat brûle, nous ne disons pas qu'il forme avec le feu un mélange,
(...) mais que le feu est produit, tandis que l'autre est détruit » [44]. En
effet, lisons-nous peu après, « selon nous, le mélange est fait de parties
homogènes, comme une partie de l'eau est eau » [45]. L'intervention
du feu n'est donc pas une mixtion, mais une « génération au sens absolu
(...), celle du feu sous l'action du feu » : lorsque le bois « prend », c'est
une « genèse » [46].

Le livre II ajoute des précisions significatives, basées sur la théorie
des contraires et sur celle de la matière ; celle-ci étant « inséparable
et sujet des contraires, (...) c'est d'abord le corps potentiel sensible qui
est principe, ensuite les contrariétés, par exemple la chaleur et le froid,
en troisième lieu enfin, le feu, l'eau, etc. » [47]. Le feu est donc radicalement dépendant d'un substrat matériel, ce qu'illustrent à la fois la

---

sans que l'on puisse savoir si, à l'époque des *Topiques*, il la soutient encore, ou si désormais
il y a renoncé ; nous avons au demeurant indiqué dans *Travaux* ..., *R.P.L.*, 1970, p. 94,
pourquoi nous ne pouvons suivre Düring quand il soutient qu'Aristote (né en 384-383)
aurait écrit les *Topiques* dès 360 environ.

[42] Fr. NUYENS, *L'évolution* ..., pp. 121-122 ; *De gen. et corr.*, II 6, 334 a 10-12 :
αἱ ἀλλοιώσεις αἱ τῆς ψυχῆς (...) οἷον τὸ μουσικὸν εἶναι καὶ πάλιν ἄμουσον.

[43] *De gen. et corr.*, I 4, 319 b 27-28 : ἡ μουσικὴ καὶ ἡ ἀμουσία (...) ἀνθρώπου ταῦτα πάθη.

[44] *De gen. et corr.*, I 10, 327 b 10-11, 12-13 : οὐδὲ τὴν ὕλην πυρὶ μεμῖχθαί φαμεν
καιομένην (...), ἀλλὰ τὸ μὲν πῦρ γίγνεσθαι, τὴν δὲ φθείρεσθαι.

[45] *Ibid.*, 328 a 10-11 : φαμὲν (...) τὸ μιχθὲν ὁμοιομερὲς εἶναι (...) ὥσπερ τοῦ ὕδατος
τὸ μέρος ὕδωρ.

[46] *De gen. et corr.*, I 5, 320 b 17-18, 20 ; 322 a 15-16 : γίγνεται μὲν οὖν ἁπλῶς (...) πῦρ
ὑπὸ πυρός. (...) ὅταν δὲ αὐτὰ τὰ ξύλα ἀφθῇ, γένεσις.

[47] *De gen. et corr.*, II 1 329 a 31-32, 34-36 : εἶναι τὴν ὕλην τὴν ἀχώριστον μέν, ὑποκει-
μένην δὲ τοῖς ἐναντίοις (...). ὥστε πρῶτον μὲν τὸ δυνάμει σῶμα αἰσθητὸν ἀρχή, δεύτερον δ' αἱ
ἐναντιώσεις, λέγω δ' οἷον θερμότης καὶ ψυχρότης, τρίτον δ' ἤδη πῦρ καὶ ὕδωρ καὶ τὰ τοιαῦτα.

célèbre doctrine des transmutations d'un élément en l'autre [48], et les diverses descriptions du feu lui-même comme étant « chaud et sec », « excès de chaleur », « flamme au premier chef, c'est-à-dire vapeur qui brûle, — et la vapeur est faite d'air et de terre » [49].

On ne peut s'étonner, après cela, de voir le *De gen. et corr.* refuser absolument que l'âme soit un des éléments ou qu'elle en soit composée, car comment expliquer alors la culture, la mémoire ou l'oubli ? « Si l'âme est feu, elle aura les propriétés qui sont celles du feu, en tant que tel ; fût-elle un mixte, elle aura celles des corps. Or, parmi elles (*scil.* celles de l'âme), aucune n'est corporelle » [50].

Mais lorsque le prologue du *De iuvent.* déclare pour sa part, on s'en souvient, si brièvement que ce soit : « l'essence de l'âme ne saurait être corporelle » [51], il est permis de se demander s'il ne s'agit pas là d'une retouche tardive, peut-être due à un interpolateur soucieux d'édulcorer la suite. Car les propos sur l'âme embrasée au sein du feu naturel impliquent à tout le moins une conscience philosophique fort peu éveillée à la distinction entre ce qui est somatique et ce qui ne l'est pas. L'auteur semble notamment n'avoir pas conçu ce qu'un traité de physique dit si nettement : l'embrasement n'est pas une quelconque mixtion, c'est une genèse de type strictement matériel.

On peut évidemment envisager la solution inverse, à savoir de maintenir l'authenticité du propos « spiritualiste » initial et de condamner les autres affirmations relatives à la nature de l'âme. Plus onéreuse, cette hypothèse offre l'inconvénient de dénaturer des sections entières du traité, car les assertions litigieuses s'y enracinent profondément. Celle du chap. 4 appelle aussitôt le développement du chap. 5 sur le feu, qui s'éteint lorsqu'on ne l'alimente pas ou qu'on l'étouffe [52] ; ceci est appliqué sans désemparer à « la chaleur qui est dans le principe », laquelle « doit être rafraîchie » [53]. Celle du chap. 14 se réclame immédiatement du même développement et force encore le parallèle : le feu

---

[48] Cf. *De gen. et corr.*, II 4, et *De caelo*, III 6, *per tot.*

[49] Cf. respectivement *De gen. et corr.*, II 3, 330 b 3-4 et *passim* ; 330 b 25-26 (même expression en *Météor.*, I 3, 340 b 23) ; II 4, 331 b 25-26.

[50] *De gen. et corr.*, II 6, 334 a 13-15 : εἰ μὲν πῦρ ἡ ψυχή, τὰ πάθη ὑπάρξει αὐτῇ ὅσα πυρὶ ᾗ πῦρ · εἰ δὲ μικτόν, τὰ σωματικά · τούτων δ'οὐδὲν σωματικόν.

[51] Cf. *supra*, p. 189 et n. 31.

[52] *De iuvent.*, 5, 469 b 21-22 : μάρανσίν τε καὶ σβέσιν (même distinction en *De caelo*, III 6, 305 a 9-13), d'où nécessité de l'alimenter (b 26 ; cf. *De gen. et corr.*, II 8, 335 a 17) et de le « refroidir » (b 27-29), c'est-à-dire de l'aérer.

[53] *De iuvent.*, 5, 470 a 6-7 : δεῖ γίγνεσθαί τινα τοῦ θερμοῦ ἐν τῇ ἀρχῇ κατάψυξιν.

« est étouffé plus vite si on le disperse (...) ; car pour le vivant également, si on le dissèque à coups d'instruments, (...) il y a décès » [54]. Quant à la dernière, elle figure dans le passage qui explique le mécanisme de la respiration (chap. 21-22), texte riche en rapprochements avec les traités anatomiques d'Aristote [55] ; certes, rien n'empêchait ici l'auteur d'attribuer à l'âme la simple chaleur naturelle au lieu de l'ἐμπύρωσις, mais ceci ne fait que rendre plus aiguë la difficulté : voici un maître qui, sans que le contexte l'y invite, utilise la formule prêtant le mieux à une interprétation de type matérialiste ...

Prononcera-t-on dès lors l'athétèse du *De iuvent.* en sa totalité ? Avant d'en venir à cette solution extrême, nous voudrions examiner une hypothèse qui semble compatible avec la singularité rappelée à l'instant, mais aussi avec le type d'unité et l'allure aristotélicienne que nous avons pu reconnaître, chemin faisant, à l'ensemble de cet écrit. Celui-ci attesterait à la fois un stade relativement ancien de la doctrine et l'influence encore indiscrète d'autres penseurs.

La vérification de ce second point exigerait des développements considérables, d'autant que la *Quellenforschung* ne s'est guère orientée encore vers le précédent qui pourrait être le plus adéquat, c'est-à-dire la littérature médicale ; c'est de ce côté surtout — nous songeons au *Régime*, sans exclure la possibilité d'autres interférences — que se sont portées nos explorations, dont nous consignons le résultat dans une longue *annexe* à la présente section. Présentée avec les réserves d'usage, une proposition de ce genre implique que, dans notre traité, le Stagirite n'aurait pas encore dépassé certaines conceptions de ses prédécesseurs ; mais peut-être est-ce l'explication la plus plausible des formules relatives à l'âme embrasée. Encore faut-il préciser, si possible, à quel stade se situe, dans cette œuvre, le rapport entre l'âme et le corps.

3. *Un instrumentisme à l'état pur ?*

L'instrumentisme si net du *De iuvent.* laisse-t-il quelque place à l'hylémorphisme ? Si l'on veut bien se souvenir des analyses qu'a consacrées

---

[54] *De iuvent.*, 14, 474 b 16, 18, 19 : θᾶττον σβέννυται διασπώμενον. (...) καὶ γὰρ ὀργάνοις διαιρουμένου τοῦ ζῴου (...) ἀποθνῄσκουσιν.

[55] Cf. *De iuvent.*, 22, 478 a 26-28, a 34 - b 1, qui résume *Hist. anim.*, I 17 et II 17, et y renvoie expressément, ainsi qu'aux dissections ; le premier passage suggère plutôt des séances de dissection : cf. le participe présent, ἀνατεμνομένων, exceptionnel en ce cas (cf. BONITZ, *Index*, 104 a 4-17). Si sceptique que nous soyons quant à la valeur des références trouvées dans le texte, nous estimons que celle-ci *sapit authenticitatem*, à moins qu'elle n'émane d'un faussaire consommé.

la section précédente au *De motu* et au *De part. anim.*, on conviendra que la réponse ne saurait être uniformément négative, car les schémas les plus typiquement instrumentistes de ces deux traités n'empêchent pas ceux-ci de trahir des affinités, voire une identité d'inspiration, tant avec l'explication du mouvement fournie par le *De anima* qu'avec sa préférence marquée pour l'interprétation psychophysique du vivant. N'en va-t-il pas de même pour l'exposé qui nous occupe ?

On pourrait arguer comme suit dans le même sens. Le *De iuvent.* nous offre des formules d'allure matérialiste ; il manifeste, — pour autant que l'historien puisse sonder les reins et les cœurs, — des tendances du même genre. Or, si l'on compare à ce point de vue instrumentisme et hylémorphisme, il semble que ce dernier, de par l'unité psycho-somatique radicale qu'il érige en dogme, corresponde davantage à des options de ce type ; pour sa part, l'instrumentisme servirait mieux le dessein de qui veut faire du corps l'outil ou le serviteur indocile d'une âme normalement indépendante, parce que substantielle : voyez Platon et, corrélativement, la répugnance invétérée et bien connue de nombreuses gens d'Église à l'endroit de l'hylémorphisme péripatéticien. *Ergo*, dira-t-on, le *De iuvent.*, si instrumentiste soit-il, doit émaner plutôt de la mentalité qui nous a valu les thèses du *De anima*.

Ce n'est pas le lieu, pensons-nous, de montrer en détail tout ce qu'un tel raisonnement peut contenir de spécieux, voire de franchement sophistique. Constatant au passage que l'examen des rapports entre hylémorphisme et instrumentisme débouche en fait — et peut-être même en vertu de la nature des choses — sur l'étude du spiritualisme et de ses avatars, nous pouvons à présent nous contenter de répondre que, parmi les traités d'Aristote, le *De anima* offre précisément, et de loin, le maximum d'affirmations, justifiées et circonstanciées, sur le caractère non corporel de l'âme et de ses opérations. Même s'il convient de laisser de côté le problème de l'intellect (car l'écrit qui nous occupe n'en fait nulle mention), on constate sans peine que les trois livres du traité réfutent les conceptions matérialistes : l'âme ne peut être une grandeur, ni se mouvoir (sinon *per accidens*), ni être un corps (auquel cas deux corps se trouveraient dans un même lieu) ; le sens lui-même ne peut être une grandeur, il reçoit les formes sensibles sans leur matière, etc. [56]

---

[56] Cf. *De an.*, I 3, 407 a 2-3 (avec application immédiate, il est vrai, à l'intellect) ; I 4, 408 a 29-34 ; I 5, 409 b 2-4 ; II 2, 414 a 20 ; II 12, 424 a 17-19, 26-28 ; III 2, 425

Un tel constat déconseillerait donc de postuler une affinité particulière
entre les tendances matérialistes et l'hylémorphisme, tel que le professe
Aristote dans le *De anima*.

Mais pouvons-nous soutenir, en sens inverse, que le *De iuvent.*
ignore cette dernière doctrine et qu'il nous offre, en somme, l'instrumentisme à l'état pur ? Puisque, — l'analyse du *De motu* l'a montré, —
l'argument *a silentio* ne suffit pas, un tel propos suppose que l'on indique
positivement, si l'on ose dire, l'absence de l'hylémorphisme. Deux
suggestions pourraient être émises dans ce sens.

Il arrive au *De iuvent.* de mettre en lumière l'unité des vivants :
alors que des individus-colonies peuvent impunément vivre segmentés,
« ceux des animaux qui sont le mieux constitués ne le supportent point,
parce que leur nature est la plus unifiée possible » ; et plus loin : « ceux
qui n'ont pas une extrême vitalité vivent longtemps après ablation
du cœur (...), parce que leur organisation naturelle n'est pas bonne » [57].

Ce lien entre la valeur d'un être et son unité — la convertibilité
de l'un et de l'être — dénote bien notre auteur. On songe à ce que dit,
à propos du vivant aussi, le *De anima* : « comme l'être et l'un se disent
en des sens multiples, le principal, c'est l'acte », c'est-à-dire ce qui caractérise l'âme-forme par rapport au corps-matière [58]. Traitant plus haut
du sectionnement des vivants, le *De anima* fait une application du
principe : « c'est l'âme, semble-t-il bien, qui fait l'unité du corps » ;
l'âme est le συνέχον [59]. On ne peut guère invoquer le hasard, lorsque
le *De iuvent.* se contente de vagues recours à la « nature » de ces vivants
et n'en appelle ni à l'acte, ni au rôle unificateur de l'âme.

Le second indice provient de quelques appréciations peu flatteuses
qu'Aristote adresse à certains prédécesseurs. On se souvient du *De
part. anim.*, présentant « ceux qui font l'âme de feu ou d'une force de ce
genre » : opinion grossière, φορτικῶς, dit l'auteur [60]. Même compliment,
souligné par le même mot, — mot rare, si l'on en croit Bonitz,

b 23-24 ; III 8, 431 b 21-23 ; III 12, 434 a 29-30 ; etc. Ces vues devront être intégrées au
chapitre suivant dans une problématique plus large.

[57] *De iuvent.*, 2, 468 b 10-12 ; 23, 479 a 4-5, 6-7 : τὰ δ'ἄριστα συνεστηκότα τοῦτ'οὐ
πάσχει τῶν ζῴων διὰ τὸ εἶναι τὴν φύσιν αὐτῶν ὡς ἐνδέχεται μάλιστα μίαν. — ὅσα μὴ ζωτικὰ
λίαν εἰσί, πολὺν χρόνον ζῶσι ἐξῃρημένης τῆς καρδίας (...) διὰ τὸ μὴ συγκεῖσθαι τὴν φύσιν
αὐτῶν εὖ.

[58] *De an.*, II 1, 412 b 8-9 ; (cf. a 4-10) : τὸ γὰρ ἓν καὶ τὸ εἶναι ἐπεὶ πλεοναχῶς λέγεται,
τὸ κυρίως ἡ ἐντελέχειά ἐστιν.

[59] *De an.*, I 5, 411 b 7-8 (cf. 13-30) : δοκεῖ (...) ἡ ψυχὴ τὸ σῶμα συνέχειν.

[60] *De part. anim.*, II 7, 652 b 7-8, cité *supra*, p. 191 et n. 39.

dans des doxographies précises, — à l'égard de deux options que présente
le *De anima* : « Parmi les auteurs plus vulgaires, certains déclarent
l'âme identique à l'eau : ainsi fait Hippon ; il semble le croire parce
que la semence de tous les êtres est humide. En effet, il (*scil.* Hippon)
réfute ceux qui prétendent que l'âme est du sang : la semence n'est pas
le sang, elle est l'âme primaire. Pour d'autres, (*scil.* l'âme est) le sang,
ainsi Critias » [61].

Point n'est besoin d'un Cherniss ni de sa malignité pour apercevoir,
à propos d'Hippon, divers « coups de pouce » : on sait par le témoignage
plus circonstancié d'Hippolyte qu'il admettait comme principes à la
fois le feu et l'eau ; engendré par celle-ci, le feu l'emporte sur elle et
forme le monde, et « la semence qui se manifeste à nous existe à partir
de l'humide : c'est de lui, dit-il, que provient l'âme » [62]. Certes, « Aristote
se livre à une véritable reconstruction des conceptions des anciens » [63] ;
mais, dans le cas présent, n'a-t-il point poussé la schématisation au-delà
des limites permises ? On constate en effet que la doxographie d'Hippolyte, beaucoup plus nuancée, rapproche Hippon du *Régime* et, plus
curieusement, de ce que nous avons entrevu dans le *De iuvent*.

On serait donc disposé à conclure que notre philosophe, présentant
ici Hippon et divers auteurs — notamment les partisans de l'ignéisme
— avec lesquels il s'était senti des affinités, choisit désormais des
formules qui ne rappellent pas trop directement ses positions antérieures. Lui-même n'a-t-il pas évolué depuis cette époque ? Certes, il n'a
sans doute jamais admis que l'âme fût de feu, mais seulement qu'elle
y trouve le milieu qui l'embrase ; à présent, il va répétant que « l'âme au
sein du feu ne fait point l'animal » [64] et, avec pondération, il professe
que la chaleur est instrument de la vie et son indispensable auxiliaire.

---

[61] *De an.*, I 2, 405 b 2-6 : τῶν δὲ φορτικωτέρων καὶ ὕδωρ τινὲς ἀπεφήναντο, καθάπερ
Ἵππων · πεισθῆναι δ'ἐοίκασιν ἐκ τῆς γονῆς, ὅτι πάντων ὑγρά. καὶ γὰρ ἐλέγχει τοὺς αἷμα
φάσκοντας τὴν ψυχήν, ὅτι ἡ γονὴ οὐχ αἷμα · ταύτην δ'εἶναι πρώτην ψυχήν. ἕτεροι δ'αἷμα,
καθάπερ Κριτίας.

[62] HIPPOLYTE, *Philos.*, I 16, dans *Doxogr. graeci*, p. 566, 20-24 Diels : Τὸ σπέρμα εἶναι
τὸ φαινόμενον ἡμῖν ἐξ ὑγροῦ, ἐξ οὗ φησι ψυχὴν γίγνεσθαι.

[63] S. MANSION, *Le rôle de l'exposé et de la crit. des phil. antérieures chez Ar.* (dans
Ar. et les probl. de méth., 1961, pp. 35-56), p. 43, à propos de *De an.*, I 2-5 ; cf. p. 39 :
« le Stagirite accorde en fait beaucoup plus d'importance à l'opinion des autres philosophes qu'on ne le remarque au premier abord », et ce que nous constatons *supra*,
ch. II, s. III, pp. 87-88 ; Aristote « fait fortune au contact de ses adversaires ».

[64] *De an.*, I 5, 411 a 9-10 : ἐν (...) τῷ πυρὶ οὖσα ἡ ψυχὴ οὐ ποιεῖ ζῷον. *De gen. anim.*,
II 3, 737 a 2-3 : φαίνεται συνιστάμενον ἐν πυρουμένοις (...) οὐθέν.

Probablement n'a-t-il pas davantage — pas plus d'ailleurs que l'auteur du *Régime* ou Hippon lui-même — identifié l'âme au sperme, mais peut-être considéré que ce dernier la communique telle quelle ; désormais, il enseigne que, formée à partir du sang le mieux élaboré, la substance fécondante, porteuse de chaleur et de pneuma, est âme en puissance : elle transmet le mouvement qui va faire passer à l'acte la forme spécifique.

Le propos du *De part. anim.* et la doxographie déformée du *De anima* représentent ainsi des démentis [65] — adroitement atténués, mais irrécusables — infligés à une œuvre antérieure et plus proche, en effet, d'opinions « vulgaires ». Dialectiquement beaucoup moins élaborée, ignorant encore la théorie du feu que creusera le traité sur les éléments, portant de surcroît les traces indiscrètes d'influence étrangère, la rhapsodie sur le feu vital doit avoir reçu un début de révision : à preuve l'affirmation relative à l'âme incorporelle, ainsi que l'un ou l'autre renvoi au *De anima*. Mais certains traits n'ont pu être corrigés, peut-être simplement parce qu'ils étaient trop liés au contexte : ainsi l'âme apparaît-elle encore en maint endroit comme une substance d'allure matérielle, logée et entretenue dans le feu intérieur, et non pas comme la « forme » du substrat corporel.

4. *Conclusion.*

Nous proposons dès lors, en ce qui concerne le *De iuvent.*, l'appréciation suivante. Dominé par la question de la chaleur vitale, le traité tente de la résoudre en usant de certaines formules que répudiera la doctrine classique du Stagirite ; quelle que soit l'origine précise de ces propos (cf. l'*annexe* ci-après), leur contexte aristotélicien invite à reconnaître là une doctrine plus ancienne du maître, antérieure à celle qui sous-tend le *De part. anim.* et que met en forme notamment le *De anima*.

---

[65] Le *De gen. anim.* envisage, il est vrai, l'existence de vivants dans l'élément igné, parallèlement aux espèces en relation avec la terre, l'eau et l'air : βούλεταί γέ τι κατὰ τὴν τοῦ πυρὸς εἶναι τάξιν (*De gen. anim.*, III 11, 761 b 17). Mais on constate que le feu n'a point de forme propre, ἀλλ'ἐν ἑτέρῳ τῶν σωμάτων ; en fait, c'est sur la lune qu'il faut chercher pareille espèce (*ibid.*, b 19-20, cf. 21-22, et une allusion à des êtres personnels sur la lune — τοὺς ἐπὶ τῆς σελήνης — en *De motu anim.*, 4, 699 b 18-21 : si nous ne les voyons pas, ce n'est pas en raison d'une impossibilité intrinsèque). Voir l'étude, centrée sur l'existence de δαίμονες dans l'œuvre de notre philosophe, de W. LAMEERE, *Au temps où Fr. Cumont s'interrogeait sur Ar.* (dans *L'Ant. class.*, t. 18, 1949, pp. 279-324), pp. 291-304, sans oublier les propos d'A. PLATT *ad* 761 b 22.

S'il en est ainsi, on saisit aussitôt une répercussion importante sur le statut de l'instrumentisme, dont nous avons vu qu'il présente ici de nombreux points de contacts avec celui d'autres traités. Il s'agit en réalité de schèmes à dominante physiologique, indifférents, par eux-mêmes, à la doctrine qui les englobe : assumés dans un ouvrage hylémorphique, ils concrétisent la causalité motrice de l'âme-forme ; dans le *De iuvent.*, par contre, ils semblent bien s'accommoder d'un dualisme réel — même s'il est modéré — entre l'âme et le corps, voire épuiser leurs relations.

Nous voici donc en présence de l'instrumentisme auquel songe Nuyens. Même si l'on n'a pu repérer ici « la conception d'une âme incorporelle », le *De iuvent.* révèle parmi les traités la présence de la « période instrumentiste » à laquelle le nom de notre devancier mérite de rester lié. Toutefois, qu'il s'agisse là d'une phase *médiane* distincte, rien ne permet encore d'en décider.

Annexe

Sur les antécédents de la ψυχῆς ἐμπύρωσις [66]

On voudrait ici, comme il a été annoncé, amorcer une recherche relative à la doctrine qui nous est apparue en harmonie avec le contexte du *De iuvent.*, et toutefois en contradiction avec ce qu'enseigne le reste du *Corpus*. N'est-ce pas le lieu d'invoquer l'influence d'autres penseurs ? En présentant certains candidats, nous ne nous faisons nulle illusion, comme bien l'on pense, sur le caractère pleinement démonstratif de nos propositions.

Bien que Platon soit l'ennemi juré du matérialisme, son ancien disciple manifeste tant de propension à prendre au pied de la lettre ses dialogues, et en particulier le *Timée*, qu'on peut se demander s'il n'aurait pas trouvé là sa première inspiration : cette véritable somme de philosophie naturelle aurait alimenté sa réflexion, du moins à une première phase de son évolution, et fourni divers éléments de réponse. A propos de la respiration, le *Timée* note l'extrême chaleur de ce qui, au dedans du vivant, entoure le sang et les vaisseaux, « comme s'il y avait en lui une source de feu » ; l'air extérieur, «tombant sur ce feu, s'échauffe, mais celui qui sort se refroidit » [67]. Outre diverses analogies

---

[66] Cf. les textes cités *supra*, p. 189 et nn. 28 à 30, commentés pp. 189-194.

[67] *Timée*, 79 d 3, e 2-3 : οἶον ἐν ἑαυτῷ πηγήν τινα ἐνοῦσαν πυρός. (...). εἰς τὸ πῦρ ἐμπίπτον θερμαίνεται, τὸ δ'ἐξιὸν ψύχεται.

plus éloignées de notre sujet, il convient de relever l'allure instrumentiste
de la psychologie platonicienne : localisation de l'âme ou, plus souvent,
de ses divers niveaux, distinction « naturelle » de deux désirs antagonis-
tes, expressions qui présentent corps et âme comme des réalités souvent
mal ajustées, parce que de grandeur inégale [68].

Il est vrai que les divergences l'emportent sans doute sur les similitudes : Aristote n'a jamais assigné des sièges différents aux facultés
du vivant, ni admis que la respiration se fît aussi par la peau ou eût
une fonction nutritive [69]. Le *De iuvent.* consacre d'ailleurs une réfutation expresse (cf. le chap. 11) à l'explication platonicienne. Certes,
odi et amo : on le sait assez par ailleurs, l'opposition à Platon n'exclut
pas chez Aristote une réelle dépendance à son égard ; peut-être même
l'implique-t-elle plus sûrement que des emprunts trop manifestes [70].

[68] *Timée*, respectivement : 87 a (pour les trois âmes, cf. 73 d, 69 d-e, 77 b, et *Républ.*,
IV, 435 b - 441 c, etc.) ; 88 a-b ; 87 c - 88 a.

[69] Sur ces derniers points, cf. *Timée*, 79 c, 80 d.

[70] Un exemple montrera que ces relations méritent un examen très attentif. D'après
le *De iuvent.*, 23, 479 a 18-23, la mort naturelle n'est que l'extinction d'une chaleur vitale
déjà très affaiblie ; aussi la mort dans la vieillesse est-elle indolore (ἄλυπος) : on meurt
sans que survienne une affection violente (βιαίου), ἀλλ'ἀναίσθητος ἡ τῆς ψυχῆς ἀπόλυσις
γίγνεται παντελῶς. Selon le *Timée*, 81 d-e, lorsque les liens qui attachent les triangles
élémentaires se relâchent (διιστάμενοι), ils laissent aller (μεθιᾶσιν) les liens de l'âme,
et celle-ci, libérée (λυθεῖσα) naturellement, s'envole joyeusement. Si maladie et
blessures provoquent une mort violente (βίαιος), la fin qui accompagne la vieillesse est
la moins douloureuse (ἀπονώτατος) ; elle survient dans la joie plutôt que dans la douleur.
L'analogie n'a pas échappé à Taylor, qui écrit (*A Comm. on Pl.'s Tim.*, p. 587) : « As
the phrase ἀπόλυσις τῆς ψυχῆς is out of harmony with Ar.'s own psychological presup-
positions, the words are probably a direct allusion to our passage ». Mais devons-nous,
comme lui, rendre ἀπόλυσις par « release » (ou, comme le fait Mugnier, par « délivrance ») ?
Certes, ἀπολύειν (cf. λυθεῖσα, *supra*) signifie chez Platon (cf. des Places, *s.v.*)
« délivrer ». Chez Ar. lui-même, le *De gen. anim.*, III 3, 754 b 18, désigne de la sorte
la délivrance ... des œufs ; ἀπόλυσις est utilisé pour la séparation après accouplement :
I 6, 718 a 14 ; III 5, 756 b 3 ; cf. Bonitz, *Index*, 84 a 31-33 ; Liddell-Scott, II, « *separa-
tion, parting* », avec renvoi à Arist, *Resp.* 479 a 22.
Il nous semble cependant qu'il ne s'agit *pas* ici d'une séparation, à plus forte raison
d'une délivrance. La solution est suggérée par Ross (*Ar. P.N.*, p. 334) : « the dissolution
of the soul ». Sans nul doute, notre auteur connaît le *Timée* : au chap. 11, il le critique.
Mais, parlant en physiologiste, il omet les deux assertions qui concernent la joie. En revanche, il a retenu des traits qui échappent aux interprètes modernes, et par lesquels Platon
souligne la désagrégation de l'être : διιστάμενοι, μεθιᾶσιν, et, plus haut, χαλᾷ.
— Mais, dira-t-on, ἀπόλυσις supporte-t-il une telle acception ? Oui : c'est ainsi que la
Collection hippocratique (περὶ ἀγμῶν, 10, III 452 L.) parle d'un bandage qui se défait.
Ainsi l'âme se dénoue, se dissout, sans douleur. Cf. encore, *ibid.*, 5 (III 434 Littré) :

Encore faut-il reconnaître que, parmi les traits relevés ci-dessus, la théorie de l'âme embrasée n'a point comparu.

Il convient d'interroger également les doctrines antérieures, par exemple celles qu'énumère le livre I du *De anima*. On songe à Démocrite, dont la netteté semble appréciée : réfléchissant sur la mobilité de l'esprit et sur celle du feu, il en déduit que l'un et l'autre se composent d'atomes sphériques [71]. Héraclite, poursuit Aristote, fait de l'âme une émanation (ἀναθυμίασις) particulièrement fluente, et le *De iuvent.* décerne cette dernière propriété au feu [72] ; une autre doxographie attribue à l'Éphésien l'apophthegme : «âme sèche, — à savoir, ignée, commentent Kirk et Raven, — âme la plus sage et la meilleure »[73]. Quant à Empédocle, que notre philosophe cite à tout propos, on connaît le vers traduit par Cicéron : « Empedocles animum esse censet cordi suffusum sanguinem » [74].

On s'aperçoit au total que ces penseurs n'offrent point ici de précédents particulièrement évocateurs. Sans nier qu'ils aient exercé une influence diffuse, ou indirecte, sur les textes qui nous occupent, nous

---

ἀπολύσαντα δὲ χρὴ τριταῖον ἐόντα, « au 3ᵉ jour, vous l'ôterez ». Dans la même Collection, *Maladies*, IV (fin du Vᵉ s., selon JOLY, éd. Belles Lettres, 1970, p. 23 ; vers 350, selon WELLMANN, 1929, cité *ibid.*) 45, 5 (VII 570 Littré), note à propos de la fièvre : τὸ σῶμα (…), τῆς ὑγρότητος πλείονος αὐτῷ ἐνεούσης, τὴν θερμὴν ἀπολύεται. Même si l'humeur dissipe de la sorte un *excès* de chaleur, nous voici bien proches du *De iuvent.*

On pourrait certes envisager dans notre passage un genre de synecdoque : puisque, comme chacun sait, la mort consiste dans la dissolution du vivant, Ar. viserait en fait l'ἀπόλυσις du composé : dans la vieillesse, celui-ci se dissout sans nulle douleur ; et cependant, comme l'a bien vu le commentateur du *Timée*, c'est *l'âme* qui est nommée, l'expression se justifiant mieux dans une perspective dualiste que dans celle de l'hylémorphisme. D'autre part, la balance lexicographique ne penche-t-elle point vers le sens de « délivrance » ? Mais ce passage *définit* la mort comme étant « l'étouffement de la chaleur » (MUGNIER), ἡ τοῦ θερμοῦ (…) μάρανσις (*De iuvent.*, 24, 479 a 33, b 2 ; cf. 23, 478 b 31-32, 479 a 7-10).

Taylor n'avait donc point à évoquer une sorte de citation, peu compatible avec la psychologie aristotélicienne, et certainement inconciliable, ajouterons-nous, avec la théorie de l'âme embrasée dans le cœur ; l'auteur ne raisonne pas en platonicien spiritualiste : ne révèle-t-il pas plutôt une influence hippocratique sur son vocabulaire … et sans doute aussi sur sa doctrine ? Nous y revenons à l'instant.

[71] Cf. *De an.*, I 2, 405 a 8-13.

[72] Cf. *ibid.*, 405 a 25-29 ; *De iuvent.*, 5, 470 a 4 : ῥέον ὥσπερ ποταμός.

[73] Frg. B 118, tiré de Stobée (cf. G.S. KIRK-J.E. RAVEN, *The Presocr. Philosophers*, 1966, pp. 205-206) : αὔη ψυχὴ σοφωτάτη καὶ ἀρίστη.

[74] *Tusculanes*, I 18 ; cf. le frg. B 105, citation de Porphyre dans Stobée : αἷμα γὰρ ἀνθρώποις περικάρδιόν ἐστι νόημα.

nous tournons vers d'autres témoins : certains traités de la Collection hippocratique.

Les *Parva Naturalia* témoignent à la médecine et aux médecins un intérêt dont le reste du *Corpus* n'offre pas l'équivalent. Citant, à propos des rêves, l'opinion favorable des médecins accomplis, le *De divinatione* déclare que ce doit être aussi l'avis « de ceux qui, sans être spécialistes, sont attentifs et réfléchissent » [75]. La finale du *De iuvent.*, parlant de la maladie et de la santé, suggère que c'est là un sujet mitoyen entre φυσικοί et médecins : ceux-ci jugent bon de prendre leurs normes dans la nature, tandis que ceux-là qui sont vraiment avertis parviennent en somme aux principes de la médecine ; et le prologue des *Parva Naturalia* présente une déclaration tout à fait analogue [76].

Fils de médecin, armé de tels principes, Aristote n'aura pas apprécié les sarcasmes dont l'*Ancienne Médecine* accable les philosophes de la nature [77], ni sa réprobation pour la théorie qui tire au premier plan la chaleur [78]. Sans doute ce traité a-t-il, de concert avec d'autres, influé sur la conception aristotélicienne du juste milieu [79] ; mais on ne s'étonnera guère de ce qu'il n'y ait pas de contacts relatifs à notre problème. Le célèbre écrit sur la *Maladie sacrée* nous retiendra moins encore : il opte pour le cerveau, et pour l'air, véhicule de la pensée [80].

En revanche, quelques ressemblances affleurent, sinon dans le traité sur les *Chairs*, qui parle d'une chaleur immortelle, dotée de toute espèce

---

[75] *De divin.*, 1, 463 a 6-7 : τοῖς μὴ τεχνίταις μέν, σκοπουμένοις δέ τι καὶ φιλοσοφοῦσιν.

[76] Cf. *De iuvent.*, 27, 480 b 22-30 ; *De sensu*, 1, 436 a 15 - b 1, et encore un propos similaire en *De longit.*, 1, 464 b 31-33.

[77] *Anc. Méd.*, 20, I 620 Littré (51, 12-15 Heiberg ; texte de Festugière) : ὅσα (...) γέγραπται περὶ φύσιος, ἧσσον νομίζω τῇ ἰατρικῇ τέχνῃ προσήκειν ἢ τῇ γραφικῇ.

[78] *Anc. Méd.*, 15, I 606 L. (47, 8-9 H.) : οὐ γὰρ τὸ θερμόν ἐστι τὸ τὴν μεγάλην δύναμιν ἔχον.

[79] Cf. *Anc. Méd.*, 9, I 588 L. (41, 19-21 H.) : δεῖ (...) μέτρου τινὸς στοχάζεσθαι. W. JAEGER, *Paideia* (éd. angl.), III, pp. 25-29, et *Ar.'s Use of Medicine* ... (dans *J. Hell. St.*, 1957, pp. 54-61), pp. 55-56, 58, est ici très affirmatif. On trouve nuances et précisions chez A.-J. FESTUGIÈRE, *Anc. Méd.*, pp. 41-43.

[80] *Mal. sacrée*, 16, VI 372 L. ; cf. KIRK-RAVEN, *Presocr. Phil.*, p. 442 et n. 1 : influence de Diogène d'Apollonie. — Vu l'objet de notre recherche, les écrits attribués à l'école médicale de Sicile seraient, en principe, plus intéressants, puisque cette école se caractérise, on le sait, par son « cardiocentrisme » ; mais les fragments qui en restent, que nous sachions, ne fournissent pas ici de parallèles : cf. *Die Fr. der sikel. Aerzte*, éd. M. WELL-MANN, 1901. En fait, nous allons le voir, divers traités de la Collection hippocratique situent également l'âme dans le cœur.

de perceptions, du moins dans l'écrit sur le *Cœur* : cet organe est le
siège de la vie perceptive et le poumon l'entoure comme des soufflets
de forge destinés à le refroidir [81]. Mais, jusqu'à plus ample informé
et en l'absence d'un guide qui ait comparé systématiquement les doctrines de ce grand *Corpus* hétéroclite avec l'aristotélisme, c'est vers un
autre traité que nous pensons devoir nous tourner, à savoir le *Régime*.

On fait généralement remonter le περὶ διαίτης à la fin du Ve siècle
ou à la première moitié du IVe. Jaeger, plus convaincu que convaincant,
a plaidé pour 350 environ [82]. Précisant des résultats obtenus par
Fredrich et plus récemment par Joly, Kucharski nous semble avoir
clairement montré l'étroite parenté de la philosophie biologique qui
inspire le *Régime* avec les doctrines d'Anaxagore ou, plus exactement,
avec l'anaxagorisme d'Archélaos, maître et contemporain de Socrate [83].
Sans être décisive par elle-même, cette analyse peut être jointe à des
indications ultérieures, fournies par Joly [84], et nous permettre dès lors

---

[81] *Chairs*, 2, VI 584 L., Kirk-Raven, pp. 200-201; *Cœur*, 10, IX 88 L. : γνώμη
(...) ἐν τῇ λαιῇ κοιλίῃ καὶ ἀρχὴ τῆς ἄλλης ψυχῆς; 8, IX 86 L. Quelques passages sont
indiqués dans Ross, *Ar. P.N.*, p. 56, qui nomme par distraction le *Régime* alors que les
extraits viennent du *Cœur* (rectifié par I. Düring, *Aristoteles*, p. 570, qui ajoute quelques
citations : cf. pp. 537-539, notes). Il n'y a guère à trouver, nous paraît-il, chez *Mnésithée et Dieuchès*, récemment édités (Leyde, 1972) par Mme J. Bertier, qui d'ailleurs
insiste (p. 147 et *passim*) sur la difficulté que présente encore tout essai en vue de situer
ces deux médecins par rapport au Stagirite : l'ont-ils influencé, ou est-ce l'inverse ? —
Sur leur goût pour les proportions, notamment en diététique, cf. *ibid.*, pp. 70-77, en
écho à ce qu'on notait *supra* et n. 79.

[82] W. Jaeger, *Diokles v. Karystos*, 1938, p. 171, puis dans *Paideia* (éd. angl.), III,
pp. 33-39, invoque dans le *Régime*, comme étant des traits tardifs, l'union de la réflexion
philosophique et de la recherche empirique, ainsi que les nombreuses allusions à des
penseurs bien connus. Mais on notera que ces derniers sont tous du Ve siècle, et les deux
traits en question peuvent donner lieu à des datations très différentes; cf. la suite de
notre texte. — A. Lesky, *A Hist. of Gr. Lit.*, p. 491, et Fr. Solmsen, *The Vital Heat ...*,
p. 119, semblent signaler avec quelque faveur l'avis de Jaeger; I. Düring, *Aristoteles*,
p. 527, n. 105, opte pour 370 environ.

[83] C. Fredrich, dans *Hippokr. Untersuch.*, 1899, et R. Joly, *Recherches sur le traité
ps.-hipp. du* Régime, 1960, résumés et complétés par P. Kucharski, *Anaxagore et
les idées biologiques de son siècle* (dans *Rev. philos. de la Fr. et de l'Étr.*, t. 154, 1964,
pp. 137-166), pp. 154-161. Sur Archélaos, cf. A. Lesky, *A Hist. ...*, pp. 334 et 497.

[84] R. Joly, *Notice à* Hippocrate, *Du régime*, 1968, pp. xiv-xvi : la parenté avec
la diététique de l'*Anc. Méd.*, l'influence d'Hérodicos de Sélymbrie et certaines indications
stylistiques déconseillent d'abaisser la date du traité jusque vers 350.

d'envisager sans témérité que cet écrit soit parvenu à la connaissance
d'Aristote [85].

L'unité de l'œuvre n'est guère manifeste ; son plus ardent défenseur
reconnaît que le livre IV fait figure d'appendice et que les livres II
et III trahissent respectivement des affinités avec les théories diété-
tiques de Cos et avec celles de Cnide [86]. Mais c'est l'anthropologie,
exposée au livre premier, qui doit nous retenir ; bien que l'anaxagorisme
y laisse une place à d'autres courants de pensée, l'auteur poursuit, non
sans digressions, un même dessein : préfixer à sa composition sur le
régime une connaissance et une analyse de la nature humaine en général,
« de ce qui la constitue au départ et des parties qui la commandent » [87].

Cela dit, la lecture révèle rapidement que deux thèmes dominent
cette anthropologie du *Régime* : la relation de l'âme avec le feu ; son
lien avec la semence. Bien qu'ils soient souvent mêlés, indiquons-en
tour à tour, au fil du livre I, quelques expressions typiques.

Tout d'abord, la nature de l'homme, comme celle des autres vivants,
se compose de feu et d'eau ; le premier est chaud et sec, l'autre, froide et
humide ; ils séparent d'eux-mêmes des formes nombreuses et variées
de semences et de vivants [88].

« L'âme de l'homme, et le corps pareillement à l'âme, présentent
un ordre (…). Dans l'homme se glisse une âme qui comporte un mélange
de feu et d'eau » [89]. « Ce qui entre (…), humide, est mû par le feu ; étant
mû, il s'embrase et attire la nourriture (…). Le feu enfermé au-dedans
est aussi le plus abondant » [90].

---

[85] Même la date proposée par Jaeger, *Paideia*, III, p. 36 (« the essay *On diet* takes us
[…] far into the fourth »), ne l'empêche pas d'admettre (n. 79, p. 298) son influence
sur le Stagirite. « This doctrine of κατὰ παντός and καθόλου (ainsi que du καθ᾽ ἕκαστον
signalé plus haut par Jaeger, avec renvois à II 37 et II 39) in logic was worked out more
elaborately by Ar. : an important fact in judging the probable date when *On diet* was
written ».

[86] R. Joly, *Notice*, pp. xvii et xxii-xxiii. Il n'est d'ailleurs pas absolument certain
que le *Régime*, sans doute recueilli à Cos avec les autres écrits de la Collection, provienne
réellement de cette école. Cf. W. Jaeger, *Paideia*, III, pp. 8-9 ; n. 94, p. 299.

[87] *Régime*, I 2, 1 : γνῶναι μὲν ἀπὸ τίνων συνέστηκεν ἐξ ἀρχῆς, διαγνῶναι δὲ ὑπὸ τίνων
μερέων κεκράτηται.

[88] Cf. *Régime*, I 3, 1 ; 4, 1 ; sur l'eau, qui nourrit même le feu, *De an.*, II 4, 416 a 27 ; sur
le feu, chaud et sec, *De gen. et corr.*, II 3, 330 b 3-4, cité *supra*, n. 49, p. 193.

[89] *Régime*, I 6,1 ; 7,1 : ψυχὴ ἀνθρώπου, καὶ σῶμα ὁκοῖον ἡ ψυχή, διακοσμεῖται (…).
Ἐσέρπει ἐς ἄνθρωπον ψυχὴ πυρὸς καὶ ὕδατος σύγκρησιν ἔχουσα.

[90] *Régime*, I 9,1 et 3 : ἐλθὸν (…) ὑγρὸν ἐὸν κινεῖται ὑπὸ τοῦ πυρός. κινεόμενον δὲ
ζωπυρεῖται καὶ προσάγεται τὴν τροφήν. (…). τὸ μὲν οὖν καταφραχθὲν πῦρ καὶ πλεῖστόν ἐστι.

Vient alors un passage qui présente l'homme comme un microcosme
et qui a son parallèle en *De iuvent.*; nous n'y reviendrons pas, car le
thème n'a rien de bien caractéristique [91]. Mais voici la suite : « Quant
au feu le plus chaud et le plus fort, dominant et dirigeant toutes choses
selon la nature, inaccessible à la vue et au toucher, *c'est en lui qu'est
l'âme,* l'esprit, la pensée, la croissance, le dépérissement, le mouvement,
le changement, le sommeil, le réveil » [92].

Un chapitre ultérieur prendra le relais, à propos de l'âme encore :
« Elle ne croît pas chez tous pareillement : dans les corps qui sont jeunes,
vu la rapidité du circuit et la croissance du corps, elle brûle (ἐκπυρουμένη), devient légère et est utilisée pour cette croissance (...) ». Le second
thème, à savoir le lien de l'âme avec la semence, devient aussitôt plus
nettement perceptible : « quant aux corps qui sont en pleine force et
à l'âge où l'on est fécond, ils peuvent nourrir et accroître (*scil.* l'âme)
(...). Ceux qui peuvent nourrir le plus d'âmes sont les plus forts [93] ».

Dirons-nous donc avec Joly que « ψυχή est synonyme de σπέρμα » [94] ?
Certes, c'est ce que paraît signifier aussi un propos précédent : « d'une
seule âme qui se partage, (*scil.* proviennent des âmes) plus ou moins
nombreuses, plus ou moins grandes » [95]. C'est le cas pour celui-ci

---

[91] *Régime*, I 10, 1-2, sur le corps humain ἀπομίμησις τοῦ ὅλου; cf. IV 89, 2, et *De
iuvent.*, 1, 468 a 3-7, et 19, 477 a 21-23 : si l'on considère τὸ περιέχον ὅλον, le « haut »
de l'homme correspond à celui de l'univers, ce qui n'est pas le cas pour les autres êtres
vivants; cf. *Timée*, 90 a-b, sur l'homme, φυτὸν οὐράνιον; en 90 c-d, etc., les περιφοραὶ
τοῦ ὅλου que nous imitons évoquent les περίοδοι dont parle le présent passage du *Régime*
(I 10, 2), et par lesquelles diverses régions de notre organisme imitent les révolutions
de la lune, des étoiles et, peut-être, du soleil (le terme περιφορά lui-même, athétisé
ici par JOLY, se trouve en I 25, 1, cité *infra* et n. 93).

[92] *Régime*, I 10,3 (trad. de JOLY, qui omet « dominant »; Fr. HUFFMEIER, étudiant
dans *Hermes*, t. 89, 1961, pp. 51-84, la *Phronesis in den Schriften des C. Hipp.*, cite
ce texte, de même que I 25,1 ; 28,1 ; 29,2 ; 35,5 ; IV 86,2, mais sans les mettre en rapport
avec l'aristotélisme) : τὸ θερμότατον καὶ ἰσχυρότατον πῦρ, ὅπερ πάντων κρατεῖ, διέπον
ἅπαντα κατὰ φύσιν, ἄθικτον καὶ ὄψει καὶ ψαύσει, ἐν τούτῳ ψυχή, νόος, φρόνησις, αὔξησις,
μείωσις, κίνησις, διάλλαξις, ὕπνος, ἔγερσις.

[93] *Régime*, I 25,1-2 : Αὔξεται δὲ οὐκ ἐν πᾶσιν ὁμοίως, ἀλλ᾽ ἐν μὲν τοῖσι νέοισι τῶν σωμάτων,
ἅτε ταχέης ἐούσης τῆς περιφορῆς καὶ τοῦ σώματος αὐξίμου, ἐκπυρουμένη καὶ λεπτυνομένη
καταναλίσκεται ἐς τὴν αὔξησιν τοῦ σώματος · (...). Ὅσα δὲ τῶν σωμάτων ἀκμάζοντά ἐστι
καὶ ἐν τῇσι ἡλικίῃσι τῇσι γονίμῃσι, δύναται τρέφειν καὶ αὔξειν · (...) ὁκοῖα πλείστας δύναται
ψυχὰς τρέφειν, ταῦτα ἰσχυρότατα.

[94] Note 1 à *Régime*, I 7, 1, p. 9. Cf. n. 1, p. 9; n. 1, p. 16; n. 2, p. 20, et n. 1, p. 24,
à propos de I 29, 2, que nous allons citer à la n. 96 : « Ce § 2 est le texte décisif pour l'équivalence de ψυχή et de σπέρμα ».

[95] *Régime*, I 16,2 : Ἀπὸ μιῆς ψυχῆς διαιρεομένης πλείους καὶ μείους, καὶ μέζονες καὶ
ἐλάσσονες.

encore, qui vise d'ailleurs expressément la génération et joint les deux
thèmes : « Quelqu'un doute-t-il de ce que l'âme se mêle à l'âme ?
S'il considère des charbons lorsqu'il en ajoute de brûlants à ceux qui
brûlent, (...), homogène est le corps qu'ils vont produire, l'un ne diffé-
rant pas de l'autre (...). C'est ce que subit également l'âme humaine » [96].
On voit donc que cette âme est formée par la réunion de deux âmes
provenant des géniteurs, mais aussi que ces derniers « partagent »
ou communiquent la leur à une progéniture plus ou moins nom-
breuse [97].

Et cependant, cette équivalence, que l'on pourrait induire des propos
sur la reproduction, ne peut se justifier dans les textes où l'âme est
considérée comme principe de connaissance : « l'âme qui offre un tel
mélange, — *i.e.* du feu le moins mobile et de l'eau la plus en mouvement, — c'est l'âme la plus douée d'intelligence et de mémoire » ; cf.
encore la formule : « perception de l'âme (...) par la vue, l'ouïe »,
etc. [98]. Au demeurant, comme l'auteur déclare notamment : « Quelqu'un
doute-t-il de ce que l'âme se mêle à l'âme ? » [99], c'est que celle-ci,
pour sa part, ne tombe pas sous le sens. Ainsi, les sculpteurs « imitent
le corps, sauf l'âme » ; et, en tant qu'elle est source des dispositions
morales, il n'est pas possible d'en transformer la « nature invisible »,
φύσιν (...) ἀφανέα [100].

Comme enfin la semence, on l'a lu, attire la nourriture et que, comme

---

[96] *Régime*, I 29,2 (LITTRÉ ajoute un μή devant le premier κεκαυμένους, JOLY devant
le second, ce qui semble arbitraire en toute hypothèse) : Εἰ δέ τις ἀπιστεῖ ψυχὴν μὴ προσ-
μίσγεσθαι ψυχῇ, ἀφορῶν ἐς ἄνθρακας, κεκαυμένους πρὸς κεκαυμένους προσβάλλων (...),
ὅμοιον τὸ σῶμα πάντες παρασχήσονται καὶ οὐ διάδηλος ἕτερος τοῦ ἑτέρου (...). τοῦτο καὶ
ἀνθρωπίνη ψυχὴ πάσχει.

[97] Cf. encore *Régime*, I 28, 3. Une doctrine analogue sera attribuée à la plupart
des médecins (« ceux qui disent l'âme engendrée à partir de semences ») dans la longue
doxographie περὶ ψυχῆς conservée par Stobée et due à JAMBLIQUE ; cf. la trad. annotée
de A.J. FESTUGIÈRE (*La révélation d'Hermès Trismégiste*, III, *Les doctrines de l'âme*,
app. I, pp. 177-248), pp. 202 et 213 (= 371, 25 et 361, 16 Wachsmuth) : τὴν ψυχὴν (...)
συγκεκρᾶσθαι (...) εἰς τὴν γένεσιν οἴονται. Même théorie, signalée cette fois par POR-
PHYRE, *À Gauros, Sur l'animation de l'embryon*, p. 35, 24-25 Kalbfleisch (traduit par
FESTUGIÈRE, *ibid.*, pp. 264-302 ; cf. p. 269, et le texte à la note 2, p. 214) : ἀπὸ τοῦ
πατρὸς μέρος ψυχῆς συγκαταβάλλεται τῷ σπέρματι κτλ.

[98] *Régime*, I 35,1 et 6 : Ἐκ τούτων δὲ ἡ ψυχὴ συγκρηθεῖσα, φρονιμωτάτη καὶ μνημο-
νικωτάτη. (...). αἱ γὰρ αἰσθήσιες τῆς ψυχῆς (...) δι'ὄψιος ἢ ἀκοῆς (...).

[99] Cf. *supra* et n. 96, début.

[100] *Régime*, I 36, 2 ; 21,1 : μίμησιν σώματος ποιέουσιν πλὴν ψυχῆς.

l'âme, elle comporte à la fois feu et eau [101], nous pouvons rectifier comme suit la formule de Joly : la semence est non pas l'équivalent, mais le véhicule de l'âme; plus exactement, de l'âme végétative.

Quant au feu, nous lui trouvons ceci de commun avec l'âme, qu'il est également inaccessible aux sens; mais ce qui lui est propre, c'est qu'il « domine tout » : « en lui est l'âme », ainsi que la connaissance et toute espèce de phénomènes biologiques, et, dans sa croissance, l'âme « est en feu » [102]; ce dernier, à son degré suprême d'intensité, constitue le milieu privilégié de l'âme.

Ce qu'on vient de lire dans le *Régime* aura montré tout au moins, pensons-nous, la probabilité d'un contact avec le *De iuventute*. Il nous reste à préciser à la fois les limites de ce contact et le degré de ladite probabilité.

Une différence saute aux yeux : le traité aristotélicien disserte à perte de vue sur ce qu'il considère comme une condition indispensable à la vie, c'est-à-dire au maintien de la chaleur psychique; invoquant normalement à cette fin le poumon, il en montre la nécessité pour tempérer cette chaleur, localisée dans un organe voisin, le cœur. Cet exposé anatomo-physiologique sur la respiration, en progrès par rapport à Platon et à divers autres, constitue une nouveauté à l'égard du *Régime* : celui-ci reste absolument muet sur le rôle et l'existence même du cœur et du poumon, bien que l'équilibre de l'âme exige, on l'a vu, un mélange approprié de chaud et de froid; mais cette dernière qualité lui vient de l'eau [103], qui ne semble provenir de la respiration que très accessoirement, à savoir par le biais de la promenade diététique [104].

Sed contra ... Pas plus que cette innovation, l'absence de toute référence directe au contenu des écrits hippocratiques ne doit nous masquer la reprise du même thème anthropologique. Car le *De iuvent.* n'évoque pas seulement l'échauffement de l'âme [105] et le très caractéristique σύμφυτον θερμόν, formulé aussi (au livre II, il est vrai) par le traité du *Régime* [106] et dont aucune attestation antérieure n'est parvenue

---

[101] Cf. *supra* et nn. 89-90.

[102] Cf. *supra* et nn. 90, fin; 92, *per tot.*; 93.

[103] Cf. *supra*, et nn. 88, 98.

[104] Cf. *Régime*, I 35, 5-12; II-III, *passim*.

[105] On peut y comparer *Régime*, II 61,1 : ἡ ψυχὴ (...) θερμαίνεται (*bis*).

[106] *Régime*, II 62,2; cf. *De iuvent.*, 4, 469 b 7-8 : πᾶν τὸ σῶμα τῶν ζῴων ἔχει τινὰ σύμφυτον θερμότητα φυσικήν.

à notre connaissance [107]. Les deux écrits évitent, on l'a vu, d'identifier
franchement l'âme et le feu, mais aussi de systématiser, — chose qui
deviendra également classique avec le stoïcisme, — la différence
entre le feu destructeur et celui-ci, facteur de vie et de conservation [108].
C'est ainsi, dans le *De iuvent.* comme dans le *Régime*, la même précision
caractéristique : l'âme exerce ses fonctions propres en étant embrasée,
elle vit dans le feu dont elle a besoin : une convergence doctrinale,
— une même concession, si l'on veut, aux tendances matérialistes, —
apparaît ainsi à travers une différence qui concerne la physiologie
du « refroidissement ».

Une deuxième remarque semble s'imposer; elle va énoncer une
autre divergence, peut-être plus sérieuse que la première. Parlant de la
génération, le *Régime* attribue incontestablement aux deux géniteurs un
rôle égal; on l'aura deviné déjà lorsque ce traité a présenté l'âme
comme composée de feu et d'eau (ces facteurs produisent des vivants,
sans que nulle ségrégation soit suggérée), mais surtout lorsque l'âme
a été dite se mêler à l'âme [109]. Ce dernier propos est d'ailleurs précédé
de développements très circonstanciés qui expliquent le sexe de l'embryon par le jeu variable des composantes mâles et femelles issues,

[107] Parlant d'Empédocle, le Ps.-Plutarque et Aetius (*Placita*, IV 22, sur la respiration, dans H. Diels, *Doxogr. graeci*, p. 421, 4-9) caractérisent comme suit l'expiration :
τοῦ ἐμφύτου θερμοῦ τῇ πρὸς τὸ ἐκτὸς ὁρμῇ τὸ ἀερῶδες ὑπαναθλίβοντος, c'est-à-dire
que la chaleur innée revêt un aspect semblable à l'air et exerce une pression ascension-
nelle. Sans doute l'expression désignant la chaleur est-elle presque identique à notre
σύμφυτον θερμόν; le *De iuvent.* paraît d'ailleurs admettre qu'Empédocle attribue aux
animaux une θερμότης τῆς φύσεως (20, 478 a 7). Mais, par exemple, au vu de Liddell-
Scott, ὑπαναθλίβω semble ne se rencontrer que dans les *Placita*, et ces « rapports de
troisième main » (*sic* J. Zafiropoulo, *Emp. d'Agr.*, 1953, p. 135) ne brillent pas par
leur exactitude littérale : aucune section de cette citation ne saurait figurer dans un
hexamètre. On sera d'autant plus prudent quant à l'exactitude littérale de l'autre
témoignage sur l'ἔμφυτον θερμόν : il concerne Diogène et provient également du Ps.-
Plutarque et d'Aetius (V 15, p. 426, 5-9 Diels).

[108] Cf. le stoïcien Balbus dans Cic., *De nat. deor.*, II 41, à propos de Cléanthe : « hic
noster ignis, (...) confector est et consumptor omnium (...); contra ille corporeus uitalis
et salutaris omnia conseruat alit auget sustinet sensuque adficit ». Même doctrine déjà
chez Zénon, rapportée par Stobée, *Ecl.*, I, dans de Vogel, *Gr. Philos.*, III, p. 53.
Sur l'identité du feu et de l'âme chez Zénon, cf. Cic., *De fin.*, IV 12 : « Cum (...) de animis
cuius generis esse quaereretur, Zeno id dixit esse ignem ».

[109] Cf. *supra*, et nn. 88 et 96, ainsi que la doxographie de Jamblique citée à la n. 97.
Sur l'opposition d'Aristote à cette égalité des rôles, cf. *supra*, ch. II, s. I, par. 3, pp.
46-51.

notons-le, de chacun des deux partenaires [110]. Quand on compare aux
doctrines du *De gen. anim.* ces thèses ... hérétiques, il semblerait
que les auteurs doivent être classés dans des « écoles » opposées.

Et cependant, ici encore, nous voulons proposer le dépassement
d'une différence qui nous paraît ne pas devoir modifier, bien au contraire, notre première appréciation. On constate, disions-nous, que la
théorie si typique du *De gen. anim.* n'a aucune place dans le *De iuvent.* ;
la genèse y est seulement la première participation à l'âme végétative :
pas un mot du sperme lui-même [111]. Mais celui-ci n'est pas davantage
nommé dans le *Régime*, si ce n'est en passant, à propos des jumeaux
ou de la superfétation [112] : d'ordinaire, le traité médical, on l'a vu,
note uniquement ce que le *semen* véhicule, à savoir l'âme végétative ;
en somme, il met entre parenthèses l'excipient, au point que Joly
a même cru pouvoir poser une équation entre le sperme et l'âme.

Or, on sait que, selon le *Régime*, cette dernière est composée de feu
et d'eau. Un complément s'impose cependant, que cet écrit nous apporte
aux dépens de sa cohérence doctrinale ; mais peu nous chaut dans le
cas présent ! Le feu souverain est en effet « contraint » — canalisé,
si l'on préfère — par le souffle ($\pi\nu\epsilon\hat{v}\mu\alpha$) ; celui-ci est déclaré (au livre II,
certes) présent en tout être, et nommément chez les vivants [113].
Mais un curieux alinéa du livre I rapproche souffle et génération.
Quand ils manipulent la scie en un mouvement alternatif, « les charpentiers (...) imitent la nature humaine. Ceci tire le souffle, cela le
pousse : c'est la même chose des deux façons. Ceci est poussé vers le
bas, cela s'insinue en montant. D'une seule âme divisée proviennent
d'autres âmes plus ou moins nombreuses, plus ou moins grandes » [114].

On n'aura pas manqué de retrouver ici un « air de famille » avec
des propos que nous connaissons ; nous allons donc y revenir à l'in-

---

[110] Cf. *Régime*, I 28 et 29, notamment 29,1 : ἢν μὲν ἀπ᾽ἀμφοτέρων θῆλυ ἀποκριθῇ (...).

[111] Cf. *supra*, p. 187 et n. 22.

[112] Cf. *Régime*, I 30, 1 et 31, 1 : dans les deux cas, la mention simultanée de la matrice
implique qu'il s'agit bien du sperme, et non d'une semence au sens parfois très général
du terme.

[113] Cf. *Régime*, I 13,2 : πυρὶ (...) ὑπὸ πνεύματος ἀναγκαζομένῳ. II 38,1 : ὥσπερ γὰρ καὶ
τοῖσι ζῴοισι πνεῦμα ἔνεστι, οὕτω καὶ τοῖσιν ἄλλοισι πᾶσι.

[114] *Régime*, I 16 (trad. de JOLY, qui simplifie cependant le sens de τὰ δὲ ἄνω ἕρπει
en le rendant par « cela monte » ; la dernière phrase du texte a été citée *supra* et n. 95) :
τέκτονες (...) φύσιν ἀνθρώπου μιμέονται. τὸ πνεῦμα τὸ μὲν ἕλκει, τὸ δὲ ὠθεῖ · ταὐτὸ ποιεῖ
καὶ ἀμφοτέρως · τὰ μὲν κάτω πιέζεται, τὰ δὲ ἄνω ἕρπει. ἀπὸ μιῆς ψυχῆς διαιρεομένης πλείους
καὶ μείους, καὶ μέζονες καὶ ἐλάσσονες.

stant : jointes à quelques autres indications, celles-ci nous amènent
en effet à énoncer quelques suggestions d'apparence téméraire, et qui
débordent la comparaison avec le *De iuventute*.

On ne peut guère prétendre que, pour le *Régime*, le souffle soit formellement inclus dans la sécrétion spermatique ; mais on vient de voir
qu'il existe chez tous les vivants et quel rôle marquant, unique et
double à la fois, il joue dans l'acte générateur : à l'égard du sperme,
il joue ainsi le rôle d'un associé indispensable. Sauf erreur, la triade
feu - eau - souffle ne se rencontre pas dans ce contexte avant
Aristote. Il est bien une cosmogonie attribuée par le tardif Damascius
à Phérécyde de Syros (VIᵉ siècle), et selon laquelle la semence de
Chronos aurait produit le feu, l'air et l'eau ; mais Kirk note sagement
que l'emploi du mot πνεῦμα et l'ensemble de la formule trahissent
une rationalisation du mythe, influencée par le stoïcisme et, avant
lui, par le ... *De generatione animalium* [115]. C'est bien là, en effet, que
nous avons vu définir le sperme comme « alliant du pneuma et de l'eau ;
et le pneuma est de l'air chaud » [116], et indiquer le rôle dudit pneuma
dans l'éjaculation [117].

Constatant aussi qu'au dire du *Régime* les mâles sont plus chauds
et plus secs, les femelles, plus humides et plus froides [118], et qu'à l'évocation artisanale du τέκτων, citée tantôt et qui illustre la génération [119],

---

[115] PHÉRÉCYDE de Syros, dans DAMASCIUS, *De principiis*, 124 bis (= 7 A 8 Diels-
Kr., p. 55 Kirk-Raven) : τὸν δὲ Χρόνον ποιῆσαι ἐκ τοῦ γόνου ἑαυτοῦ πῦρ καὶ πνεῦμα
καὶ ὕδωρ. Cf. KIRK-RAVEN, *Presocr. Philosophers*, pp. 57-58. — P. MORAUX, *Quinta
essentia* (dans *Realenc.*, 47. Hbbd., 1963, col. 1171-1263), col. 1174-1175, met au point
notre connaissance de Phérécyde et rappelle qu'Aristote connaît sa cosmogonie : cf.
Métaph., N 4, 1091 b 6-10.

[116] *De gen. anim.*, II 2, 736 a 1 ; cf. 735 b 33-34 ; cités *supra*, ch. II, s. III, p. 79 et
n. 10 (l'insistance d'Aristote, *ibid.*, sur son aspect écumeux pourrait provenir de Diogène
d'Apollonie ; cf. Fr. SOLMSEN, *The Vital Heat* ..., p. 120). Plus loin, chaleur et humidité
étaient alliées dans la présentation du pneuma lui-même : cf. *De gen. anim.*, II 6, 742 a
14-16 (cité *ibid.*, p. 82 et n. 22), et *Régime*, I 4, 1 (*supra* et n. 88), sur les attributs du
feu et de l'eau.

[117] *De gen. anim.*, I 20, 728 a 10-11 ; mais, expliquant en II 4, 737 b 27 - 738 a 9,
la progression ultérieure du sperme, le Stagirite niera qu'elle soit imposée par le pneuma ;
cf. b 29 : οὐθὲν ἀποβιαζομένου τοῦ πνεύματος.

[118] *Régime*, I 34, 1 ; cf. *De gen. anim.* I 19, 726 b 30 - 727 a 2 (*supra*, ch. II, s. I, p. 47,
n. 48) ; IV 1, 766 a 18-22, a 34 - b 1 (cités *supra*, ch. II, s. III, pp. 90-91, nn. 48 et 50).

[119] *Supra* et n. 114 ; cf. *De gen. anim.*, I 22, 730 b 11-13 et 30 (cités *supra*, ch. II, s. I,
pp. 14 et 52, nn. 22 et 64).

s'ajoutent peu après deux emplois d' ὄργανα désignant tour à tour des outils et des organes du corps humain [120], on en vient à se demander si le traité médical n'aurait pas fourni, tantôt directement, tantôt *a contrario*, une première inspiration à celui qui devait écrire le *De generatione animalium*.

Encore le Stagirite devait-il, pour en venir à structurer la théorie typique de ce traité, appliquer à l'être vivant sa doctrine hylémorphique. Or, on a vu que, pour sa part, le *Régime* semble n'avoir même aucune idée de la distinction entre l'acte et la puissance ; comme l'a bien montré Joly, sa conception du devenir est anaxagoréenne, postulant qu'il y a en tout des parties de tout [121]. On pourrait ainsi conclure que ses propositions seront parfois contredites, et surtout englobées, dans la synthèse extrêmement personnelle du *De gen. anim.*, mais qu'il semble bien lui avoir offert des illustrations et même des thèses qui seront largement mises à profit.

S'il en est ainsi, on sera d'autant plus enclin à reconnaître une influence très appréciable du *Régime* sur la petite dissertation, assurément moins dialectique et moins personnelle, que nous appelons le *De iuventute* et, plus précisément, sur la présentation de l'âme comme trouvant dans l'élément igné son milieu naturel. Mais nous aimerions formuler en outre une hypothèse qui, peut-être, rendrait compte de l'absence, dans ce traité, de développements concernant la génération.

On se souvient de la définition qui figure dans le *De iuvent.* : Γένεσις μὲν οὖν ἐστιν ἡ πρώτη μέθεξις ἐν τῷ θερμῷ τῆς θρεπτικῆς ψυχῆς, ζωὴ δ'(...) [122] ; comme rien ne permet de croire que pour l'auteur l'embryon puisse être privé de vie, cette « participation initiale à l'âme végétative » ne saurait désigner la naissance, mais ce que nous appelons

---

[120] *Régime*, I 22, 1-2, comparant le travail du potier et le fonctionnement multiforme de l'organisme ; cf. S. BYL, *Note sur la polysémie d'ὄργανον et les origines du finalisme* (dans *L'Ant. class.*, t. 40, 1971, pp. 121-133), pp. 124-125 ; *De gen anim.*, I 22 (voir n. précéd.), III 10, 759 b 31 ; IV 1, 766 a 22-23 (cité *supra*, ch. II, s. III, p. 90 et n. 49) ; *De an.*, II 4, 415 b 17-18, avec nos commentaires *supra*, ch. III, s. II, pp. 146-148.

[121] R. JOLY, *Notice*, p. XIX ; p. 5, n. 2 ; p. 8, n. 3 ; p. 9, n. 2 ; p. 13, nn. 1 et 2 ; etc. Cf. aussi *Régime*, I 7, 1 et 25, 1 : alors que dans le *De gen. anim.* le sperme véhicule l'être nouveau en puissance, l'âme est dite ici comporter — sans restriction — une « part du corps humain » (μοῖραν σώματος ἀνθρώπου), ou des « parties de l'homme », μέρεα ἀνθρώπου.

[122] *De iuvent.*, 24, 479 a 29-30, cité *supra*, p. 187, n. 22, avec une mise au point sur la fonction de θερμῷ, lequel ne peut être régime de μέθεξις.

la conception, et Aristote, la génération [123]. S'agit-il alors de recevoir
le principe du mouvement qui va provoquer la formation successive
des divers organes ? Nous avons constaté que l'auteur n'a cure de cette
théorie et se contente de dire que le sang pourvoit à leur croissance [124].
Dans un traité qui trahit à tout le moins des affinités avec le *Régime*,
on songera plutôt à une signification de ce genre : la génération consiste à recevoir non pas, certes, une âme-sperme (nous avons vu que
le traité médical lui-même est plus nuancé), mais, à travers la semence,
l'âme qu'elle véhicule, sans nulle précision sur son aspect potentiel [125].

On pourrait en somme concevoir qu'à un moment où la théorie
du *De gen. anim.* n'avait point encore pris forme, l'auteur du *De iuvent.*
ait admis cette communication rudimentaire du principe vital. Considérant le cœur, à l'instar des médecins de Sicile et de quelques Hippocratiques, comme le siège de l'âme, — âme sensitive aussi bien qu'âme
végétative, — il envisagerait cette dernière indistinctement dans ses
fonctions nutritive et générative. Il conviendrait peut-être, dès lors,
de penser également à ce dernier aspect dans les nombreux passages
du *De iuvent.* qui localisent le principe végétatif dans le cœur [126];
si aventurée que soit, en l'absence de témoignages formels, une hypothèse de ce genre, la particularité doctrinale qu'elle énonce offrirait
un prélude à des thèses du *De gen. anim.* : l'une d'entre elles, que nous
connaissons et qui fait, en IV 1, l'objet d'une déduction serrée, situe
dans le cœur le principe de la différenciation sexuelle [127]; l'autre,
d'allure plus anecdotique, va jusqu'à loger dans cette région la source
des sécrétions spermatiques [128].

[123] *Sic* G.R.T. Ross et P. Siwek; *contra*, R. Mugnier (« naissance ») et W.D. Ross.
[124] *De iuvent.*, 3, 469 a 1-2, etc.; *supra*, p. 184, n. 9.
[125] La distinction entre l'acte et la puissance ne nous est apparue que deux fois dans
le *De iuvent.* (2, 468 a 27-28, b 3-4 et 23, 479 a 1-3), et seulement pour expliquer que
beaucoup d'insectes puissent survivre en étant sectionnés : c'est que leur âme est potentiellement multiple. Mais cette précision, marginale dans cet ouvrage, pourrait être adventice, car elle ne figure pas dans les divers passages parallèles que nous citions au ch. II,
s. I, p. 49, n. 54, ... sauf précisément en *De an.*, II 2, 413 b 16-24. Elle semble donc,
jusqu'à nouvel ordre, avoir été ajoutée avec les références à ce traité (si c'est bien notre
De an. qu'elles visent !) qui figurent en *De iuvent.*, 1, 467 b 13 et en 14, 474 b 10-13, et
en même temps que la déclaration initiale sur l'âme incorporelle, qui précède immédiatement la première référence.
[126] Cf. *supra*, p. 185, n. 10, et *De iuvent.*, passim.
[127] Cf. *supra*, ch. II, s. III, par. 2, notamment pp. 90-91.
[128] *De gen. anim.*, II 7, 747 a 19-20 (cf. V 7, 787 b 26-28) : αἱ σπερματικαὶ καθάρσεις
ἀπὸ τοῦ ὑποζώματος · ἡ γὰρ ἀρχὴ τῆς φύσεως ἐντεῦθεν.

Quoi qu'il faille penser de la conjecture esquissée à l'instant, on voit désormais la place que tiennent dans notre étude l'anthropologie du *Régime* et les parallèles invoqués. Nous pouvons donc conclure.

En abordant l'examen du *De iuvent.*, nous avions adopté comme hypothèse de départ son ancienneté relative, professée par divers critiques, et soumis à l'analyse l'instrumentisme qui, pour Nuyens et Ross, justifie une telle datation. Cette théorie nous est en effet apparue très nettement, et d'une façon pareillement circonstanciée, dans ce traité comme dans le *De partibus*, II-IV, et dans le *De gen. anim.* Devions-nous dès lors situer ces trois exposés au même stade d'évolution doctrinale ?

A dire vrai, le *De iuvent.* manifeste, pour sa part, une propension singulière à présenter le principe du vivant comme dépendant du seul facteur thermique. En outre, diverses formules, reliées plus ou moins nettement à un large contexte, déclarent sans ambages que l'âme réside dans le feu et qu'elle y est embrasée. Certes, le début du traité prétend brièvement, mais franchement, que l'essence de l'âme ne saurait être corporelle ; c'est ce que dit aussi, parmi d'autres, l'exposé classique du *De gen. et corruptione*, mais en soulignant que, parmi ses composants, ne peut figurer le feu, car l'embrasement est une génération de type strictement matériel. Ces éléments allaient-ils nous amener à l'athétèse du propos initial sur l'incorporéité de l'âme, ou à celle — totale ou partielle — du *De iuventute* lui-même ?

Nous avons alors émis l'hypothèse selon laquelle ce traité montrerait là le stigmate d'une influence non encore assimilée. Sans exclure la présence de thèmes présocratiques ou platoniciens, nous avons fait état de concordances, beaucoup plus nettes et convergentes, avec le traité pseudo-hippocratique du *Régime* ; joints à son anaxagorisme et à l'allure embryonnaire de sa dialectique, ces traits confirment désormais l'opinion selon laquelle cet ouvrage doit être antérieur à ceux du Stagirite.

L'examen de son anthropologie a provoqué deux réflexions qui pourraient nous donner une idée plus précise de son influence sur les écrits d'Aristote. En premier lieu, le silence du *Régime* sur la respiration — si nettement mise en valeur dans le *De iuvent.* — ne peut nous masquer l'identique recours au feu, dans les deux œuvres, pour rendre compte de la vie : mêmes formules, même éloignement à l'égard d'opinions apparemment voisines, qu'elles viennent d'Aristote ou d'ailleurs. D'autre part, si le traité médical admet, en matière de reproduction, des vues opposées à celles que professe le *De gen. anim.*, celui-ci nous a semblé redevable à celui-là de divers thèmes qu'il métamorphose dans sa synthèse très systématique; peut-être le *De iuvent.*, qui semble muet sur ce chapitre, représente-t-il ici un stade de latence nettement antérieur aux options qui domineront le grand traité sur la reproduction.

Outre l'intérêt intrinsèque que présente une *Quellenforschung*, l'étude du *Régime* semble donc fournir un terme de comparaison qui éclaire les particularités du *De iuvent.* et contribue à le situer par rapport au reste du *Corpus*.

Section III. Éthique et politique

C'est, on s'en doute, avec circonspection et réticence que nous consacrons un bref exposé à ce qui concerne le « savoir pratique » : il nous semble parfaitement vain de prétendre à présent faire émerger une solution de tout point convaincante en une matière aussi controversée. On se souvient notamment des difficultés particulières dont faisait état notre chapitre premier; nous notions alors la nécessité d'explorer d'autres domaines avant de nous aventurer sur un terrain si mal assuré [1]. Aussi bien examinons-nous la situation de ces traités sous un angle extrêmement limité, en priant le lecteur de bien vouloir s'en souvenir constamment : compte tenu des données fournies antérieurement par l'étude de l'unité psycho-somatique dans les œuvres bio-psychologiques, pouvons-nous, de ce seul point de vue, relever ici

---

[1] Cf. la s. II, par. 2, pp. 15-17, *supra*, où l'on trouvera les indications bibliographiques jugées les plus significatives. A l'examen de ces controverses sur la teneur et la chronologie des données psychologiques plus ou moins explicites, — les seules qu'on allègue d'ordinaire, — une étude vraiment satisfaisante doit certes ajouter ce qui regarde la psychologie implicite, sous-jacente aux doctrines morales, par exemple le statut et les relations de l'intelligence et du désir, sous leurs diverses formes, dans la définition de la vertu, le « syllogisme pratique », les démarches de l'ἐγκρατής et de l'ἀκρατής ainsi que la φιλία. La présente esquisse ne s'aventure dans ce domaine immense que dans la mesure où, selon nous, les exposés d'Ar. peuvent nous instruire assez clairement sur le degré d'unité qu'il attribue à l'être humain; une étude plus complète livrerait sans nul doute des indications complémentaires. — Signalons d'emblée également que nous ne dirons rien ici de la *Grande Morale*, malgré les récents efforts de Dirlmeier et de Plebe pour en restituer au moins la doctrine au Stagirite. R.A. GAUTHIER, *Introd.*, 1970², pp. 93-99, donnant suite aux suggestions d'Allan et de Donini, plaide, non sans de bonnes raisons, pour le deuxième siècle avant notre ère.

des indications utilisables ? Nous procéderons aussi simplement que possible, notant d'abord des faits d'allure hétérogène, proposant ensuite un principe d'explication.

1. *Propos « unitaires »*.

On sait que, hormis Nuyens et ceux qui l'ont suivi sur ce point, les critiques ont généralement admis la date tardive de notre *Éthique à Nicomaque* ; récemment encore, Theiler et Dirlmeier l'ont estimée postérieure au *De anima* [2], et il est vrai qu'à tout le moins on peut épingler des faits qui suggèrent le même stade d'évolution psychologique.

Nous évoquerons en premier lieu ce que nous semblent indiquer deux données bien connues par ailleurs. C'est d'abord le mutisme de l'auteur sur la question de l'immortalité personnelle : même si l'on ne peut prouver que celle-ci soit niée, l'éthique aristotélicienne nous apparaît élaborée sans nulle référence à la survie [3]. D'autre part, on connaît également l'insistance de l'*Eudème* sur cette même immortalité : d'une façon ou d'une autre, tous les fragments conservés en témoignent, et cette *consolatio* perdrait sans elle toute sa raison d'être ; à ces morceaux, on peut joindre ceux que Walzer et Ross ont édités comme fragments 10 et 15 du *Protreptique* et qui, non sans quelque hyperbole, voient dans l'existence humaine un châtiment, l'âme étant notamment comparée à l'un de ces prisonniers que des pirates étrusques laissaient périr, liés face à face à des cadavres [4] : décidément, durant la première période d'Aristote, la vraie vie est ailleurs ! De ces œuvres de jeunesse à nos *Éthiques* et à notre *Politique*, que s'est-il passé ?

Nuyens ne s'est point posé la question ; il cantonne ces traités dans la période intermédiaire, tout en maintenant que l'âme est alors une

---

[2] W. THEILER, *Ar. Ueber die Seele*, 1966², p. 150 ; Fr. DIRLMEIER, *Ar. Nik. Ethik*, 1967⁴, p. 292 (« hier in der NE, dem Spätwerk ,» …) ; p. 444, sur le *De an.* et le *De motu an.* : « (…) diese Pragmatien schon vorhanden waren, als Ar. EN VI schrieb » ; cf. pp. 305, 306 : « die NE setzt der Schichtenanalyse harten Widerstand entgegen ».

[3] Cf. notamment, *supra*, ch. I, s. II, p. 19 et n. 30, avec les références, et G. VERBEKE, *Thèmes* …, 1963, pp. 189-190 : « la perfection de l'homme ne peut se réaliser au delà de la mort ».

[4] O. GIGON, *Prolegomena to an Edition of the Eudemus* (dans *Ar. and Pl.* …, 1960, pp. 19-33), pp. 27-28, revendique ces deux frg. (B 104-110 Düring et p. 52, 2-7 Ross) pour l'*Eudème*, mais peu importe ici. Sur l'hyperbole indiquée, cf. S. MANSION, *Contemplation and Action in Ar.'s Protr.* (même recueil, pp. 56-75), p. 67, n. 1, et p. 73.

substance spirituelle [5]; en bonne logique, elle devrait alors garder le privilège de l'immortalité que le Stagirite lui reconnaissait antérieurement. Gauthier, qui suit résolument, on le sait, la chronologie de Nuyens, a perçu cette difficulté; il lui oppose une réponse séduisante : Aristote se serait laissé reprendre alors par « le scepticisme invétéré, (...) indubitable » de ses contemporains, et ce, de par l'abandon de l'idéalisme qui supportait son adhésion à l'immortalité [6]. On regrette seulement que déjà le point de départ se révèle invérifiable : à l'enthousiasme qu'a longtemps suscité la reconstruction jaegerienne des dialogues, succède chez les critiques, et à juste titre, une appréciation réservée, voire un scepticisme très marqué quant à l'adhésion du jeune Aristote à la théorie de Idées [7].

Certes, il se peut que le philosophe ait cessé d'admettre la survie personnelle bien avant d'appliquer à l'être humain la doctrine hylémorphique, mais peut-être estimera-t-on que cette application offre une justification particulièrement plausible de l'évolution aristotélicienne sur ce point important entre tous : comme l'a bien vu Nuyens, si l'âme de l'homme est désormais « forme » du substrat corporel, seul le principe unique de la pensée humaine peut transcender les limites de notre existence temporelle. D'autre part, on ne saurait exclure que le Stagirite ait quelque temps professé une « philosophie pratique » qui tenait compte de l'au-delà, et que nos divers traités aient ensuite été corrigés, tous et chacun, dans le sens qu'exigeait l'abandon de la survie; mais c'est là, on l'avouera, une hypothèse aussi gratuite que peu écono-

---

[5] Fr. NUYENS, L'évolution ..., ch. V (« La noétique et le probl. noét. au cours de la phase de transition »), p. 209 : « Ar. considère l'âme comme un être immatériel, subsistant en soi ».

[6] R.A. GAUTHIER, Introd. à l'Éth. à Nic., 1970[2], p. 49.

[7] Cf., parmi beaucoup d'autres, à propos des frg. du Protr. où Jaeger trouvait ledit idéalisme, G. MÜLLER, Probleme der arist. Eudaimonielehre (dans Museum Helvet., t. 17, 1960, pp. 121-143), p. 143 : « Überall muss die Diagnose lauten : nicht platonisierender Ar., sondern kontaminierender Jamblich »; J.D. MONAN, Moral Knowledge ..., 1968, pp. 2 et 36, ou encore notre récente mise au point dans Travaux ... (R.P.L., 1970), pp. 85-86, à propos de la controverse entre I. Düring et É. de Strycker; on ajoutera que la μίμησις, qui semble à ce dernier trahir l'idéalisme du Protr. (frg. 13, cf. É. DE STRYCKER, Gnomon, t. 41, 1969, p. 249), trouve un équivalent réaliste en Poétique, 7, 1451 a 9-10 : la μίμησις n'est là qu'une « re-création » κατ᾿αὐτὴν τὴν φύσιν τοῦ πράγματος. Et l'on se rappellera la mise en garde qu'énonçait dès 1931 A. MANSION (Autour des Éth. ..., dans Rev. néo-scol. de philos., t. 33, pp. 80-107, 216-236, 360-381; cf. p. 99) : « le Protr. (...) ne nous est connu que par des fragments, dont aucun ne nous livre de façon certaine le texte d'Ar. ».

mique. L'humanisme résolument terrestre dont nous nous occupons s'explique donc mieux, — nous n'en pouvons rien dire de plus à présent, — si l'homme est substance mortelle et si l'intellect en qui culmine notre eudémonie ne reste plus « nôtre » au terme de cette existence ; n'est-ce point là, déjà, la perspective hylémorphique du *De anima* ?

Le trait que nous venons de commenter concerne uniformément, on l'a vu, les divers traités dont nous nous occupons ; il spécifie un contraste qui les sépare en bloc des œuvres exotériques, et c'est ce qui nous paraît lui donner une valeur non négligeable. Les traits positifs, c'est-à-dire les particularités relevées en tel ou tel passage, sont d'un maniement plus délicat, puisque les tenants de la *Schichten-analyse* peuvent y voir des interpolations (fussent-elles dues à l'auteur lui-même) ou, à l'inverse, les résidus de rédactions antérieures. Deux de ces traits méritent toutefois, nous semble-t-il, d'être indiqués dans la présente esquisse, ne serait-ce qu'à titre exemplatif.

En des passages parallèles de l'une et l'autre *Éthique*, Aristote relève que le πολιτικός doit avoir quelque connaissance de l'âme et se rappeler par exemple « qu'un élément est irrationnel, l'autre rationnel ; qu'ils soient distincts comme les parties du corps et comme tout le divisible, ou que cette dualité soit d'ordre logique, inséparable par nature comme le convexe et le concave dans la circonférence, cela ne nous concerne en rien à présent » : tel est le propos de l'*É.N.* [8]. Celui de l'*Eudémienne*, après un rappel analogue, s'achève comme suit : « cela ne fait nulle différence que l'âme soit divisible ou qu'elle soit sans parties ; elle a tout de même différentes puissances : celles qu'on a dites, tout comme, dans ce qui est courbe, la concavité et la convexité sont inséparables » [9].

Comme chacun sait, le *De anima* exclut toute division réelle de l'âme en parties et se prononce en faveur d'une distinction logique entre facultés [10] ; nos *Éthiques* ne manifestent-elles pas ici une regrettable

[8] *É.N.*, I 13, 1102 a 27-32 : τὸ μὲν ἄλογον αὐτῆς εἶναι, τὸ δὲ λόγον ἔχον. ταῦτα δὲ πότερον διώρισται καθάπερ τὰ τοῦ σώματος μόρια καὶ πᾶν τὸ μεριστόν, ἢ τῷ λόγῳ δύο ἐστὶν ἀχώριστα πεφυκότα καθάπερ ἐν τῇ περιφερείᾳ τὸ κυρτὸν καὶ τὸ κοῖλον, οὐθὲν διαφέρει πρὸς τὸ παρόν.

[9] *É.E.*, II 1, 1219 b 32-34 : διαφέρει δ'οὐθὲν οὔτ'εἰ μεριστὴ ἡ ψυχὴ οὔτ'εἰ ἀμερής, ἔχει μέντοι δυνάμεις διαφόρους καὶ τὰς εἰρημένας, ὥσπερ ἐν τῷ καμπύλῳ τὸ κοῖλον καὶ τὸ κυρτὸν ἀδιαχώριστον. Fr. DIRLMEIER, *Ar. Eud. Ethik*, 1962, p. 233, estime que ceci note « viel stärker (…) dass es eben doch wesensverschiedene Teile gibt » ; mais cf. la suite de notre texte.

[10] *De an.*, I 5, 411 b 5-27 ; II 2, 413 b 27-29 ; II 3, 415 a 1-12 ; III 9, 432 a 22 - b 7,

indécision à cet égard ? Il nous semble cependant que le seul fait de
poser la question révèle déjà la problématique propre au *De anima* :
envisager que les facultés puissent ne différer que logiquement, à
l'instar des points de vue discernables dans un être mathématique,
c'est songer non pas à une âme-substance, mais à une âme-essence,
bref, à l'hylémorphisme [11]. Qui plus est, le second texte montre bien
la nature factice de la question: tout se passe comme si l'auteur, après
avoir souligné le point qui le concerne ici, c'est-à-dire la diversité des
δυνάμεις (qui n'importent pas toutes au moraliste), en venait à reléguer
au second plan la disjonction initiale pour déclarer sans ambages que
ces δυνάμεις ne diffèrent *que* conceptuellement.

Ces indications ne trouvent pas de parallèle proprement dit dans la
Politique, ensemble de leçons dont Nuyens a mis en relief les formules
dualistes : nous y revenons au paragraphe suivant. Nous pensons
cependant devoir examiner la dialectique qui sous-tend le développement sur l'esclavage au livre I, chap. 2 à 6 [12].

Partons, si l'on veut bien, du propos célèbre sur l'esclave, κτῆμά τι
ἔμψυχον, καὶ ὥσπερ ὄργανον πρὸ ὀργάνων, qui rappelle si nettement
le *De part. anim.*, IV 10, et la subordination de la main — ὄργανον
πρὸ ὀργάνων — aux facultés psychiques; ce dernier passage, nous
l'avons noté, suggère combien la constitution du vivant est commandée
par sa nature spécifique [13]. Dans la *Politique*, la différence de contexte
rend plus frappante l'analogie doctrinale : il s'agit de montrer que
l'esclave, comme esclave, « appartient totalement à son maître » et
que dès lors, sans être doué lui-même de raison, il y participe juste

---

avec la remarque de Simplicius (*In De an.*, C.I.A.G., IX, p. 288, 17-18 Hayduck):
μάχεται (...) πρὸς τὸ διεσπασμένον καὶ τοπικῶς μεμερισμένον.

[11] Ainsi le rejet thématisé de la division réelle en parties va-t-il de pair avec la réflexion
sur l'âme comme être non substantiel, co-principe de nature formelle : cf. la place de la
division λόγῳ, exemples mathématiques à l'appui, dans la démonstration hylémorphique
en *De an.*, II 2, 413 b 27-29 ; II 3, 414 b 20-25, 28-32.

[12] J. Aubonnet, *Intr.* à l'éd. Belles Lettres, 1968², pp. LXXIII-LXXVI, CIX-CXX,
103-105, présente l'état de la question relatif à la chronologie des divers livres. Cf.
en outre I. Düring, *Aristoteles*, 1966, pp. 51-52, 475, 489 (les livres II à VI dateraient
du second séjour athénien, les autres remonteraient à la période *précédente*, et ce, malgré
la différence d'inspiration qui sépare le livre I des livres VII-VIII), mais aussi la *Discussion* (pp. 36-51) sur l'exposé de R. Stark, *Gesamtaufbau der arist. Pol.*, dans *La
« Politique » d'Ar.*, 1965, pp. 1-35 : indépendance relative et date incertaine du livre I.

[13] *Polit.*, I 4, 1253 b 32-33. *De part. anim.*, IV 10, 686 a 25-29, 687 a 7-23;
cf. a 16-21, avec nos remarques *supra*, s. I, pp. 177-179.

assez pour percevoir ses ordres, voire pour refléter son ἀρετή [14] ; en
tant que κτῆμα, il est ainsi une « partie d'autrui » [15] ; sans doute est-ce
une « partie séparée », ce qui laisse place à une amitié entre le maître
et lui [16], mais on remarquera comment Aristote s'exprime à ce propos :

[14] *Polit.*, I 4, 1254 a 12-13 : οὐ μόνον δεσπότου (...), ἀλλὰ καὶ ὅλως ἐκείνου. I 5, 1254 b
20-23 : ἔστι γὰρ φύσει δοῦλος ὁ δυνάμενος ἄλλου εἶναι (...) καὶ ὁ κοινωνῶν λόγου τοσοῦτον
ὅσον αἰσθάνεσθαι ἀλλὰ μὴ ἔχειν. Cf. I 13, 1260 a 12, a 31-33 ; b 3-4 : (...) ἀρετῆς αἴτιον
εἶναι δεῖ τῷ δούλῳ τὸν δεσπότην.

[15] *Polit.*, I 4, 1254 a 2, a 7-10, 14-17 : τὸ δὲ κτῆμα πρακτικόν · (...) ὁ δὲ βίος πρᾶξις,
οὐ ποίησίς ἐστιν · (...) τὸ δὲ κτῆμα λέγεται ὥσπερ καὶ τὸ μόριον · τό τε γὰρ μόριον (...) ὅλως
ἄλλου · (...) ὁ γὰρ μὴ αὑτοῦ φύσει ἀλλ᾽ ἄλλου ἄνθρωπος ὤν, οὗτος φύσει δοῦλός ἐστιν (...),
κτῆμα δὲ ὄργανον πρακτικόν.

[16] *Polit.*, I 6, 1255 b 11-14 (cf. I 4, 1254 a 17) : ὁ δὲ δοῦλος μέρος τι τοῦ δεσπότου,
οἷον ἔμψυχόν τι τοῦ σώματος κεχωρισμένον δὲ μέρος · διὸ καὶ συμφέρον ἐστί τι καὶ φιλία
δούλῳ καὶ δεσπότῃ πρὸς ἀλλήλους τοῖς φύσει τούτων ἠξιωμένοις.

R.A. GAUTHIER, *Éth. Nic.*, II 2, pp. 704-705, estime que la « communauté d'intérêt »
indiquée ici (impliquant que l'esclave, dit-il, est esclave « pour *son propre bien* » et a en
tant que tel droit à l'amitié) marque un réel progrès par rapport à *É.N.*, VIII 11, 1161
b 2-8, où l'amitié le concerne seulement καθ' ὅσον ἄνθρωπος. On admettra d'ailleurs
avec l'auteur que selon les *Éthiques* (*É.N.*, *ibid.* ; *É.E.*, VII 9, 1241 b 19) il n'y a point
κοινωνία entre maître et esclave. Mais puisque, comme le philosophe le rappelle aussitôt
(É.N., VIII 12, 1161 b 11 ; cf. VIII 9, 1159 b 31-32, et *É.E.*, VII 9, 1241 b 14-17), ἐν
κοινωνίᾳ (...) πᾶσα φιλία ἐστίν, comment l'amitié peut-elle exister là entre maître et esclave ?
Cette difficulté laissée sans réponse et l'éventuelle différence entre les *Éthiques*
et la *Politique* peuvent être tirées au clair, pensons-nous, si l'on examine en quel sens
Ar. nie qu'il y ait κοινωνία. Or, selon ses dires exprès, celle-ci exige *une dualité de sujets* :
entre âme et corps, ou entre artisan et outil, ou encore entre maître et esclave, οὐκ ἔστι
κοινωνία · οὐ γὰρ δύ᾽ ἐστίν, ἀλλὰ τὸ μὲν ἕν, τὸ δὲ τοῦ ἑνός, οὐ δ᾽ἕν, le second terme
(requis pour qu'il y ait dyade) n'en est pas un ... (*É.E.*, VII 9, 1241 b 19-20 ; conj. de
Jackson pour οὐδέν, reprise par l'Oxf. Transl.), ou encore (*É.E.*, VII 10, 1242 a 14-15,
28-30) : l'association de l'artisan et de son outil n'existe que τοῦ χρωμένου ἕνεκεν,
et il n'y a point amitié entre maître et esclave, ἀλλ᾽ ἀνάλογον ; la deuxième expression
se retrouve dans le contexte indiqué en *É.N.* (VIII 11, 1161 a 35 - b 1) : ὠφελεῖται
(...) ὑπὸ τῶν χρωμένων, avec une conclusion semblable : bien qu'il soit animé, l'esclave
est un outil et, comme esclave, il n'entre point dans une relation d'amitié.
Dès lors, si néanmoins il existe une telle relation, c'est qu'à certains égards (cf.
le ἀνάλογον d'*É.E.*, VII 10, 1242 a 30) la dualité requise subsiste : et en effet l'esclave
n'est *pas seulement* un esclave, ni *sous tous rapports* une partie intégrante de son maître.
C'est ce que précisent respectivement *É.N.*, VIII 11, 1161 b 8 : φιλία δή, καθ᾽ ὅσον ἄνθρωπος, et *Polit.*, I 6, 1255 b 11-14 (texte cité au début de cette note, trad. AUBONNET) :
« l'esclave est une partie du maître : c'est comme une *partie* vivante de son corps, mais
séparée ; aussi y a-t-il une communauté d'intérêt et une amitié réciproque », etc. Même
doctrine fondamentale, par conséquent, dans ces trois traités, avec un même accent sur
l'intégration de l'esclave — en tant que tel — à l'existence de son maître : nul « progrès »,
en d'autres termes, sur lequel on puisse échafauder une différence de date.

τὸ γὰρ αὐτὸ συμφέρει τῷ μέρει καὶ τῷ ὅλῳ καὶ σώματι καὶ ψυχῇ, ὁ δὲ δοῦλος μέρος τι τοῦ δεσπότου [17] ; qu'est-ce à dire ?

On a bien lu : à la partie et au tout correspondent, terme à terme, le corps et l'âme. L'analogie était d'ailleurs amorcée par la formule connue : ἡ ψυχὴ τοῦ σώματος ἄρχει δεσποτικὴν ἀρχήν [18], le corps est à l'âme — selon la nature — ce que l'esclave est au maître. Mais pour le reste elle s'éclaire par ce qu'affirme le début de notre développement : pour montrer que par nature le tout a priorité sur la partie, le Stagirite affirme : « détruisez le tout, il n'y aura plus ni pied ni main, si ce n'est par homonymie, comme quand on parle d'une main de pierre : ainsi est-elle, une fois séparée [19] ; et c'est l'opération et la puissance, qui définissent les êtres : dès lors, s'ils n'ont plus ces attributs, il ne faut pas dire qu'ils restent identiques, sinon verbalement » [20]. Bref, le vivant a priorité sur ses membres en ce qu'il conditionne totalement leur existence de membres ; l'esclave, en tant qu'esclave [21], n'existe que dans l'appartenance à son maître et par l'intégration à sa vie. Ainsi avons-nous vu, au début de cet alinéa, le corps mis en parallèle avec la partie, l'âme avec la totalité : c'est l'âme qui est englobante, non le corps, et le membre n'a d'existence qu'en liaison organique avec elle, faute de quoi on retombe dans l'équivoque pure et simple. Or, on s'en souvient, lorsque le philosophe recourt en pareil contexte au concept d'homonymie, c'est pour affirmer ou nier la présence d'une nature spécifique, d'une quiddité qui est l'âme même [22].

Sans doute ne faut-il point voir ici un exposé systématique de psychologie ; au demeurant, l'auteur ne peut évidemment nous signifier que, *sensu stricto*, la quiddité du maître inclue (et vivifie) l'existence de l'esclave. Mais l'inverse est vrai, car on ne perdra pas de vue l'asy-

---

[17] *Polit.*, I 6, 1255 b 9-11.

[18] *Polit.*, I 5, 1254 b 4-5 ; cf. b 5-9 : c'est la théorie des diverses formes de commandement, que P. MORAUX, *A la recherche* (...). *Le dialogue « Sur la justice »*, 1957, pp. 151-157, revendique pour ce dialogue.

[19] Cf. LIDDELL-SCOTT, *s.v.* διαφθείρω, sens 1 ; « destroyed » (Oxf. Transl.), « morte » (AUBONNET).

[20] *Polit.*, I 2, 1253 a 20-25 : ἀναιρουμένου γὰρ τοῦ ὅλου οὐκ ἔσται ποὺς οὐδὲ χείρ, εἰ μὴ ὁμωνύμως, ὥσπερ εἴ τις λέγει τὴν λιθίνην · διαφθαρεῖσα γὰρ ἔσται τοιαύτη · πάντα δὲ τῷ ἔργῳ ὥρισται καὶ τῇ δυνάμει, ὥστε μηκέτι τοιαῦτα ὄντα οὐ λεκτέον τὰ αὐτὰ εἶναι ἀλλ'ὁμώνυμα.

[21] Cf. la n. 16, *supra*, examinant l'opinion de Gauthier.

[22] Cf. *supra*, ch. II, s. II, p. 61, à propos de cette doctrine exposée en *De an.*, *Métaph.*, Z, *De part. anim.*, I, et *De gen. anim.*

métrie qui règne ici [23] : pour justifier sa conception de l'esclavage, Aristote subordonne résolument la vie de l'esclave — en tant que tel — à celle de son maître et recourt à une conception organiciste qui, on l'a vu, suggère celle de l'hylémorphisme. Nuyens semble s'en être aperçu, mais sans s'y arrêter ; il écrit en note, et en une seule ligne : « *Pol.*, I 2, 1253 a 20-22 s'oriente déjà un peu plus dans le sens du *De anima* » [24]. Que cette menue concession atténue en fait, et plus que de raison, les données dont nous avons fait état, on se l'explique aisément, tant notre prédécesseur est convaincu que les traités de « philosophie pratique » sont dominés par une pensée encore dualiste. C'est d'ailleurs l'aspect qu'il nous faut envisager à présent, sans préjuger de ce qui peut en résulter pour la cohérence de ces ouvrages.

2. *Une perspective dualiste ?*

Sans doute serait-il sage de mettre à profit ce que Nuyens a estimé décisif à cet égard. Ses réflexions consistent en notes de lecture qui suivent généralement l'ordre des trois traités [25] ; on opérera ici un regroupement par thèmes.

Le premier ensemble concerne des textes qui font du corps l'instrument de l'âme, soulignant notamment que celle-ci doit profiter de l'activité somatique [26]. Nous ne pourrons tenter d'en évaluer la place dans l'évolution philosophique d'Aristote qu'après avoir complété notre inventaire, car on se souvient que déjà les œuvres psycho-biologiques ont révélé la polyvalence des schémas instrumentistes [27] : que par exemple les dispositions du corps doivent être poursuivies τῆς ψυχῆς ἕνεκεν, cet adage peut parfaitement faire écho à ce que nous avons

[23] Cf. *Polit.*, I 4, 1254 a 11-12 : ὁ μὲν δεσπότης τοῦ δούλου δεσπότης μόνον, ἐκείνου δ᾽οὐκ ἔστιν.

[24] Fr. NUYENS, *L'évolution* ..., p. 197, n. 156, visant le début du texte cité *supra* et n. 20. Sans doute songe-t-il à une addition due au Stagirite, bien que d'ordinaire il renonce à la *Schichtenanalyse* et s'efforce de dater en bloc les livres, voire les ouvrages entiers. Dans le cas présent, on a vu l'unité de pensée qui sous-tend au moins les chap. 2 à 6 de *Polit.*, I ; mais cf. la suite de notre texte.

[25] *É.E.*, *É.N.*, *Polit.* Cf. Fr. NUYENS, *L'évolution* ..., pp. 186-189, 189-193, 194-197, respectivement ; son *Index des passages d'Ar.* précise l'endroit où il examine ces textes.

[26] *É.E.*, VII 9, 1241 b 17-24 ; VII 10, 1242 a 13-15, a 28-29 ; *É.N.*, VIII 11, 1161 a 32-35 ; *Polit.*, I 5, 1254 a 34-36 ; III 4, 1277 a 5-10 ; VII 1, 1323 b 16-21.

[27] Cf., outre les conclusions des ch. II et III, *supra*, celle de la section précédente, p. 199 ; un essai de datation à partir de ces quelques textes (cf. n. précéd.) apparaît dès lors prématuré.

lu dans le *De anima*, à savoir, que les organismes existent « en vue de l'âme »[28] ; et nous venons de lire dans la *Politique* une longue section qui, subordonnant étroitement l'esclave au maître et le corps à l'âme, use à cette fin de catégories qui inclinent en effet le lecteur à reconnaître la doctrine hylémorphique.

D'une autre veine nous apparaît un deuxième groupe de textes, d'où il appert qu'Aristote semble bien ne guère tenir compte de cette symbiose psycho-somatique. Ainsi une proposition de la *Politique* souligne-t-elle pesamment : ὥσπερ ψυχὴ καὶ σῶμα δύ᾽ ἐστίν ..., ajoutant, il est vrai : οὕτω καὶ τῆς ψυχῆς δύο μέρη, τό τε ἄλογον καὶ τὸ λόγον ἔχον[29], ce qui laisserait croire que le souci de la symétrie a peut-être amené un durcissement de la première formule. Mais le contexte, que Nuyens ne cite pas, n'appuie-t-il pas l'interprétation dualiste ? Parlant d'éducation, le législateur de la cité idéale a rappelé que notre nature a pour fin l'intelligence, ὁ δὲ λόγος ἡμῖν καὶ ὁ νοῦς τῆς φύσεως τέλος, et il précise : ὥσπερ δὲ τὸ σῶμα πρότερον τῇ γενέσει τῆς ψυχῆς, οὕτω καὶ τὸ ἄλογον τοῦ λόγον ἔχοντος, puis, après une énumération des espèces que comporte l'ὄρεξις et dont nous reparlerons : πρῶτον μὲν τοῦ σώματος τὴν ἐπιμέλειαν ἀναγκαῖον εἶναι προτέραν ἢ τὴν τῆς ψυχῆς, ἔπειτα τὴν τῆς ὀρέξεως, ἕνεκα μέντοι τοῦ νοῦ τὴν τῆς ὀρέξεως, τὴν δὲ τοῦ σώματος τῆς ψυχῆς[30].

Sans doute l'auteur veut-il fournir, non pas une description scientifique de l'homme, mais une justification du programme soigneusement gradué qu'il va développer jusqu'à la fin du livre VIII : prolégomènes d'ordre eugénique, éducation physique, morale, esthétique ; on s'explique alors que le « découpage » chronologique soit quelque peu accentué. Il n'en reste pas moins que le dualisme domine ce passage et,

---

[28] *Polit.*, VII 1, 1323 b 19 ; *De an.*, II 4, 415 b 20, cité *supra*, ch. III, s. II, p. 141, n. 39, avec nos réflexions, *ibid.*, pp. 145-148. On ne perdra pas de vue que *les finalités diffèrent* ici et là : métaphysique du vivant en *De an.*, notamment II 4, 415 b 18-20 ; explication physiologique (le « comment ») dans les œuvres biologiques, élucidation éthique et parénèse dans nos trois traités, mais sans que l'on puisse préjuger de la métaphysique qui les sous-tend ou les assume.

[29] *Polit.*, VII 15, 1334 b 17-19 ; la « division » de l'âme elle-même nous retiendra dans l'examen de la troisième série, pp. 225-230, notamment à la n. 47.

[30] *Ibid.*, b 15, b 20-22, b 25-28. — Dans une des rares critiques qu'il adresse à Nuyens, E. BRAUN, *Psychologisches in den Pol. des Ar.*, 1962, pp. 165-166, croit trouver ici une « kontinuierliche Entstehung der Seele entsprechend dem Wachstum des Leibes » ; notre texte n'évoque rien de tel, mais bien un développement somatique *suivi* d'une évolution psychologique.

en particulier, que les emplois de ψυχή diffèrent notablement de ceux
que préconise le *De anima* : là où le corps est dit génétiquement antérieur à l'âme, le niveau végétatif reste totalement dans l'ombre ;
pareillement, la dernière formule semble bien nous ramener à l'acception platonicienne de ψυχή, acception limitée à certaines fonctions proprement « psychologiques » [31]. A titre auxiliaire, nous épinglons un
peu plus loin, dans le même développement, des propos que nous ne
pouvons guère expliquer si Aristote professe déjà la doctrine typique
du *De gen. anim.*, présente également, nous le savons, dans la *Métaph.*
et le *De part. anim.* [32] : selon ce texte, « on constate que les êtres en
gestation profitent de la mère comme les plantes du sol » [33] et « l'avortement doit être provoqué avant que ne débutent sensation et vie » [34] ;
or, en admettant que la première formule puisse à la rigueur représenter
une vérité (très) partielle, la seconde se comprend mal si l'auteur a déjà
établi que tout embryon est un être vivant, voire que le sperme lui-
même possède la vie, et qu'il convient de distinguer soigneusement
les stades potentiel et actuel [35].

[31] Ce disant, on n'oublie pas ce que Fr. SOLMSEN, *Antecedents of Ar.'s Psychology*,
1955, pp. 155-157, a relevé en *Théét.*, 184 d, et en *Tim.*, 70 d, c'est-à-dire des indications
qui annoncent les fonctions sensitive et nutritive de l'âme chez Ar. ; mais cf. les restrictions
indiquées *ibid.*, pp. 158-160. Les allusions des *Éthiques* au θρεπτικόν seront examinées
infra au par. 3.

[32] Cf. *supra*, ch. III, s. II, par. 1, et ch. IV, s. I, par. 3, respectivement.

[33] *Polit.*, VII 16, 1335 b 18-19 (prescriptions aux futures mères) : ἀπολαύοντα γὰρ
φαίνεται τὰ γενόμενα τῆς ἐχούσης ὥσπερ καὶ τὰ φυόμενα τῆς γῆς. Dans le *De gen.
anim.*, le texte le moins éloigné (II 4, 738 b 32-36) note que des croisements répétés
peuvent donner aux femelles un impact croissant sur l'hérédité ; mais Ar. explique de la
sorte une exception apparente à la règle qui réserve au mâle la collation de la forme
spécifique : cf. *ibid.*, 738 b 25-27, étudié *supra*, ch. II, s. II, p. 69.

[34] *Polit.*, VII 16, 1335 b 24-25 : πρὶν αἴσθησιν ἐγγενέσθαι καὶ ζωήν, ἐμποιεῖσθαι
δεῖ τὴν ἄμβλωσιν. Pas plus qu'à la note précédente, nous n'excluons la possibilité —
voire la probabilité — d'un sens non philosophique, comme dans les cas où actuellement
les futures mères signifient que l'enfant « prend vie » ; nous nous demandons seulement
s'il est plausible qu'Aristote se soit exprimé de la sorte après l'adoption de l'hylémorphisme en psychologie.

[35] Cf. en particulier *De gen. anim.*, II 3, 736 a 33-35 ; II 1, 735 a 4-9 (cité *supra*, ch.
II, s. II, p. 58, n. 8) ; on trouvera en *Hist. anim.*, VII 3, 583 b 14-20 et 20-23, des notes
sur le degré d'organisation des fœtus mâle et femelle, mais sans référence à l'évolution
du psychisme. En *De gen. anim.*, V 1, 779 a 16-21, il est question de ceux qui, tout en
dormant, remuent et sont sujets à des sensations : les somnambules et les bébés ; ces
derniers, ajoute Ar., ἐοίκασιν (...) ἐν τῷ καθεύδειν αἰσθάνεσθαι καὶ ζῆν : n'est-ce pas
suggérer une équivalence entre ces deux verbes, même dans un traité hylémorphique ?
En réalité, l'auteur disserte sur un état mitoyen entre la veille et le sommeil, ce qui explique

On constate ainsi que cette longue section de la *Politique* laisse échapper le degré végétatif à l'empire de la ψυχή ; dans ces conditions, on ne voit pas que celle-ci puisse être la « forme » de l'organisme, le co-principe du substrat somatique. De cette section, Nuyens n'avait relevé que la formule soulignant la dualité du corps et de l'âme. Nous le retrouvons en notant après lui, dans les *Éthiques* comme dans la *Politique*, de nombreux passages qui attribuent sereinement à l'âme seule diverses activités — celles que souvent le *De anima* confère au vivant tout entier — et, en particulier, les textes qui distinguent biens de l'âme et biens du corps [36]. Ici encore, non seulement le langage se révèle dualiste, comme le montre notre devancier, mais la pensée paraît bien l'être également, puisque l'âme n'inspire pas les opérations qu'on pourrait appeler biologiques, cataloguées ici sous la rubrique « biens du corps » ; ainsi ces derniers désignent-ils les jouissances qui ont rendu célèbre un Sardanapale et l'ont fait comparer à un animal [37] : sur ce point, nous voici loin encore, semble-t-il, de l'anthropologie que thématise le *De anima* [38].

assez les hésitations dont il témoigne depuis 778 b 20 ; après avoir connu au stade embryonnaire des périodes de veille (cf. 779 a 7-9), les bébés semblent bien continuer par habitude, διὰ συνήθειαν, à sentir et à vivre : l'équivalence entre les deux termes ne s'impose donc pas ici. Peut-être ne s'impose-t-elle pas davantage en *Polit.*, VII 16 (cf. note précéd.), mais dans ce cas l'indication relative à l'avortement perd toute précision et, dès lors, sa raison d'être ; cf. encore n. 38, *infra*.

[36] *É.E.*, II 1, 1219 b 19-20 (contre NUYENS, *L'évolution* ..., p. 186, nous ne pouvons opposer, au *De an.*, *É.E.*, II 1, 1219 a 23-25) ; II 3, 1220 b 35 - 1221 a 13 ; III 1, 1229 b 18-22 ; *É.N.*, I 7, 1098 a 6-8, 15-17 ; I 8, 1098 b 12-15 ; I 13, 1102 a 16-17 ; 1102 b 7-8 ; II 5, 1105 b 21-23 ; III 5, 1114 a 21-23 ; X 8, 1178 a 14-16 ; *Polit.*, II 9, 1270 b 4 - 1271 a 1 (*contra*, E. BRAUN, *Psychol.* ..., pp. 171-172, qui s'appuie sur *De an.*, I 4, 408 b 18-29 : là aussi la réflexion est dite s'affaiblir : μαραίνεται, b 25 ; ajoutons que Nuyens n'a pas souligné le point significatif, à savoir la vieillesse attribuée au corps, non au vivant) ; VII 1, 1323 a 24-26 ; VIII 2, 1337 b 8-11.

[37] Cf. *É.N.*, I 5, 1095 b 16-17, 19-22 ; III 10, 1117 b 28 - 1118 a 3 ; *É.E.*, I 5, 1216 a 16-19, 29-31, qui précise le contenu des biens du corps : ἡ μὲν περὶ τὰ σώματα καὶ τὰς ἀπολαύσεις ἡδονή. Nous n'avons pas à examiner dans quelle mesure Ar. entend passer au crible séparément le plaisir, la vertu et la sagesse, ou s'il insiste plutôt sur l'intégration, dans une même eudémonie, des valeurs que comportent ces trois « vies » : on sait que selon R.-A. GAUTHIER, *Introd.*, 1970[2], pp. 77-82, *É.E.* opte pour la première perspective, *É.N.* pour la seconde : ainsi l'exposé sur le plaisir d'*É.N.*, X 1-5, prépare-t-il l'éloge de la contemplation qui achève l'ouvrage.

[38] On voudra bien se souvenir qu'à présent nous nous limitons à signaler quelques données, en l'espèce, la non-inclusion de certains « biens » — ceux que par ailleurs on attribuerait à l'ἐπιθυμητικόν — dans le domaine de la ψυχή ; il reviendra à notre par. 3 de proposer une explication d'ensemble.

On ne sera pas autrement surpris, par conséquent, de ce qu'un écrit ancien d'Aristote ait pu développer les thèmes groupés dans notre second ensemble; on les retrouve en effet dans le *Protreptique* de Jamblique, en une même page de la longue section inspirée d'Aristote : ἀεὶ τὸ τέλος ἐστὶ βέλτιον (...), ψυχὴ σώματος ὕστερον, καὶ τῶν τῆς ψυχῆς τελευταῖον ἡ φρόνησις. (...) ἐσμὲν ἕνεκα τοῦ φρονῆσαί τι καὶ μαθεῖν.(...) τὰ μὲν ἐν τῷ σώματι (ἕνεκα) τῶν ἐν <τῇ> ψυχῇ, τὴν δὲ ἀρετὴν τῆς φρονήσεως [39].

Évoquons enfin une troisième série de textes : ceux qui proposent une division de l'âme elle-même en parties rationnelle et irrationnelle. Indiquée elle aussi par le *Protreptique* [40], cette bipartition se trouve, on le sait, en maint passage de nos trois traités [41], et notamment aux endroits qui commandent l'économie générale des *Éthiques* en annonçant — ou en rappelant — la division entre vertus intellectuelles et vertus morales [42]. Celles-ci, dit en substance Aristote, ont pour siège la partie qui est irrationnelle par elle-même, mais capable d'« entendre raison » comme un fils obéit à son père; c'est « ce qui convoite et, d'une façon générale, désire » [43]; comme l'a bien noté Dirlmeier, la

[39] *Protr.*, frg. 11 Ross (B 17 et 21 Düring; sur l'ordonnance du raisonnement, cf. S. MANSION, *Contemplation* ..., 1960, pp. 63-64). — On retrouve en outre au frg. 14 (B 80 Düring) le couple sensation-vie de *Polit.*, VII 15 (cité à la n. 34 et examiné à la n. 35, *supra*), mais sous la forme : τῷ μὲν αἰσθάνεσθαι τὸ ζῆν διακρίνομεν καὶ τὸ μὴ ζῆν. Selon É. DE STRYCKER, *Prédicats* (...) *dans le « Protr.» d'Ar.* (dans *R.P.L.*, t. 66, 1968, pp. 597-618), p. 604, « Ar. n'a pas l'intention d'affirmer que la sensation est la marque universelle de tout ce qui vit, mais seulement qu'elle en est une des caractéristiques les plus faciles à reconnaître »; il désire montrer notamment que le terme *vie* comporte, comme *sensation*, une double acception. Mais peut-être l'explication la plus obvie est-elle ailleurs : si le Stagirite — puisqu'il semble bien s'agir de lui — affirme sans nuances que la sensation est le signe de la vie, ce peut être simplement parce qu'il n'envisage pas encore une psychologie « générale » et que le végétatif reste étranger à sa perspective, comme dans le passage de la *Politique*. — Au frg. 16, des textes de Cicéron et d'Athénée rapportent la raillerie d'Ar. à l'endroit de Sardanapale, mais on ne peut prouver qu'ils s'inspirent de son *Protr.*; cf. I. DÜRING, *Ar.'s Protr.*, 1961, pp. 162-165.

[40] *Protr.*, frg. 6 Ross (B 60 Düring) : τῆς δὲ ψυχῆς τὸ μὲν λόγος ἐστίν, ὅπερ κατὰ φύσιν ἄρχει καὶ κρίνει περὶ ἡμῶν, τὸ δ'ἕπεταί τε καὶ πέφυκεν ἄρχεσθαι.

[41] *É.E.*, II 1, 1219 b 28-32; 1220 a 8-10 (cf. II 2, 1220 b 5-7); II 4, 1221 b 27-31; *É.N.*, I 7, 1098 a 3-5; I 13, 1102 a 27-28, b 33-34; III 10, 1117 b 23-24; VI 1, 1139 a 3-5; *Polit.*, I 13, 1260 a 5-7; VII 14, 1333 a 16-18; VII 15, 1334 b 17-19.

[42] *É.E.*, II 1, *É.N.*, I 13 et VI 1 (= *É.E.*, V 1), indiqués à la n. précédente.

[43] *É.E.*, II 4, 1221 b 28-31 : αἱ ἀρεταὶ (...), αἱ δὲ τοῦ ἀλόγου, ἔχοντος δ'ὄρεξιν. *É.N.*, I 13, 1102 b 30-31, 1103 a 3 : (...) λόγου, τὸ δ'ἐπιθυμητικὸν καὶ ὅλως ὀρεκτικὸν μετέχει πως (...) ὥσπερ τοῦ πατρὸς ἀκουστικόν τι.

bipartition aristotélicienne se ramène pour l'essentiel à ce rapport
étroit entre les aspects intellectif et tendanciel [44], mais on n'oubliera
pas qu'il peut régner ici des conflits tout autant que des relations harmo-
nieuses : si le désir est capable d'obéir, il peut aussi bien se rebeller
contre les ordres de la raison.

Selon divers critiques qu'appuyait récemment encore Mme Baudhuin,
une telle psychologie est « inconciliable » avec celle du *De anima*,
où « cette division est explicitement reconnue inadéquate, tout comme
la division tripartite de Platon. Si on les accepte, on est amené à dis-
loquer certaines facultés de l'âme essentiellement différentes de toutes
les autres », par exemple l'ὄρεξις [45] : même si un texte de la *Politique*
paraît cantonner dans la partie irrationnelle de l'âme le désir tout
entier, celui-ci semble bien pouvoir normalement surgir aussi dans la
partie intellectuelle [46] ; dans les traités de philosophie pratique, le
désir est ainsi écartelé entre les « parties », rationnelle et irrationnelle,
dont il chevauche la limite, alors que le *De anima* en fait une faculté,
une fonction diversifiée parmi toutes celles qui émanent du même
principe, — ou co-principe, — l'âme.

Que cette seconde option l'emporte, spéculativement parlant, aux
yeux d'Aristote, l'auteur lui-même a donc pris soin de nous en assurer ;
qu'elle s'accorde au mieux avec une doctrine qui fait de l'âme l'unique
principe de détermination régissant le vivant hylémorphe, on vient
de l'indiquer. Mais l'hylémorphisme exclut-il absolument que l'accent
soit mis plutôt — dans certains contextes ou à des fins particulières
— sur la différence de statut qui règne entre les niveaux rationnel
et irrationnel ? Nous avouons ne pouvoir en décider si aisément ;

---

[44] Fr. DIRLMEIER, *Nik. Ethik.*, 1967⁴, p. 294 : « (...) den Kern der arist. Zweiteilung,
nämlich die enge Relation zwischen dem Geistigen und dem 'Strebenden' ». (Cf., *ibid.*
et pp. 278-279, de bonnes indications sur les antécédents platoniciens ; mais l'auteur se
méprend complètement lorsqu'il entend distinguer, pp. 292-293, la « partie obéissante »
évoquée à l'instant et une autre partie, subordonnée elle aussi, qui serait rationnelle
par nature : erreur notée par GAUTHIER, II 1, p. 97.) Sur l'intellectualisme *mitigé*
de l'*É.N.* et le rôle de la tendance, cf. les mises au point capitales de G. VERBEKE, *Thèmes
de la morale arist.*, 1963, pp. 190-195, 206-210.

[45] M. BAUDHUIN-VAN AUBEL, *L'influence d'Ar.* (...) *dans les Moralia de Plutarque*,
1968, pp. 56 et 46, commentant *De an.*, III 9, 432 a 22 - b 7 ; III 10, 433 a 31 - b 4.

[46] C'est alors la βούλησις. *Polit.*, VII 15, 1334 b 15-28 (cité *supra*, nn. 29 et 30) ;
cf. b 22-24 : θυμὸς γὰρ καὶ βούλησις, ἔτι δὲ ἐπιθυμία (...) ὑπάρχει τοῖς παιδίοις. *Contra* :
É.E., II 7, 1223 b 26-27 ; II 10, 1225 b 24-31 ; cf. *Top.*, IV 5, 126 a 12-13 ; *De an.*,
III 9, 432 b 5, III 10, 433 b 5, et A. MANSION, *Le Dieu d'Ar.*, 1960, pp. 37-38.

sans doute convient-il d'examiner l'argumentation du *De anima* et
ce qui pourrait y correspondre dans les *Éthiques*.

Aristote veut rejeter, disions-nous, deux « partitions » de l'âme :
ἅ τινες λέγουσι διορίζοντες, λογιστικὸν καὶ θυμικὸν καὶ ἐπιθυμητικόν,
οἱ δὲ τὸ λόγον ἔχον καὶ τὸ ἄλογον. Et d'objecter aussitôt : κατὰ
γὰρ τὰς διαφορὰς δι'ἃς ταῦτα χωρίζουσι, καὶ ἄλλα φανεῖται μόρια
μείζω διάστασιν ἔχοντα τούτων, c'est-à-dire, à suivre le principe
de division qu'ils adoptent, on repère d'autres « parties » beaucoup
plus différentes que celles-là [47] : les principes végétatif, sensitif, ima-
ginatif et désirant [48]. Le Stagirite semble ainsi attaquer solidairement
les deux schémas; mais son argumentation tout entière les vise-t-elle
l'un et l'autre ? Rien n'est moins sûr.

A la division tripartite de Platon, Aristote reproche évidemment
de laisser hors de compte des fonctions telles que la croissance et la
sensation, marques distinctives des règnes végétal et animal, « parties
comportant des différences plus importantes », certes, que le θυμικόν
et l'ἐπιθυμητικόν [49]; on ne se cachera pas la gravité d'une telle critique :
l'âme ainsi conçue ne peut faire l'objet d'une psychologie générale,
c'est-à-dire étendue à tous les vivants; elle ne peut davantage intégrer
au sein d'une même forme hiérarchisée l'ensemble des fonctions vitales,
y compris les plus humbles; bref, une telle conception est incompatible
avec l'hylémorphisme.

Le même reproche vise-t-il la division en parties rationnelle et irrationnelle ? Nous disposons d'un parallèle plus clair au chapitre suivant :
répétant ses griefs à l'égard des « partitions » de l'âme, le philosophe
énumère à nouveau les diverses facultés qu'il reconnaît lui-même,
notant alors : ταῦτα γὰρ πλέον διαφέρει ἀλλήλων ἢ ἐπιθυμητικὸν καὶ
θυμικόν [50]; ce qui tantôt restait indistinct se précise ici : seule la

---

[47] *De an.*, III 9, 432 a 24-28. — On note l'emploi de μόρια pour désigner les *facultés*
que nous allons énumérer; la même observation vaut pour *De an.*, II 2, 413 b 7; II 12,
424 a 33, tandis que δύναμις a parfois, même dans ce traité, le sens vague de « pouvoir »,
« force », etc. : cf. *De an.* I 1, 403 a 27; I 2, 404 a 30. On ne peut donc se fier au seul vocabulaire; cf. J. HAMESSE, *Le probl. des parties de l'âme* ..., 1964, pp. 69-85.

[48] *Ibid.*, 432 a 29 - b 7.

[49] Comme le montre bien M. BAUDHUIN - VAN AUBEL, *L'infl. d'Ar.* ..., pp. 46-57,
notre philosophe a tendance à atténuer la distinction entre ces deux formes du désir.

[50] *De an.*, III 10, 433 b 3-4. — La plupart des témoins insèrent un unique τό après ἤ,
insinuant dès lors qu'ils prennent les deux derniers termes « per modum unius ». Ainsi
font également SIWEK et JANNONE, mais leurs traductions n'en tiennent aucun compte :
« facultas concupiscibilis et facultas irascibilis », « ces parties diffèrent davantage entre

division platonicienne est visée. D'autre part, la bipartition offrait
certes l'inconvénient spéculatif d'écarteler les espèces du désir entre
les niveaux rationnel et irrationnel. Mais le passage cité à l'instant
continue comme suit : ὀρέξεις γίγνονται ἐναντίαι ἀλλήλαις, τοῦτο
δὲ συμβαίνει ὅταν ὁ λόγος καὶ αἱ ἐπιθυμίαι ἐναντίαι ὦσι[51]; l'écar-
tèlement du désir correspond ainsi, jusque dans le *De anima*, à une
réalité psychologique que le Stagirite relève longuement, celle-là même
que les *Éthiques* décrivent elles aussi[52], mais en proposant notamment
de surmonter cette dualité par le « choix » vertueux[53]. Un troisième
indice a déjà été relevé de divers côtés : bien que les *Éthiques* n'aient
point à régenter le degré végétatif du vivant, elles en font mention
et prennent soin d'expliquer pourquoi elles ne s'en occupent pas[54].

elles que la partie appétitive de la partie impulsive », et c'est bien en effet ce que requiert
le sens : la différence exige une dualité.

[51] *Ibid.*, 433 b 5-6 ; cf. b 5-11, 12-13, cité et commenté *supra*, ch. IV, s. I, p. 167 et
nn. 43 et 44. Cf. encore *De an.*, III 9, 433 a 1-8 ; III 11, 434 a 12-15 : il ne s'agit pas d'une
allusion isolée ni d'un « organe-témoin ».

[52] *É.E.*, II 8, 1224 a 24-25 : οὐ γὰρ ἀεὶ ἡ ὄρεξις καὶ ὁ λόγος συμφωνεῖ. Cf. II 7,
1223 b 12-14, et, dans les « livres communs », les longs développements sur la « continence »
et l'« incontinence ».

[53] Cf. par exemple la formule justement célèbre de *É.N.*, VI 2, 1139 b 4-5 : διὸ
ἢ ὀρεκτικὸς νοῦς ἡ προαίρεσις, ἢ ὄρεξις διανοητική, καὶ ἡ τοιαύτη ἀρχὴ ἄνθρωπος, et
tout ce qui concerne le mécanisme de la décision, le syllogisme pratique, etc. — Nous
venons de rappeler que le *De an.* n'admet pas la bipartition comme théorie générale
du psychisme : il préconise diverses facultés correspondant aux fonctions du vivant.
Ce souci de rigueur se marque encore dans l'analyse de la faculté désirante chez l'homme :
éclairés l'un par l'autre, les deux propos cités à l'instant et n. 51 : ὀρέξεις γίγνονται
ἐναντίαι ἀλλήλαις — τοῦτο δὲ συμβαίνει ὅταν ὁ λόγος καὶ αἱ ἐπιθυμίαι ἐναντίαι
ὦσι, impliquent nettement qu'au λόγος correspond un retentissement affectif du même
degré: c'est cette ὄρεξις de niveau rationnel, non la raison comme telle, qui peut entrer
en conflit avec les ἐπιθυμίαι (de niveau irrationnel). A relire les passages éthiques parallèles (cf. notamment *supra*, nn. 40 et 41), on s'aperçoit que certains sont moins nuancés,
mettant en cause le seul λόγος : τῆς δὲ ψυχῆς τὸ μὲν λόγος ἐστίν (...), τὸ δ'ἕπεται
(*Protr.*, frg. 6 Ross, B 60 Düring); οὐ γὰρ ἀεὶ ἡ ὄρεξις καὶ ὁ λόγος συμφωνεῖ (*É.E.*,
II 8, 1224 a 24-25); mais on estimera peut-être significatif, dans le cadre de la présente
analyse, que les autres textes indiqués recourent à la formule plus souple τὸ λόγον ἔχον :
ce qui doit commander possède la raison, mais ne s'y réduit pas, et ce propos laisse place
aux précisions dont fait état le *De an.* et que nous relevons ici.

[54] C'est ce que notent, avec plus ou moins de netteté, Fr. SOLMSEN, *Antecedents of
Ar.'s Psychology* ..., 1955, p. 150 et n. 8, évoquant à juste titre *É.N.*, I 13, 1102 a 32 -
b 12 ; I 7, 1097 b 33 - 1098 a 3 ; VI 12, 1144 a 9-11 ; *É.E.*, II 1, 1219 b 20-24, 36-37 ;
Fr. DIRLMEIER, *Nik. Ethik*, p. 278, à propos de *É.N.*, I 7, 1097 b 33 - 1098 a 3 : « die
Hereinziehung der Biologie (...) ist so formuliert, dass der Schluss notwendig scheint,

Mais peut-être n'a-t-on pas indiqué la portée exacte de cette mention :
pour notre part, malgré le neutre — φυτικόν, θρεπτικόν — qui évoque
le *De anima* [55], nous ne sommes pas encore certain que l'auteur veuille
imposer ici le sens de « faculté » ; en revanche, on constate que ces
propos figurent eux aussi aux deux endroits-clés qui annoncent le
plan de l'une et l'autre *Éthique* et, qui plus est, que la vie végétative
y est présentée comme faisant partie du niveau irrationnel [56].

Une première conclusion se dégage de cet examen : quand on enregistre les refus opposés par le *De anima* à la partition ternaire de
Platon et à la division en parties rationnelle et irrationnelle, il s'impose
de n'en point confondre les raisons ni la portée. Certes, une même
critique vise l'une et l'autre division : diverses facultés, par exemple
le désir, se trouvent morcelées, l'accent étant mis, au détriment de leur
unité, sur les divers niveaux auxquels elles s'exercent ; Aristote indique
en outre que ces deux partitions sont trop sommaires, le vivant étant
plus complexe qu'elles ne le supposent. Mais le parallèle s'arrête là.
A la tripartition, le Stagirite reproche de négliger les fonctions biologiques : purement « psychologique » au sens moderne du mot, elle est
inutilisable sous cette forme dans une doctrine hylémorphique [57]. Au
contraire, la bipartition trouve écho dans le *De anima* lui-même :
malgré ses insuffisances d'ordre spéculatif, elle répond à un donné trop
manifeste, lequel s'impose au philosophe comme au moraliste ; puisqu'elle peut englober la totalité des phénomènes vitaux, le végétatif
inclus, Aristote était fondé à l'utiliser jusqu'au bout [58].

er habe in diesem Augenblick schon die entsprechenden Lehren von De an. II 2 nieder-
gelegt gehabt » ; W.F.R. HARDIE, *Ar.'s Eth. Th.*, 1968, p. 74 : « The nutritive soul is men-
tioned in *E.N.* I 13 and treated as a familiar concept ».

[55] *É.E.*, II 1, 1219 b 37, b 39 ; *É.N.*, I 13, 1102 a 32, b 29 ; cf. *De an.*, III 9, 432 a 29 ;
III 10, 433 b 2, etc.

[56] *É.E.*, II 1, 1219 b 31-32, 36-37, après un examen de la partie capable d'obéir :
εἰ δέ τι ἐστὶν ἑτέρως ἄλογον, ἀφείσθω τοῦτο τὸ μόριον. (...) ἀφήρηται δὲ καὶ εἴ τι ἄλλο ἐστὶ
μέρος ψυχῆς, οἷον τὸ φυτικόν (φυσικόν codd. ant. ; corr. edd. pler., Oxf. Tr.) ; *É.N.*, I 13,
1102 a 32-33 (cf. b 28-30) : τοῦ ἀλόγου δὲ τὸ μὲν ἔοικε κοινῷ καὶ φυτικῷ.

[57] Cette triade survivra seulement, on le sait, comme division de l'une des facultés
aristotéliciennes, l'ὄρεξις, mais Ar. substitue la βούλησις au λογιστικόν qui, désormais,
en est déclaré le siège ; cf. *supra*, n. 46 ; *infra*, n. 69.

[58] Ces derniers mots nous rappellent le texte fameux de Plutarque selon lequel
Ar. a maintenu μέχρι παντός la distinction entre les parties irrationnelle et rationnelle
(*De virtute morali*, 442 b-c). M. BAUDHUIN-VAN AUBEL, *L'infl. d'Ar.* ..., pp. 58-62, 429 et
433, montre bien que Plutarque fait peu état du *De an.*, peut-être parce que la doctrine
hylémorphique se prête mal à son concordisme platonico-aristotélicien ; elle conclut

Est-ce à dire que les textes de cette troisième série, relatifs à ladite bipartition, appellent une solution simple et se situent sans peine dans l'évolution d'Aristote en psychologie ? Nous ne le pensons pas. Il n'est que de se rappeler leur nombre et leur situation, leur parenté avec une perspective qui reste d'allure dualiste, les difficultés — non pas insurmontables, nous pensons l'avoir prouvé, mais sérieuses en toute hypothèse — que le *De anima* lui oppose. Aussi bien devons-nous à présent tenter d'intégrer ces traits, avec les précédents, à une vue d'ensemble qui puisse en rendre raison.

3. *Une conciliation « pédagogique »* ?

Résumons d'abord, sans nuances, les observations consignées successivement dans les deux paragraphes précédents.

Un « savoir pratique » développé sans nulle référence à l'au-delà nie la conviction dont avait fait état l'*Eudème*; cette perspective terrestre s'accorde au contraire avec l'humanisme implicite du *De anima*, dont la doctrine noétique fournit précisément une explication plausible. D'autre part, en écartant comme inopportune, dans ce contexte, l'étude de l'alternative « facultés-parties de l'âme », les introductions aux deux *Éthiques* révèlent au moins une modification de la problématique aristotélicienne; le texte de l'*Eudémienne* implique nettement que le philosophe a par ailleurs opté pour la division en facultés. Enfin, les développements de la *Politique* sur l'esclavage, appuyés par des parallèles dans les *Éthiques*, font appel à des catégories typiques qui évoquent l'hylémorphisme psychologique.

En revanche, ces mêmes traités présentent des traits dualistes tout aussi importants. Certes, le recours à des schèmes instrumentistes n'autorise par lui-même aucune conclusion : nos recherches antérieures imposent absolument cette réserve. Mais de nombreux passages des trois œuvres montrent qu'Aristote envisage ce savoir pratique — et

que la formule μέχρι παντός trahit une simplification qui ignore le terme de l'évolution arist. en psychologie. Il ne nous revient pas d'apprécier à nouveau l'influence éventuelle du *De an.* sur Plutarque; mais on aura vu en quel sens cet auteur pourrait, selon nous, avoir raison quant au maintien d'une bipartition. Signalons que la dissertation de Mme Baudhuin offre par ailleurs des appréciations très judicieuses sur l'évolution de cette théorie chez Platon (pp. 7-24) et chez Ar. (pp. 25-58), mettant au point les réflexions d' A. MANSION, *Autour des Éth.*, 1931, de P. MORAUX, (...) *Le dialogue* ..., 1957, et de D.A. REES, *Bipartition of the Soul in the Early Academy*, dans *J.H.St.*, t. 77, 1957, pp. 112-118.

corrélativement l'homme, qui en est le sujet exclusif — selon une dialectique dualiste : biens du corps et biens de l'âme, le corps, puis l'âme, etc. On en dira autant de la distinction, dans l'âme, des niveaux rationnel et irrationnel, même s'il faut ajouter qu'une telle bipartition ne contredit pas, de soi, la division plus satisfaisante en multiples facultés.

Ces constatations peuvent et doivent, sans nul doute, recevoir mainte précision ainsi que des compléments significatifs. Mais déjà elles indiquent les deux orientations différentes dont nous avons à tenir compte. On perçoit d'emblée, à tout le moins, pour quelles raisons nous devrons tour à tour refuser le jugement de Nuyens et lui reconnaître une part de vérité.

Il apparaît déjà que l'on ne peut attribuer sans nuances aux *Éthiques* et à la *Politique* une doctrine « instrumentiste » : les faits rappelés en premier lieu s'y opposent d'une manière par trop flagrante ; d'autre part, le thème dualiste qui commande le plus nettement le plan des *Éthiques*, à savoir la distinction des niveaux rationnel et irrationnel, ne contredit pas la doctrine hylémorphique. On ne peut donc cantonner strictement la rédaction de ces trois traités dans une « période inter-médiaire », antérieure à l'application de l'hylémorphisme à l'être vivant [59]. En outre, il était déjà peu satisfaisant, en toute hypothèse, d'admettre que le philosophe eût négligé totalement l'approfondisse-ment de l'éthique après la découverte de cette doctrine ; nous pouvons faire valoir à présent que cette supposition perd toute vraisemblance, puisque, d'après nos analyses précédentes, la quasi-totalité des traités psychologiques révèle à des degrés divers la présence de ladite théorie.

Quant aux éléments d'allure dualiste, il est extrêmement malaisé, certes, d'apprécier la signification qu'ils revêtent aux yeux de l'auteur lui-même. Sans prétendre apporter ici une réponse valable pour tous les passages controversés, nous allons pénétrer dans le champ des hypothèses.

Il n'est pas impossible qu'Aristote, acquis déjà à l'hylémorphisme

---

[59] On se rappelle la position radicale de Fr. NUYENS, *L'évolution* ..., p. 197, à propos des livres les plus *récents* de la *Polit.* : « il faut maintenir, comme pour les ouvrages de morale, qu'ils sont notablement antérieurs au *De anima* et aux écrits qui s'y rattachent ». Cf. R.A. GAUTHIER, *Introd.*, 1970[2], p. 59, à propos de la théorie hylémorphique en psycho-logie : « Ar. ne la soupçonnait même pas quand il a écrit l'*Éthique à Nicomaque* » ; quant à l'*É.E.*, elle est censée encore antérieure, de « dix années au moins » (p. 53), à l'*É.N.*

en psychologie, adopte dans nos trois traités, afin de se mieux faire
entendre de son public, l'anthropologie généralement reçue autour
de lui [60] : ce serait une variante (atténuée) du « cloisonnement » qu'ont
imaginé Grant et Burnet, et qui a suscité les protestations de Nuyens
et de Gauthier [61] ; à titre d'indices, on pourrait invoquer dans ce sens
les précautions bien connues que prend le Stagirite avant de réfuter
une doctrine familière (οἰκεῖα ἀναιρεῖν), à savoir la théorie des Idées,
ou encore, dans des passages analogues d'un tout autre ouvrage, le
pluriel « nous » utilisé pour désigner les partisans de la même doctrine [62].
Mais, limité à ce seul aspect « pédagogique », ceci ne peut suffire à
expliquer l'attitude d'un penseur qui, par ailleurs, n'a pas l'habitude
de ménager le platonisme et les platoniciens.

Les préoccupations pédagogiques fournissent toutefois une explication plus convaincante si l'on songe davantage à ce qui constitue l'*objet*
de l'enseignement ; un double témoignage antique — relatif, il est vrai,
à la division ternaire de l'âme plutôt qu'à la bipartition — confirme
que cette division, présente notamment « dans l'*Éthique* d'Aristote »,
a été considérée longtemps encore comme avantageuse en éthique,
c'est-à-dire pour organiser le système des vertus [63]. Sans attacher aux
formules plus d'importance qu'elle n'en méritent, nous refuserions
ici l'appellation « cloisonnement » et préférerions que l'on parle d'« adaptation » : si la première étiquette vise en réalité l'adoption provisoire
d'une théorie que l'on sait *fausse*, la seconde laisse entendre que l'on
plie aux exigences de l'objet traité un cadre théorique qui, étudié
pour lui-même, demande une présentation plus fine et *différente* ; or,
telle est bien, selon nous, la situation en ce qui regarde le problème
— majeur, dans notre contexte — de la structure reconnue à l'âme

---

[60] On peut comprendre notamment dans ce sens la remarque (sans nul doute plus
compréhensive) d'A. Mansion, *Aristotelesliteratuur* (dans *Tijdschr. v. philos.*, t. 2,
1940, p. 418), sur l'anthropologie des *Éth.*, qui représenterait « de algemeen aanvaarde
leer van de jeugdwerken » ; cf., du même, *Autour des Éth.* ..., 1931, p. 227 : « jusque dans
l'*É.N.* l'auteur a continué à s'appuyer sur des divisions empruntées à la psychologie
de l'Académie et qu'il condamne quand il fait de la psychologie pour son propre compte ».

[61] Cf. *supra*, ch. I, s. II, pp. 15-16.

[62] *É.N.*, I 6, 1096 a 11-17. *Métaph.*, A 9, 990 b 9, etc. ; B 2, 997 b 3 ; B 4, 999 b 19 ;
B 6, 1002 b 14 ; passages, on le sait, également opposés à l'idéalisme platonicien.

[63] Porphyre, *Sur les facultés de l'âme* (p. 350, 19 Wachsmuth), auquel fait écho
Jamblique, *De an.* (p. 369, 11 W.) : ταῦτα γὰρ εἶναι χρήσιμα πρὸς τὴν τῶν ἀρετῶν
σύστασιν ; tous deux sont cités par A.J. Festugière, *La révélation d'Hermès Trismégiste*,
III, *Les doctrines de l'âme*, 1954, p. 194, n. 5.

humaine : au regard du *De anima*, il y a ici différence, non point contradiction.

Un jalon ultérieur de la tradition pourrait fournir un repère significatif. Nous songeons à saint Thomas, sans nier, certes, qu'il serait vain de lui faire arbitrer un débat auquel il est évidemment resté étranger ; on ne s'adressera d'ailleurs guère à sa *Sententia libri Ethicorum*, dont le dernier éditeur affirme hautement qu'elle est « une œuvre manquée et de nul secours (…) du point de vue de l'exégèse *historique*, celle qui cherche à dégager la pensée de l'Aristote authentique » [64].

Nous songeons d'abord à des œuvres dans lesquelles cet aristotélicien convaincu montre comment il passe lui-même du niveau *spéculatif* à celui de l'*éthique*. Ainsi en va-t-il notamment de la philosophie incorporée à la *Somme de théologie*, respectivement dans la *Prima Pars* et dans la *Prima Secundae* : étudiant l'homme au sein de la Création, saint Thomas énumère les facultés, d'abord les puissances cognitives « praeambula ad intellectum » et l'intellect lui-même, en second lieu les puissances appétitives : « sensualitas », volonté, libre arbitre ; s'agit-il d'éclairer la conduite, l'auteur distinguera au contraire, à l'instar du Philosophe, les vertus intellectuelles et les vertus morales [65]. Au demeurant, ces dernières, définies dans les termes mêmes dont use Aristote, se voient assigner pour siège propre le désir sensitif, soit concupiscible, soit irascible [66], tandis que les « biens de l'âme » ou les « biens du corps » viennent spécifier, par exemple, soit la magnanimité, soit la magnificence et la libéralité [67].

Le même souci de justifier le passage de la spéculation à l'éthique se retrouve jusque dans le commentaire thomiste au *De anima*, III 9, chapitre qui a retenu plus haut notre attention [68]. A propos de la tripartition platonicienne, saint Thomas remarque nettement : « non com-

[64] R.A. GAUTHIER, *Introd.*, 1970², p. 131 et n. 140, qui renvoie (cf. n. 136 et p. 321) à R.A. GAUTHIER et P.M. GILS, *S. Th. de Aqu. Sent. libri Ethic.* (éd. Léonine, t. 46 ; lire : 47), Roma, 1969.

[65] S. THOMAS, *Summa theol.*, Iᵃ, qu. 78-79, 81-83 ; Iᵃ-IIᵃᵉ, qu. 57, 59-60, respectivement. Nous toucherons le problème de la volonté à l'alinéa suivant, n. 69.

[66] Iᵃ-IIᵃᵉ, qu. 56, a. 4, c. ; qu. 58, a. 1, 1 ; qu. 59, a. 1, c. ; etc. ; qu. disp. *De virtut. cardin.*, 4, ad 13 ; cf. É. GILSON, *Le thomisme*, 1945⁵, pp. 366-368, 377-378, 409 et n. 1 ; A.D. SERTILLANGES, *La philos. morale de S. Th. d'Aquin*, 1946², p. 121, où l'on trouvera les précisions dont nous ne pouvons faire état ici.

[67] Iᵃ-IIᵃᵉ, qu. 60, a. 5, c. ; IIᵃ-IIᵃᵉ, qu. 129-133, 134-135, 117-119, respectivement.

[68] Cf. *supra*, pp. 227-228 et nn. 47 et 48.

prehendit omnes animae partes » [69]. La division en parties rationnelle
et irrationnelle est traitée différemment : « licet secundum aliquem
modum comprehendat animae partes omnes, non tamen est propria
divisio partium animae secundum quod sunt animae partes, sed solum
secundum quod sunt in anima rationem habente; et sic utitur ea
Aristoteles in primo Ethicorum » [70]. Alors que le texte commenté
ne fait nulle mention de l'*Éthique*, le commentateur note donc spontanément que cette seconde partition, relativement impropre en psychologie générale, se justifie en philosophie pratique [71].

Ces données ne peuvent sans doute nous instruire de façon apodic-
tique sur le sens qu'Aristote lui-même reconnaissait aux indications
antinomiques que nous avons recueillies. Les divers indices paraissent
pourtant s'accorder pour nous déconseiller une solution trop simple
qui attribuerait au Stagirite la juxtaposition consciente de théories
discordantes, voire contradictoires, ou qui rejetterait celles-ci dans des
phases distinctes de son évolution.

---

[69] *In Ar. De an.*, III 14, 796 (fin) Pirotta. S. Thomas ajoute : « sed solum vires *motivas*
in homine », entendant ainsi le λογιστικόν comme une puissance appétitive équivalant
à la « voluntas »; cf. 802 : « quaedam appetitiva est in parte rationabili, idest voluntas »,
etc. Il enrichit donc l'héritage qui lui vient de Platon et d'Ar., lesquels n'avaient point
conçu distinctement de puissance appétitive spirituelle ; cf., pour le Stagirite, A. MANSION,
Le Dieu d'Ar., ... p. 38 : « l'appétit est plutôt une faculté unique, bien qu'ayant des
racines dans des connaissances de divers ordres ».

R.A. GAUTHIER, II 1, p. 205, cf. pp. 217-220 (suivi fidèlement par S. DECLOUX,
Temps, Dieu, liberté, dans les comm. arist. de S. Th., 1966, pp. 227-228), estime que, ce
faisant, S. Th. a interprété de bonne foi un passage d'*É.N.* (III 3, 1113 a 6-7) qui attribue
en fait la décision à l'intellect : induits en erreur par le texte de Robert Grosseteste,
S. Th., et d'autres avec lui, ont cru simplement qu'elle relevait de l'individu. Quant
à l'élaboration de « voluntas » entre Ar. et son lointain disciple, Gauthier souligne le rôle
qu'a pu jouer ici la tradition chrétienne, non pas chez S. Augustin, mais plutôt chez
S. Maxime le Confesseur (*Intr.*, 1970², pp. 262-266). Sur ce point particulièrement important dans l'histoire des idées, les études entreprises notamment par G. Verbeke sur le
De natura hominis de Némésius d'Émèse pourraient apporter de nouvelles clartés.

[70] *In Ar. De an.*, 797. — S. Thomas revient plus loin (800) sur la difficulté, exprimée
en *De an.*, III 9, 432 a 31-32, de classer la faculté sensitive comme rationnelle ou comme
irrationnelle. L'explication de ce dernier point va sans doute au delà du texte : « irratio-
tionabile est, vel quod est contrarium rationi, vel quod est natum habere rationem et
non habet : quorum neutrum contingit dictis partibus ». Mais il apparaît que ceci n'infirme pas l'appréciation dont nous nous occupons à présent.

[71] Il va d'ailleurs se lancer dans une longue digression (803-806) qui, faisant de nouveau appel à l'*Éthique* (806), précise et justifie la distinction entre *concupiscibilis* et
irascibilis; nous venons de rappeler son importance pour la spécification des vertus.

4. *L'éloge de la contemplation.*

Mais peut-être cette seconde issue s'impose-t-elle en ce qui regarde l'exaltation de l'intelligence spéculative ? On songe ici à quelques pages seulement (*É.N.*, X 7-8), mais particulièrement significatives et d'une importance historique sans égale — εἰ καὶ τῷ ὄγκῳ μικρόν, τιμιότητι πάντων ὑπερέχει ! — et que, récemment encore, on a voulu situer tour à tour aux antipodes de l'évolution aristotélicienne en psychologie ; c'est à leur propos que Nuyens s'est vu attaquer sur deux fronts.

Pour G. Verbeke, étant donné qu'ici « la vertu intellectuelle est séparée » et que, comme dans le *Protreptique*, l'homme, c'est l'intelligence, « cette doctrine aristotélicienne est plus ancienne que ne le pense M. Nuyens » ; une telle opinion est ratifiée par Gauthier et Monan [72]. Selon Léonard, au contraire, la transcendance de l'esprit évoque tout autant l'hylémorphisme, doctrine que suggère ici, précisément, « l'unité morale du composé humain » : on peut donc maintenir, en tout cas pour *É.N.*, X, la date tardive avancée antérieurement par Ross et A. Mansion ; Hardie argumente d'une façon analogue [73].

Pareille opposition peut-elle être surmontée ? Sans doute faut-il d'abord se demander si le problème est correctement posé. Les adversaires en présence raisonnent en termes de compatibilité, en quoi ils font bien ; G. Verbeke a eu le mérite de préciser ce critère en se demandant, à propos de notre passage, si la noétique qu'il inclut s'accorde, ou non, avec celle dont témoignent d'autres œuvres ou fragments du Stagirite. Et cependant, comme les conclusions de nos critiques — savants de haute réputation au demeurant — font voyager ces pages d'Aristote d'un bout à l'autre de sa carrière, on se prend à penser que la mise en œuvre d'un principe excellent doit n'avoir pas été également adéquate dans tous les cas. Tentons dès lors d'apprécier les trois points en litige : unité du composé humain, définition de l'homme par l'intelligence, « séparation » attribuée à l'attitude intellectuelle.

---

[72] G. VERBEKE, c.r. de NUYENS, 1948, pp. 343-345 (cf. *L'idéal de la perfection humaine chez Ar. et l'évol. de sa noétique*, dans *Misc. Galbiati*, I, 1951, pp. 79-95), citant *É.N.*, X 8, 1178 a 20-22 ; X 7, 1178 a 2-3 ; etc. R.A. GAUTHIER, II 2, pp. 874 et 896. J.D. MONAN, *Moral Knowledge ...*, 1968, p. 133.

[73] J. LÉONARD, *Le bonheur chez Ar.*, 1948, pp. 14-15, 201-208 ; cf. pp. 205 et 208, citant A. MANSION et W.D. ROSS, 1927 ; W.F.R. HARDIE, *Ar.'s Ethical Theory*, 1968, pp. 72, 76-77, 92-93, 336, 345-348, 353-355.

S'attardant un moment aux vertus morales, le philosophe déclare :
« Certaines d'entre elles paraissent dépendre également du corps, en
sorte que la vertu morale semble avoir une étroite affinité avec les
passions ». Puis, après une phrase que Léonard ne traduit pas : « Ces
vertus, étant très liées aux passions, seraient des vertus du composé ;
les vertus du composé sont humaines ; donc, la vie conforme à ces
vertus et le bonheur qui en résulte sont aussi humains, tandis que le
bonheur de l'esprit est séparé » [74]. Léonard prononce : « Ce texte,
loin d'exclure l'hylémorphisme, comme l'affirme M. Nuyens, le suppose
bien nettement ; en effet : l'âme et le corps y apparaissent intimement
liés » ; vertu et passions sont présentées « comme les deux éléments
d'une seule réalité morale (...) (le mot σύνθετος lui-même est employé) ».
A quoi Gauthier répond : « Ce mot n'a par lui-même aucune portée
spéciale : Platon aussi l'emploie, et dans la plus dualiste de ses œuvres,
le *Phédon* (78 B-C). (...) le 'composé' de l'*É.N.* réunit des substances
qui ont chacune leur réalité et leur activité propres », et encore : « L'intellect dont il parle ici, (...) c'est la partie rationnelle de notre âme,
encore conçue comme une *substance* » [75].

Soit dit en bref, nos auteurs ont raison l'un et l'autre en ce qu'ils
nient, non en ce qu'ils affirment. Rien ici, bien sûr, n'évoque le pessi-
misme du *Phédon* [76], pas plus d'ailleurs qu'on ne peut garantir la
présence de l'hylémorphisme ; comme vient de le souligner le début
du chapitre, la vie contemplative trouve un analogué inférieur, mais
bien humain et cohérent, dans la vie κατὰ τὴν ἄλλην ἀρετήν : rien
de plus, et le lien entre la vertu et les passions, voire avec le corps lui-
même, peut en principe s'interpréter dans une perspective instrumentiste comme dans un sens hylémorphique.

Mais, renvoyant ainsi dos à dos les adversaires, nous ne devons pas
oublier les lignes négligées par Léonard à la suite de Nuyens lui-même :

---

[74] *É.N.*, X 8, 1178 a 14-16, 19-22 (trad. Léonard, *Le bonheur chez Ar.*, p. 204 ; nous
reviendrons sur la dernière formule dans notre troisième remarque) : ἔνια δὲ καὶ συμβαί-
νειν ἀπὸ τοῦ σώματος δοκεῖ, καὶ πολλὰ συνῳκειῶσθαι τοῖς πάθεσιν ἡ τοῦ ἤθους ἀρετή. (...)
συνηρτημέναι δ'αὗται καὶ τοῖς πάθεσι περὶ τὸ σύνθετον ἂν εἶεν · αἱ δὲ τοῦ συνθέτου ἀρεταὶ
ἀνθρωπικαί · καὶ ὁ βίος δὴ ὁ κατὰ ταύτας καὶ ἡ εὐδαιμονία. ἡ δὲ τοῦ νοῦ κεχωρισμένη.

[75] J. Léonard, *ibid.* R.A. Gauthier, *La morale d'Ar.*, 1963², pp. 20-21 ; *L'Éth.
à Nic.*, II 2, pp. 894-895.

[76] Telle n'est d'ailleurs pas la thèse de Gauthier, qui vise la bipartition dont nous
avons parlé. Mais ainsi semble l'entendre Hardie, *Ar.'s Eth. Th.*, p. 77, qui ajoute :
« the burden of the proof lies on those who deny that Ar. in the *EN* had in his mind the
entelechy doctrine ».

« il existe aussi un lien étroit de la sagesse pratique (φρόνησις) à la
vertu morale et inversement, s'il est vrai que les principes de la sagesse
pratique sont en rapports avec les vertus morales, et la rectitude de
celles-ci avec la sagesse pratique » [77]. Or, il paraît difficile de ne pas
voir ici, sous une forme soignée, dense, voire elliptique, la doctrine
bien connue que démontre longuement un des « livres communs »,
É.N., VI 12-13 [78]. Nous n'avons certes pas à débrouiller l'écheveau
des problèmes que pose le statut de ces livres [79], mais nous constatons
que les lignes citées, essentielles au développement sur les vertus morales
et le composé humain, résument VI, 12-13, et non l'inverse [80]. On ne
voit donc pas que ledit développement et, pour autant, l'éloge de la
contemplation qui l'inclut, doivent être considérés comme plus anciens

[77] *É.N.*, X 8, 1178 a 16-19 (en b 18 et 19, κατὰ ... εἰσίν est rendu par les traducteurs
de façon plus ou moins prégnante : « se définissent par conformité avec », GAUTHIER ;
« are in accordance with », Ross ; « aus der ... erwachsen » et « von der ... abhängt »,
DIRLMEIER) : συνέζευκται δὲ καὶ ἡ φρόνησις τῇ τοῦ ἤθους ἀρετῇ, καὶ αὕτη τῇ φρονήσει,
εἴπερ αἱ μὲν τῆς φρονήσεως ἀρχαὶ κατὰ τὰς ἠθικάς εἰσιν ἀρετάς, τὸ δ'ὀρθὸν τῶν ἠθικῶν κατὰ
τὴν φρόνησιν.

[78] On pourra comparer le propos cité avec les diverses étapes du raisonnement que
l'on repère aisément en *É.N.*, VI (= *E.E.*, V)12, 1144 a 20 (cf. a 22-23, qui annonce un
nouvel approfondissement), a 34, a 36 - b 1 ; VI 13, 1144 b 12-17, b 23-25, b 30-32,
1145 a 4-5. Seule la distinction entre κατὰ τὸν ὀρθὸν λόγον et μετὰ τοῦ ὀ. λ. (VI 13,
1144 b 26-30 ; sur le sens de λόγος, cf. G. VERBEKE, *Thèmes* ..., pp. 195-201) ne semble
pas rappelée en *É.N.*, X 8, mais HARDIE, *Ar.'s Eth. Th.*, pp. 236-239, discutant une étude
de J.A. SMITH (*Class. Quart.*, 1920) ignorée de Gauthier et de Dirlmeier, montre bien
qu'Ar. ne s'est pas exprimé clairement.

[79] Cf. les observations de D. HARLFINGER, *Die Überlieferungsgeschichte der E.E.*
(dans *Unters. zur E.E.*, 1971, pp. 1-50), pp. 38-50, intégrant des remarques de P. Moraux
sur le commentaire d'Aspasius.

[80] C'est ce que Burnet et Dirlmeier ont bien vu, et l'on n'y insisterait pas si GAUTHIER,
II 2, pp. 893 et 896, ne voyait au contraire dans notre passage « la première ébauche »
de VI, 12-13 (« auquel il est remarquable qu'il ne renvoie pas »), en soutenant que la
φρόνησις n'apparaît pas encore au livre X « comme la vertu de l'intellect pratique,
ni même de la partie opinative, notions encore totalement étrangères à notre texte ».
Admettons que le *mot* n'y soit pas, encore que soit soulignée la connexion intime de cette
vertu avec les vertus morales et que, dit Ar., κατὰ τὰς ἀρετὰς (...) πράττομεν (...) πράξεσι
παντοίαις (X 8, 1178 a 11-12) ; mais, nous l'avons noté, ce développement montre la valeur
de la vie qui met en œuvre ces autres vertus : vie humaine, en effet, digne d'être appelée
εὐδαιμονία (1178 a 21), où l'agir est éclairé par la φρόνησις qui le rectifie : τὸ δ'ὀρθὸν
τῶν ἠθικῶν κατὰ τὴν φρόνησιν (1178 a 18-19). Si le reste de ces deux chapitres célèbre
la contemplation, à quelle forme d'intelligence faut-il rattacher notre texte, sinon à
celle qui détermine τὸ πρέπον ἑκάστῳ (1178 a 13) ? On voit par là que les lignes citées
sont indispensables : sans cette intervention de l'esprit, le bonheur en question dérogerait
à tous les principes du Stagirite !

que le reste du traité; on voit par contre qu'Aristote, sans entrer
dans des considérations techniques de psychologie, achève ici une
démonstration proprement éthique, à savoir le grand dessein en
cours depuis le livre I et qui vise à intégrer les divers idéaux de vie
en fonction du bien proprement humain : l'exercice de la raison.

Mais l'homme se réduit-il, même ici, à l'intelligence ? Tel est le
second point ligitieux, qui ne devrait pas nous retenir longuement :
en critiquant judicieusement les formules trop radicales de Gauthier,
G. Verbeke a eu l'occasion de préciser et de nuancer sa propre appréciation, ce qui atténue très sensiblement l'opposition relevée tantôt;
même le *Protreptique* « ne se prononce pas : l'homme serait uniquement
ou principalement la partie rationnelle de son âme» et même nos
chapitres de l'*É.N.* signifient en somme : « l'intellect est ce que nous
avons de plus noble, de plus parfait en nous, tout le reste lui est subordonné» : ici encore, «l'éthique aristotélicienne (...) se présente sans aucun
doute comme un intellectualisme, mais un intellectualisme *mitigé* » [81].

Pleinement satisfait de cette mise au point, nous ajouterons qu'inversement les partisans de l'interprétation hylémorphique ne peuvent
guère s'attendre à trouver des parallèles rigoureux dans la psychologie
du *De anima*. Certes, celui-ci montre bien, en passant, que les individus
maîtres de leurs désirs obéissent à l'intellect et que ce dernier comporte
aussi une fonction spéculative, laquelle οὐδὲν θεωρεῖ πρακτόν; on y
lit également que les aspects potentiel et actif de l'intellect existent
ἐν τῇ ψυχῇ : en cela, ils sont la meilleure part de nous-mêmes [82].
Mais c'est plutôt dans des réflexions occasionnelles qu'Aristote a redit
(ou laissé présager) sa conception du bonheur qui culmine dans la
contemplation. On songe évidemment au texte illustre où la θεωρία
bienheureuse de Dieu s'éclaire quelque peu par comparaison avec la
nôtre, discontinue et souvent discursive : « son activité ressemble à la
meilleure qui soit, pour peu de temps, la nôtre : car il est toujours en cet
état (pour nous, cela ne se pourrait). (...) L'intelligence se connaît de par
la saisie de l'intelligible (...), en sorte que coïncident l'intelligence et
l'intelligible (...). La contemplation, c'est la joie souveraine et la per-

---

[81] G. Verbeke, *Thèmes*..., pp. 191-192, corrigeant l'interprétation que donne
Gauthier (*La morale d'Ar.*, pp. 43-44) notamment de *Protr.*, frg. 6 Ross (= B 62-65
Düring), *É.N.*, X 7, 1178 a 2-3, a 6-7 (εἴπερ τοῦτο μάλιστα ἄνθρωπος).

[82] *De an.*, III 9, 433 a 7-8; 432 b 26-27; III 5, 430 a 10-14 (cf. III 4, 429 a 10-11,
et *É.N.*, X 7, 1177 a 20 : ὁ νοῦς τῶν ἐν ἡμῖν, 1177 b 28, b 34).

fection. Si donc ce bonheur qui est le nôtre parfois, Dieu l'a toujours, c'est admirable; s'il l'a davantage, ce l'est plus encore; et c'est ainsi qu'il l'a. Et la vie aussi, certes, lui appartient : l'acte de l'intelligence est vie, et lui est cet acte ... » [83]. On reconnaîtra au moins des disparités d'accent : *É.N.*, X 7-8, n'insiste pas sur une différence de niveau entre le bonheur divin et le nôtre, ni sur la discontinuité de notre θεωρία [84]; mais, tout bien pesé, nous hésiterions à distinguer ici deux phases dans l'évolution doctrinale d'Aristote : au livre Λ , la contemplation qui est vie, et vie parfaite, est présentée en des termes qui s'appliquent aussi à nous, à notre vie et à notre perfection, et l'on retrouve ainsi l'éloge de l'*Éthique* — ἡ δὲ τοῦ νοῦ ἐνέργεια (...) θεωρητική — puis, de proche en proche, les autres attributs d'autarcie, de joie, de fin en soi, de détachement à l'égard de l'action [85]. Or, Nuyens n'a-t-il pas démontré que Λ manifeste clairement l'application de l'hylémorphisme à l'être vivant [86]?

Et cependant, derechef, nous devons maintenir que l'idéal intellectualiste, même s'il nous apparaît ainsi parfaitement compatible avec cette doctrine de la maturité, ne peut absolument pas lui être réservé. C'était déjà, on l'a dit, celui qu'attestent plusieurs thèmes qui nous restent du *Protreptique*, et l'on en retrouvera l'écho notamment dans une section sans nul doute ancienne de la *Métaphysique*, au livre Λ [87]. Le plus sage paraît donc de voir ici un « invariant » de la pensée aristotélicienne, que l'*É.N.* nous a présenté, comme il se doit, dans les catégories et le style de la parénèse.

---

[83] *Métaph.*, Λ 7, 1072 b 14-16, 19-21, 24-27 : διαγωγὴ δ'ἐστὶν οἷα ἡ ἀρίστη μικρὸν χρόνον ἡμῖν. οὕτω γὰρ ἀεὶ ἐκεῖνο (ἡμῖν μὲν γὰρ ἀδύνατον) (...). αὐτὸν δὲ νοεῖ ὁ νοῦς κατὰ μετάληψιν τοῦ νοητοῦ · (...) ὥστε ταὐτὸν νοῦς καὶ νοητόν. (...) ἡ θεωρία τὸ ἥδιστον καὶ ἄριστον. εἰ οὖν οὕτως εὖ ἔχει, ὡς ἡμεῖς ποτέ, ὁ θεὸς ἀεί, θαυμαστόν · εἰ δὲ μᾶλλον, ἔτι θαυμασιώτερον. ἔχει δὲ ὧδε. καὶ ζωὴ δέ γε ὑπάρχει · ἡ γὰρ νοῦ ἐνέργεια ζωή, ἐκεῖνος δὲ ἡ ἐνέργεια (...).

[84] La vie contemplative est seulement présentée comme plus « continue » que la vie active : *É.N.*, X 7, 1177 a 21-22; quant au degré de bonheur qu'elle procure, l'insistance porte, on le sait, sur son caractère surhumain (1177 b 21-34), même s'il s'agit seulement d'imiter la vie de Dieu (X 8, 1178 b 26-27).

[85] Cf., respectivement, *É.N.*, X 7, 1177 b 19, 1177 a 25-27, a 27 - b 1, b 1-4, b 4-15.

[86] Fr. NUYENS, *L'évolution* ..., pp. 182-183, 312-313, sur *Métaph.*, Λ 3, 1070 a 20-36; Λ 5, 1070 b 36 - 1071 a 3; Λ 10, 1075 b 34-37 (cité *supra*, ch. II, s. I, p. 55, n. 73).

[87] *Protr.*, surtout les frg. 6, 10 c, 11 et 12 (cf. S. MANSION, *Contemplation* ..., pp. 61-62, 67-69). *Métaph.*, Λ 2, 982 b 29 - 983 a 6 (cf. J. LÉONARD, *Le bonheur chez Ar.*, p. 136). — Indiquons pour mémoire qu'en *É.N.*, IX 4 (1166 a 16-17 et a 22-23) et IX 8 (1168

Abordons en terminant le thème de la « séparation » qui, lui aussi, divise nos auteurs : on se souvient que les pages sur la contemplation font une place aux vertus morales, déclarant notamment : « la vie conforme à ces vertus et le bonheur qui en résulte sont aussi humains, tandis que le bonheur de l'esprit est séparé », ἡ δὲ τοῦ νοῦ κεχωρισμένη [88].

Sans doute peut-on, au lieu de « bonheur », suppléer plutôt « vertu », ce qui n'importe guère à notre sujet [89]. Mais, aux tenants d'une concordance avec le *De anima*, nous devons faire remarquer qu'il paraît impossible de comprendre le texte comme s'il y avait νοῦς χωριστός [90] : c'est le bonheur de l'esprit (ou la vertu qui le constitue) qui est dit « séparé », c'est-à-dire, — selon la signification générale du terme chez Aristote et dans l'*É.N.* elle-même, — caractérisé par une réelle autonomie [91].

Cela étant, ne faut-il pas soutenir, à l'inverse, que cette noétique est « d'allure nettement platonicienne », en ce sens que « l'activité du νοῦς est considérée comme indépendante du composé humain » ? Selon la doctrine classique d'Aristote, l'âme ne peut rien penser « sans image sensible » [92]. L'argument ne manque pas de poids. On peut faire valoir néanmoins que, comprise en ce sens, la formule d'Aristote irait au delà du platonisme : le mythe du *Phèdre* montre l'intellect entraîné

---

b 30-31 et b 34 - 1169 a 3) se trouve également, sous quatre formes équivalentes, le propos « l'homme, c'est (surtout) l'esprit » ; de ces morceaux que GAUTHIER, *La mor. d'Ar.*, p. 44, cite en parallèle à notre texte d'*É.N.*, X 7, faudra-t-il également situer « la rédaction primitive avant l'*É.E.* », ainsi qu'il le dit de ce même passage (II 2, p. 896) ?

[88] Cf. *supra*, pp. 235-236, les nn. 72-73, et *É.N.*, X 8, 1178 a 19-22, cité à la n. 74.

[89] Ainsi traduisent notamment G. VERBEKE (c.r., p. 344), GAUTHIER, DIRLMEIER, lequel donne, p. 594, des raisons pertinentes en ce sens. Mais le lien étroit des deux termes vient d'être indiqué en 1178 a 20-22.

[90] *Sic* J. LÉONARD, p. 205, qui imprime cette dernière forme sans avertissement ; de même, HARDIE, *Ar.'s Eth. Th.*, p. 348 : « (...) the teaching of the *EN* that reason (...) is 'a thing apart' (1178 a 22) ». A première vue MONAN, *Moral Knowledge* ..., pp. 129-131, donne prise au doute : « contemplative *nous* occupying such a 'separate' position that it *is* man », « contemplation is the activity of the separated *nous* » ; mais on sait qu'il opte pour une date ancienne d'*É.N.*, X, jugé encore antérieur à *É.E.* (p. 133 et les nn. 1 et 2).

[91] Cf. notamment *É.N.*, V 6, 1134 b 9 ; VI 13, 1144 b 33-34 (certaines vertus peuvent-elles exister sans d'autres ?) ; VIII 5, 1157 b 8-9 (séparation locale) ; VIII 7, 1159 a 5 ; VIII 12, 1161 b 27-29 (autonomie des enfants vis-à-vis des parents) ; X 5, 1175 b 34-36 (le plaisir n'existe pas indépendamment de l'activité) ; plus généralement, S. MANSION, *La première doctrine* ..., 1946, p. 360, et *infra*, ch. V, p. 269 et n. 60.

[92] G. VERBEKE, c.r., 1948, p. 344, citant à juste titre *De an.*, III 7, 431 a 16 ; III 8, 432 a 7-14 ; *De memoria*, 1, 449 b 31 ; *De motu*, 6, 700 b 19 ; *An. post.*, I 18, 81 a 38 - b 2.

dans les vicissitudes de l'attelage qu'il dirige, et la sensation joue
chez Platon un rôle nécessaire dans la connaissance humaine [93]. D'autre
part, cette « séparation » — même si on doit l'entendre de la « vertu »
contemplative — n'est pas un *hapax* dans l'*É.N.* : traitant *ex professo*
des vertus intellectuelles, φρόνησις et σοφία, le livre VI affirme :
ἄλλου τῆς ψυχῆς μορίου ἀρετὴ ἑκατέρα [94]. Encore convient-il, pensons-
nous, de reconnaître que la contemplative σοφία s'exerce de façon
analogique : s'il est vrai que son horizon inclut la philosophie de la
nature, — faute de quoi l'on ne voit pas à quelle « vertu » ressortirait
cette discipline [95], — la contemplation a pour objet premier les réalités
spirituelles, la « physique » n'étant ici que « seconde » [96] ; on comprend
dès lors que notre texte mette l'accent sur le « connaissable » (en soi) [97]
et n'insiste point sur les racines empiriques de tout savoir.

On n'oubliera pas, en effet, que la « séparation » qualifiant le bonheur
ou la vertu de l'esprit s'insère à la suite de ce que nous avons lu : l'exercice des vertus morales constitue lui aussi, à son niveau, un bonheur
humain ; en quel sens précis ? Cet exercice implique l'altérité (πρὸς

---

[93] Cf. *Phèdre*, 246 b, 248 a, *Timée*, 45 d, *Théét.*, 184 d, et N. GULLEY, *Pl.'s Theory
of Knowledge*, 1962, pp. 106-107, 139, 186.

[94] *É.N.*, VI 11, 1143 b 15-16 ; cf. VI 12, 1144 a 2, *É.E.*, VIII 1, 1246 b 36. On note
aussi, en *É.N.*, VI 12, 1144 a 3-6, l'éloge de la σοφία comme partie immanente et consti-
tutive de la vertu totale ; sur ce texte difficile, cf. l'excellente exégèse de GAUTHIER, II 2,
pp. 542-547, mais aussi une remarque de MONAN, p. 128.

[95] Ceci nous paraît donner raison à Ross (*Aristotle*, p. 234 ; cité par HARDIE, p. 339)
et R. JOLY, *Le thème philos. des genres de vie ...*, 1956, pp. 120-123, contre LÉONARD,
pp. 138-145, GAUTHIER, II 2, pp. 852-855, et HARDIE, pp. 337-340. — *É.N.*, VI 8, 1142
a 16-19, indique la division tripartite des sciences théorétiques ; il semble distinguer
σοφός et φυσικός, mais cf. la suite de notre texte.

[96] *Métaph.*, Γ 3, 1005 b 1-2 ; *E* 1, 1026 a 13-16 ; cf. A. MANSION, *Philos. première ...*,
1958.

[97] *É.N.*, X 7, 1177 a 20-21 : ὁ νοῦς τῶν ἐν ἡμῖν, καὶ τῶν γνωστῶν, περὶ ἃ ὁ νοῦς.
Certes, la distinction entre intuition des principes universels (νοῦς) et savoir syllogistique
(ἐπιστήμη) n'est point thématisée ici comme elle l'est en *É.N.*, VI 6, 1140 b 31-35, 1141
a 6-7, et VI 3, 1139 b 18-19, 28-29. Mais *É.N.*, VI 7, 1141 a 16-20, voit dans ladite intuition le couronnement (κεφαλή) de la σοφία, celle-ci étant ἐπιστήμη τῶν τιμιωτάτων
(cf. GAUTHIER, II 2, pp. 491-492) ; on appréciera la position nuancée de G. VERBEKE,
Thèmes ..., 1963, p. 189, n. 10 : « pour Ar., ce n'est pas tellement l'objet de la contemplation qui importe, mais l'activité de ce qu'il y a de plus noble dans l'homme ; (...) l'objet
n'intervient que dans la mesure où il rend plus parfaite l'activité exercée », ce qui semble
être le cas dans le chapitre cité, lequel renchérit comme suit (VI 7, 1141 a 34 - b 3) :
ἀνθρώπου ἄλλα πολὺ θειότερα τὴν φύσιν, (...) ; δῆλον ὅτι ἡ σοφία ἐστὶ καὶ ἐπιστήμη καὶ νοῦς
τῶν τιμιωτάτων τῇ φύσει.

ἀλλήλους πράττομεν), est pénétré d'intelligence (cf. le lien étroit entre
la φρόνησις et ces vertus) et met en cause le « composé » (σύνθετον);
or, le trait dominant est sans contredit le rapport aux états affectifs
(πάθη), indiqués ici à trois reprises [98], et qui s'en étonnera ? La vertu
morale a précisément pour office d'y mettre le juste milieu conforme
à la raison [99]. Tout autre est le cas des vertus intellectuelles : le « juste
milieu » n'entre pas dans leur définition [100]; pour celle qui nous occupe,
la σοφία, si l'expérience de la vie semble bien conditionner la perception
de ses principes, on ne voit pas que son exercice soit jamais mis en
rapports avec les états affectifs [101]. De ce point de vue, qui, on l'a
rappelé, domine notre contexte, l'auteur de l'*Éthique* est donc fondé
à dire : ἡ δὲ τοῦ νοῦ κεχωρισμένη. Aussi bien va-t-il illustrer un autre
aspect de cette autonomie, aspect tout aussi étranger à l'épistémologie
que le précédent : la vie contemplative, comme telle, est indifférente
aux biens extérieurs qui, certes, pourraient en un sens la gêner, mais
ne concernent vraiment l'individu que ᾗ ἄνθρωπός ἐστι [102]. Une fois
encore, le philosophe adopte une perspective proprement éthique :
τὸ τέλος ἐστὶν οὐ γνῶσις ἀλλὰ πρᾶξις, dit-il au début et à la fin de
l'*É.N.* [103]; on voit pourquoi, sans pour autant nous renvoyer à un
traitement plus approfondi de la « séparation », il ajoute aussitôt :
τοσοῦτον γὰρ περὶ αὐτῆς εἰρήσθω · διακριβῶσαι γὰρ μεῖζον τοῦ
προκειμένου ἐστίν [104].

[98] *É.N.*, X 8, 1178 a 11; a 16-19; a 20 (cf. a 15); a 13, a 15 et a 20, respectivement.
Sur l'équivalence entre πάθη et états affectifs, cf. leur énumération en *É.N.*, II 5, 1105
b 21-22.

[99] Cf. la définition célèbre de cette vertu en II 6, 1106 b 36- 1107 a 2, à compléter
par II 5, 1105 b 25-26, et par II 6, 1107 a 4-6 : ἔν τε τοῖς πάθεσι καὶ ἐν ταῖς πράξεσι,
τὴν δ'ἀρετὴν τὸ μέσον καὶ εὑρίσκειν καὶ αἱρεῖσθαι.

[100] Cf. *É.N.*, VI 2, 1139 b 12-13 : c'est ἀληθεύειν qui constitue leur « différence spécifique », comme le note GAUTHIER, II 2, p. 449, mais sans souligner assez l'incidence
de la vertu morale (et, dès lors, du « juste milieu » qui la constitue) sur la rectitude de la
sagesse *pratique*; cf. G. VERBEKE, *Thèmes* ..., pp. 192-195, 197-201.

[101] On comparera *É.N.*, VI 8, 1142 a 17-19 et a 13-14 : διὰ τί δὴ μαθηματικὸς μὲν
παῖς γένοιτ'ἄν, σοφὸς δ'ἢ φυσικὸς οὔ. ἢ ὅτι τὰ μὲν δι'ἀφαιρέσεώς ἐστιν, τῶν δ'αἱ ἀρχαὶ ἐξ
ἐμπειρίας. — γεωμετρικοὶ μὲν νέοι καὶ μαθηματικοὶ γίγνονται καὶ σοφοὶ τὰ τοιαῦτα, φρόνιμος
δ'οὐ δοκεῖ γίγνεσθαι.

[102] *É.N.*, X 8, 1178 a 23 - b 7; cf. b 3-5.

[103] *É.N.*, I 3, 1095 a 5-6, et, en termes presque identiques, X 9, 1179 a 35 - b 4.

[104] *É.N.*, X 8, 1178 a 22-23; l'*É.N.* use de termes voisins pour introduire un développement rigoureux, jugé nécessaire (cf. VI 3, 1139 b 18-19 : ἐπιστήμη ... τί ἐστιν, ἐντεῦθεν
φανερόν, εἰ δεῖ ἀκριβολογεῖσθαι), ou encore pour en écarter un qui serait superflu
(cf. I 13, 1102 a 25, et la n. suiv.).

5. *Conclusion.*

C'est un texte analogue, et mieux connu encore, qui va nous présenter sous une forme commode la synthèse qu'appellent les diverses recherches esquissées ci-dessus ; nous aurons à tout le moins, en le commentant brièvement, l'occasion d'indiquer en quel sens nous interprétons les constatations déjà enregistrées. Vers le début de la présente section, nous avons entendu Aristote déclarer que l'alternative parties-facultés n'importe pas à l'éthique : οὐθὲν διαφέρει πρὸς τὸ παρόν; transcrivons ici les lignes précédentes [105] : θεωρητέον δὴ καὶ τῷ πολιτικῷ περὶ ψυχῆς, θεωρητέον δὲ τούτων χάριν, καὶ ἐφ᾽ ὅσον ἱκανῶς ἔχει πρὸς τὰ ζητούμενα · τὸ γὰρ ἐπὶ πλεῖον ἐξακριβοῦν ἐργωδέστερον ἴσως ἐστὶ τῶν προκειμένων. λέγεται δὲ περὶ αὐτῆς καὶ ἐν τοῖς ἐξωτερικοῖς λόγοις ἀρκούντως ἔνια, καὶ χρηστέον αὐτοῖς · οἷον τὸ μὲν ἄλογον αὐτῆς εἶναι, τὸ δὲ λόγον ἔχον.

La « politique », dit en substance Aristote, exige quelque étude de l'âme ; on recourra sur ce chapitre à des éléments, suffisants pour le sujet, qu'énoncent les exposés exotériques : par exemple, la division en parties rationnelle et irrationnelle. De quels exposés s'agit-il ? Même si l'on admet avec P. Moraux que le dialogue *Sur la justice* puisse être visé, le seul précédent certain est le *Protreptique*, dont la psychologie — bipartition de l'âme, discordance psycho-somatique — offre en effet l'essentiel de ce qui commande nos traités, mais sans l'ombre d'une indication qui fasse songer à l'hylémorphisme [106]. On aura noté le présent λέγεται, confirmant que ces exposés continuent à faire autorité en ce domaine, du moins pour la finalité indiquée [107].

L'étude de l'âme, souligne Aristote, doit se limiter à ce que requiert la présente recherche : une précision plus grande serait superflue en pareille matière. Cette insistance de l'auteur peut donner à croire qu'à certains égards la psychologie alléguée ne correspond pas aux exigences qui sont les siennes par ailleurs ; l'idée se confirme à simple inspection des faits consignés dans notre premier paragraphe, à savoir la perspective exclusivement terrestre, la présentation de l'esclavage et, ici

[105] *É.N.*, I 13, 1102 a 23-28, que nous allons paraphraser à l'instant ; pour a 27-32, cf. *supra*, p. 217 et n. 8. — On notera, sans entrer aucunement dans la chronologie relative d'*É.N.*, *É.E.* et *Politique*, que l'auteur indique ici un principe valable pour les trois écrits : le terme πολιτικός (introduit déjà cinq lignes plus haut) le manifeste à suffisance.

[106] Cf. *supra*, par. 2, p. 225 et nn. 39-40.

[107] Cf. les formes du présent en *É.N.*, VI 4, 1140 a 2 ; *Polit.*, VII 1, 1323 a 21-23 ; Fr. DIRLMEIER, *Physik IV 10* (dans *Naturphilos. ...*, 1969), pp. 52-53.

même, l'allusion à une « division » de l'âme en facultés : autant d'éléments qui modifient très sensiblement la doctrine des « exposés exotériques ».

De ces deux premières réflexions, on conclura que le passage commenté représente une mise en garde de l'auteur : pour l'essentiel, l'anthropologie à laquelle recourt la « politique » est adéquate au sujet ; il
n'y a pas lieu de s'étonner si la pensée spéculative use de catégories
plus rigoureuses. Comme le texte de l'*É.N.* et, plus clairement encore,
celui de l'*É.E.* supposent acquise au moins la problématique de l'hylémorphisme, l'absolution donnée à la psychologie du *Protreptique* doit,
pensons-nous, représenter une addition due à l'auteur ou, du moins,
porter la trace d'une retouche significative. Ceci admis, il faut évidemment reconnaître — avec la majorité des interprètes — la possibilité
de remaniements en d'autres lieux de nos traités ; il n'était pas dans
nos intentions de les dépister, mais on se souviendra que, parmi les
thèmes d'allure dualiste, certains ont paru mal intégrés à la perspective générale : ceux qui distinguent les évolutions psychique et somatique, voire, plus généralement, biens de l'âme et biens du corps [108].

Encore aura-t-on perçu au long de nos analyses combien s'amenuise
la part de ces morceaux anciens, tout comme celle des insertions tar-
dives. Nous appuyant notamment sur notre examen antérieur des schèmes instrumentistes, mais aussi sur diverses comparaisons entre nos
traités et les autres œuvres d'Aristote, nous concluons au sérieux
et à l'exactitude de la déclaration que nous interprétons ici : même
après l'application de l'hylémorphisme au vivant, χρηστέον αὐτοῖς !
l'unité substantielle de l'homme n'empêche pas que le problème
majeur de la conduite ne revienne à pénétrer de raison l'ἄλογον, ni
que la béatitude par excellence ne consiste dans la contemplation [109].

Si tels sont les *invariants* majeurs de la « politique » aristotélicienne,
le problème que pose l'ordre chronologique de la composition s'en
trouve singulièrement « relativisé », mais aussi se révèle — du point
de vue qui nous occupe — largement insoluble. Nous pourrions reconnaître que le Stagirite a peut-être enseigné une part considérable
de ces traités avant même d'avoir explicité la doctrine hylémorphique ; encore ne voyons-nous pas que cette part puisse être déterminée avec quelque précision. Il y a bien les quelques textes selon

---

[108] Cf. *supra*, par. 2, pp. 222-224.
[109] Sur ce dernier point, cf. W.J. Verdenius, *Human Reason and God* ..., dans
Unters. zur E.E., 1971, pp. 285-297.

lesquels l'âme prime le corps et doit se le subordonner ; mais nous avons amplement montré la polyvalence de ce schéma, et celui-ci le cède en importance dans nos traités, et de beaucoup, à la distinction entre facteurs rationnel et irrationnel, présente déjà dans ce qui nous reste du *Protreptique* et dont le *De anima* lui-même reconnaîtra la valeur en éthique. Comme un aspect très marquant de nos trois traités, à savoir leur perspective terrestre, les différencie du *Protreptique* pour les rapprocher du *De anima*, nous ne pouvons admettre que le prologue analysé à l'instant trahisse l'embarras d'un professeur qui « replâtre » un cours inexorablement vieilli ; on ne croira pas davantage que le philosophe ait renoncé à creuser les problèmes éthiques dès qu'il eut découvert l'unité métaphysique du vivant.

Conclusion

A qui nous demanderait de faire le point, on pourrait sans doute proposer les repères que voici. Après un premier chapitre indiquant la complexité du problème et quelques données relatives à notre métho-de, nous avons longuement mis en lumière, dans le *De gen. anim.*, l'intégration des schèmes instrumentistes à la doctrine hylémorphique de ce traité. Le chapitre III a révélé la même intégration en *Métaph.*, Z, ainsi que dans le *De anima* et plusieurs des *Parva Naturalia* ; on en indiquait en même temps le sens précis et le fondement théorique, à savoir la causalité motrice de l'âme-forme. Le long chapitre qui s'achève s'est alors tourné vers les traités que Nuyens, et d'autres avec lui, estiment les plus représentatifs d'une « période instrumentiste », antérieure à l'application de l'hylémorphisme au vivant ; ces écrits ou groupes d'écrits, étudiés dans les trois sections de ce chapitre, ont donné lieu à des conclusions sensiblement différentes ; il convient peut-être de les rappeler brièvement et, si possible, de les mettre en relations.

Le *De motu* et le *De partibus* — examinés, l'un intégralement, l'autre par la méthode des coups de sonde — ont manifesté des con-cordances précises et diverses avec les thèses hylémorphiques des œuvres déjà étudiées, ce qui nous empêche de voir en eux les témoins typiques d'une période antérieure. Leurs formules instrumentistes pourraient provenir d'une telle phase, mais l'analyse ne permet pas d'en décider ; peut-être s'agit-il de schèmes indifférents, par eux-mêmes, à la philosophie qui les assume ? Les deux sections suivantes devaient notamment nous permettre de choisir entre les termes de cette alter-native.

Malgré un début de révision, qui a pu donner le change aux commentateurs, le *De iuventute* paraît bien présenter un instrumentisme qui offre une interprétation globale du vivant. Nous en avons trouvé les indices que voici : l'âme n'est point là seulement une réalité logée dans le cœur (ce qu'admet l'hylémorphisme, du moins κυρίως), mais elle a les allures d'une substance ambiguë, entretenue dans le feu vital, à l'instar de ce que nous découvrons dans une œuvre de la Collection hippocratique ; le traité omet des explications obvies que fournit la doctrine du *De anima* ; ce dernier repousse précisément les formules ignéistes qui fondent l'explication de l'écrit que nous analysons. Nous proposons dès lors de conclure comme suit : les schèmes instrumentistes, souvent identiques ici à ceux du *De gen. anim.* et du *De partibus*, sont de soi indépendants de la métaphysique qui les utilise ; dans le *De iuventute*, ils prétendent offrir, de concert avec la conception de l'âme rappelée ci-dessus, une explication globale de l'être vivant : en ce sens, notre traité est le témoin d'une « période instrumentiste » dans l'évolution d'Aristote en psychologie ; encore faut-il préciser que l'accent principal porte sur les opérations d'ordre biologique, comme on le voit déjà par le titre, ou mieux encore par les divers titres qu'a transmis la tradition : *De iuventute* (...), *De vita* (...), *De respiratione*.

Avec les écrits qui ressortissent au πολιτικός, — *Éthiques* et *Politique*, — nous avons exploré un univers de pensée très différent, caractérisé par des préoccupations vraiment spécifiques, et qui met en œuvre des données étonnamment riches et variées. Sans doute a-t-on ménagé la possibilité de remaniements et même reconnu telle addition due à l'auteur, ou simplement des morceaux qui ne s'accordent pas avec l'ensemble ; au reste, en reconnaissant par exemple les catégories de l'hylémorphisme au livre I de la *Politique* et, au livre VII, un développement qui leur est étranger, nous rejoignons ce que par d'autres biais divers critiques ont affirmé sur la date relative de ces textes. Mais l'essentiel, nous semble-t-il, n'est pas là ; en un mot comme en mille, la dominante de nos résultats est la *continuité* de la doctrine psychologique mise en œuvre dans ce domaine.

Aristote en effet a bâti ces œuvres sur le donné dualiste — ou plutôt sur une part de celui-ci — dont témoignent les thèmes conservés du *Protreptique* ; que ce donné soit antérieur à l'hylémorphisme, on en trouve confirmation dans certaines idées que la doctrine unitaire n'aurait pas tolérées, mais aussi dans les mises en garde de l'auteur : cette psychologie, insiste-t-il, est pour l'essentiel adéquate au sujet traité. Et cependant, nous avons constaté paradoxalement qu'en éthique elle apparaît aussi neuve qu'ancienne : non seulement elle présente toujours un avantage pédagogique évident, mais le *De anima*, qui l'estime certes trop peu détaillée, voire insuffisante en rigueur de termes, s'abstient pourtant d'en contredire les éléments décisifs pour notre sujet; qui plus est, nous avons vu ce traité relever également la tension entre les niveaux rationnel et irrationnel de l'homme, tandis que notamment *Métaph.*, *Λ*, — écrit reconnu hylémorphique, — fait écho à l'éloge de la contemplation. Bref, l'anthropologie des *Éthiques* et de la *Politique* provient pour l'essentiel du premier stade que nous connaissions dans l'évolution d'Aristote; élaguée de l'ouverture sur l'au-delà et de la nette opposition psycho-somatique qui figure dans certains fragments pessimistes attribués au *Protreptique*, la psychologie en question nous apparaît désormais intégrée à l'enseignement et à la recherche de celui qui, dans l'intervalle, avait créé l'hylémorphisme : Aristote a donc professé cette « politique » jusqu'au terme de sa carrière [1].

---

[1] Essayant de situer cette conclusion par rapport à celles de nos prédécesseurs, nous estimons avoir rejoint à divers égards un avis que formulait l'éminent W. JAEGER (*Aristotle*, p. 333) : « In ethics it remained convenient to work with the old ideas, and no errors followed serious enough to vitiate the ethical result. (...) Nevertheless he thinks it necessary to apologize for thus simplifying the problem ». Notre appréciation, on l'a vu, serait toutefois plus positive, et nous dirions « adéquat » plutôt que « commode ». D'autre part, lorsque Jaeger ajoutait : « The structure of his ethics would probably have been different if, when its foundations were being laid, his psychology had already reached the level at which we know it », il émettait là une opinion plausible, mais qu'il ne faut point durcir, comme le font Nuyens et Gauthier : au vu de ce que nous avons relevé, il est en tout cas aussi « probable » qu'Ar. ait poursuivi sa recherche en éthique durant la période hylémorphique, sans que pour autant on lui impute un cloisonnement abusif entre les divers secteurs de son enseignement; on pourrait admettre alors qu'à son départ d'Athènes il laissa divers ensembles inachevés, posant ainsi à ses héritiers des problèmes ardus, voire insolubles, de répartition des matières. — Rappelons, si besoin en est, que nous ne prétendons pas indiquer la situation respective d'*É.E.* et *É.N.*; dans la mesure même où la thèse — appréciée et souvent citée — de Monan reconnaît la date plus tardive d'*É.E.* à ceci qu'en fait elle ne se base guère sur une doctrine psychologique (cf. *Travaux* ..., pp. 257-258), son propos échappe à notre perspective présente. Dans *Unters. zur E.E.*, 1971, C.J. ROWE (pp. 90-91) et W.J. VERDENIUS (pp. 296-297) contestent de diverses façons cette thèse. La plupart des contributions à ce Symposium montrent que la chronologie relative d'*É.E.* et *É.N.* reste controversée; sur la « vie selon l'esprit », cf. déjà le verdict prudent de P. DEFOURNY, *L'activité de contemplation dans les Morales d'Ar.*, 1937, pp. 99-101.

Les sections I et II avaient envisagé, puis démontré, la *poly-valence* des formules qui mettent au service de l'âme, plus ou moins nettement localisée, le corps et la panoplie de ses instruments : assumées par une pensée « unitaire » dans le *De motu* et le *De partibus*, ces explications semblaient bien, à elles seules, rendre raison du vivant dans le *De iuventute*. Ne devons-nous pas désormais en dire autant d'autres traits que l'on a jugés essentiels à l'instrumentisme ? Sans doute une nette distinction entre l'âme et le corps ne joue-t-elle plus, et pour cause, qu'un rôle marginal dans les *Éthiques* et la *Politique* : présentée en *Polit.*, VII 15, sous une forme tranchée, inassimilable comme telle par l'hylémorphisme, elle affleure en d'autres endroits, où le philosophe en use à des fins proprement éthiques ; mais elle n'est point entrée dans la perspective principale de nos trois traités. Il en va tout autrement, nous estimons l'avoir montré, de la bipartition reconnue à l'âme elle-même : que le niveau rationnel l'emporte en dignité sur le niveau irrationnel auquel il doit commander, voilà un thème que faisait sien le pensée dualiste du *Protreptique* ; mais nous avons rappelé que le *De anima* lui-même en reconnaît le bien-fondé : οἱ ἐγκρατεῖς ἀκολουθοῦσι τῷ νῷ. La conclusion de notre section III a donc pu faire confiance à *É.N.*, I 13, et y voir l'auteur, acquis à l'hylémorphisme, énoncer en somme la doctrine nécessaire et suffisante pour comprendre ses écrits de « politique » : on utilisera, dit-il, des éléments que fournissent nos exposés ésotériques, par exemple la bipartition ; cela suffit à notre projet. A cet égard encore, l'instrumentisme est polyvalent.

S'il en est ainsi, on voit d'emblée la question qui se pose aux partisans d'une « période *intermédiaire* » caractérisée à elle seule par l'instrumentisme dont nous venons de rappeler les traits : doit-elle encore figurer dans un tableau de l'évolution aristotélicienne en psychologie ? À partir des écrits qui avaient une place dans notre programme [2],

---

[2] On a expliqué *supra*, ch. I, s. II, par. 2 (pp. 15-17), la nécessité de centrer l'attention sur les œuvres psycho-biologiques et, en second lieu seulement, sur celles de « politique », dans la mesure où elles peuvent impliquer une doctrine psychologique ; nous décidions *ipso facto* de ne pas nous attacher aux « illustrations » et aux autres indications passagères disséminées dans divers traités (cf. cependant une rectification concernant le *De gen. et corr.*, *supra*, s. II, p. 192) : ainsi, qu'en *Phys.*, II, le vivant soit un type d'être naturel substantiel (II 3, 195 a 15-26, cf. II 1, 193 b 5-6, 11-12), cet exemple suggère l'hylémorphisme, mais en passant, et sans le prouver. — Notre appréciation serait analogue en ce qui regarde des développements mieux étayés, qui méritent un examen auquel nous ne pouvons nous livrer ici : *Phys.*, VII 2, 244 b 2 - 3, 248 a 9 (cf. G. VERBEKE, *L'argument du livre VII* ..., dans *Naturphilos. bei Ar.*, 1969, pp. 250-267 ; voir pp. 254-

une réponse affirmative éventuelle pourrait par exemple s'autoriser des deux éléments suivants : le fonds doctrinal des *Éthiques* et de la *Politique* n'étant plus celui du *Protreptique*, mais pas encore celui du *De anima*, il convient de l'attribuer à une « Ur-Ethik » et à une « Ur-Politik », antérieures l'une et l'autre à l'adoption de l'hylémorphisme en psychologie ; on raisonnerait de la même façon à propos du *De iuventute*, premier essai d'Aristote en psycho-physiologie, point encore équilibré ni parfaitement personnel, mais différent de ce que nous savons de sa première période. A dire vrai, de tels arguments demandent réflexion, mais on peut douter que ces prémisses doivent entraîner une conclusion positive.

On notera, *ad secundum*, que nous ne savons strictement rien de l'activité scientifique déployée par le Stagirite avant la mort de Platon ; d'autre part, Nuyens lui-même reconnaît que l'instrumentisme figure déjà dans le *Protreptique* et que cette vision du vivant est spontanée chez l'homme [3] : faudra-t-il dire que la « rhapsodie » sur le feu vital dénote une étape distincte en psychologie, ou plutôt que, s'intéressant déjà au règne animal « nel mezzo del cammin », Aristote tenta alors de l'expliquer dans la ligne de l'instrumentisme [4] ? Quant aux traités de « politique », beaucoup plus complexes et divers, nous reconnaissons sans ambages que, face à l'hypothèse énoncée, il y a place pour une réelle perplexité. On relèvera seulement que les quelques thèmes franchement dualistes peuvent ressortir à la première période ; tout le reste, à savoir le primat de la contemplation et l'intervention de l'esprit dans l'exercice de l'affectivité, représente un acquis que la philosophie hylémorphique pouvait assumer et qu'elle assuma en effet.

A qui partagera ces vues, il paraîtra naturel de faire jouer ici le rasoir d'Ockham : si les témoignages n'imposent pas l'existence d'une

---

260), et *An. post.*, I 18, I 31, II 19 (cf. S. MANSION, *Le jugement d'existence chez Ar.*, 1946, pp. 101-106, 140-144).

[3] Cf. Fr. NUYENS, *L'évolution* ..., pp. 93-95, p. 201, n. 166. Nul n'oublie, certes, qu'il faut rapporter à l'*Eudème* divers fragments incluant des formules pessimistes, d'un dualisme outré, et que ce dialogue n'est certainement pas antérieur au *Protr.* (œuvre à laquelle on a d'ailleurs coutume d'attribuer quelques morceaux de la même veine) ; on a suggéré de voir dans ces propos un effet de style, mais il semble en toute hypothèse peu rationnel d'y trouver le trait distinctif d'une période pré-instrumentiste.

[4] Que le *De iuventute* traite de la vie sans guère se préoccuper de l'homme, ce serait un signe encore de son caractère unilatéral. — « Nel mezzo ... » rappelle, à la suite de Düring, qu'à l'époque du *Protr.*, Ar. n'était plus un jouvenceau !

période médiane distincte dans l'évolution du Stagirite en psychologie, nous devons en faire l'économie; *dura lex, sed lex* … Dans ce cas, parlant d'une « période instrumentiste », notre devancier aurait mis en relief des éléments que le philosophe utilisait en réalité dès la première période et qu'il devait intégrer excellemment à l'hylémorphisme dont témoignent la plupart de ses traités.

CHAPITRE V

ΝΟΥΣ ΘΥΡΑΘΕΝ

En admettant, comme on vient de le faire, que la célèbre « période intermédiaire » conçue par Nuyens se révèle, à l'examen, dépourvue de fondement probant dans les textes dont nous disposons, il conviendrait de ne pas oublier que notre distingué devancier soutient simultanément une importante thèse complémentaire, dans laquelle il voit une confirmation de son intuition maîtresse sur l'évolution de la relation psycho-somatique, c'est-à-dire la modification parallèle du statut que, selon lui, le philosophe accorde à l'intellect. Il semblerait que, contestant la thèse principale, il soit requis de contester aussi celle qui la complète et l'appuie, mais il n'en est rien : selon cette dernière, l'abandon du dualisme (radical au début, modéré durant la période médiane) et l'application de l'hylémorphisme à l'homme ont entraîné la « séparation » de l'intellect par rapport à l'âme, considérée désormais comme forme périssable ; peu importe, à cet égard, l'existence d'une phase intermédiaire, puisque le seul changement perceptible est lié à l'adoption de l'hylémorphisme.

Vis-à-vis de cette seconde thèse, notre mission comporte, pensons-nous, au moins une vérification ; mais nous estimons préférable de ne point suivre pas à pas les analyses de notre prédécesseur [1] et de nous adresser à des textes qu'il n'a guère examinés, pour confronter ensuite les résultats. Plutôt que la période initiale, qui soulève encore des problèmes d'une infinie complexité [2], on voudrait prendre pour référence, par mode d'*inclusio*, un chapitre du traité sur la reproduction : nos recherches antérieures nous préparent à l'entendre et il apparaît approprié au stade présent de notre étude.

On sait en effet qu'à diverses reprises, au cours du chap. II, nous avons effleuré un passage aussi intéressant qu'énigmatique du *De gen.*

---

[1] Fr. NUYENS, *L'évolution* ..., surtout chap. VII, *per tot.* ; cf. *supra*, ch. I, s. I, p. 10 ; s. II, pp. 11-14.

[2] On songe notamment à la valeur et à l'incidence des témoignages cicéroniens ; cf. par exemple « *Quinta natura* » *et psychol. arist.* (*R.P.L.*, 1971, pp. 5-43), par. IV.

anim., II 3, qui met en relation les facultés de l'âme et l'élément céleste [3]; mais, comme ce propos se relie au texte illustre sur « l'intellect qui vient du dehors » en raison de son activité non corporelle [4], nous avons dû en différer l'examen jusqu'à présent. A dire vrai, rien ne prouve encore qu'il s'agisse là, chez Aristote, d'une phase doctrinale distincte de celle que nous rappelions plus haut : si un Friedrich Solmsen y voit « sa réponse finale en ce qui regarde la transmission des facultés psychiques », un Joseph Moreau estime que « l'analogie de l'âme avec l'élément astral semble nous ramener à un stade antérieur » [5]. D'autre part, Kampe et Hamelin, parmi d'autres, poussent cette analogie jusqu'à l'identité, tandis que Paul Moraux, par exemple, y voit une « comparaison abrégée » n'incluant rien de tel [6]. Mais ce ne sont là que quelques échantillons des difficultés auxquelles nous devons nous attendre. Aussi bien faudra-t-il, avant de hasarder une appréciation quelconque, consacrer un premier paragraphe à la lecture du texte ; le guide nommé à l'instant, Paul Moraux, l'a commenté dans un ample mémoire très personnel et nous allons faire état de ce que ses propos nous suggèrent.

1. *Apories.*

Limité à la section qui nous concerne, le chapitre II 3 du *De gen. anim.* comporte les éléments que voici [7].

(A) Énoncé de deux problèmes : que devient, après la fécondation, le substrat corporel du sperme (736 a 24-27) ? Que communique ce dernier à l'embryon et (plus précisément) d'où vient l'âme typique de l'animal, à savoir le principe sensitif (a 27-32) ?

---

[3] *De gen. anim.*, II 3, 736 b 29 - 737 a 1 ; cf. *supra*, p. 34 ; p. 67, n. 40 ; p. 80, n. 14.

[4] *Ibid.*, 736 b 27-29.

[5] Fr. SOLMSEN, *The Vital Heat* ..., 1957, p. 119 ; J. MOREAU, c.r. de *Ar., De la gén. des an.*, éd. P. LOUIS (dans *Rev. des ét. anc.*, t. 65, 1963, pp. 425-426), p. 425.

[6] Fr. F. KAMPE, *Die Erkenntnistheorie des Ar.*, Leipzig, 1870, pp. 12-49 ; cf. p. 43 : « in hohem Grade ähnlich und verwandt » ; O. HAMELIN, *La théorie de l'intellect d'après Ar. et ses commentateurs* (écrit avant 1906, cf. éd. E. BARBOTIN, Paris, 1953, p. XXVI), p. 13 ; P. MORAUX, *À propos du νοῦς θύραθεν chez Ar.* (dans *Autour d'Ar.*, Louvain, 1955, pp. 255-295), pp. 277-278.

[7] Omettant ici le dernier tiers du chapitre, à partir de 737 a 12, qui revient sur les rôles différents dévolus aux partenaires dans la génération, nous joignons le texte (de DR. LUL.), hormis les premières lignes, c'est-à-dire le A (736 a 24-32).

(B) L'animation est graduelle : semences et germes possèdent l'âme
végétative (736 a 32 - b 1), ensuite l'âme sensitive, car le trait propre
vient en dernier lieu (b 1-5); la participation à l'intellect va poser un
problème difficile entre tous (b 5-8).

(C) C'est le degré potentiel du principe végétatif qui doit caractériser
les semences et les embryons« non séparés » (736 b 8-12) [8]. On raisonnera

(B)   οὔτε γὰρ ὡς ἄψυχον ἂν θείη τις τὸ κύημα
κατὰ πάντα τρόπον ἐστερημένον ζωῆς· οὐδὲν γὰρ ἧττον
τά τε σπέρματα καὶ τὰ κυήματα τῶν ζώων ζῇ τῶν φυτῶν,
35 καὶ γόνιμα μέχρι τινός ἐστιν. ὅτι μὲν οὖν τὴν θρεπτικὴν
ἔχουσι ψυχὴν φανερόν (δι᾽ ὅτι δὲ ταύτην πρῶτον ἀναγκαῖόν
ἐστι λαβεῖν ἐκ τῶν περὶ ψυχῆς διωρισμένων ἐν ἄλλοις
736b φανερόν), προϊόντα δὲ καὶ τὴν αἰσθητικὴν καθ᾽ ἣν ζῷον ***.
οὐ γὰρ ἅμα γίγνεται ζῷον καὶ ἄνθρωπος οὐδὲ ζῷον καὶ ἵπ-
πος, ὁμοίως δὲ καὶ ἐπὶ τῶν ἄλλων ζώων· ὕστατον γὰρ γίγνεται τὸ τέλος, τὸ δ᾽ ἴδιόν ἐστι τὸ ἑκάστου τῆς γενέσεως τέ-
5 λος. διὸ καὶ περὶ νοῦ, πότε καὶ πῶς μεταλαμβάνει καὶ
πόθεν τὰ μετέχοντα ταύτης τῆς ἀρχῆς, ἔχει τ᾽ ἀπορίαν
πλείστην καὶ δεῖ προθυμεῖσθαι κατὰ δύναμιν λαβεῖν καὶ
8 καθ᾽ ὅσον ἐνδέχεται.

(C)8   Τὴν μὲν οὖν θρεπτικὴν ψυχὴν τὰ σπέρματα καὶ τὰ κυήματα τὰ μήπω χωριστὰ δῆλον ὅτι δυνάμει μὲν
10 ἔχοντα θετέον, ἐνεργείᾳ δ᾽ οὐκ ἔχοντα πρὶν ἢ καθάπερ τὰ
χωριζόμενα τῶν κυημάτων ἕλκει τὴν τροφὴν καὶ ποιεῖ τὸ
τῆς τοιαύτης ψυχῆς ἔργον· πρῶτον μὲν γὰρ ἅπαντ᾽ ἔοικε

[8] Nous avons d'abord tenté de maintenir (en b 9) le χωριστά traditionnel et, dès
lors, de ne pas recourir aux corrections (de sens analogue) imaginées tour à tour par les
divers éditeurs à la suite de Théodore de Gaza et de Bussemaker : cf. l'app. crit. de
DROSSAART LULOFS ad 736 b 9, et P. MORAUX, À propos ..., pp. 264-265, n. 21, qui
propose spontanément le ἀχώριστα de Bussemaker avec la justification que voici :
« Ar. oppose manifestement les embryons qui se trouvent dans le corps de la mère à
ceux qui s'en séparent (à la naissance) et sont, dès cet instant, capables d'absorber
une nourriture étrangère ».
Certes, la dernière épithète est de trop: Ar., qui ne dit rien de semblable, note en
b 10-12 qu'un moment viendra où, « à l'instar des embryons qui deviennent autonomes,
ceux-ci puiseront la nourriture »; l'existence de la comparaison suggère que, même
à ce second stade, les êtres en question ne sont pas encore mis au jour. D'autre part,
le Stagirite caractérise mainte fois comme végétative, sans restriction apparente, la

de même à propos de l'âme sensitive et de l'âme intellective [9] : « en effet, on doit les posséder toutes en puissance avant de les avoir en acte » (b 12-15).

(D) Un éventail de possibilités s'offre à nous quant à l'origine de ces diverses âmes : « Nécessairement aussi, ou bien toutes se forment là [10] sans existence antérieure, ou bien après une telle existence, ou encore les unes (scil. préexistent), les autres pas. Et elles se constituent dans le substrat sans venir avec la semence du mâle, ou bien elles y parviennent à partir de ce dernier. Chez le mâle, elles se forment toutes en venant du dehors, ou bien (scil. ce n'est le cas pour) aucune, ou encore pour les unes, non pour les autres » (b 15-20).

736b ζῆν τὰ τοιαῦτα φυτοῦ βίον. ἑπομένως δὲ δῆλον ὅτι καὶ περὶ
τῆς αἰσθητικῆς λεκτέον ψυχῆς καὶ περὶ τῆς νοητικῆς· πά-
15 σας γὰρ ἀναγκαῖον δυνάμει πρότερον ἔχειν ἢ ἐνεργείᾳ.

(D)15   ἀναγκαῖον δὲ ἤτοι μὴ οὔσας πρότερον ἐγγίγνεσθαι πάσας ἢ πάσας προϋπαρχούσας ἢ τὰς μὲν τὰς δὲ μή, καὶ ἐγγίγνεσθαι
ἢ ἐν τῇ ὕλῃ μὴ εἰσελθούσας ἐν τῷ τοῦ ἄρρενος σπέρματι ἢ
ἐνταῦθα μὲν ἐκεῖθεν ἐλθούσας, ἐν δὲ τῷ ἄρρενι ἢ θύραθεν
20 ἐγγιγνομένας ἁπάσας ἢ μηδεμίαν ἢ τὰς μὲν τὰς δὲ μή.
(E) ὅτι μὲν τοίνυν οὐχ οἷόν τε πάσας προϋπάρχειν φανερόν
ἐστιν ἐκ τῶν τοιούτων· ὅσων γάρ ἐστιν ἀρχῶν ἡ ἐνέργεια σω-

vie intra-utérine; cf. De gen. anim., II 4, 740 a 25-26 : χρῆται τῇ ὑστέρᾳ ὥσπερ γῇ φυτόν, et, en termes analogues, 740 b 8-10, 753 b 27-28; V 1, 779 a 1-2 : comme tel, l'embryon semble donc posséder en acte le principe végétatif. On pourrait dès lors entendre χωριστά (b 9) des germes encore « séparés », i.e. avant fécondation (ainsi PLATT et M. DE CORTE, La doctrine ..., 1934, p. 103).

Nous devons cependant constater que κύημα n'a ce sens chez aucun auteur, mais uniquement celui d'« embryon »; il faudra par conséquent se résoudre à conjecturer l'alpha privatif : Ar. nous apprendrait ici que la vie végétative pré-natale comporte un premier stade, de type potentiel, avant de passer au degré actuel qu'implique notamment 736 a 33-34.

[9] En b 13, ἑπομένως est ambigu. Insiste-t-on sur le parallélisme avec πρῶτον μέν (b 12), on obtient : « à un premier stade, il semble que tous les êtres mènent d'abord une vie de plante; ensuite, il faut évidemment parler de (i.e. reconnaître) l'âme sensitive, etc. » Mais le sens logique de l'adverbe (plus normal chez Ar., comme pour le verbe; cf. BONITZ, s.v. ἕπομαι) paraît plus indiqué : « et il faut évidemment en dire autant de...» car toute âme connaît d'abord un stade potentiel.

[10] ἐγγίγνεσθαι (16,17): « apparaissent » (P. MORAUX, p. 270).

(E) Et voici l'option d'Aristote : « Or, que toutes ne puissent préexister, c'est clair pour des raisons de ce genre. Pour les principes
dont l'activité est corporelle, il est évidemment impossible qu'ils
puissent exister sans corps (par exemple : marcher sans pieds) et, dès
lors, qu'ils pénètrent du dehors : n'étant pas séparables, ils ne peuvent
entrer 'subsistants' [11], pas plus qu'au sein d'un corps, car le sperme est
un excédent de la nourriture en voie de transformation. Il en résulte
que *seul l'intellect pénètre du dehors* et que seul il est divin ; avec son
activité, en effet, celle du corps n'a nul rapport » (b 21-29).

Avant d'aller plus loin, une remarque grammaticale pourrait souligner
le caractère radical de cette dernière exclusion. Les traducteurs entendent généralement οὐθὲν (...) κοινωνεῖ au sens de « ne prend aucune
part » [12], mais le régime devrait alors être au génitif ; or, la tradition
manuscrite ne permet pas d'hésitation sur la forme τῇ ἐνεργείᾳ [13].
Construit avec un datif, fait beaucoup plus rare chez Aristote [14],
κοινωνεῖν désigne toute espèce d'associations ou de rapports [15]. On

> ματική, δῆλον ὅτι ταύτας ἄνευ σώματος ἀδύνατον ὑπάρ-
> χειν, οἷον βαδίζειν ἄνευ ποδῶν· ὥστε καὶ θύραθεν εἰσιέναι
> 25 ἀδύνατον· οὔτε γὰρ αὐτὰς καθ' αὑτὰς εἰσιέναι οἷόν τε ἀχω-
> ρίστους οὔσας οὔτ' ἐν σώματι εἰσιέναι· τὸ γὰρ σπέρμα πε-
> ρίττωμα μεταβαλλούσης τῆς τροφῆς ἐστιν. λείπεται δὴ τὸν
> νοῦν μόνον θύραθεν ἐπεισιέναι καὶ θεῖον εἶναι μόνον· οὐθὲν γὰρ
> 29 αὐτοῦ τῇ ἐνεργείᾳ κοινωνεῖ <ἡ> σωματικὴ ἐνέργεια.

[11] αὐτὰς καθ'αὑτάς (b 25), « eux-mêmes en eux-mêmes », « en soi », c'est-à-dire « seuls »
(cf. « by themselves » Platt), mais sans doute avec un sens plus technique : cf. *Anal.*
post., I 4, 73 a 34-b 24 (où sont indiqués divers liens avec l'essence du sujet : signification
logique), *De an.*, II 7, 418 a 30-31, b 4-6 (où la visibilité du visible lui est attribuée sans
intervention d'une cause extrinsèque) : l'expression s'oppose nettement (cf. b 26) à
« inclus dans un corps » ; cf. *Métaph.*, Δ 18, 1022 a 35-36 : τὸ κεχωρισμένον καθ'αὑτό.

[12] P. Moraux, p. 271 et, avant lui, Kampe, p. 8 (« nicht participiert »), Hamelin,
p. 12 (« n'a rien de commun »), De Corte, p. 105 (« ne prend aucune part »), Robin
(*Aristote*, 1944, p. 199, qui s'inspire de Hamelin, encore inédit : « n'a rien de commun »).

[13] La leçon de P (voir app. crit.) ne peut provenir que d'une distraction ; Wimmer,
responsable du texte grec dans H. Aubert - F. Wimmer, *Ar.' Von der Zeugung* ...,
Leipzig, 1860, s'en est autorisé pour inverser les cas, mais un des deux substantifs reste
au datif. Un « gen. rei et dat. pers. » serait possible, si le premier pouvait désigner l'activité, le second l'intellect, ce qui n'est pas : αὐτοῦ dépend bien de ἐνεργείᾳ.

[14] Bonitz, *Index*, 400 a 32-34 ; fréquent chez Platon : des Places, *s.v.*, surtout 2°.

[15] Cf. *Hist. anim.*, I 17, 496 b 29-30 ; *Poét.*, 14, 1453 b 8-10. C'est le « datif comitatif »
des grammairiens ; cf. Kühner-Gerth, II 2¹, § 425 ; Humbert, § 482.

conclura que le Stagirite n'exclut pas seulement, dans le cas présent, une « participation » du corps à la vie de l'intellect, mais plus fondamentalement un lien quelconque entre leurs deux activités.

(F) Comment rendre compte du dynamisme présent dans les diverses âmes? Celui-ci « semble avoir part [16] à un corps autre que les éléments reconnus et plus divin qu'eux ; et, de même que les âmes diffèrent entre elles par leur noblesse ou leur bassesse, cet élément naturel présente les mêmes différences. Existant en effet dans la semence de tous les êtres, c'est bien lui qui en fait la fécondité : il est ce qu'on dénomme le chaud, mais ce n'est point le feu, ni une puissance de ce genre, mais le pneuma enveloppé dans le sperme et sa substance écumeuse : l'élément naturel inhérent au pneuma, qui forme le pendant de l'élément des astres » (736 b 29 - 731 a 1). La chaleur vitale — solaire aussi bien qu'animale— ne se ramène donc nullement au feu (737 a 1-7).

(F)29　　　　　　　　　　　　　　　　　　　　　　　　Πάσης μὲν

30 οὖν ψυχῆς δύναμις ἑτέρου σώματος ἔοικε κεκοινωνηκέναι καὶ
θειοτέρου τῶν καλουμένων στοιχείων· ὡς δὲ διαφέρουσι τιμιότητι αἱ ψυχαὶ καὶ ἀτιμίᾳ ἀλλήλων οὕτω καὶ ἡ τοιαύτη
διαφέρει φύσις. πάντων μὲν γὰρ ἐν τῷ σπέρματι ἐνυπάρχει ὅπερ ποιεῖ γόνιμα εἶναι τὰ σπέρματα, τὸ καλούμενον
35 θερμόν. τοῦτο δ' οὐ πῦρ οὐδὲ τοιαύτη δύναμίς ἐστιν ἀλλὰ τὸ
ἐμπεριλαμβανόμενον ἐν τῷ σπέρματι καὶ ἐν τῷ ἀφρώδει
πνεῦμα καὶ ἡ ἐν τῷ πνεύματι φύσις, ἀνάλογον οὖσα τῷ
737a τῶν ἄστρων στοιχείῳ. διὸ πῦρ μὲν οὐθὲν γεννᾷ ζῷον, οὐδὲ
φαίνεται συνιστάμενον ἐν πυρουμένοις οὔτ' ἐν ὑγροῖς οὔτ' ἐν
ξηροῖς
οὐθέν· ἡ δὲ τοῦ ἡλίου θερμότης καὶ ἡ τῶν ζῴων οὐ μόνον ἡ διὰ
τοῦ σπέρματος, ἀλλὰ κἄν τι περίττωμα τύχῃ τῆς φύσεως
5 ὂν ἕτερον, ὅμως ἔχει καὶ τοῦτο ζωτικὴν ἀρχήν. ὅτι μὲν οὖν
ἡ ἐν τοῖς ζῴοις θερμότης οὔτε πῦρ οὔτε ἀπὸ πυρὸς ἔχει τὴν
7 ἀρχὴν ἐκ τῶν τοιούτων ἐστὶ φανερόν.

(G)7　　　　　　　　　　　　　　　　　　Τὸ δὲ τῆς γονῆς σῶμα ἐν ᾧ συναπέρχεται *τὸ σπέρμα* τὸ τῆς ψυχικῆς ἀρχῆς, τὸ μὲν χωριστὸν ὂν σώματος ὅσοις ἐμπεριλαμβάνε-
10 ταί τι θεῖον (τοιοῦτος δ' ἐστὶν ὁ καλούμενος νοῦς) τὸ δ' ἀχώριστον,—τοῦτο τὸ σῶμα τῆς γονῆς διαλύεται καὶ πνευματοῦται
φύσιν ἔχον ὑγρὰν καὶ ὑδατώδη.

---

[16] 736 b 30, avec le génitif cette fois; nous retrouvons le sens analysé *supra*, ch. III, s. II, pp. 143-144 : « constituer l'ordre des êtres caractérisés par tel ou tel privilège ».

(G) Vient enfin la réponse au premier problème posé : « Le corps de la semence, dans et avec lequel passe le germe du principe psychique [17] (ce germe est, d'un côté, séparé du corps chez les êtres en qui est inclus le divin, par exemple ce qu'on appelle intellect ; d'un autre côté, il est inséparable), ce corps de la semence se dissout et s'évapore à raison de sa nature humide et aqueuse » (a 7-12).

On voit les problèmes que fait surgir cette première lecture et, en particulier, la grave question qu'elle pose quant à l'origine « extérieure » de l'intellect, si l'on rapproche ce propos (E) de divers autres que présente cette même page : existence potentielle de toute âme (C), liaison entre la « vertu » de toute âme et l'élément des astres (F), inclusion au moins apparente de l'intellect « séparé » dans le corps de la semence (G). On n'attend qu'avec plus d'intérêt les explications fournies par Paul Moraux au cours de sa brillante démonstration.

Ce critique relève d'abord les déclarations qui se conforment aux théories générales du traité et semblent bien offrir une réponse satisfaisante aux questions sur l'origine de l'intellect, à savoir ce que nous avons marqué des lettres B, C et G. Si l'on veut bien relire ces alinéas, on y verra en effet que l'intellect « vient, comme les autres facultés, du générateur mâle, par le véhicule du sperme où il était contenu en puissance ; il existe également en puissance dans l'embryon et ne devient une faculté en acte (…) qu'après le développement complet des facultés végétatives et sensitives. L'exposé d'Aristote est d'une logique et d'une cohérence remarquables. La doctrine de l'acte et de la puissance le commande tout entier » [18].

Que ces déclarations du Stagirite soient, ou non, réellement satisfaisantes, cela n'importe pas pour le moment. Moraux s'empresse en effet de noter qu'il s'impose de les mettre en relations avec le reste du passage. Attentif aux moindres dissonances dans la structure de l'exposé, il a déjà relevé qu'au même livre II, depuis le milieu du chapitre premier, Aristote semble bien s'interrompre à diverses

---

[17] Nous nous inspirons ici de la traduction de P. MORAUX (À propos …, p. 269), à qui nous avons accordé *supra* (chap. II, p. 67, n. 40) que σπέρμα (737 a 8, encadré de *cruces* par DROSSAART LULOFS) peut avoir le sens générique de « germe », ce qui rend inutiles les conjectures tentées ici en divers sens. Cf. encore *infra*, p. 276, n. 88, et MICHEL d'Éphèse, *In De gen. an.*, 86,30 H. : σπέρμα (…) ῥίζαν καὶ δημιουργὸν καὶ παραγωγὸν τῆς ψυχῆς τὸ θερμὸν τὸ ἀναλογοῦν τῇ τῶν ἀστέρων θερμότητι.

[18] P. MORAUX, À propos …, pp. 259-270 ; cf. p. 270.

reprises « parce qu'il craint que certains auditeurs, encore trop imbus d'un dualisme du type platonicien, ne saisissent pas entièrement la portée de l'hylémorphisme et ne continuent à se demander si l'âme préexiste et d'où elle vient » [19] : certaines insistances sur l'existence potentielle de l'âme auraient ainsi, outre leur importance doctrinale, une fonction pédagogique. Celle-ci n'expliquerait-elle pas également les contradictions qui semblent régner entre les divers morceaux ?

La disparité la plus flagrante s'observe lorsque, en effet, l'on passe de C (toute âme doit exister au degré potentiel avant de passer à l'acte) à D - E, alinéas qui omettent tout recours au couple acte-puissance : Aristote, en effet, « déduit, pour les facultés dont l'exercice dépend du corps, l'impossibilité a) de préexister sans matière, b) d'entrer du dehors dans le corps de l'homme et c) d'être véhiculées par le sperme. Ces conclusions étonnantes contredisent formellement (...) ce qui vient d'être établi plus haut (...) ». Même remarque pour l'intellect : « ne venons-nous pas d'entendre que la νοητικὴ ψυχή doit, comme les autres facultés, exister en puissance avant d'exister en acte ? » [20]. Comme ce morceau a trouvé chez Théophraste un écho incontestable, on ne pourra évidemment le déclarer inauthentique [21] ; sa problématique sommaire déconseille aussi d'y voir une addition due à l'auteur, tandis que, en sens inverse, « la mention d'âmes ἀχώριστοι présuppose l'hylémorphisme du De anima » [22]. Si l'on ne peut dès lors traiter ce texte comme un corps étranger, quelle peut bien être sa fonction dans l'ensemble du développement ?

La lumière jaillira peut-être de ce que déclare le morceau suivant (F), qui met en rapports les diverses âmes avec un élément spécial. Certes, comme le démontre bien Moraux, non seulement l'expression ἀνάλογον n'implique nullement une identité entre les termes qu'elle relie [23], mais Aristote ne peut avoir « comparé la vertu du pneuma au

---

[19] P. MORAUX, À propos ..., p. 261 ; cf. p. 260.

[20] P. MORAUX, À propos ..., p. 274. Ceci spécialement sera nuancé au par. 2.

[21] THÉOPHRASTE discute cette doctrine (frg. Iᵃ Barbotiň) et en reprend la formule caractéristique (frg. 13) : ὁ νοῦς κρεῖττόν τι καὶ θειότερον, ἅτε δὴ ἔξωθεν ἐπεισιών.

[22] P. MORAUX, À propos ..., pp. 281-282.

[23] 736 b 37 - 737 a 1. Cf., depuis lors, M.D. PHILIPPE, Analogon and Analogia in the Philos. of Ar. (dans The Thomist, t. 33, 1969, pp. 1-74), p. 21, à propos des traités biologiques : « analogon is employed esp. to express 'what fulfills the function of', 'what takes the place of', what is known only through another and through the similarity of its function ». Il semble que le parallèle le plus approprié figure en De part. anim.,

corps des astres »; bien plutôt veut-il dire que cette vertu naturelle, « la chaleur vitale, est analogue à celle qui émane de l'élément astral » : ainsi met-il aussitôt sur le même pied la chaleur solaire et celle des animaux [24]. Il n'en reste pas moins vrai que ce texte diffère profondément du précédent [25] : « toutes les facultés sont, sans exception, coordonnées à la force d'un corps particulier, le pneuma »; dès lors, l'intellect « est, lui aussi, en connexion avec la chaleur vitale » et, contrairement à ce qu'on avançait également en E, même les facultés dont l'exercice est le plus intimement indépendant du corps peuvent être, en un certain sens, contenues dans la semence [26].

Ainsi pris en tenaille entre les théories développées en C (transmission des facultés, sous leur forme potentielle, par le générateur mâle) et en F (liaison avec un élément spécial), le morceau D-E qui culmine avec le *νοῦς θύραθεν* resterait peut-être singulier, voire inintelligible, si notre critique n'attirait l'attention sur l'aporie annoncée en 736 b 5-8 (fin de B) avec un luxe inusité de précautions; et sans nul doute est-ce là l'originalité principale de Moraux, d'avoir soutenu que cette « difficulté extrême », à laquelle Aristote veut répondre « pour autant que ce soit possible », ne trouve un développement adéquat ni en C, ni davantage en D-E, mais dans l'affrontement même des ces deux morceaux, le texte F constituant alors la solution de l'aporie. En effet, après avoir affirmé que toute âme doit exister d'abord en puissance,

---

I 5, 645 b 6-7, 9-10, en raison du contexte et du vocabulaire: λέγω δ'ἀνάλογον, ὅτι τοῖς μὲν ὑπάρχει (...) αἷμα, τοῖς δὲ τὸ ἀνάλογον τὴν αὐτὴν ἔχον δύναμιν ἥνπερ τοῖς ἐναίμοις τὸ αἷμα.

[24] 737 a 3. P. MORAUX, *À propos* ..., pp. 277-278. Cette remarque semble d'autant plus justifiée que le morceau veut principalement expliquer la *fécondité* des vivants : cf. cette phrase (737 a 1-4), mais aussi 736 a 35 et b 34.

[25] Nous devons écarter cependant une affirmation répétée de P. MORAUX (*À propos* ..., pp. 278-279, 285; cf., dans le même sens, Fr. SOLMSEN, *The Vital Heat* ..., pp. 120-121) à propos de la différence que met ici Ar. entre feu et chaleur vitale : « cette thèse n'est, à ma connaissance, avancée nulle part ailleurs dans les traités authentiques du *corpus arist.* »; et de renvoyer à des passages où la chaleur vitale est, au contraire, « identifiée avec le feu ».

Mais nous espérons avoir montré (*supra*, chap. IV, s. II, pp. 190-191) que le philosophe parle de feu dans un contexte polémique seulement : s'exprimant pour son compte, il recourt à la notion de chaleur; ainsi s'explique le premier texte allégué, *De an.*, II 4, 416 a 9-18. Celui du *De part. anim.*, II 7, 652 b 7-11, 13-14, ne révèle nullement une telle identité (*supra*, *ibid.*). Quant au *De iuvent.*, 14, 474 b 12-13, cité aussi par Moraux, nous avons indiqué que ce traité, et lui seul, tranche à cet égard sur le reste du *Corpus*, et pour quelle raison (*supra*, *ibid.* et pp. 208, 213).

[26] P. MORAUX, *À propos* ..., pp. 284-285.

ensuite seulement en acte (fin de C), le Stagirite énonce aussitôt
« un raisonnement tout aussi nécessaire en apparence », à savoir qu'il
faut choisir entre les diverses hypothèses relatives à la préexistence
ou à la formation des divers principes psychiques ; c'est donc en 736
b 15 que s'effectue le passage de la thèse à l'antithèse et cette dernière,
après ce qu'on en a dit plus haut, ne peut constituer que « le second
panneau du diptyque », destiné à souligner la difficulté du problème :
« la célèbre théorie faisant de l'intellect une faculté venue entièrement
du dehors n'y est plus, semble-t-il, qu'un stade tout provisoire dans
la marche de la pensée » [27].

Prévenant diverses objections, Moraux remarque d'abord : « Sans
doute Aristote aurait-il pu s'exprimer plus clairement, (...) mieux
marquer la fonction aporématique des thèses qui s'affrontent » ; ainsi
le critique s'excuse-t-il de sa trouvaille. Mais comment le philosophe
a-t-il pu monter de toutes pièces une telle aporie, comme pour se
donner le plaisir de la résoudre ensuite ? En réalité, l'opinion contestable — la seconde — n'est pas sans analogie avec des vues bien connues
du *Timée* et des *Lois*, qu'il convenait de prévenir ou de réfuter chez
les auditeurs ; et peut-être Aristote lui-même reconnaissait-il encore
quelque force à une théorie qui souligne l'indépendance radicale de
l'intellect à l'égard de la matière : le *De anima* lui-même témoigne
de ses hésitations sur ce point. Une dernière objection : en II 6, 744 b 21,
le *De gen. anim.* n'emploie-t-il pas « l'expression technique ὁ θύραθεν ...
νοῦς, qui restera célèbre, comme si elle désignait un concept tout à
fait familier à ses lecteurs ? ». Barbotin, certes, voit ici « une rencontre
purement verbale avec le texte du chapitre 3 » et songe seulement,
dans ce contexte, « à l'intelligence du sage économe, envisagée dans
sa relation d'extériorité par rapport aux biens matériels qu'elle ad-
ministre ». Mais Moraux écarte cette dévaluation de la formule ; en
réalité, celle-ci est dépourvue de sens dans le présent développement :
ce *locus desperatus* appelle une conjecture, que le critique propose
aussitôt et que nous considérons comme plausible, même si les derniers
éditeurs du traité, P. Louis et H.J. Drossaart Lulofs, n'ont pas cru
devoir l'accueillir dans le texte [28].

[27] P. MORAUX, *À propos* ..., pp. 282-284, 287.
[28] P. MORAUX, *À propos* ..., pp. 283-284, 285-287, 288-295, respectivement ; E.
BARBOTIN, *La théorie arist. de l'intellect d'après Théophraste*, Louvain, 1954, p. 186.
Notre critique semble cependant perdre de vue un emploi de ὁ θύραθεν νοῦς, que
d'ailleurs l'*Index* de BONITZ omet de signaler *s.v. θύραθεν* ; en *De iuvent.*, 10, Aristote

Telle est donc, résumée beaucoup trop schématiquement et assortie de quelques menues remarques, la très ingénieuse démonstration due à Paul Moraux : à son analyse, le λείπεται δὴ τὸν νοῦν μόνον θύραθεν ἐπεισιέναι a certes perdu pour une large part l'*aura* qui l'entourait ; on ne peut nier que le texte et son contexte n'aient gagné en intelligibilité [29]. Si toutefois nous avons inclus cette présentation sous le titre « apories », ce n'est pas seulement parce que désormais il convient d'envisager le caractère aporématique de cette page célèbre ; c'est aussi que la solution indiquée ne laisse pas, on s'en doute, de susciter à son tour, dans la perspective d'évolution que nous adoptons, des problèmes relativement ardus. On voudra bien dès lors nous permettre de tenter ici une sorte de lecture complémentaire ; menée, certes, κατὰ δύναμιν, καὶ καθ' ὅσον ἐνδέχεται, elle pourrait aboutir à remettre en valeur la formule litigieuse.

2. *Origine de l'âme, pneuma, chaleur vitale.*

Tout en insistant sur la fonction des divers morceaux qui, dans cette section du traité, s'appellent l'un l'autre dialectiquement, Moraux souligne nettement que cette page d'Aristote « est faite en grande

---

critique chez Démocrite la théorie de la respiration (cf., en plus bref, *De an.*, I 2, 404 a 9-10) : ce penseur, qui identifie chaleur, âme et intellect, semble estimer que l'inspiration fournit aux animaux de quoi résister à la pression de l'air extérieur. Mais, répond Ar. en 472 a 22-23, on ne voit pas que ὁ θύραθεν νοῦς τηρεῖ τὴν βοήθειαν, ἀλλ'ἔσωθεν ἡ ἀρχὴ τῆς ἀναπνοῆς γίγνεται.

Bien entendu, il s'agit ici d'une formule employée *ad hominem*, qui ne concerne en rien la « séparation » de l'intellect. Mais Moraux, qui prend parfois pour référence (cf. *supra*, n. 25) les propos du *De iuvent.*, devrait sans doute compléter sa démonstration en indiquant comment ce passage, qui utilise exactement la formule qu'il déclare « technique » (et cf. encore εἰσιόν en 472 a 12, 25, 35 !), peut être à son tour exorcisé. Ce disant, nous argumentons à notre tour ... *ad hominem* : dans notre perspective, Ar. peut évidemment, *a fortiori*, utiliser l'expression dans le *De iuvent.* sans se rendre compte encore du rôle que ce thème pourra jouer, fût-ce à titre aporématique, dans le *De gen. anim.*

[29] Hormis la position des deux éditeurs cités à l'instant, nous ne connaissons d'autre réaction à cette étude que l'avis sommaire de G. SOLERI (c.r. de *Ar.*, *L'anima*, de A. BARBIERI, Bari, 1957, dans *Riv. di filos. neo-scol.*, t. 51, 1959, pp. 71-72) : « (...) una ipotesi senza fondamento alcuno : perchè non è necessaria ; non sorretta da alcuna testimonianza testuale storico-filologica ; e in aperto contrasto con tutta la gnoseologia e la psicologia di Ar. » ; c'est tout. Notre première appréciation (*R.P.L.*, 1961, p. 218) était déjà extrêmement favorable, mais ignorait encore les problèmes particuliers dont nous allons faire état.

partie de matériaux mal assemblés » [30]. On songera donc en premier
lieu, assez naturellement, à en comparer les propos à ce qu'enseigne
l'ensemble de l'œuvre et, d'abord, le *De gen. anim.*

Après ce qu'a révélé l'examen du dernier texte (II 6), notre passage
reste le seul qui s'occupe de l'intellect. La finale du livre I indique
bien — très paisiblement du reste — que la sensation tient le milieu
entre l'insensibilité du végétal ou de la pierre et l'exercice de la pensée
($\phi\rho\acute{o}\nu\eta\sigma\iota s$) [31]; mais, pas plus que les indications diverses sur les différences entre l'homme et les autres animaux [32], un tel trait ne constitue
une divergence à l'endroit des autres traités biologiques, ni un parallèle
vis-à-vis du passage qu'on vient d'évoquer à nouveau. On ne s'en
étonnera guère, si l'on admet que le Stagirite affronte ici une question
particulièrement obscure, qui pourrait mettre en péril la cohérence
du système expliquant la transmission de la vie.

Il n'en va nullement de même en ce qui regarde l'origine des âmes
végétative et sensitive. Ici, les affirmations parallèles se pressent,
nombreuses et significatives : on se souvient avoir noté le lien organique
qu'entretient la transmission de l'âme en puissance — *via* le mouvement
actuel communiqué par le sperme — avec la doctrine hylémorphique
du traité ; ce n'est autre chose que la collation de l'$\epsilon\hat{\iota}\delta os$ [33]. Les dires
du texte C (736 b 8-15) sur l'existence potentielle de toute âme à un
premier stade s'accordent donc bien avec la doctrine générale du
traité.

Nous avons vu Paul Moraux souligner cette concordance avec d'autant plus de vigueur que, dit-il, le morceau suivant, D-E, se singularise
par l'absence de tout appel au couple puissance-acte ; ce serait là
l'indice décisif du caractère purement aporématique et provisoire
qu'il faut reconnaître à ce second volet du diptyque.

On aura remarqué que l'argument n'est pas du tout inattaquable :
après avoir établi la nécessaire distinction des degrés potentiel et actuel,
le philosophe pouvait ne pas se croire dispensé pour autant d'examiner,
d'autre part ($\mathring{\alpha}\nu\alpha\gamma\kappa\alpha\hat{\iota}o\nu$ $\delta\grave{\epsilon}$ $\mathring{\eta}\tau o\iota$ ..., 736 b 15-16), si les différentes

---

[30] P. Moraux, *À propos* ..., p. 287; cf. pp. 264 et 282.

[31] *De gen. anim.*, I 23, 731 a 31 - b 4.

[32] Nous renvoyons, pour faire bref, à l'index qui clôt l'éd. de Drossaart Lulofs,
s.v. $\mathring{\alpha}\nu\theta\rho\omega\pi os$, $\nu o\hat{v}s$, $\phi\rho o\nu\epsilon\hat{\iota}\nu$..

[33] Cf. *supra*, chap. II, section 2, par. 2, pp. 62-67, avec les textes cités, et notamment
ceux qui émanent de notre chapitre : *De gen. anim.*, II 3, 736 b 8-27 (p. 63, n. 25) et 737
a 12-14 (p. 66, n. 35).

facultés ont, toutes et chacune, une même origine et si elles parviennent toutes au rejeton grâce à des médiations identiques. Sans entrer ici dans les ambiguïtés que peut présenter ce passage [34], on constate que ce second examen ne contredit pas nécessairement le premier : puisque le degré potentiel n'est pas égal à zéro, il reste à savoir où et comment débute ce stade ; les verbes employés — προϋπάρχειν, ἐγγίγνεσθαι, εἰσέρχεσθαι — ne sont nullement réservés au degré actuel de l'existence.

Commentant 736 b 22-24, le critique insiste en disant, à propos des facultés inférieures : « Il est stupide, du reste, d'envisager leur existence indépendante de toute matière, puisqu'on sait que la cause efficiente véritable de la génération est un être en acte, le père, qui, en transmettant par le sperme un mouvement *sui generis*, met en branle le mécanisme de la vie foetale » [35]. On peut concéder que cette hypothèse ne répond point à la doctrine du traité : ce serait là, si l'on peut dire, une « fausse fenêtre », d'usage courant dans un pareil ensemble ; mais on ne doit pas exiger d'un auteur que toutes les possibilités énumérées offrent une réelle vraisemblance au regard de son système particulier ; il suffit que les rejets soient indiqués et motivés, comme le fait Aristote *hic et nunc* (b 24-26) [36].

Parlant de la distinction entre acte et puissance et de son éventuelle absence en 736 b 15-29, il faudra donc adopter une conclusion circonspecte quant au fait lui-même et, bien entendu, quant à sa signification.

Qu'en est-il, au demeurant, du morceau suivant, F, où Moraux discerne la solution de l'aporie ? Peut-on dire que le philosophe y distingue les deux degrés de la réalité ? C'était le moment ou jamais de s'en souvenir. Le critique note, sans risque de se tromper, que

---

[34] P. MORAUX, *À propos* ..., pp. 271-273, les examine très soigneusement. Nous en retenons que pour l'intellect, dans le contexte, la « venue du dehors » peut encore, théoriquement, avoir deux sens : soit dans l'embryon sans nul intermédiaire, soit *via* le père, qui le transmettrait par la semence.

[35] P. MORAUX, *À propos* ..., p. 274.

[36] Deux pages plus haut, examinant l'enchaînement qui aboutit à la constitution de l'embryon, Aristote déploie sur vingt-cinq lignes (*De gen. anim.*, II 1, 734 a 8-33) l'hypothèse selon laquelle le cœur serait μόριον (...) ὃ εὐθὺς ἐνυπάρχει ἐν τῷ σπέρματι (a 13-14). Or, le livre précédent a *déjà* établi que le mâle ne communique aucune « partie » à l'être nouveau (I 21, 729 b 2-6, etc.).

En E, Ar. peut fort bien préparer ce qui réserve à l'intellect la venue « du dehors » : les facultés « inséparables », elles, ne peuvent être subsistantes, ni entrer dans le sperme au sein d'un corps, car le sperme n'est qu'un surplus.

« δύναμις n'a pas ici le sens de *puissance* par opposition à *acte*, mais bien celui de *force, efficience, vertu inhérente à* » [37].

D'autre part, cette « vertu » présente, on l'a lu, divers degrés de perfection (736 b 31-33) ; mais on n'y peut voir que l'excellence relative des diverses âmes : végétative, sensitive, intellective. Aristote parle encore de fécondité du germe, de génération, de principe vital (b 34, 737 a 1, a 5) ; et cependant il n'apparaît pas pour autant que la « solution » repose en quoi que ce soit sur la distinction en question. Faudra-t-il en déduire que ce texte détonne, lui aussi, par rapport au reste de l'œuvre et que nous avons à le traiter comme offrant une position provisoire ? Sans doute serait-ce dépasser les prémisses ; mais, si l'on en convient, on voudra bien admettre aussi que la singularité du morceau précédent s'en trouve réduite de beaucoup.

On a donc noté jusqu'à présent que le chapitre tranche sur le reste du traité en ceci que le *De gen. anim.* n'examine pas ailleurs le problème de l'intellect ; quant à l'explication génétique de l'âme, il n'est point apparu que le recours à la succession des degrés potentiel et actuel suffise à différencier deux des textes les plus controversés, D-E et F. Celui-ci nous conduit à une autre comparaison, relative à la notion de pneuma : question délicate, sans aucun doute, pour laquelle nous tenterons d'indiquer brièvement l'essentiel.

Le problème fut touché, on se le rappelle peut-être, lorsque nous avons relevé dans le traité les aspects instrumentistes de la psychologie qui le sous-tend : au pneuma psychique, réalité dont l'existence est déduite plutôt qu'observée directement, Aristote attribue diverses fonctions dans la génération et la croissance ; mais il a paru expédient de n'examiner qu'ici même les lignes qui le mettent en relation avec l'âme et l'élément astral [38]. On a remarqué aussi, dans la présentation du pneuma comme instrument somatique du désir, une concordance substantielle entre le *De anima*, III 10, et le *De motu animalium*, 10 [39].

Signalons que des formules tirées surtout de ce dernier écrit ont semblé, à quelques interprètes, de nature à préciser les propriétés du pneuma dans notre passage : lorsque le *De motu* en fait un « moteur mû »

---

[37] P. MORAUX, *À propos* ..., n. 53, pp. 275-276. Fr. SOLMSEN, *The Vital Heat* ..., n. 24, p. 121, déclare en passant : « our section has settled (...) how the soul functions can be δυνάμει present », mais, nous semble-t-il, sans support dans le texte.

[38] Cf. *supra*, ch. II, s. III, pp. 79-84, notamment p. 80.

[39] Cf. *supra*, ch. IV, s. I, pp. 160-161, 167-173.

et une réalité qui ne subit point d'altération, il éclairerait son « analogie » avec l'éther et impliquerait sa parenté avec lui [40]. Mais ces parallèles ne sont pas déterminants. Les mêmes traités évoquent d'autres « moteurs mus » que le pneuma et l'éther : le désir, par exemple, ou une partie de l'articulation [41] ; et, si le pneuma ne s'altère pas, c'est qu'il occupe un statut médian entre le feu et les autres éléments, mais non point parce qu'il les surclasserait tous [42].

Nous pouvons donc en revenir au *De gen. anim.* pour relever, en III 11, un des développements qui concernent la génération spontanée [43]. On remarquera sans nul doute les nombreux points de contacts entre ce texte singulier et celui qui nous occupe.

« Si les animaux et les plantes se forment dans la terre et dans l'élément humide, c'est que dans la terre il y a de l'eau, dans l'eau, du pneuma et, en tout pneuma, de la chaleur psychique, de sorte qu'en quelque façon tout est plein d'âme ; c'est pourquoi, quand se produit cette inclusion, la constitution est rapide. Tandis que s'échauffent les matériaux humides, une sorte de barbotement écumeux y est enveloppé et se dégage » [44]. Aristote poursuit : « Quant aux différences — en noblesse et en bassesse — entre les genres qui se constituent, elles résident dans l'inclusion du principe psychique ; mais les lieux en sont également la cause, de même que le matériau qui l'investit » [45].

---

[40] *De motu anim.*, 10, 703 a 20, 25, 28 (traduit *supra*, p. 161). Cf. W. Theiler, *Zur Gesch. der teleologischen Naturbetrachtung bis auf Ar.*, Zürich, 1925, p. 96, qui invoque également *Métaph.*, Λ 7, 1072 a 24 ; A.L. Peck, éd. du *De gen. anim.*, London, 1942, p. 589, citant de plus *De caelo*, I 3, 270 a 14, où l'éther est dit ἀναλλοίωτος.

[41] *De motu*, 6, 701 a 1 et *De an.*, III 10, 433 b 16-17 (traduit *supra*, p. 168) ; *De motu*, 9, 702 b 32-33 (traduit *supra*, p. 160) ; cf. *De an.*, III 10, 433 b 22-25.

[42] *De motu*, 10, 703 a 23-28, et la n. 20, *supra*, p. 161.

[43] On a cité au ch. II, section II, p. 72 et nn. 62 à 64, les passages subséquents (*De gen. anim.*, III 11, 762 a 35 - b 1, b 2-4, b 12-16) qui marquent le rôle de la « matière » et rappellent la doctrine hylémorphique du traité.

[44] *De gen. anim.*, III 11, 762 a 18-24 : Γίγνονται δ' ἐν γῇ καὶ ἐν ὑγρῷ τὰ ζῷα καὶ τὰ φυτὰ διὰ τὸ ἐν γῇ μὲν ὕδωρ ὑπάρχειν, ἐν δ' ὕδατι πνεῦμα, ἐν δὲ τούτῳ παντὶ θερμότητα ψυχικήν, ὥστε τρόπον τινὰ πάντα ψυχῆς εἶναι πλήρη · διὸ συνίσταται ταχέως ὁπόταν ἐμπεριληφθῇ. ἐμπεριλαμβάνεται δὲ καὶ γίγνεται θερμαινομένων τῶν σωματικῶν ὑγρῶν οἷον ἀφρώδης πομφόλυξ.

[45] *Ibid.*, a 24-27 : αἱ μὲν οὖν διαφοραὶ τοῦ τιμιώτερον εἶναι τὸ γένος καὶ ἀτιμότερον τὸ συνιστάμενον ἐν τῇ περιλήψει τῆς ἀρχῆς τῆς ψυχικῆς ἐστιν. τούτου δὲ καὶ οἱ τόποι αἴτιοι καὶ τὸ σῶμα τὸ περιλαμβανόμενον.

αἱ μὲν οὖν (...) ἐστιν. « This whole sentence seems corrupt », note Platt. Peck a conjecturé depuis lors εἰσίν, mais l'unanimité de la tradition pourrait s'expliquer

Comparé au texte F, sur quels points celui-ci en diffère-t-il ? « Dans tout pneuma, existe de la chaleur psychique, de sorte qu'en quelque manière tout est plein d'âme ». Au chapitre II 3, nous lisions que la δύναμις de toute âme « semble avoir part à un corps différent des éléments reconnus et plus divin qu'eux (...) ; c'est ce qu'on appelle le chaud, (...) la nature inhérente au souffle, et qui est parallèle à l'élément des astres » [46]. Solmsen note que ces allusions au divin ont disparu en III 11 ; évoquant le propos que le *De anima* prête à Thalès : πάντα πλήρη θεῶν εἶναι, ce critique dit d'Aristote : « S'il songe ici au mot de Thalès, le remplacement des dieux par l'âme est certainement significatif ; notre passage (*i.e.* II 3) reste le seul qui montre une réalité divine — ou 'plus proche du divin', θειότερον — opérant au niveau biologique » [47].

Nous en sommes moins sûr : on sait que le contenu de l'adjectif θεῖος reste, chez notre auteur, particulièrement imprécis et que le terme suggère surtout une différence avec les phénomènes ordinaires [48] ;

par un accord selon le sens (cf. HUMBERT, § 23), Ar. songeant assez naturellement, surtout en fin de phrase, au phénomène global des différences entre espèces.

D'autre part, ἐν τῇ περιλήψει reste difficile, mais l'équivalent proposé par LIDDELL-SCOTT, *s.v.*, II, « *the fact of their comprehending* the vital principle », attribuant les différences en question au principe lui-même, correspond exactement à ce qu'énonce le texte F (II 3, 736 b 31-33 ; *supra*, p. 256) sur les degrés de la ψυχῆς δύναμις ; lorsque PLATT comprend : « depends on the question what sort of matter catches the air and soul in its meshes », il anticipe à tort sur la phrase suivante ; cf. a 27 : καὶ τὸ σῶμα.

In fine, I. DÜRING, *Aristoteles*, p. 529, n. 126, écrit περιλαμβάνον, mais sans aucune justification textuelle ; il paraphrase néanmoins, p. 550 : « die materiellen Eigenschaften des eingeschlossenen Stoffes ». Pour notre part, nous voyons ici un moyen (bien que nous n'en ayons pas repéré d'autre exemple), non un passif : il est au moins clair que le matériau est considéré dans tout le contexte comme enveloppant (même en a 32, où le participe est passif) ; cf. P. MORAUX, *À propos ...*, p. 276, qui fait allusion à cette expression en la rendant comme suit : « la nature (...) du corps où était inclus le principe psychique ».

[46] *De gen. anim.*, III 11, 762 a 20-21 : II 3, 736 b 29-31, 34-35, b 37 - 737 a 1 (*supra*, p. 256).

[47] *De an.*, I 5, 411 a 8. Fr. SOLMSEN, *The Vital Heat ...*, p. 122 ; ID., c.r. de I. DÜRING, *Aristoteles* (dans *Gnomon*, t. 39, 1967, pp. 657-672), p. 664 : « something like the 'aether' is the physical basis of soul ».

[48] Cf. *De gen. anim.*, II 1, 732 a 3 et 8, où θειότερος désigne par deux fois la cause motrice, et donc le mâle, par opposition à la cause matérielle que fournit la femelle (cité *supra*, p. 43, n. 30) ; III 10, 761 a 2-5 : la reproduction des guêpes n'offre rien qui soit « hors-série », περιττόν · οὐ γὰρ ἔχουσιν οὐθὲν θεῖον (...) ; bref, on songe au sens « hyperbolique » que découvrent un peu partout J. VAN CAMP et P. CANART dans leur

or, dans l'un et l'autre texte, il s'agit d'expliquer une vitalité qui semble
bien irréductible aux éléments classiques. De part et d'autre encore,
il est fait appel à une chaleur d'un type spécial, analogue à celle qui
émane des astres ; en l'absence de « parents », cette dernière sera même,
dans le cas de la génération spontanée, la seule source que l'on puisse
invoquer, et que le philosophe évoque en effet quelques lignes plus
loin : « ce qu'élabore chez les (*scil.* autres) animaux la chaleur tirée de
la nourriture, c'est la chaleur saisonnière environnante qui (…) le
sécrète par cuisson et l'organise » dans le cas de la génération spontanée [49].
La présence du terme θειότερον en II 3 ne différencie donc pas ce
texte de son homologue, pas plus qu'elle ne met en péril le jugement
cité de Moraux, selon lequel la comparaison ne porte là que sur le
caractère fécond de la chaleur [50].

A côté de similitudes si nombreuses et si marquées, dans la doctrine
comme dans le vocabulaire, on relèvera cependant une insistance,
qui caractérise *in fine* le passage de III 11, sur le rôle des matériaux.

examen de ce même terme chez Platon, mais on regrette de ne pas connaître d'étude
analogue pour Ar. Selon CHERNISS, *Ar.'s Crit. of the Pres. Phil.*, p. 297, n. 26, *De an.* 411
a 8 « may (…) mean only that nothing is more divine than anything else » !

[49] *De gen. anim.*, III 11, 762 b 12-16, cité *supra*, chap. II, section II, p. 72.

[50] Jugement cité et appuyé *supra*, pp. 258-259.

H.A.T. REICHE, *Empedocles' Mixture, Eudoxan Astronomy and Ar.'s Connate Pneuma*,
Amsterdam, 1960, tente surtout de démontrer (chap. I à V) que ce pneuma aurait pour
précurseur le mélange empédocléen des éléments, thème transmis par Philistion à de
nombreux penseurs (cf. ch. VI, 1-2). Mais voici qui nous concerne davantage : à la recherche d'un intermédiaire corporel entre l'âme et le corps, Ar. aurait retenu le « concept
of a quasi-simple mixture - quality » (p. 96 et *passim*) pour l'appliquer à sa psychophysique astrale aussi bien que terrestre, du moins avant l'introduction de la quintessence.
Cette découverte, dont témoigne le *De philos.* (situé par Reiche peu après la mort de
Platon), différencie nettement le monde céleste du nôtre ; par conséquent, le Stagirite
ne pouvait désormais établir qu'une analogie de fonction, non une identité de substance,
entre la quintessence et la chaleur vitale de la « 4 - elemental mixture ». Cette analogie
ne représenterait donc nullement l'« innovation hardie » dont parle SOLMSEN. (*The Vital
Heat* …, p. 121), mais seulement un aménagement de l'identité admise antérieurement,
au sein de l'Académie, entre les principes vitaux des deux mondes (pp. 92-100, 111).
Sans qu'il soit possible ici de vérifier la démonstration — extrêmement complexe —
qui concerne les antécédents historiques de la doctrine, on aura noté notre accord avec
plusieurs conclusions de Reiche, mais aussi une lacune dans l'évolution qu'il décrit : l'adoption de la quintessence a-t-elle exclu d'emblée et à tous égards l'identité de substance
dont il parle ? L'examen des fragments cicéroniens viendrait ici à point. En revanche,
l'auteur note bien (pp. 13, 99-100) que l'instrument psychique admis par Ar. restait
privé de confirmation empirique : ceci allait faciliter l'assimilation stoïcienne entre pneuma, feu et chaleur vitale.

Mais Aristote va expliquer aussitôt la formation des ostracodermes et l'importance de la « terre » comme facteur constitutif en pareil cas [51]. D'ailleurs cet exposé, traitant de la génération spontanée, veut rendre compte à la fois des éléments somatique et psychique, alors que ce dernier seulement, on l'a vu, fait l'objet du texte F en II 3.

Nous estimons dès lors pouvoir conclure que le Stagirite met en œuvre ici et là, en ce qui regarde l'origine de la ψυχῆς δύναμις, les mêmes principes d'explication ; le développement de III 11 les applique à la solution d'une énigme particulière, mais il confirme, pour sa part, qu'il n'y a pas lieu d'identifier la quintessence et le dynamisme propre à l'âme.

Pour mettre en relief les comparaisons avec le reste du De gen. anim., — auquel nous emprunterons encore un exemple ou l'autre, — on peut évoquer un autre écrit psycho-biologique dont la doctrine avait retenu notre attention au cours du chapitre IV, c'est-à-dire le De iuventute. Le diagnostic pourra être bref, étant donné que ses attendus semblent acquis dès à présent.

On se souvient en effet que cet écrit présente des affirmations, aussi répétées que singulières, sur l'âme embrasée au sein du feu naturel [52] ; nulle distinction entre feu et chaleur vitale, nul accord non plus avec la doctrine précise du De generatione et corruptione, et l'on sait que nous avons cru trouver une explication dans l'influence, non encore dépassée, d'un traité hippocratique [53].

Si l'on songe en revanche que notre texte F insiste sur la distinction entre feu et chaleur vitale et qu'il s'ingénie à mettre, non point l'âme elle-même, mais son efficience propre, en rapport avec un élément spécial [54], on admettra sans doute que l'auteur élabore ici une théorie beaucoup plus nuancée que les propos du De iuventute, soucieuse enfin de ne pas confondre l'âme et ses instruments [55]. S'il en est ainsi, pouvons-nous désormais hésiter en ce qui regarde la relation chronologique entre ces deux doctrines ?

[51] De gen. anim., III 11, 762 a 26-32 ; cf. De part. anim., IV 10, 686 b 26-34, signalé par I. Düring, Aristoteles, p. 529, n. 126.

[52] De iuvent., 4, 469 b 14-16 ; 14, 474 b 10, 12-13 ; 22, 478 a 28-30 ; cités supra, ch. II, s. II, par. 2, p. 189.

[53] Cf. supra, ibid., p. 190 et n. 38, pp. 192-193, pp. 205-208, respectivement.

[54] De gen. anim., II 3, 736 b 35 et b 29-33 ; svpra, p. 256.

[55] Sans doute voit-on confirmé ici le caractère adventice de l'affirmation, isolée au début du De iuvent. (1, 467 b 14), sur l'incorporéité de l'âme ; cf. supra, pp. 189 et 198.

3. Un intellect substantiel ?

Bien entendu, la problématique de l'incorporéité appelle une comparaison, autrement périlleuse, entre le morceau D-E, qui culmine avec le ꞌfameux « intellect du dehors », et des chapitres particulièrement difficiles du *De anima*. Trois observations relativement brèves pourraient cependant suffire dans le cas présent.

On n'aura pas manqué de relever la description des « principes (psychiques) dont l'activité est corporelle » comme « n'étant pas séparables », ἀχωρίστους οὔσας [56]. La notion de « séparabilité » est illustrée dans la même phrase par αὐτὸ καθ᾽ αὐτό, que nous avons entendu comme signifiant « subsistant, en soi », c'est-à-dire, très simplement : sans que rien diminue son autonomie; on repère le « séparé » quelques lignes plus haut : nous y avons trouvé la même note d'indépendance excluant le mélange [57]. Le *De gen. anim.* recourt à ce verbe pour dire que les sexes différents sont le fait d'individus distincts; dans le cas opposé, ces traits sont « mêlés » [58]. Même opposition de termes dans la *Métaphysique* dès le livre *A* [59] : ici comme ailleurs, « est χωριστόν ce qui peut exister sans autre chose, ce qui est séparé (...); les catégories secondaires (...) ne sont pas séparables de leur sujet d'inhérence, elles n'existent pas sans lui » [60]. Qu'en est-il du *De anima* ?

A cet égard, on ne peut qu'enregistrer la concordance de notre texte avec un de ceux qui esquissent la description de l'intellect et de la faculté théorétique : « rien n'est encore évident, mais il semble que ce

[56] *De gen. anim.*, II 3, 736 b 22-23, 25-26; traduit *supra*, p. 255.

[57] *Ibid.*, 736 b 9, à propos des semences et de la vie intra-utérine. Cf. *supra*, n. 8, p. 254, et, en 736 b 11, χωριζόμενα qualifiant les embryons qui deviennent « autonomes » à la naissance.

[58] *De gen. anim.*, II 1, 732 a 5-7, et *passim*, III 11, 766 b 10-11 (μεμιγμένην), et *passim*.

[59] *Métaph.*, *A* 8, 989 a 33 - b 4; cf. b 4, où le reproche d'Ar. s'exprime comme suit : τῶν γὰρ αὐτῶν μῖξίς ἐστι καὶ χωρισμός.

[60] S. MANSION, *La première doctr. de la substance...*, 1946, p. 360, renvoyant à *Métaph.*, *Z* 1, 1028 a 23-24, 33-34; *Λ* 1, 1069 a 24; *N* 2, 1089 b 26. Il semble inutile de développer davantage ce thème, qui a été traité, à Louvain surtout, avec toute la précision désirable : cf. G. VERBEKE, *Comment Ar. conçoit-il l'immatériel?* 1946, pp. 208-209 et n. 11, et *passim*; É. DE STRYCKER, *La notion arist. de séparation ...*, 1955, p. 125; A. MANSION, *Philos. première, ...* 1958, pp. 166-167, où l'on note la bivalence de χωριστός en *Phys.*, II 2, 194 b 12-15 : désignant les formes comme objet de la physique, il est rendu par « séparés ou séparables »; renvoyant à ce dont traite la philos. première, il est traduit par « séparé »; avec moins de nuances, P. AUBENQUE, *Le problème de l'être chez Ar.*, 1966[2], p. 323, n. 1 : « subsistance ou — au sens proprement aristotélicien du terme — 'séparation' ».

soit un autre genre d'âme [61], et cela seul peut être séparé, comme l'éternel du corruptible ; quant aux autres parties de l'âme, il en résulte clairement qu'elles ne sont pas séparables » [62]. Aristote vient en effet de noter que ces dernières sont à la fois liées entre elles — la sensation à l'imagination, celle-ci au désir, etc. — et potentiellement multiples : lors de la segmentation, ces facultés s'attachent aux divers sujets qui en résultent [63] ; à l'intellect est échu un autre mode d'être : indivisible (bien que ce ne soit pas indiqué expressément), il est seul séparable (c'est-à-dire capable de mener une existence autonome), voire doté d'individualité [64], comme l'est une substance une.

Mais ce parallèle nous conduit à une deuxième remarque. Puisque le *De gen. anim.* attribue à l'intellect la séparation et, par ailleurs, oppose celle-ci au mélange, sommes-nous en droit de voir dans notre texte E l'équivalent de ce qu'affirme le *De anima*, III 4-5, sur la nature immatérielle de l'intellect, qui est déclaré « sans mélange », ἀμιγής, et n'ayant μηθενὶ μηθὲν (...) κοινόν [65] ? Nul n'ignore que, ce disant,

---

[61] ψυχῆς γένος ἕτερον (*De an.*, II 2, 413 b 26), que Fr. Nuyens, *L'évolution* ..., p. 274, préfère traduire : « un genre d'être tout différent de l'âme », ce qui est ingénieux ; mais ce tour paraît forcé et, qui plus est, mal accordé aux textes du même chapitre qui font de l'intellection une des fonctions ressortissant à la vie et à l'âme : 413 a 20-23, cf. a 20 : ζῆν αὐτό φαμεν, οἷον νοῦς, αἴσθησις; 414 a 4-6, cf. 12-13 : ἡ ψυχὴ δὲ τοῦτο ᾧ (...) διανοούμεθα. Cf. en outre III 4, 429 a 22-23.

[62] *De an.*, II 2, 413 b 24-28 : περὶ δὲ τοῦ νοῦ καὶ τῆς θεωρητικῆς δυνάμεως, οὐδέν πω φανερόν, ἀλλ' ἔοικε ψυχῆς γένος ἕτερον εἶναι, καὶ τοῦτο μόνον ἐνδέχεται χωρίζεσθαι, καθάπερ τὸ ἀΐδιον τοῦ φθαρτοῦ. τὰ δὲ λοιπὰ μόρια τῆς ψυχῆς φανερὸν ἐκ τούτων ὅτι οὐκ ἔστι χωριστά. En b 26-27, ἐνδέχεται χωρίζεσθαι est la leçon de tous les mss., sauf trois (secondaires) signalés par Siwek ; tel est aussi le texte imprimé par Nuyens (n. 33, p. 274), qui traduit néanmoins (p. 274): « il semble (...) que seul il puisse être séparé », comme s'il y avait ἐνδέχεσθαι. Mais, à propos de *De an.*, III 5, l'auteur note bien (p. 304 ; cf. p. 289) que être χωριστός « signifie exister en soi, de façon indépendante ».

[63] *Ibid.*, 413 b 16-24 ; cf. b 16-17 : même lorsqu'ils deviennent autonomes (καὶ χωριζόμενα ἀπ' ἀλλήλων), les segments de certains végétaux sont vivants.

[64] Cette dernière appellation, dans le cas qui nous occupe, ne nous semble pas prêter le flanc à l'observation de É. de Strycker, *La notion arist.*, p. 129 et n. 56 : « L'individualité n'existe à proprement parler que dans le monde physique. (...) L'unité numérique est celle des êtres dont la matière est une ». Nous avons d'ailleurs noté (*supra*, ch. III, s. I, p. 115, n. 12) à propos de Z 8, 1034 a 4-8, qu'à notre sens l'union à la matière précise les traits « inférieurs » à ce que connote le type spécifique ; ce serait là une restriction significative à la thèse, largement reçue, de l'individuation par la matière.

[65] *De an.*, III 4, 429 a 18 (cf. III 5, 430 a 18), 429 b 23-24. Fr. Nuyens, *L'évolution* ..., p. 285, énumère diverses raisons plausibles appuyant l'avis d'Alexandre (cité p. 284 et n. 65), selon lequel ἀμιγής signifierait ἀμιγὴς τῶν εἰδῶν. Mais il suffit à notre propos

ces chapitres évoquent avec précision l'opération spécifique de l'intelligence ; que les essences à connaître soient, ou non, engagées dans la matière, l'intellect leur est homogène : doué d'une réceptivité totale, il peut « devenir » chacune d'elles sans en pâtir aucunement, il est intelligible, lui aussi, comme elles le sont elles-mêmes, et il a conscience de lui grâce à cette identification au connu ; ces diverses données entretiennent avec l'immatérialité de l'intelligence une relation réciproque [66].

En regard de ces développements, le traité sur la reproduction ne nous offre, on l'a vu, qu'une explication extrêmement concise : si l'intellect reste le seul à provenir du « dehors ». c'est que, « avec son activité, celle du corps n'a aucun rapport », et nous avons noté l'allure radicale d'une telle formule [67]. Il s'agit bien, on le voit aussitôt, d'une intuition analogue. Mais le *De anima* ne lui apporte-t-il pas des restrictions significatives ? On sait que « le pouvoir intellectif connaît les formes au sein des images » ; or, « l'imagination doit être un mouvement qui naît par l'effet de la sensation en acte », et celle-ci fait évidemment appel à des processus somatiques [68]. Que le toucher soit particulièrement précis chez l'homme, cela fait comprendre que notre espèce soit φρονιμώτατον (...) τῶν ζῴων [69]. La nature immatérielle de l'intelligence n'empêche donc pas que son activité soit normalement tributaire des sens.

que le philosophe énonce en III 4, 429 a 24-25 : οὐδὲ μεμῖχθαι εὔλογον αὐτὸν τῷ σώματι ; une allusion polémique au *Timée*, fût-elle déplacée (cf. H. CHERNISS, *Ar.'s Crit. of Pl.*, p. 406, n. 333), semble ne rien ôter à la conviction d'Ar. sur ce point.

[66] Cf. *De an.*, III 4, 429 a 18 : ἀνάγκη ἄρα, ἐπεὶ πάντα νοεῖ, ἀμιγῆ εἶναι. *Ibid.*, 429 a 29 - b 9 : à l'inverse des sens, l'intellect ne peut pâtir du fait de son objet ; τὸ μὲν γὰρ αἰσθητικὸν οὐκ ἄνευ σώματος, ὁ δὲ χωριστός. ὅταν δ'(...) ἕκαστα γένηται, (...) αὐτὸς (...) αὐτὸν τότε δύναται νοεῖν. *Ibid.*, 430 a 2-4 : καὶ αὐτὸς δὲ νοητός ἐστιν ὥσπερ τὰ νοητά. ἐπὶ μὲν γὰρ τῶν ἄνευ ὕλης τὸ αὐτό ἐστι τὸ νοοῦν καὶ τὸ νοούμενον.

En 429 b 9, contre Bywater, Theiler et Ross, qui lisent δι'ἑαυτοῦ, nous maintenons avec toute la tradition δὲ αὐτόν. Sur l'immatérialité de l'intellect dans ces passages, cf. G. VERBEKE, *Comment Ar.* ..., pp. 223-226 (qui commente en outre III 5, 430 a 18-19, auquel nous venons bientôt) ; Fr. NUYENS, *L'évolution* ..., pp. 277-296.

[67] *De gen. anim.*, II 3, 736 b 28-29 ; cf. *supra*, texte E, pp. 255-256.

[68] *De an.*, III 7, 431 b 2 (cf. a 16-17 ; III 8, 432 a 8-9) : τὰ μὲν οὖν εἴδη τὸ νοητικὸν ἐν τοῖς φαντάσμασι νοεῖ. *De an.*, III 3, 429 a 1-2 : ἡ φαντασία ἂν εἴη κίνησις ὑπὸ τῆς αἰσθήσεως τῆς κατ'ἐνέργειαν γιγνομένη. *De an.*, III 3, 427 a 26-27, faisant la critique des ἀρχαῖοι : πάντες γὰρ οὗτοι τὸ νοεῖν σωματικὸν ὥσπερ τὸ αἰσθάνεσθαι ὑπολαμβάνουσιν.

[69] *De an.*, II 9, 421 b 21-23, cité *supra*, ch. IV, s. I, p. 177 et n. 84, en parallèle avec *De part.*, II 4, 650 b 18-27 ; IV 10, 686 a 27-29 ; cf. *De gen. anim.*, II 6, 744 a 28-31, cité *supra*, ch. II, s. III, p. 83, n. 27.

La question se pose alors : peut-on attacher quelque importance
à cette différence entre les deux écrits et, dans l'affirmative, y voir
l'indice d'une modification dans les conceptions d'Aristote ? Dans
l'un et l'autre traité, rappelons-le, on a relevé un même refus de traiter
l'intellect comme une réalité liée, en son existence même, à celle de
l'organisme ; mais le *De gen. anim.* nous a semblé affirmer sans nuances
que même leurs activités n'ont rien de commun. Ceci représente-t-il
une position ultérieure, dont le radicalisme se serait finalement imposé
à l'esprit de l'auteur, ou bien une ébauche provisoire, appelant la mise
au point que constituerait alors le *De anima*, ou encore, comme le pense
Moraux, un avis dépassé — largement, sinon totalement — aux yeux
du philosophe lui-même, mais qui figurerait ici pour donner à une
aporie toute l'acuité désirable [70] ? Il paraît difficile d'en décider ; mais
peut-être une troisième observation fournira-t-elle quelque lumière
sur ce point ; nous devrons la développer davantage.

Si énigmatiques que soient les explications du *De anima*, III 5,
sur la nature de l'intellect, sans doute conviendra-t-on que celui-ci
y apparaît comme biface : il est présent dans notre vie cognitive
par une réceptivité radicale, — aspect qui figurait à l'avant-plan
au chap. 4, — mais aussi par une activité, productrice de formes, que le
chap. 5 compare à une illumination [71]. Aussitôt après, cet intellect —
οὗτος ὁ νοῦς — est déclaré χωριστός, ἀπαθής, ἀμιγής, « car il est, par
essence, acte » : τῇ οὐσίᾳ ὢν ἐνέργεια [72]. Suit alors la justification que
voici : « toujours, en effet, l'agent l'emporte en valeur sur le patient,

[70] Sans cependant admettre que la pensée du Stagirite ait connu en ce domaine
une phase ultérieure, Fr. NUYENS, *L'évolution ...*, p. 316 et n. 181, voit également ici
« une solution aporématique et provisoire » ; citant les formules qui soulignent la difficulté du problème (cf. le texte B), il déclare : « *Il nous paraît exclu de la façon la plus absolue*
qu'Aristote amènerait en termes pareils un exposé dans lequel il donnerait une explication
définitive et satisfaisante de l'origine du *νοῦς* ». Ces remarques, il est vrai, s'inscrivent
dans une réfutation — parfaitement justifiée, cela va sans dire — de l'interprétation
créationiste due à divers exégètes d'Aristote ; et le critique de conclure, p. 317 : « le
problème noétique est demeuré pour lui un problème ».

[71] Cf. *De an.*, III 5, 430 a 14-15 : καὶ ἔστιν ὁ μὲν τοιοῦτος νοῦς τῷ πάντα γίγνεσθαι,
ὁ δὲ τῷ πάντα ποιεῖν, ὡς ἕξις τις, οἷον τὸ φῶς.

[72] *Ibid.*, 430 a 17-18. Le dernier terme apparaît au datif chez la majorité des témoins,
mais, après divers autres, THEILER, ROSS, SIWEK et JANNONE semblent bien inspirés
en choisissant le nominatif : celui-ci constitue dans le présent contexte une *lectio diffi-
cilior*, cependant que la formule se retrouve ailleurs chez Ar., à propos de Dieu, par exemple en *Métaph.*, Λ 6, 1071 b 20 et 22 ; 7, 1072 a 25.

et le principe sur la matière » [73]. Si la connaissance en acte est identique à son objet et si, chez l'individu, le degré potentiel précède le degré actuel, celui-ci possède, absolument parlant, la priorité ; ἀλλ'οὐχ ὁτὲ μὲν νοεῖ ὁτὲ δ'οὐ νοεῖ : en réalité, « il ne se peut que l'intellect tantôt pense, tantôt ne pense pas » [74]. « Etant séparé (χωρισθείς), il est seulement ce qu'il est, et qui seul est immortel et éternel ; mais nous ne nous souvenons point, car cela est impassible, tandis que l'intellect passif est périssable ; et sans cela rien ne pense » [75].

Se reportant alors à la fin du texte E (*De gen. anim.*, II 3), on constatera que le refus, énoncé à cet endroit, de toute interférence entre l'activité du corps et celle du νοῦς, semble s'accorder au mieux avec certaines déclarations de *De anima*, III 5, sur l'intellect χωρισθείς, défini comme activité ininterrompue et antérieure à tout état potentiel. Mais on ne voit pas comment concilier ledit refus avec ce qu'on citait tantôt et qui insiste sur le lien de l'intelligence avec les sens au cours de son opération ; on sait en effet qu'à propos du νοεῖν, le *De anima* affirmait : « Si lui aussi (...) n'existe pas sans imagination, il ne saurait non plus exister sans corps » [76]. En d'autres termes, ce traité est consé-

---

[73] *Ibid.*, 430 a 18-19 : ἀεὶ γὰρ τιμιώτερον τὸ ποιοῦν τοῦ πάσχοντος καὶ ἡ ἀρχὴ τῆς ὕλης.

[74] *Ibid.*, 430 a 19-22, considéré par Ross comme introduit abusivement ici, en provenance de III 7, 431 a 1-3. Mais la formule que nous citions en grec ne figure pas en III 7 ; or, le ἀλλά initial et le contenu même s'expliquent au mieux après les réflexions résumées dans notre texte ; nous ne pourrons donc davantage accepter l'athétèse, limitée à celles-ci, que prononcent THEILER et DÜRING (*Aristoteles*, p. 581, n. 123).

[75] *Ibid.*, 430 a 22-25 : χωρισθεὶς δ'ἐστὶ μόνον τοῦθ'ὅπερ ἐστί, καὶ τοῦτο μόνον ἀθάνατον καὶ ἀΐδιον · οὐ μνημονεύομεν δέ, ὅτι τοῦτο μὲν ἀπαθές, ὁ δὲ παθητικὸς νοῦς φθαρτός · καὶ ἄνευ τούτου οὐθὲν νοεῖ.

On a relevé *supra*, ch. I, s. II, p. 13, la rectification apportée à l'exégèse de la plupart des critiques (dont Nuyens et Soleri) par A. MANSION, *L'immortalité* ..., 1953, pp. 465-472 ; cf. ID., *Conception averroïste* ..., 1960, pp. 166-167 : « l'intellect une fois séparé — du composé corporel — n'est plus que ce qu'il est par essence, c'est-à-dire intellect sans plus ou essence pure de l'intellect, et donc dégagée des fonctions proprement humaines, fonction réceptive de l'intellect humain dit passif (et d'ailleurs périssable) et fonction productrice des formes intelligibles (...). C'est de cet intellect sans plus (...) qu'il est dit aussitôt que lui seul est immortel et éternel ».

Cet avis emporte notre adhésion, sauf sur un point : comme l'action secondaire exprimée par le participe est souvent « considérée *en dehors de toute durée* » (HUMBERT, § 217), il nous paraît que χωρισθείς n'a pas nécessairement de valeur temporelle (même remarque pour *De an.*, I 1, 403 a 14-15) ; l'argumentation de G. VERBEKE, *Comment Ar.* ..., pp. 227-228, en faveur du sens causal, conserve donc toute sa valeur.

[76] *De an.*, I 1, 403 a 8-10 : εἰ δ'ἐστὶ καὶ τοῦτο (...) μὴ ἄνευ φαντασίας, οὐκ ἐνδέχοιτ'ἂν οὐδὲ τοῦτ'ἄνευ σώματος εἶναι. Cf. Fr. NUYENS, *L'évolution* ..., pp. 267-269, et, plus

quent avec lui-même lorsqu'il déclare périssable l'intellect réceptif ou, comme l'explique A. Mansion, la « fonction réceptive de l'intellect humain dit passif » [77]. Le texte E, pour sa part, semble bien ne pouvoir être mis en parallèle qu'avec les indications sur la pure essence de l'intellect ; dès lors, s'il est y question aussi de l'intellect ἀΐδιος, on trouvera moins étrange que sa venue chez l'homme s'opère « du dehors ».

Moraux a noté à bon droit que ce propos fameux ne concorde nullement avec ce qui est affirmé plus haut (fin du texte C) sur l'existence potentielle de l'âme intellective ; *plus ego*, depuis que ledit propos a paru concerner l'intellect qui est, *par essence*, acte. Verra-t-on alors dans la ψυχὴ νοητική du texte C l'intellect réceptif, celui que le *De anima*, III 4, désigne aussi comme ψυχὴ νοητική et qui est dit δυνατός [78] ? Ce dernier terme ne doit cependant pas induire en erreur : il souligne que l'intelligence est « en puissance » à l'égard des intelligibles, c'est-à-dire ouverte à des déterminations que la tradition appellera « actes seconds » ; dans le texte C, par contre, δυνάμει renvoie manifestement à un stade de l'évolution individuelle où l'âme ne peut encore exercer son activité spécifique [79]. Il conviendra sans doute de s'interroger plus précisément sur ce que représente ce degré « potentiel » de l'âme intellective.

De Corte affirme que « *le sperme du mâle contient le νοῦς en puissance* » ; l'auteur s'appuie notamment sur la phrase rappelée à l'instant [80] : toute âme doit d'abord exister en puissance. A quoi Nuyens répond qu'il y est question des diverses ψυχαί, non du νοῦς [81] ; mais on comprendra que nous laissions ce point en suspens : le passage ne semble pas opérer cette distinction. De Corte invoque en même temps le texte G, qui décrit « le corps de la semence, dans et avec lequel passe le germe du principe psychique : germe, d'une part, séparable du corps chez les êtres en qui est inclus le divin (et de ce genre est ce qu'on appelle intel-

---

nettement, G. VERBEKE, *Comment Ar. ...*, pp. 209-210, 213-217, notamment p. 216 : « toute dépendance à l'égard de la matière est incompatible avec l'immortalité ».

[77] Cf. n. 75, *supra*.

[78] *De an.*, III 4, 429 a 28 et a 22.

[79] *De gen. anim.*, II 3, 736 b 15, éclairé par b 9-12 (cf. *supra*, p. 254 et n. 8) : passé le stade potentiel, l'embryon ποιεῖ τῆς τοιαύτης ψυχῆς ἔργον. Cf. la définition de l'âme, en *De an.*, II 1, 412 a 27, comme acte premier.

[80] M. DE CORTE, *La doctrine de l'intelligence chez Ar.*, 1934, p. 287 ; cf. p. 288 : l'intellect « vient donc *du dehors* en tant qu'il vient *du mâle* ».

[81] Fr. NUYENS, *L'évolution ...*, p. 38.

lect); d'autre part, inséparable » [82]. Nuyens, suivi par Barbotin, croit
pouvoir comprendre que, selon le texte, « seul le principe psychique,
qui est dépendant du corps, se trouve uni au sperme »; mais Moraux,
proche de De Corte, leur objecte : « c'est là faire dire au texte tout
juste le contraire de ce qu'il dit : (...) le principe psychique charrié
par le sperme comporte donc aussi bien le χωριστόν que l'ἀχώριστον » [83].
Après ces passes d'armes, peut-on proposer un arbitrage ?

Il est un passage du traité sur la reproduction, IV 3, qui n'a pas
encore été mis à profit dans le débat. Aristote y rappelle d'abord
une théorie qui nous est familière, à savoir que « parler de semence,
ou de mouvement qui fait croître chacune des parties, cela ne fait point
de différence; ainsi également pour celui qui les fait croître ou qui les
constitue dès le départ : la définition du mouvement est la même » :
l'efficience impliquée par la génération n'est autre, disions-nous, que
la communication, par le biais du mouvement actuel imparti au sperme,
de la forme spécifique [84]. Voulant alors expliquer comment il se fait
que tantôt le rejeton d'un père soit un garçon qui lui ressemble, ou qui
ressemble à la mère, tantôt soit une fille qui présente les traits de tel
des parents ou des autres ascendants, etc., le Stagirite affirme, à propos
du « mouvement » décrit ci-dessus : « parmi les impulsions, les unes
existent là en acte, les autres en puissance; en acte, celles du générateur et de l'universel, tel que l'homme et l'animal; en puissance, celles
de la femelle et des ancêtres » [85]. Mais il arrive — hélas ! — que ces

---

[82] *De gen. anim.*, II 3, 737 a 7-11 (cité *supra*, p. 256, et présenté p. 257) : τὸ
δὲ τῆς γονῆς σῶμα ἐν ᾧ συναπέρχεται τὸ σπέρμα τὸ τῆς ψυχικῆς ἀρχῆς, τὸ μὲν χωριστὸν
ὂν σώματος ὅσοις ἐμπεριλαμβάνεταί τι θεῖον (τοιοῦτος δ'ἐστὶν ὁ καλούμενος νοῦς) τὸ δ'ἀχώριστον, — τοῦτο τὸ σῶμα τῆς γονῆς διαλύεται (...).

[83] Fr. NUYENS, *L'évolution* ..., pp. 38-40; cf. E. BARBOTIN, *La théorie arist. de l'intellect* ..., p. 195, n. 2. P. MORAUX, *À propos* ..., p. 269, n. 43 : « NUYENS, p. 39, croit
éliminer la difficulté en mettant entre parenthèses a 9, τὸ μὲν χωριστὸν ὄν — 11, τὸ
δ'ἀχώριστον. Il explique : 'Avec cette lecture du texte, l'incise explique et *limite* à la
fois le sens des mots qui la précèdent'. (...) que les participiales soient, ou non, mises
entre parenthèses, elles se rapportent l'une et l'autre à τὸ σπέρμα τὸ τῆς ψυχικῆς ἀρχῆς ».

[84] *De gen. anim.*, IV 3, 767 b 18-20 (cf. *supra*, ch. II, s. II, pp. 62, 65, 67) : τὸ γὰρ
γονὴν λέγειν ἢ τὴν κίνησιν τὴν αὔξουσαν ἕκαστον τῶν μορίων οὐθὲν διαφέρει, οὐδὲ τὴν αὔξουσαν
ἢ τὴν συνιστᾶσαν ἐξ ἀρχῆς · ὁ γὰρ αὐτὸς λόγος τῆς κινήσεως.

[85] *Ibid.*, 768 a 11-14 (cf. 768 b 4-7) : ἔνεισι δ'αἱ μὲν ἐνεργείᾳ τῶν κινήσεων, αἱ δὲ δυνάμει,
ἐνεργείᾳ μὲν αἱ τοῦ γεννῶντος καὶ τοῦ καθόλου, οἷον ἀνθρώπου καὶ ζῴου, δυνάμει δὲ αἱ τοῦ
θήλεος καὶ τῶν προγόνων. Cf. la note de PLATT *ad loc.*, l'exposé correct de H. CHERNISS,
Ar.'s Crit. of Pl., p. 332, n. 238, et la remarque d'A. MANSION, *Introd.* ..., p. 245, sur la
résistance ou l'activité réelle de la nature-matière.

derniers traits l'emportent, voire que l'hérédité soit mêlée au point d'être indistincte ; dans ce cas, « subsiste seul l'élément commun : que ce soit un être humain » [86]. Voilà donc le père chargé de transmettre divers traits (« prioritaires » en droit, vu le caractère « actuel » des impulsions qui les portent), à savoir les traits de l'espèce et les siens propres : ceux-ci viennent-ils à être obnubilés, ceux-là subsistent néanmoins.

Ainsi le philosophe note-t-il tranquillement, comme un postulat requis par sa théorie de l'hérédité, que les propriétés spécifiques sont conférées *via* la génération ; si réellement l'être humain est spécifié par l'intelligence, ceci ne donne-t-il pas raison à De Corte et Moraux lorsqu'ils attribuent au sperme la transmission de l'intellect ? Il n'importe guère, en effet, que l'on reporte plus ou moins loin le moment où l'être humain sera « vraiment » tel, *i.e.* « en acte », et nos critiques connaissent les citations classiques sur ce que nous appellerions « l'âge de raison » [87] ; ces indications sont compatibles avec l'existence d'un stade potentiel, latent, dans le développement de l'âme intellective, mais elles ne nous aident guère à saisir le sens de G. Et cependant, si malmené que semble ce morceau [88], son exégèse peut-elle être négligée par qui cherche une meilleure compréhension du chapitre ?

L'antithèse χωριστόν - ἀχώριστον rappelle clairement celle que met le *De anima*, II 2, entre les « parties » séparable et inséparables, et qui éclairait tantôt le sens du texte E [89] ; mais, quoi qu'en pensent De Corte et Moraux, il est impossible d'attribuer à l'acte générateur la transmission de l'intellect lui-même, considéré en son essence : σπέρμα, que nous estimons inexpugnable, contredirait nettement l'affirmation relative

---

[86] *Ibid.*, 768 b 11-12 : λείπεσθαι τὸ κοινὸν μόνον καὶ εἶναι ἄνθρωπον. Nous n'avons pas à examiner les cas proprement tératologiques (cf., par exemple, *ibid.*, 768 b 33-36), qui, même aujourd'hui, n'ont pas livré leur secret.

[87] *Hist. anim.*, VIII 1, 588 a 32-b 3 (cité par Fr. Nuyens, *L'évolution* ..., p. 156) : les enfants manifestent, comme en germe (σπέρματα), leurs dispositions ultérieures, mais à cet âge, leur âme ne diffère guère de celle des animaux ; *Polit.*, VII 15, 1334 b 14-15 : ὁ δὲ λόγος ἡμῖν καὶ ὁ νοῦς τῆς φύσεως τέλος ; b 17-28 (résumé par P. Moraux, *À propos* ..., p. 268 et n. 42 : qui renvoie aussi à *Éth. Eud.*, II 8, 1224 b 29-36) : « genèse » graduelle du corps et des parties irrationnelle et rationnelle ; cf. *supra*, ch. IV, s. III, p. 222 et n. 30.

[88] Cf. l'app. crit. et le texte même (*supra*, p. 256) en *De gen. anim.*, II 3, 737 a 7-11, avec la n. 17, *supra*, p. 257. En a 11, avec les nombreux critiques auxquels se joignent P. Moraux (*À propos* ..., p. 269, n. 43) et Dr. Lul., nous remplaçons σπέρμα par σῶμα, celui-ci semblant imposé par la reprise de la formule initiale (a 7).

[89] Cf. *supra*, p. 270 et n. 62, à propos de *De gen. anim.*, II 3, 736 b 25.

à sa pure actualité, dont nous avons d'ailleurs trouvé l'écho à la fin
de E [90]. D'autre part, le *De gen. anim.*, IV 3, vient de confirmer que,
pour Aristote, les traits propres à l'espèce humaine parviennent au
rejeton par la voie de la génération ; et, malgré les avis de Nuyens
et de Barbotin, l'expression « germe du principe psychique » commande
sans nul doute non seulement l'ἀχώριστον, mais aussi le χωριστόν.
Si l'on veut bien admettre ces mises au point, il faudra sans doute
convenir que le sens du passage, tel qu'il nous est parvenu, doit être
cherché dans la direction que voici.

Le germe du principe psychique conféré par l'acte générateur est
bien, pour une part, virtuellement, une réalité séparable du corps ; c'est
le cas ὅσοις ἐμπεριλαμβάνεται τὸ θεῖον, chez les êtres à qui s'associe
le principe supérieur, en sorte que chez eux une réalité de ce genre
reçoive l'appellation d'intellect : τοιοῦτος δ'ἐστὶν ὁ καλούμενος νοῦς.
Autrement dit, le principe psychique transmis — à un stade encore
germinal — par le père ne peut être en nous intellect humain, âme
intellective digne de ce nom, que par l'inclusion — à un moment et
sous une forme que le Stagirite nous laisse conjecturer — de la réalité
qui échappe aux prises du devenir ; celle-ci n'était-elle pas indiquée
plus haut, en des termes plutôt catégoriques qu'aporématiques ? λείπεται δὴ τὸν νοῦν μόνον θύραθεν ἐπεισιέναι καὶ θεῖον εἶναι μόνον ...

Il semble donc que les déclarations sur l'intellect qui figurent en *De
gen. anim.*, II 3, puissent être mises en parallèle avec celles du *De anima* ;
sans doute est-il téméraire d'espérer que les critiques parviennent à un
accord unanime en pareille matière, mais ce parallèle nous paraît
de nature à faire avancer la compréhension de l'un et de l'autre traité.
À la fin du texte B, Aristote a souligné combien il est difficile d'expliquer notre participation à l'intellect ; l'auteur va procéder par étapes.

Une première réponse (fin de C) affirme que l'âme intellective doit,
comme toute âme, connaître un degré potentiel. Quant à savoir d'où
vient l'intellect, la négation de toute interférence entre son activité
et celle du corps doit faire admettre qu'il intervient sans être soumis
au processus de génération (E) ; le philosophe semble consigner là,
peut-être pour la première fois, la conception qu'il se fait de l'intellect,
considéré dans sa nature propre : s'il est antérieur et supérieur au
devenir impliqué dans les premiers degrés de la vie cognitive, c'est que
chez lui on ne peut admettre nulle collusion avec l'activité somatique.

---

[90] Cf. *supra*, pp. 273-274.

S'ouvre alors un exposé bipartite (F et G; cf. πάσης μὲν οὖν, 736 b 29-30, τὸ δὲ τῆς γονῆς σῶμα, 737 a 7-8). Un élément somatique particulier doit être invoqué pour rendre compte des activités qui caractérisent les divers vivants; c'est la chaleur vitale, source de fécondité, *a pari* avec le rayonnement astral. Quant au matériau qui en est porteur, l'auteur précise qu'il se dissipe après la fécondation (G); mais une incise — dense, obscure, peut-être déformée par la tradition — tente une synthèse de ce qui a précédé : comme les autres âmes, le principe spécifique de l'homme trouve son origine première dans la génération et connaît, lui aussi, un stade potentiel; réalité séparable, il l'est en germe : chez les êtres en qui s'opère l'inclusion — l'intervention θύραθεν — du principe supérieur, on peut parler d'un intellect, doté des privilèges qui caractérisent une telle faculté.

C'est dans ce sens que nous discernons, esquissée dans ce traité, la métaphysique de la connaissance que, songeant au *De anima*, A. Mansion résumait comme suit : « Il n'y a qu'un intellect unique, réalité pensante spirituelle et éternelle, s'unissant à des êtres humains, — temporels et corruptibles, — pour rendre possible en eux l'activité la plus haute, celle qui leur est propre comme hommes, leur pensée personnelle, — intermittente et entachée d'erreurs, — mais pensée quand même » [91].

Est-ce à dire que le philosophe nous révèle, en l'un et l'autre écrit, un même stade dans l'évolution de sa doctrine? On songe de prime abord que les indications jetées çà et là en *De gen. anim.*, II 3, ont quelque chance d'être plus intelligibles pour le lecteur d'Aristote si le maître a déjà fait la lumière sur la nature de l'intellect qui est pure actualité, séparé, seul éternel, et sur le caractère périssable de notre fonction intellectuelle réceptive; une telle appréciation ne laisserait pas d'être respectable. D'autre part, tout en notant au long de nos diverses analyses — principalement au deuxième chapitre, section II — une concordance doctrinale substantielle entre les deux œuvres, on aura deviné que l'explication génétique du vivant, entreprise par le Stagirite en fonction de sa physique générale, devait l'avoir aidé puissamment à concevoir une psychologie de type hylémorphique; comme, de surcroît, le *De anima* élabore avec plus de précision la causalité propre à

---

[91] A. MANSION, *Conception arist.* ..., p. 167. On verra indiquées dans notre bibliographie, *s.v.* RIST, TOGNOLO, TOPITSCH, VAN DER MEULEN, YARDAN, diverses études postérieures (sauf la troisième) à celle que nous citons; ce qu'elles disent de *De anima*, III 4-5, ne nous a pas semblé faire progresser le débat.

l'âme, on peut supputer l'antériorité du traité sur la reproduction, considéré dans son ensemble [92]. Au vu des textes, nous proposons la même relation chronologique pour les explications relatives à l'intellect, et voici pourquoi.

Si le Stagirite, au moment où il composait le *De gen. anim.*, était déjà parvenu à formuler certains aspects de l'intellect qui figurent en *De anima*, III 5, il serait surprenant qu'il n'en eût pas fait usage pour rendre plus clair et convaincant cet exposé génétique si laborieux et lacunaire. Certes, *prout iacet*, la justification du νοῦς θύραθεν ne manque pas de poids; mais la seule mention de son attribut ἀΐδιος eût réglé la question plus clairement et sans réplique possible [93]. En second lieu, s'il avait déjà précisé que le ποιητικόν l'emporte en valeur sur la fonction réceptive, il devait percevoir le problème que cela pose dans le cadre particulier du traité sur la reproduction: le même livre II n'enseigne-t-il pas, sous une forme très générale, que, dans toute la mesure du possible, efficience et passivité sont le fait de sujets différents [94] ? Un mot d'explication eût dissipé toute équivoque. Enfin, et plus généralement, l'enseignement relatif à l'intellect fait ici figure d'ébauche vis-à-vis du *De anima* : hormis l'équivalence qu'il semble suggérer lui aussi entre ψυχὴ νοητική et ὁ καλούμενος νοῦς [95], le *De gen. anim.* ne recourt pas aux précisions dont fait état le *De anima*, en particulier à la distinction, suffisamment explicite

---

[92] Cf., *supra*, ch. II, pp. 56 et 74-76, p. 111; ch. III, s. II, pp. 131, 145-148. Bien entendu, nul ne peut garantir que *De gen. anim.*, II 3, n'ait pas été, en tout ou en partie, ajouté par l'auteur lors d'une reprise ou d'une rédaction ultérieure de ses leçons; la même hypothèse doit être envisagée à propos de *De an.*, III 4-5, ce qui a d'ailleurs été fait : alors que, comme l'on sait, W. JAEGER (*Aristotle*, p. 334) voyait ici une doctrine d'inspiration platonicienne, étrangère au reste du traité (cf. encore, dans le même esprit, W. THEILER, *Ueber die Seele*, p. 142), un DÜRING (*Aristoteles*, p. 559) suggère que III 5 soit attribué à une deuxième rédaction, à raison de son allure « plus philosophique que psychologique ». Mais les arguments apportés en sens divers ne paraissent pas devoir mettre à néant l'appréciation d'ensemble énoncée *supra* (ch. IV, s. I, pp. 169-170 et n. 52) sur l'unité de conception qui règne dans le *De anima*; quant à *De gen. anim.*, II 3, les diverses comparaisons instituées dans le précédent paragraphe démontrent, pensons-nous, les racines profondes qu'il pousse dans le traité (cf. *supra*, pp. 262-268).

[93] Cet attribut de l'intellect en sa pure essence figure, on s'en souvient (cf. *supra*, p. 273), en *De an.*, III 5, 430 a 23; Fr. NUYENS a rappelé (*L'évolution* ..., p. 37) qu'Ar. refuse évidemment toute génération d'êtres comportant une telle propriété.

[94] Cf. *De an.*, III 5, 430 a 12, 18-19 (*supra*, pp. 272-273); *De gen. anim.*, II 1, 732 a 5-7, cité *supra*, ch. II, s. I, p. 43, n. 30.

[95] *De gen. anim.*, II 3, 736 b 5 et 14; 737 a 10; cf. *De an.*, III 4, 429 a 22-23 et 28.

et éclairante chez celui-ci, entre l'intellect comme substance et l'intellect comme faculté ou fonction proprement humaine [96]. Dans le texte qui nous a retenu à notre tour si longuement, Aristote ne peut éviter la contradiction entre les termes συναπέρχεται et ἐπεισιέναι que dans la mesure où, déjà, le premier fait entrevoir les dispositions humaines ouvertes à l'action extérieure dont parle le second [97]; nous convenons sans ambages qu'une telle distinction est ici à peine esquissée, mais nous devons conclure que le Stagirite n'a pu que prendre au sérieux l'intervention de l'intellect immortel en son essence transcendante.

4. *Conclusion.*

Soit dit par mode de récapitulation, on aperçoit sans doute la différence de méthode qui, pour une large part, nous conduit à ne pas ratifier les conclusions de l'étude, si ingénieuse soit-elle, due à P. Moraux. Sans nier diverses difficultés d'ordre textuel, structurel ou doctrinal, nous avons estimé préférable une exégèse qui relève les points de contact avant de conclure à des oppositions, réelles ou factices.

Ainsi avons-nous constaté que les textes centraux, D et E, n'ont pas le caractère hautement artificiel qui, selon Moraux, trahit leur rôle provisoire. Accordant à notre modèle que le passage suivant, relatif au dynamisme de l'âme, se garde de la rapprocher indûment du cinquième élément et du quatrième, nous avons relié ce texte au reste du traité et du *Corpus*, mais en notant la singularité du *De iuventute*.

Grâce à une comparaison avec la noétique exposée graduellement dans le *De anima*, on a pu confirmer que le texte E oppose nettement les parties « inséparables » de l'âme et l'intellect capable d'une existence autonome. On a relevé ensuite que ce même passage souligne l'immatérialité radicale de l'intelligence, sans noter le lien de son activité avec celle des sens; il s'accorde en cela avec les seules indications sur la pure essence de l'intellect. Pour sa part, le texte C concorde avec d'autres données relatives à l'existence d'un stade latent, potentiel, dans le développement de l'intelligence. Mais comment interpréter le passage final, qui semble bien en attribuer la transmission à l'acte générateur ? À cet acte, le libellé du texte, confirmé par celui de *De gen. anim.*, IV 3, ne permet pas de dénier toute causalité en ce domaine, mais seulement la collation de l'intellect, substance éternelle; nous avons donc admis, — on le rappelait à l'instant, — que la formation d'un esprit humain implique ici pour Aristote l'intervention du principe supérieur qui privilégie notre espèce : à nouveau, l'intellect venu « du dehors » révèle son rôle nécessaire dans la génétique de l'intelligence [98].

Aussi bien la structure de l'ensemble est-elle plus correcte qu'il ne semble à notre modèle. Au diptyque formé, disions-nous, par F et G, correspond antérieurement un premier couple de propos, commandé également par l'alternance μὲν οὖν — δέ (début de C, début de D). Ce δέ introduit-il, comme le veut Moraux, une hypothèse déjà répudiée par le Stagirite et qu'il veut prévenir chez des disciples encore platonisants, suspects de n'avoir pas bien assimilé l'hylémorphisme ? Non pas. Si c'est d'instrumentisme que l'on veut parler, on le trouvera dans le texte F, là où l'âme reçoit pour médiation corporelle le pneuma, et ce, dans la ligne des aspects instrumentistes que nous avons relevés en maint endroit du traité [99]. Si l'on songe à un langage d'allure dualiste, Moraux l'a bien discerné en D, aporie dominée par la mystérieuse origine de l'âme intellective, et en E, qui lui donne une première solution ; mais c'est là l'inverse d'un dualisme platonicien, ou encore la rançon de l'hylémorphisme : comme on l'a dit en résumant la découverte — sans doute la plus précieuse — de Nuyens, « à mesure que l'union du corps et de l'âme était conçue comme plus étroite, les liens de l'âme et de l'intellect se relâchaient d'autant. (...) Au dualisme platonicien de l'âme et du corps s'est substitué un nouveau dualisme aussi difficile à résoudre : celui de l'âme et de l'intellect » [100].

Ainsi ce passage crucial du traité sur la reproduction, qui manifeste à nouveau, contre Nuyens, l'existence de l'instrumentisme au sein d'un exposé hylémorphique, confirme aussi, à sa suite, la difficulté qu'éprouve alors Aristote à intégrer au psychisme d'un être unitaire la présence active d'une substance spirituelle et éternelle, cause de notre pensée. Le texte fameux qui introduit l'intellect du dehors confirme ainsi ce qui était démontré à propos du *De anima*.

---

[98] Symétriquement, on a accordé *supra* (p. 260) à Moraux l'athétèse de la même formule lorsqu'elle intervient en *De gen. anim.*, II 6, 744 b 21-22.

[99] Cf. *supra*, ch. II, s. III.

[100] E. BARBOTIN, *Deux témoignages patristiques* ... (dans *Autour d'Ar.*, 1955, pp. 375-385), p. 375. Cf. Fr. NUYENS, *L'évolution* ..., pp. 317-318.

CONCLUSIONS GÉNÉRALES

Envisagé à partir de l'ouvrage que nous avons entrepris de réviser, le chapitre qu'on vient de lire constitue la « pars construens » de notre travail : il vérifie l'apparition de l'aporie noétique qu'entraîne, dans la psychologie aristotélicienne, un hylémorphisme thématisé et appliqué à l'homme, siège d'activités proprement spirituelles. Les trois chapitres précédents, « pars destruens » de notre exploration, nous conduisaient à contester l'existence, aux yeux de l'historien, d'une période médiane instrumentiste réellement significative : certes, ce dualisme de l'âme et du corps-instrument caractérise (sous une forme parfois exacerbée) les écrits exotériques de la première période, et sans doute le trouve-t-on aussi, comme explication globale du vivant, dans le *De iuventute* et dans les thèmes originels des ouvrages éthiques ; et cependant, les schémas instrumentistes se révèlent généralement intégrés, dans les traités, à des ensembles littéraires et doctrinaux qui en modifient profondément la signification : le corps demeure outil de l'âme, mais d'une âme qui le constitue comme tel et qui, acte premier d'un substrat potentiel, indéterminé, définit le vivant dans son dynamisme organique et finalisé. Bref, l'instrumentisme initial se révèle le plus souvent métamorphosé par une doctrine métaphysique qu'il convient dès lors de ne plus cantonner dans quelques rares écrits ; mais nous confirmons pour notre part que cette doctrine hylémorphique entre en conflit, chez Aristote, avec le spiritualisme.

Une telle présentation schématique offre notamment l'inconvénient de laisser dans l'ombre divers aspects importants de la doctrine examinée et certains traits de la méthode jugée nécessaire pour la cerner. On se propose d'en traiter rapidement ici.

1. *Sur l'hylémorphisme aristotélicien en psychologie.*

La critique unanime n'a cessé de souligner, après Aristote lui-même, l'intérêt que présente sa conception de la forme et la place centrale qu'elle occupe dans les traités : élément déterminant de l'être en acte, la forme en est également le facteur d'intelligibilité permettant notre connaissance par concepts universels, et ce, au point que l'essence à définir est ramenée, précisément, à l'élément formel ; élément, d'ailleurs, et non point substance complète, ce qui fait dire au philosophe que la forme est « ingénérable », faute de quoi elle serait à son tour composée d'un substrat et d'un principe déterminant, et ainsi à l'infini.

Aristote tire ses exemples classiques de l'action artisanale, qui imite la nature ; mais Nuyens a remarqué que l'étude même du vivant, en révélant au Stagirite une étroite corrélation entre facteurs somatiques et typiquement vitaux, n'a pu que favoriser l'identification du principe vital à la *forme* [1] ; certains aspects de cette dernière méritent d'être épinglés à présent.

On l'a noté : la théorie hylémorphique a toujours, dans les textes, des implications instrumentistes. « Forme » du corps, l'âme n'en réside pas moins, principalement, dans tel maître-organe ; on peut envisager qu'elle régisse le corps comme le pilote meut l'embarcation ; elle a notamment pour outil le pneuma, qui transmet son action aux extrémités [2]. Ces propriétés *motrices* caractérisaient éminemment le vivant parfait qui est la cause efficiente de la génération ; transmettant la forme, l'acte générateur imprime un double mouvement au matériau : non seulement il l'« informe », mais il met en branle le processus de croissance : là encore, nous avons reconnu à la fois la théorie hylémorphique et son retentissement instrumentiste [3]. Même au niveau le plus humble du vivant, celui de la fonction végétative, les causalités formelle et motrice manifestaient leur liaison essentielle.

Cette explication de la génération, que nous avons été amené à mettre en relief, a donné lieu à une critique qu'il vaut la peine d'indiquer ici. Parlant du mouvement qui communique la forme, Harold Cherniss remarque : « dans cette κίνησις du sperme se mêlent les ambiguïtés de δύναμις et d' ἐντελέχεια-ἐνέργεια ; cette δύναμις passe imperceptiblement du sens de potentialité à celui de pouvoir, le couple, du sens d'actualité à celui d'action » [4]. Le philosophe répondrait peut-

---

[1] Cf. Fr. NUYENS, *L'évolution* ..., p. 251 : « Dans le *De anima*, c'est précisément sur le caractère psychophysique des manifestations de la vie qu'Ar. a fondé sa définition de l'âme ».

[2] Cf. *Métaph.*, Z 10, 1035 b 25-27 (*supra*, ch. III, s. I) ; *De an.*, II 1, 413 a 8-9 (*ibid.*, s. II, pp. 137-140) ; *De motu anim.*, 10 (ch. IV, s. I, pp. 170-173).

[3] Cf. *supra*, ch. II, s. II et III. « Retentissement », et non théorie distincte : la situation est désormais tout à fait nette.

[4] H. CHERNISS, *Ar.'s Criticism of Pl.*, pp. 470-474 ; cf. p. 473, fin de la n. 423. À ce reproche de jouer sur le double sens (« ... are blended the equivocations of ... ») des deux

être que, dans l'ensemble de son éventail conceptuel, la κίνησις avait les meilleurs titres à la préférence qu'il lui donne ici : n'est-elle pas « actualité de l'être en puissance, en tant que tel », c'est-à-dire en tant qu'intermédiaire [5] ? En toute hypothèse, la critique de Cherniss met en lumière un aspect important de l'hylémorphisme : sans doute le problème de la reproduction amène-t-il le Stagirite à juxtaposer, au sens « potentiel » de δύναμις, celui de « pouvoir » [6] ; mais le reproche confirme à sa façon l'aspect proprement dynamique de la forme aristotélicienne, particulièrement perceptible dès qu'on en considère l'impact au niveau du vivant : acte du corps-substrat, l'âme-forme est équivalemment motrice. Ceci déjà souligne, nous semble-t-il, une transposition du thème d'allure platonicienne attribué au *De philosophia* (frg. 27), celui de l'âme-ἐνδελέχεια, divine en raison du mouvement qui la définit.

L'activité spécifique de l'âme, tirant profit des organes qui lui sont subordonnés, nous est notamment apparue dans le texte synthétique du *De anima* qui met en lumière son rôle comme cause *finale* [7]. Ce texte nous semble suggérer, après lecture des fragments attribués au dialogue, l'existence d'une autre transposition.

Bénéficiaire des actions vitales et répondant ainsi à la formule τὸ ᾧ, l'âme est également le but que visait la genèse naturelle, τὸ οὗ : bien que « toute âme ne soit pas nature », relevions-nous [8], c'est en tant qu'être de nature que le vivant devient lui-même, c'est-à-dire caractérisé par son principe spécifique en acte. Or, on se souvient qu'un peu plus haut le même chapitre présentait la génération et, plus largement, l'activité vitale, comme visant l'éternel et le divin : ἐκείνου ἕνεκα πράττει ὅσα πράττει, ce propos étant suivi du même avertissement :

---

expressions indiquées, l'auteur ajoute : « but Ar. does not attempt to say, of course, what this power or action may be which is intermediate between the actualized form which produces it and the matter which it actualizes »; mais cf. la suite de notre texte, avec la n. 6.

[5] *Phys.*, III 1, 201 a 10-11 : ἡ τοῦ δυνάμει ὄντος ἐντελέχεια, ᾗ τοιοῦτον.

[6] Cf. la concl. du chapitre II, p. 105, avec appel à la distinction que pose *Métaph.*, Θ 1. Comme le « plus » ne provient pas du « moins », l'intermédiaire fécondant est le substitut du générateur en acte et est donc lui-même « pouvoir », capacité positive d'actualiser le matériau; mais il n'est encore l'être à venir que de façon « potentielle ».

[7] *De an.*, II 4, 415 b 15-21; cf. *supra*, ch. II, s. II, pp. 74-75; ch. III, s. II, pp. 145-148.

[8] *Supra*, *ibid.*, p. 145; nous allons revenir sur l'exception que présente l'intellect.

τὸ δ'οὗ ἕνεκα διττόν, τὸ μὲν οὗ, τὸ δὲ ᾧ [9]; non seulement les êtres parviennent ainsi, par le biais de la reproduction, à une éternité déniée aux existences individuelles, mais encore, à notre avis, la transmission permanente de la forme spécifique concourt à constituer un ordre éternel et divin : celui-ci est dès lors τὸ ᾧ aussi bien que τὸ οὗ, bénéficiaire autant qu'objectif visé.

Si à présent l'on compare cette doctrine assurément remarquable aux fragments du *De philosophia*, on constate qu'ici les âmes — âmes humaines, certes, seules en cause à ce moment — sont déclarées divines de par la mobilité merveilleuse de l'esprit, cette entité « divine » étant, en somme, d'ordre substantiel, — « (...) quinta natura, (...) haec et deorum est et animorum », — et entraînant pour le sujet une immortalité céleste : « integriora ac puriora sunt, ut a terra longissime se ecferant » [10]. On saisit aussitôt, par contraste, l'humanisme caractéristique de la maturité. Non seulement, comme l'on sait, l'immortalité de la personne a disparu, mais la signification même de la vie terrestre a subi un changement sensible ; certes, Aristote n'a pas cessé de considérer comme divine la vie selon l'esprit, et cependant il semble bien que sa réflexion téléologique sur la génération l'ait amené à déplacer le centre de gravité : l'âme n'est plus substance reçue des dieux, la vie est exercice de la forme-acte et contribution à la permanence de l'espèce, et cette forme spécifique en acte, maintenue par la génération, agit désormais comme une fin s'imposant au dynamisme de l'individu.

Cause motrice et finale, l'âme-forme est encore, au premier chef et comme acte premier du corps-substrat, principe d'*unité* [11]; mais on s'accorde à voir ici un échec grave de la spéculation aristotélicienne. Sans doute le *De anima* parvient-il à rendre intelligible le concours de nombreuses fonctions — nutrition, croissance et génération; sensation et imagination, désir et mouvement — en subordonnant les plus communes aux plus perfectionnées [12]; mais l'unité de l'être humain, niée durant la première période, ou du moins présentée dans des formules

---

[9] *De an.*, II 4, 415 a 29 - b 2, et ch. III, s. II, *supra*, pp. 142-144; cf. *De gen. anim.*, II 1, 731 b 33 : κατὰ τοῦτόν ἐστιν ἀΐδιον τὸ γιγνόμενον.

[10] *Tusc.*, I 65; cf. I 67 : « hoc e genere atque eadem e natura est humana mens »; I 41; on s'abstient ici de disserter sur le statut, matériel ou non, de la « quinta natura ».

[11] Cf. *De an.*, II 1, 412 b 4-9.

[12] Cf. *De an.*, II 3, 414 b 28-32.

dualistes [13], ne fait l'objet, dans le *Corpus*, d'aucune explication satisfaisante : à l'écart entre l'âme-substance divine et la réalité corporelle, succède un hiatus entre le vivant et l'intellect, unique et éternel [14].

On ne peut nier que cette unité de l'homme ne soit exigée par les doctrines les plus caractéristiques des traités : point de pensée sans image, ni de principes généraux sans expérience ; pas de génération — même en ses traits spécifiquement humains — sans médiation d'un περίττωμα fécondant ; en métaphysique même, la définition de notre être substantiel met en cause des organes jugés plus importants ; la perfection de l'homme ne se réduit pas à l'épanouissement des seules aspirations intellectuelles ; etc. D'autre part, nous pensons que les analyses d'ordre éthique, précisément, ouvraient la voie à la solution, malgré leur statut moins spéculatif, ou peut-être pour cette raison même : le Stagirite reconnaît là, en effet, que les divers niveaux de l'être humain sont intéressés en quelque mesure à l'acte qu'il appelle « accompli de plein gré » [15], et l'on sait qu'il reproche à la tripartition platonicienne de dissocier l'unité de la fonction désirante [16], quitte à recourir lui aussi, en éthique et en politique, à une division de l'âme [17].

Mais jamais Aristote ne parvient à mettre en formule ni à justifier l'unité complexe de l'individu humain ; malgré le danger d'anachronisme, on doit constater ainsi que fait défaut une réflexion suivie sur le moi et sur la liberté qui le caractérise, ainsi qu'une subordination précise de la politique à l'éthique, en sorte que l'autonomie de la personne n'apparaît pas sous son vrai jour. Sans nier l'influence des facteurs

[13] Fr. NUYENS, *L'évolution* ..., pp. 90-95, note bien que les frg. du *Protreptique* offrent sur ce chapitre des propos sensiblement divergents ; et « rien n'indique qu'Ar. ait fait une tentative en vue de les ramener à l'unité » (p. 95). On pourrait rapporter à l'*Eudème* les formules le plus nettement dualistes ; mais, comme les deux œuvres sont probablement contemporaines, il faut alors recourir à une différence marquée entre « genres littéraires ».

[14] Cf. notre conclusion relative au νοῦς θύραθεν, *supra*, pp. 280-281, renvoyant à Nuyens et Barbotin.

[15] Cf. *Éth. Eud.*, II 7, 1223 b 26-27, qui suggère un lien plus marqué avec la βούλησις, mais non exclusif (μᾶλλον — analysé par É. DE STRYCKER, *Prédicats* ..., 1968, pp. 608-610, 617, — semble bien avoir ici ce sens habituel) : μᾶλλον ἑκούσιον τὸ κατὰ βούλησιν τοῦ κατὰ ἐπιθυμίαν καὶ θυμόν.

[16] Cf. *De an.*, III 10, 433 b 3-7 (mêmes niveaux psychiques qu'à la n. précéd.). A. MANSION, *Le Dieu d'Ar.* ..., p. 39 : Ar. « paraît plutôt considérer l'appétit comme une faculté unique, bien qu'elle ait ses racines dans des connaissances de divers ordres ».

[17] On se rappelle notre examen de la division en parties rationnelle et irrationnelle, *supra*, ch. IV, s. III, pp. 225-230 et 232-234.

culturels, nous estimons que la théorie de l'intellect joue ici un rôle décisif : exempt de toute compromission corporelle et, par conséquent,
substance unique sans commencement, cet esprit ne peut être que
supra-individuel ; s'il est « nôtre », c'est d'une façon toute mystérieuse
et en vertu d'un postulat, non d'une explication rationnelle. La donnée
immédiate que le plus illustre des aristotéliciens opposera aux aver-
roïstes, à savoir que « hic homo intelligit », échappe en définitive à la
systématisation de notre philosophe.

La situation était-elle, à cet égard, plus favorable au cours de sa
première période ? D'après ce que nos fragments donnent à entendre,
et dans la mesure où l'unité hiérarchisée de l'âme humaine — esprit
inclus, certes — ne fait pas problème, une réponse affirmative paraît
s'imposer. On en vient dès lors à relever ce paradoxe : le *Corpus*
n'admettant pas que l'intellect soit partie intégrante de la « forme »
humaine, — et que dès lors il commence d'exister avec elle, — l'incontestable progrès que marque sa philosophie du vivant, dans la théma-
tisation du spirituel comme dans l'interprétation de la relation psycho-
somatique, cause lui-même l'échec du système au moment même où il
devrait rendre compte de notre unité ; intégrant parfaitement les
aspects téléologiques, si importants notamment dans l'aristotélisme,
mais aussi la panoplie d'instruments vitaux que le Stagirite entendait
relier à un principe d'intelligibilité, l'hylémorphisme achoppait au
problème précis qu'il devait résoudre en tout premier lieu, et que
d'ailleurs il déclare résolu sous sa forme la plus générale : désormais,
dit-il, οὐ δεῖ ζητεῖν εἰ ἓν ἡ ψυχὴ καὶ τὸ σῶμα, âme et corps *sont* un [18].

2. *Sur une différence de méthode.*

On voit dès lors en quoi nous proposons de rectifier la conception
présentée par Nuyens, et par beaucoup d'autres avec lui, de l'hylémorphisme et de sa place dans l'évolution d'Aristote en psychologie.

Pour ces historiens, la modification de la relation psycho-somatique
traverse trois stades nettement définis : la phase médiane, qui serait
attestée par la majorité des traités, atténue le dualisme du stade initial,
mais son instrumentisme reste incompatible avec l'unité hylémorphique
dont porte témoignage la période finale ; d'autre part, accédant à
cette dernière doctrine, Aristote se révèle incapable de thématiser

[18] *De an.*, II 1, 412 b 6.

l'intégration métaphysique de l'intellect, conçu comme unique et éternel, à l'âme-forme périssable de l'individu.

Pour notre part, nous ratifions ce second diagnostic, en précisant que cette aporie majeure se manifeste là où les traités hylémorphiques explicitent la nature de l'intellect et s'interrogent sur son origine ; mais il nous apparaît que l'instrumentisme, obvie à divers égards, ne peut être érigé en théorie typique d'une période intermédiaire, car les coordonnées qu'on lui trouve chez le Stagirite ne constituent pas un ensemble autonome : l'un ou l'autre trait nettement dualiste semble bien remonter à la première période, tandis que tout le reste s'intègre aisément — et souvent de façon nécessaire — à la doctrine de l'âme-forme.

Ces corrections apportées à une thèse remarquable ne feront pas oublier que nous restons redevable à l'auteur non seulement de son exemple, mais aussi de deux suggestions capitales : l'examen de l'hypothèse instrumentiste et le dilemme de l'âme et de l'intellect. Encore convient-il d'indiquer en terminant, comme nous l'avons annoncé, les particularités de méthode qui, pour une part non négligeable, peuvent rendre compte de la différence entre ses résultats et les nôtres.

S'il est permis de tenter une comparaison sans disposer encore du recul nécessaire, notons en premier lieu que, dans l'ensemble, nous avons eu à connaître des mêmes matériaux : les questions d'authenticité et d'intégrité ne se posent guère différemment à l'heure actuelle. Les critiques adressées à Nuyens ont attiré notre attention sur certains passages restés inaperçus de lui [19], mais leur traitement ressortit à un aspect général de la méthode, que nous signalerons plus loin. Quant aux renvois d'une œuvre à une autre, nous avons admis qu'ils jouent un rôle accessoire ; nous avons précisé que tous paraissent révéler une séquence méthodologique, non chronologique, mais sans que cela entraîne une modification substantielle de la thèse à l'examen [20].

L'exception, très notable, concerne le contexte entourant les assertions d'ordre psychologique, et que notre prédécesseur n'a guère pris en considération. C'est peut-être le lieu de rappeler son propos d'ensemble, qui vise à préciser et à corriger le schéma général de Jaeger,

---

[19] Cf. *supra*, ch. I, s. II, pp. 23-26.

[20] Cf. *supra*, ch. I, s. I, p. 5 ; ch. III, concl., pp. 149-153. En estimant par exemple le *De gen. anim.* antérieur au *De an.* (cf. ch. V, par. 3, pp. 287-280), nous ne prétendons pas corriger la chronologie de Nuyens sur un point essentiel.

mais sans remettre en question l'existence de trois phases dans le développement de l'aristotélisme [21] ; il cite ainsi des passages qu'il range tour
à tour dans ces trois périodes selon leur ressemblance avec tel ou tel
thème dominant. Malgré les avantages incontestables de sa méthode,
soulignés au début de ce travail [22], il est apparu que Nuyens a sans doute
trop concédé à cette structure ternaire. Certes, on enregistre des différences, voire un hiatus, entre l'expression de l'instrumentisme et celle
de l'hylémorphisme, et cependant celui-ci intègre celui-là dans la plupart des traités ; s'il arrive que l'instrumentisme offre à lui seul une
explication globale du vivant, c'est là chez Aristote un phénomène
marginal, du moins dans ce qui nous reste de lui : ainsi pour la rédaction
originale du *De iuventute* et des exposés de « politique » qui semblent
bien relever du dualisme initial. Tirées de leur contexte, les formules du
Stagirite se prêtent en effet aux interprétations les plus diverses ;
on songe à des propos qui affirment respectivement : ψυχὴ καὶ σῶμα
δύ'ἐστίν, et : οὐ δύ'ἐστίν [23], mais que Nuyens a rangés dans la même
période intermédiaire [24]. Ainsi avons-nous choisi de considérer les
doctrines psychologiques d'Aristote au sein d'ensembles littéraires
relativement étendus [25] ; à la limite, certes, c'est la totalité de l'aristotélisme et de son sens présumé qui doit figurer à l'horizon de l'interprète …

Comme on l'a vu, c'est plutôt la cohérence des exposés qui s'est
révélée et, le plus souvent, avec l'unité de la doctrine, une parenté
profonde de l'un à l'autre des traités étudiés. Sans doute l'option
méthodologique rappelée à l'instant a-t-elle exercé ici une influence
décisive, car elle a permis d'expliquer des disparités que l'exégèse
de Nuyens attribuait à une évolution doctrinale. En ce qui regarde
notre sujet, les ressemblances l'emportent donc sur les différences et,

---

[21] Cf. *supra*, ch. I, s. I, pp. 2-3.

[22] Cf. *supra*, ch. I, s. I, pp. 3-7.

[23] *Polit.*, VII 15, 1334 b 17 (cf. *supra*, ch. IV, s. III, p. 222, n. 29). *É.E.*, VII 9, 1241
b 18-20 (*ibid.*, n. 16 à la p. 219).

[24] Fr. NUYENS, *L'évolution* …, pp. 185-197, commente ces deux citations (cf. pp. 196
et 187-188) et montre bien que la seconde ne prétend pas reproduire l'enseignement
du *De anima*, mais il ne relève pas leur apparente contradiction ; or, le contexte la résout
par l'appel à une altérité *relative*, comme pour le maître et l'esclave (cf. *supra*, p. 219).

[25] Ceci a d'ailleurs été facilité par le fait que Nuyens avait longuement commenté
des textes qu'il nous a suffi dès lors d'évoquer rapidement ; ainsi, pour l'essentiel, *De
anima*, III 4-5.

dans l'ensemble, les traités examinés nous révèlent une élaboration
déjà très avancée.

Puisque les critères auxiliaires — références, allusions historiques
éventuelles, etc. — n'offrent aucune garantie, il semble que l'on puisse
porter son attention vers le degré même de cette élaboration [26]. Ceci
nous a conduit par exemple, on s'en souvient, à ne pas reconnaître
de divorce entre le *De motu* et le *De anima*, et à considérer ce dernier
comme postérieur aux divers autres, le *De gen. anim.* inclus [27]. Nous
pensons dès lors avoir montré qu'à lui seul, en toute hypothèse, le
« platonisme » d'une œuvre ne peut fixer la chronologie : sans doute
doit-on dire que dans l'ensemble, à partir des écrits exotériques, la
philosophie du Stagirite a évolué en fonction d'un humanisme plus
terrestre ; et cependant, lorsqu'il verra dans l'intellect éternel le principe
de notre intellection, actif en chacun de nous, Aristote sera-t-il moins
proche de Platon ?

Quelques « moments d'évolution » se dégagent ainsi de cette longue
enquête. Les textes de la première période reflètent un intellectualisme
décidé et une anthropologie dualiste, tout en expliquant la structure
de l'âme par une théorie que le *Corpus* estimera imparfaite au plan
théorique, mais valable pour rendre compte de l'agir et pour le guider ;
de l'orientation instrumentiste initiale, un traité biologique, le *De
iuventute*, porte également la marque. L'exposé sur la reproduction
contribue, pensons-nous, à mettre au jour deux doctrines dont il témoigne lui-même, doctrines antinomiques chez Aristote et que théma-
tisera le *De anima* : l'unité métaphysique du vivant, qui assume les
schèmes instrumentistes, et l'unicité du principe qui cause notre
pensée ; ainsi le *Corpus* témoigne-t-il d'un *instrumentisme intégré à
l'hylémorphisme*, mais aussi d'un *conflit entre ce dernier et le spiritualisme*
du philosophe en ce qu'il a de plus original.

---

[26] Nous retrouvons ainsi un des thèmes chers à I. Düring ; mais son explication des
différences par l'appel à une « pluralité d'approches » nous paraît ne pas se confirmer ;
cf. *supra*, ch. I, s. II, pp. 20-22.

[27] Cf. *supra*, n. 20 ; ch. IV, s. I, p. 173 ; ch. V, pp. 287-280. — Nous avons, certes,
reconnu nous aussi le caractère composite de *Métaph., Delta* (cf. *supra*, ch. III, s. I,
p. 114, n. 7) et de l'*Hist. anim.* (ch. IV, s. I, p. 181, n. 97) ; sur notre réserve à propos
des *Topiques*, cf. *ibid.*, s. II, n. 41 aux pp. 191-192.

De l'aristotélisme, nous avons exploré à notre tour, si l'on peut dire, la partie émergée, mais sans perdre de vue que çà et là des fragments remontés à la surface livrent quelque secret issu, semble-t-il, des profondeurs de son histoire. Ainsi peut-on conjecturer que le jeune penseur venu de Stagire dut un jour renoncer à l'affirmation de notre immortalité personnelle pour mieux intégrer l'homme à sa vaste *scala naturae*. Mais son itinéraire intellectuel et, mieux encore, l'aventure intérieure qui le commande se dérobent largement à nos investigations et à notre désir d'en recueillir les leçons. Aussi bien des exemples illustres nous invitent-ils à la réserve dans nos appréciations. Estimant devoir restituer à la maturité du philosophe de nombreux traités qui révèlent tour à tour les divers aspects de son génie, nous reconnaissons volontiers la limitation de nos prémisses et, partant, de nos conclusions. Mais τῆς ἀληθείας (...) ἀξίως μηδένα δύνασθαι τυχεῖν (...), ἐκ πάντων δὲ συναθροιζομένων γίγνεσθαί τι μέγεθος [28] : c'est dire notre confiance dans l'avis et les nouvelles recherches des experts : désormais notre travail leur est accessible, grâce à l'appui du Centre De Wulf-Mansion et au concours de la Fondation Universitaire de Belgique.

C'est sans doute le lieu d'exprimer à ces hautes institutions notre vive reconnaissance. Nombre de collègues et d'amis mériteraient amplement d'être également nommés ici, qui nous ont encouragé à écrire cet ouvrage et puissamment aidé à le mettre au point. Beaucoup de ces raisons nous convainquent de citer spécialement Mlle S. Mansion, même si notre merci très cordial n'atténue en rien notre conviction de rester son obligé.

---

[28] *Métaph.*, α 1, 993 a 30 - b 4.

TABLES

I. TEXTES ANCIENS : ÉDITIONS, TRADUCTIONS, COMMENTAIRES D'ENSEMBLE

Les chiffres précédés du tiret renvoient aux pages du volume (en *italique*, ils précisent la note) qui évoquent les travaux en question. Les références aux textes anciens eux-mêmes figurent dans la *Table* III.

Sauf pour les traités d'Aristote, qui restent rangés comme chez Bekker, les œuvres sont présentées selon l'ordre chronologique attesté ou présumé. Il en va de même pour les travaux concernant chaque ouvrage, mais priorité est donnée aux éditions (avec ou sans traduction et commentaire), un astérisque indiquant parfois celle que nous citons le plus couramment ; suivent les traductions (avec ou sans commentaire), puis les commentaires, anciens et modernes.

On signale parfois (entre parenthèses) une simple réimpression, mais sans que l'ordre chronologique en soit affecté.

Nous avons utilisé la 9e éd. (1940) de H.G. LIDDELL - R. SCOTT, *A Greek-English Lexicon* (*de qua* cf. 130, *36*). Voici quelques sigles courants de cette *Table* I :

BT = Bibliotheca scriptorum graecorum et romanorum Teubneriana. Leipzig[1], Stuttgart[2].

CIAG = Commentaria in Aristotelem graeca. Berlin.

C.Un.Fr. = Collection des Universités de France, publiée sous le patronage de l'Association G. Budé ; *alias* éd. Belles Lettres. Paris.

Loeb Cl. Libr. = Loeb Classical Library. London-Cambridge (Mass.).

OCT = Scriptorum classicorum bibliotheca Oxoniensis (Oxford Classical Texts). Oxford.

OT = The Works of Aristotle, translated into English under the editorship of J.A. SMITH and W.D. Ross (Oxford Translation). Oxford, 1908-1952.

I. AVANT ARISTOTE

PRÉSOCRATIQUES.

Die Fragmente der Vorsokratiker, éd., trad. H. DIELS - W. KRANZ. I-III, Berlin, 1956[8] — 48, *52*.

The Presocratic Philosophers, choix de frg., comm. G.S. KIRK - J.E. RAVEN. Cambridge, 1966 — 201, *73* ; 202, *80* ; 203, *81* ; 210, *115*.

Doxographi graeci, éd. H. DIELS. Berlin, 1879[1] (1958[3]) — 48, *52* ; 197, *62* ; 208, *107*.

Trois contemporains : Parménide, Héraclite, Empédocle, trad. des frg. par Y. BATTISTINI, Paris, 1955 — 48, *52*.

Héraclite ou la séparation, éd., trad., comm. J. BOLLACK - H. WISMANN. Paris, 1972.

Empédocle d'Agrigente, éd., trad., comm. J. ZAFIROPOULO. Paris, 1953 — 208, *107*.

ÉCOLES MÉDICALES.

Hippocrate, Œuvres complètes, éd., trad. É. LITTRÉ. Paris, 1839-1861 (Amsterdam, 1961-1962).

Hippocrate, L'Ancienne Médecine, éd., trad., comm. A.J. FESTUGIÈRE. Paris, 1948 — 202, *77-79.*

Hippocrate, Du régime, éd., trad. R. JOLY. C.Un.Fr., 1968 — 203-207, *passim*; 209, *114*; 211, *121.*

Hippocrate, De la génération, De la nature de l'enfant, Des maladies IV, Du foetus de huit mois, éd., trad. R. JOLY. C.Un.Fr., 1970 — 201, *70.*

Die Fragmente des sikelischen Aerzte Akron, Philistion und des Diokles von Karystos, éd. M. WELLMANN. Berlin, 1901 — 202, *80.*

Mnésithée et Dieuchès, éd., comm. J. BERTIER. Leyde, 1972 — 203, *81.*

PLATON.

Platon, Œuvres complètes. I-XIV, C.Un.Fr., 1920-1964; t. IV, *2e partie, Banquet,* éd., trad. L. ROBIN, 1929 — 48, *51*; t. VIII 1, *Parménide,* trad. A. DIÈS, 1956 — 188, *22*; t. X, *Timée,* par A. RIVAUD, 1925 — 97, *67*; t. XIV, *Lexique de la langue philos. et religieuse de Platon,* par É. DES PLACES, 1964 — 54, *72*; 188, *22*; 200, *70*; 255, *14.*

Platon, Œuvres complètes, trad. L. ROBIN - J. MOREAU (« La Pléiade »). I-II, Paris, 1950 — 48, *51.*

A Commentary on Plato's Timaeus, par A.E. TAYLOR. Oxford, 1928 — 44, *33*; 49, *56*; 97, *67*; 200, *70*; 201, *70.*

II. ARISTOTE

CORPUS ARISTOTELICUM.

Aristotelis opera (Acad. de Prusse), éd. I. BEKKER. I-II, Berlin, 1831 — 31, *2*; 32, *5*; 98, *71.* — *Id.,* V, *Index aristotelicus,* par H. BONITZ. Berlin, 1870 — *passim.*

Aristotelis libri omnes ad animalium cognitionem attinentes cum AVERROIS *Cordubensis* (...) *commentariis.* VI-VII, Venetiis ap. Iunctas, 1562 — 33, *6.*

FRAGMENTS.

Ar. fragmenta, éd. V. ROSE. BT, 1886 — 98, *73, 75*; 99, *79*; 100, *80, 81*; 151, *9*; 190, *33.*

Ar. dialogorum fragmenta selecta, éd. R. WALZER. Firenze, 1934 — 215.

Ar. fragmenta selecta, éd. W.D. ROSS. OCT, 1955 — 215.

Ar., Selected Fragments, trad. W.D. ROSS. OT XII, 1952.

Ar., Einführungsschriften, trad. O. GIGON. Zürich-Stuttgart, 1961.

Prolegomena to an Edition of the Eudemus, par O. GIGON, dans *Ar. and Plato* ... (cf. *infra,* 299), 1960, 19-33, 21, *37*; 215, *4.*

Eudemus, or On the Soul, comm. A.H. CHROUST. Mnemosyne 19, 1966, 17-30 — 289.

Ar.'s Protrepticus. An Attempt at Reconstruction, intr., éd., trad., comm. I. DÜRING. Göteborg, 1961 — 216, *7*; 225, *39.*

Ar., Della filosofia, éd., trad., comm. M. UNTERSTEINER. Roma, 1963.

A la recherche de l'Aristote perdu. Le dialogue Sur la justice, éd., comm. P. MORAUX. Louvain, 1957 — 220, *18*; 230, *58*; 243.

Ar., *De la prière*, éd., comm. J. PÉPIN, dans *Ar.*, *De la richesse* (...), par J. AUBONNET (...), Paris, 1968, 45-77 (repris dans J. PÉPIN, *Idées grecques sur l'homme et sur Dieu*, Paris, 1971, 249-301).

ORGANON.

Ar.'s Prior and Posterior Analytics, intr., éd., comm. W.D. ROSS. Oxford, 1957².
Ar., *Organon*, trad. J. TRICOT. I-VI, Paris, 1936-1939.

PHYSIQUE.

Ar., *Physique*, éd., trad. H. CARTERON. I-II, C.Un.Fr., 1926-1931.
Ar.'s Physics, éd., comm. W.D. ROSS. Oxford, 1936* — 37, *4*; 157, *5*.

DE CAELO, DE GENERATIONE ET CORRUPTIONE.

Ar., *Du ciel*, éd., trad. P. MORAUX. C.Un.Fr., 1965.
Ar.'s Cosmology. A Comm. on the De caelo, par L. ELDERS. Assen, 1966.
Ar., *De la génération et de la corruption*, éd., trad. Ch. MUGLER. C.Un.Fr., 1966.

DE ANIMA.

Ar., *Traité de l'âme*, éd., trad., comm. G. RODIER. I-II, Paris, 1900 — 135, *17*; 138, *28*; 142, *42*; 147, *70*.
Ar., *De anima*, éd., trad., comm. R.D. HICKS (en angl.).Cambridge, 1907 (Amsterdam, 1965²) — 135, *17*; 170, *52*.
The Text of the De anima, par W.D. ROSS, dans *Autour d'Ar.* (cf. *infra*, 299), 1955, 207-215.
Ar., *De anima*, éd., comm. W.D. ROSS. Oxford, 1961* — 75, *71*; 132, *10*; 133, *13*, *15*; 134, *16*, *17*; 135, *17*; 136, *18*; 138, *25*; 141, *39*, *41*; 152, *14*; 159, *11*; 165, *33*; 271, *66*; 272, *72*.
Le De anima d'Ar. dans les manuscrits grecs, par P. SIWEK. Città del Vaticano, 1965.
Ar., *Tractatus De anima graece et latine*, éd., trad., comm. P. SIWEK. Roma, 1965 — 74, *69*; 132, *10*; 165, *33*; 183, *4*; 227, *50*; 270, *62*; 272, *72*.
Ar., *De l'âme*, éd. A. JANNONE, trad. E. BARBOTIN. C.Un.Fr., 1966 — 32, *3*; 74, *69*; 132, *10*; 133, *13*; 165, *33*; 166, *37*; 180, *95*; 186, *19*; 227, *50*; 272, *72*.
Ar. De anima, trad. GUILLAUME DE MOERBEKE, *apud Ar.*, *De anima*, éd. W.D. Ross (cf. *supra*) — 132, *10*.
Ar., *De l'âme*, trad. J. TRICOT. Paris, 1934.
Ar., *L'anima*, trad., comm. A. BARBIERI. Bari, 1957 — 261, *29*.
Ar., *Ueber die Seele*, trad. P. GOHLKE. Paderborn, 1959.
Ar., *Ueber die Seele*, trad., comm. W. THEILER. Berlin, 1966² — 17, *22*; 25, *46*; 57, *3*; 132, *10*, *11*; 139, *35*; 167, *43*; 182-183, *4*; 185, *14*; 215, *2*; 271, *66*; 272, *72*; 273, *74*; 279, *92*.
De anima liber d'ALEXANDRE d'Aphrodise, éd. I. BRUNS, CIAG, *Supplementum arist.* II 1, 1887.

Commentaire sur le traité de l'âme d'Ar. de THÉMISTIUS. *Trad. de Guillaume de Moerbeke*, éd. G. VERBEKE. Louvain, 1957 — 133, *15.*

Commentaire sur le De anima d'Ar. de JEAN PHILOPON. *Trad. de Guillaume de Moerbeke*, éd. G. VERBEKE. Louvain, 1966 — 133, *15.*

In De an. Commentaire de SIMPLICIUS, éd. M. HAYDUCK. CIAG XI, 1882 — 218, *10.*

Commentaire sur le De an. d'Ar. d'AVERROÈS. Cf. *supra*, 293, *Corpus.*

In Ar. librum De anima de S. THOMAS D'AQUIN, éd. A.M. PIROTTA. Aug. Taurin., 1959⁴ — 132, *11*; 133-134, *16*; 135, *17*; 136, *18*; 137, *22*; 139, *34*; 234, *69-71.*

PARVA NATURALIA.

Ar., Kleine naturwissenschaftliche Schriften (Parva Naturalia), éd. E. ROLFES. Leipzig, 1924 — 4, *7.*

Ar., Petits traités d'histoire naturelle, éd., trad. R. MUGNIER. C.Un.Fr., 1953 — 188, *22*; 200, *70*; 201, *70*; 212, *123.*

Ar., Parva Naturalia, éd., comm. W.D. Ross. Oxford, 1955* — 18, *26*; 24, *44*; 80, *16*; 81, *19*; 135, 17; 150, *2*; 153, *16*; 154, *18*; 183, *5, 6*; 184, *7, 8*; 186, *18*; 187, *22*; 189, *30*; 200, *70*; 203, *81*; 212, *123*; 213.

Ar. Parva Naturalia, éd., trad. lat., comm. P. SIWEK. Roma, 1963 — 183, *4*; 187-188, *22*; 212, *123.*

In Parva Naturalia commentaria de MICHEL d'Éphèse, éd. P. WENDLAND. CIAG XXII 1, 1903.

Ar., De insomniis, De divinatione per somnum, trad. lat., comm. H.J. DROSSAART LULOFS. Leiden, 1947 — 40, *20*; 56, *2*; 154, *19*; 184, *8.*

Ar., De iuventute ..., trad. G.R.T. Ross. OT III, 1908 — 187, *22*; 190, *36*; 212, *123.*

HISTORIA ANIMALIUM.

Ar., Histoire des animaux, éd., trad. P. LOUIS. I-III, C.Un.Fr., 1964-69.

Ar., Historia animalium, trad. D'ARCY W. THOMPSON. OT IV, 1910.

DE PARTIBUS ANIMALIUM.

Ar.'s De partibus animalium. Critical and Literary Commentaries, par I. DÜRING. Göteborg, 1943 — 19, 20, *31.*

Ar., Parts of Animals, éd., trad. A.L. PECK. *Movement and Progression of Animals*, éd., trad. E.S. FORSTER. Loeb Cl. Libr. London, 1937.

Ar., Les parties des animaux, éd., trad. P. LOUIS. C.Un.Fr., 1957.

Ar., De partibus animalium, trad. W. OGLE. OT V, 1912 — 47, *46*; 83, *26*; 152, *10.*

Ar., philosophe de la vie : Parties des animaux, livre I, éd., trad., comm. J.M. LE BLOND. Paris, 1945 — 29, *3*; 37-38, *8*; 180, *94.*

DE MOTU ANIMALIUM, DE INCESSU.

Ar., De animalium motione et de anim. incessu (...), éd. W. JAEGER. BT, 1913.

Ar., De motu animalium, éd., trad. ital. et lat. L. TORRACA. Napoli, 1958 — 160, *16.*

Ar., De motu animalium, De incessu anim., trad. A.S.L. FARQUHARSON. OT V, 1912 — 156, *2, 4*; 159, *14*; 160, *16*; 161, *19*; 162, *23*; 165, *31.*

DE GENERATIONE ANIMALIUM.

Ar., *Von der Zeugung und Entwickelung der Thiere*, éd. Fr. WIMMER, trad. H.
AUBERT. Leipzig, 1860 — 253, *7*; 255, *13*.

Ar., *Generación de los animales*, éd., trad. Fr. GALLACH PALLÈS. Madrid, 1934.

Ar., *The Generation of Animals*, éd., trad., A.L. PECK (Loeb Cl. Libr.), London,
1942 — 32, 33, 43, *30*; 81, *19*; 185, *14*; 265, *40*, *45*.

Ar., *De la génération des animaux*, éd., trad. P. LOUIS. C.Un.Fr., 1961 — 32, 39, *15*;
56, *2*; 95, *61*; 96, 97, *67*; 252, *5*; 260.

Ar., *De generatione animalium*, éd. H.J. DROSSAART LULOFS. OCT, 1965* — 32,
36, *3*; 43-44, *30*; 57, *6*; 73, *67*; 87, *36*; 90, *47*; 92, *54*; 94, *59*; 97, *70*; 252, *7*;
253, *8*; 257, *17*; 260, 262, *32*; 276, *88*.

Ar., *Generation of Animals. The Arabic Translation commonly ascribed to Yaḥyā
ibn Al-Biṭriq*, intr., éd. J. BRUGMAN - H.J. DROSSAART LULOFS. Leiden, 1972
(non utilisé).

Ar., *De generatione animalium. Translatio Guillelmi de Moerbeka (Ar. latinus,
XVII 2 v)*, éd. H.J. DROSSAART LULOFS. Leiden, 1966.

Ar., *De generatione animalium*, trad. A. PLATT. OT V, 1912 — 32, 43, *30*; 47, *48*;
48, *51*; 51, *60*; 66, *31*; 67, *40*; 79, *9*; 82, *22*; 87, *36*; 90, *47*; 101, *85*; 198, *65*;
253, *7*; 254, *8*; 255, *11*; 265, *45*; 266, *45*; 275, *85*.

Ar., *Ueber die Zeugung der Geschöpfe*, trad. P. GOHLKE. Paderborn, 1959.

In De generatione animalium commentaria de MICHEL d'Éphèse (= PS.-JEAN
PHILOPON), éd. M. HAYDUCK. CIAG XIV 3, 1891 — 33, 36, *3*; 43-44, *30*; 49,
56; 59, *10*; 90, *48*; 257, *17*.

MÉTAPHYSIQUE.

Ar. Metaphysica, éd., comm. H. BONITZ. I-II, Bonn, 1848-1849 — 128, *62*; 129, *64*.

Ar. Metaphysica, éd. W. CHRIST. BT, 1886 — 142, *44*.

Ar.'s Metaphysics, éd., comm. W.D. ROSS. Oxford, 1924, 1953² — 47, *46*; 86, *35*;
113, *2*; 116, *14*, *15*; 117, *15*, *16*; 119, *28*; 123, *39*, *41*.

Ar. Metaphysica, éd. W. JAEGER. OCT, 1957* — 50, *60*; 86, *35*; 116, *14*; 142, *44*.

In Ar. Metaphysicam commentaria d'ALEXANDRE d'Aphrodise et de MICHEL
d'Éphèse, éd. M. HAYDUCK. CIAG I, 1891 — 113, *5*; 120, *30*; 123, *39*; 124, *44*;
142, *44*.

In Metaphysicam Ar. commentaria de S. THOMAS d'Aquin, éd. M.R. CATHALA.
Aug. Taurin., 1915 — 119, *26*; 120, *29*; 121-122, *36*; 123, *41*; 124, *44*; 129, *64*.

Ar., *La Métaphysique*, trad., comm. J. TRICOT. I-II, Paris, 1962³ — 51, *61*; 113, *3*, *5*;
115, *12*; 120, *31*; 123, *41*; 124, *44*.

Ar., *La Metafisica*, trad., comm. G. REALE. I-II, Napoli, 1968.

ÉTHIQUES.

The Ethics of Ar. (= l'*Éth. Nic.*), éd., comm. A. GRANT. I-II, London, 1874³ —
15, *16*; 156, *1*.

Ar. Ethica Nichomachea, éd. I. BYWATER. OCT, 1894 (1962)* — 87, *36*.

The Ethics of Ar. (= l'*Éth. Nic.*), éd., comm. J. BURNET. London, 1900 — 15, *16*;
237, *80*.

Ar. Ethica Nicomachea, éd. Fr. SUSEMIHL - O. APELT. BT, 1903.

Ar., Ethica Nicomachea, trad. W.D. ROSS. OT IX, 1925 — 219, *16*; 220, *19*; 237, *77*.

Ar., Nikomachische Ethik, trad. O. GIGON. Zürich, 1951.

Ar., Nikomachische Ethik, trad., comm. Fr. DIRLMEIER. Darmstadt, 1956, 1967⁴ —
15, *17*; 19, *30*; 28, *1*; 215, *2*; 226, *44*; 228, *54*; 237, *77-79*; 240, *89*.

Ar., l'Éthique à Nicomaque, intr. et trad. (= I), comm. (= II, 1-2) R.A. GAUTHIER -
J.Y. JOLIF. Louvain, 1957-1958 — 8, *19*; 16, *20*; 19, *30*; 46, *42*; 55, *72*; 219,
16; 220, *21*; 226, *44*; 234, *69*; 235, *72*; 236, *75, 76*; 237, *77, 80*; 240, *89*; 241,
94, 95, 97; 242, *100*; *Introduction* nouvelle, par R.A. GAUTHIER. Louvain,
1970 — 8, *19*; 15, *15*; 17, *25*; 18, *27*; 19, *28* à *30*; 24, *42*; 214, *1*; 216, *6*; 224,
37; 231, *59*; 233, *64*; 247, *1*.

Sententia libri Ethicorum Ar. de S. Thomas d'Aquin (éd. Léonine, 47), éd. R.A.
GAUTHIER - P.M. GILS. Roma, 1969 — 233, *64*; 234, *69*.

Ar., The Nicomachean Ethics, comm. H.H. JOACHIM (éd. par D.A. REES). Oxford,
1951.

Ar., Le plaisir (Éth. Nic., VII 11-14, et X 1-5), intr., trad. A.J. FESTUGIÈRE. Paris,
1946 — 28, *2*.

Ar., Magna Moralia, trad. St. G. STOCK. *Ethica Eudemia*, trad. J. SOLOMON. OT
IX, 1915.

Ar., Grande Etica. Etica Eudemia, trad. A. PLEBE. Bari, 1965 — 214, *1*.

Ar., Magna Moralia, trad., comm. Fr. DIRLMEIER. Berlin, 1958 — 214, *1*.

Ar., Ethica Eudemia, trad. J. SOLOMON. OT IX, 1925 — 229, *56*.

Ar., Eudemische Ethik, trad., comm. Fr. DIRLMEIER. Berlin, 1962 — 217, *9*.

POLITIQUE.

Ar., Politica, trad. B. JOWETT - W.D. ROSS. OT X, 1921 — 220, *19*.

Ar., Politique, éd., trad. J. AUBONNET. C.Un.Fr., I (livres I-II), 1968 — 218, *12*;
219, *16*; 220, *19*. II 1 (livres III-IV), 1971.

III. APRÈS ARISTOTE

THÉOPHRASTE.

Theophrastus and the Greek Physiological Psychology before Ar., par G.M. STRATTON.
London, 1917 (Amsterdam, 1964²).

La théorie arist. de l'intellect d'après Théophraste [avec éd. des frg.], par E. BAR-
BOTIN. Louvain, 1954 — 258, *21*; 260, *28*; 275, *83*; 277.

CICÉRON.

Marci Tulli Ciceronis Academicorum reliquiae cum Lucullo, éd. O. PLASBERG. BT,
1922.

Cicéron, Des termes extrêmes des biens et des maux, éd., trad. J. MARTHA. I-II,
C.Un.Fr., 1961.

M.T.C. Tusculanae disputationes, éd. M. POHLENZ. BT, 1918.

Cicéron, Tusculanes, éd. G. FOHLEN, trad. Jules HUMBERT. I-II, C.Un.Fr., 1931*.

M.T.C. De natura deorum libri III, éd., comm. A.St. PEASE. I-II, Cambridge
(Mass.), 1955-1958 (Darmstadt, 1968).

DIVERS.

Nicolaus Damascenus, On the Philos. of Ar., éd. syriaque, trad., comm. H.J. DROS-
     SAART LULOFS. Leiden, 1965 — 32, *3*.
Plutarchi Chœronensis Moralia, éd. G.N. BERNARDAKIS. I-VII, BT, 1888-1896.
Tertulliani De anima, éd. J.H. WASZINK. Amsterdam, 1947.
Studie over den wijsgeer Numenius van Apamea, met uitgave der fragmenten, par
     E.A. LEEMANS. Brussel, 1937.
Plotin, Ennéades, éd., trad. É. BRÉHIER. I-VI, C.Un.Fr., 1924-1938.
Plotini opera, éd. P. HENRY - H.R. SCHWYZER. I-II, Paris-Bruxelles, 1951-1959.
Porphyre, Sur les facultés de l'âme, dans A.J. FESTUGIÈRE, *La révélation* ... (cf.
     infra, 303); *Sur l'animation de l'embryon*, cf. *ibid.* — 232, *63*.
Iamblichi De anima, dans A.J. FESTUGIÈRE, *ibid.* — 232, *63*.
Iamblichi Proptrepticus, éd. H. PISTELLI. BT, 1888.
Damascii Successoris Dubitationes et solutiones de primis principiis (...), éd. C. Aem.
     RUELLE. I-II, Parisiis, 1889-1899 (Bruxelles, 1964) — 210, *115*.
Chartularium Universitatis Parisiensis, éd. H. DENIFLE - Aem. CHATELAIN. I,
     Parisiis, 1889 — 135, *17*.

II. INDEX BIBLIOGRAPHIQUE DES TRAVAUX

Les chiffres précédés du tiret renvoient aux pages du volume; en *italique*, ils précisent la note où figure la citation.

Pour faciliter certaines identifications, on ajoute ici les noms des éditeurs, traducteurs et commentateurs groupés dans la *Table* I selon l'ordre des œuvres.

Voici d'abord quelques ouvrages collectifs concernant Aristote, qui seront cités comme suit :

Autour d'Ar. = *Autour d'Aristote*, recueil (...) offert à Mgr A. Mansion. Louvain, 1955.

Ar. and Plato = *Aristotle and Plato in the Mid-Fourth Century* (symposium aristotelicum d'Oxford, 1957). Göteborg, 1960.

Ar. (...) méthode = *Aristote et les problèmes de méthode* (symp. arist. de Louvain, 1960). Louvain, 1961.

Ar. on Dialectic = *Aristotle on Dialectic : the Topics* (symp. arist. d'Oxford, 1963). Oxford, 1968.

Ar. n. F. = *Ar. in der neueren Forschung*, hrsg. von Paul MORAUX. Darmstadt, 1968.

Naturphilos. = *Naturphilosophie bei Ar. und Theophrast* (symp. arist. de Göteborg, 1966). Heidelberg, 1969.

Unters. zur E.E. = *Untersuchungen zur Eudemischen Ethik* (symp. arist. d'Oosterbeek, 1969). Berlin, 1971.

Met. u. Theol. = *Metaphysik und Theologie des Ar.*, hrsg. von Fr.P. HAGER. Darmstadt, 1972.

Eth. u. Pol. = *Ethik und Politik des Ar.*, hrsg. von Fr.P. HAGER. Darmstadt, 1972.

ACKRILL J.L., *Ar.'s Distinction between* energeia *and* kinesis, dans *New Essays on Plato and Ar.* London, 1965, 121-142.

ADLER M., *Sense Cognition : Aristotle vs. Aquinas.* New Scholasticism 42, 1968, 578-591.

ALEXANDRE. — Cf. I, 294, *De an.*; 296, *Métaph.*

ALFONSI L., *Verso l'immortalità.* Convivium 5, 1954, 385-391.

ALLAN D.J., *The Practical Syllogism*, dans *Autour d'Ar.*, 325-340 — 158, *7, 8*.

ALLAN D.J., *Quasi-mathematical Method in the Eudemian Ethics*, dans *Ar. (...) méthode*, 1961, 303-318.

ALLAN D.J., *Ar. le Philosophe*, trad. LEFÈVRE Ch. Louvain, 1962 — 158, *8*; 165, *33*.

ANDO T., *Ar.'s Theory of Practical Cognition.* Kyoto, 1958.

APELT O., — Cf. I, 297, *Éth.*

AUBENQUE P. *Le problème de l'être chez Ar.* Paris, 1962[1], 1966[2] — 117, *15*; 156, *2*; 269, *60*.

AUBENQUE P., *La prudence chez Ar.* Paris, 1963.

AUBERT H. — Cf. I, 296, *De gen. anim.*

AUBONNET J. — Cf. I, 293, *Fragments*; 297, *Polit.*

AVERROÈS. — Cf. I, 293, *Corpus.*

BALME D., *Ar.'s Use of « differentiae » in Biology*, dans *Ar.* (...) *méthode*, 1961, 195-212 — 29, *3*; 62, *20*.

BALME D., *Development of Biology in Ar. and Theophrastus : Theory of Spontaneous Generation*. Phronesis 7, 1962, 91-104.

BARBIERI A. — Cf. I, 294, *De an.*

BARBOTIN E., *Deux témoignages patristiques sur le dualisme arist. de l'âme et de l'intellect*, dans *Autour d'Ar.*, 1955, 375-385 — 281, *100*; 286, *14*.

BARBOTIN E., *Autour de la noétique arist. : l'interprétation du témoignage de Théophraste par Averroès et S. Thomas d'Aquin*, dans *Mélanges* (...) *Mgr Diès*, Paris, 1956, 27-40.

BARBOTIN E. — Cf. I, 294, *De an.*; 297, *Théophraste*.

BATTISTINI Y. — Cf. I, 292, *Présocr.*

BAUDHUIN - VAN AUBEL M., *L'influence d'Ar. sur les doctrines de l'âme et de la vertu dans les Moralia de Plutarque* (ronéot.). Louvain, 1968 — 16, *21*; 226, *45*; 227, *49*; 229-230, *58*.

BEKKER E. — Cf. I, 293, *Corpus arist.*

BENZ E. (éd.)., *Reinkarnation*, Sonderheft der Zeitschr. f. Rel.- u. Geistesgesch. 9, 1957, 2.

BERGER H.H., *Ousia in de dialogen van Plato. Een terminologisch onderzoek*. Leiden, 1961 — 188, *22*.

BERTI E., *La filosofia del primo Ar.* Padova, 1962 — 1, *1*.

BERTI E., *Studi recenti sul Περὶ φιλοσοφίας di Ar.* Giorn. di metaf. 20, 1965, 291-316.

BERTIER J. — Cf. I, 293, *Écoles médicales.*

BIDEZ J. - DRACHMANN A.B., *Emploi des signes critiques. Disposition de l'apparat dans les éditions savantes de textes grecs et latins*. Bruxelles, 1938².

BLAIR G.A., *The Meaning of « energeia » and « entelecheia » in Ar.* Intern. Philos. Quart. 7, 1967, 101-117.

BLOCK I., *The Order of Ar.'s Psychological Writings*. Amer. Journ. of Philol. 82, 1961, 50-77 — 23, *41*, *42*; 24, *42* à *45*; 25, *46*; 112, *1*; 121, *35*; 184, *8*; 185, *12*; 186, *19*; 187, *20*.

BLOCK I., *Three German Commentators on the Individual Senses and the Common Sense in Ar.'s Psychology : H. Schell, Cl. Baeumker, J. Neuhauser*. Phronesis 9, 1964, 58-63 — 23, *42*.

BOEHM R., *Das Grundlegende und das Wesentliche*. Den Haag, 1965 — 113, 2.

BOLLACK J. — Cf. I, 292, *Présocr.*

BONITZ H. — Cf. I, 293, *Corpus arist.*; 296, *Métaph.*

BOYANCÉ P., *La religion astrale de Platon à Cicéron*. Rev. des ét. gr. 65, 1952, 312-351.

BOYANCÉ P., *Note sur l'éther chez les pythagoriciens, Platon et Ar.* Rev. des ét. gr. 80, 1967, 202-209 — 56, 2.

BRAUN E., *Psychologisches in den Politika des Ar.*, Serta philol. Aenipontana, 1962, 157-184 — 17, *22*; 20, *32* à *34*; 222, *30*; 224, *36*.

BRÉHIER É. — Cf. I, 298, *Plotin.*

BRÈS Y., *La psychologie de Platon*. Rev. philos. de la Fr. et de l'Étr. 158, 1968, 201-218.

BRUGMAN J. — Cf. I, 296, *De gen. anim.*

BRUMBAUGH R.S., *Ar.'s Outline of the Problems of First Philosophy.* Rev. of metaph. 7, 1954, 511-521 — 28, *1.*

BRUNS I. — Cf. I, 294, *De an.*

BURNET J. — Cf. I, 296, *Éth.*

BYL S., *Note sur la place du cœur et la valorisation de la μεσότης dans la biologie d'Ar.* L'Ant. class. 37, 1968, 467-476.

BYL S., *Note sur la polysémie d'ὄργανον et les origines du finalisme.* L'Ant. class. 40, 1971, 121-133 — 211, *120.*

BYWATER I. — Cf. I, 296, *Éth.*

CANTIN St., *Les puissances et les opérations de l'âme végétative dans la psychol. d'Ar.* Laval théol. et philos. 2, 1946, 25-35.

CANTIN St., c.r. de NUYENS, *L'évolution ...* Laval (...) 4, 1948, 338-345 — 12, *5.*

CARTERON H. — Cf. I, 294, *Phys.*

CASE Th., *Aristotle,* dans *Encycl. Britannica,* Cambridge, 1910[11], 501-522 — 8, *18.*

CATHALA M.R. — Cf. I, 296, *Métaph.*

CHAIGNET A.E., *Essai sur la psychol. d'Ar.* Bruxelles, 1966 (réimpr. de l'éd. de 1883).

CHERNISS H., *Ar.'s Criticism of Presocratic Philosophy.* Baltimore, 1935 — 267, *48.*

CHERNISS H., *Ar.'s Criticism of Plato and the Academy.* Baltimore, 1944 ; New York, 1964[2] — 49, *55* ; 51, *60* ; 117, *15* ; 118, *22* ; 157-158, *6* ; 197, 271, *65* ; 275, *85* ; 283-284, *4.*

CHRIST W. — Cf. I, 296, *Métaph.*

CHROUST A.H., *The Doctrine of the Soul in Ar.'s Lost Dialogue « On Philosophy ».* New Scholasticism 42, 1968, 364-373.

CHROUST A.H. — Cf. I, 293, *Fragments.*

CLAIX R., *Le statut ontologique du concept de « sujet » selon la métaph. d'Ar. L'aporie de « Métaph. VII (Z), 3 ».* R.P.L. 70, 1972, 335-359 — 113. *2.*

CUMONT Fr., *Lux perpetua.* Paris, 1949.

D'ARCY W. THOMPSON. — Cf. I, 295, *Hist. anim.*

DECLOUX S., *Temps, Dieu, liberté dans les commentaires arist. de S. Thomas d'Aquin.* Bruges-Paris, 1966 — 135, *17* ; 234, *69.*

DE CORTE M., *La doctrine de l'intelligence chez Ar.* Paris, 1934 — 12, *4* ; 254, *8* ; 255, *12* ; 274, *80.*

DEFOURNY P., *Ar. Études sur la « Politique ».* Paris, 1932.

DEFOURNY P., *L'activité de contemplation dans les Morales d'Ar.* Bull. Inst. hist. belge de Rome 18, 1937, 89-101 (repris dans *Eth. u. Pol.,* 1972, 219-234) — 247, *1.*

DE IVÁNKA A. [E.], *Sur la composition du De anima d'Ar.* Rev. néo-scol. de philos. 32, 1930, 75-83 — 170, *52.*

DE [VON] IVÁNKA E., *Zur Problematik der arist. Seelenlehre,* dans *Autour d'Ar.,* 1955, 245-253.

DE LACY Ph., c.r. de HIPPOCRATE, *De la génération* (...), par R. JOLY (C.Un.Fr., 1970). The Class. World 65, 1971, 29.

DENNISTON J.D., *The Greek Particles.* Oxford, 1959[3] — 87, *36* ; 90, *47* ; 101, *86* ; 116, *14* ; 120-121, *32* ; 160, *18.*

DES PLACES E., *Syngeneia. La parenté de l'homme avec Dieu, d'Homère à la patristi-que*. Paris, 1964 — 314.

DESSART M., *La méthode d'Ar. dans le « De anima »* (ronéot.). Louvain, 1960.

DE STRYCKER É., *La notion arist. de séparation dans son application aux Idées de Platon*, dans *Autour d'Ar.*, 1955, 119-139 — 12, *5*; 269, *60*; 270, *64*.

DE STRYCKER É., *Prédicats univoques et prédicats analogiques dans le « Protreptique »* d'Ar. R.P.L. 66, 1968, 597-618 — 225, *39*; 286, *15*.

DE STRYCKER É., c.r. de DÜRING I., *Ar.'s Protr.* Gnomon 41, 1969, 234-255 — 216, *7*.

DETIENNE M., *Les origines religieuses de la notion d'intellect : Hermotime et Anaxa-gore*. Rev. phil. de la Fr. et de l'Étr. 154, 1964, 167-178.

DE VOGEL C.J., *Ar. e l'ideale della vita contemplativa*. Giorn. di metaf. 16, 1961, 450-466.

DE VOGEL C.J., *Did Ar. ever accept Plato's Theory of Transcendent Ideas ? Problems around a New Edition of the Protrepticus*. Archiv f. Gesch. d. Philos. 47, 1965, 261-298 (cf. DÜRING I., *Ar.'s Protr.*).

DIELS H. — Cf. I, 292, Présocr. (*bis*).

DIÈS A., *Autour de Platon. II, Les dialogues. Esquisses doctrinales*. Paris, 1927.

DIÈS A. — Cf. I, 293, Platon (*bis*).

DIRLMEIER Fr., c.r. de NUYENS, *L'évolution* ... Gött. Gel. Anz. 203, 1941, 146-154 — 15, *17*.

DIRLMEIER Fr., *Physik IV 10 ('Εξωτερικοὶ λόγοι)*, dans *Naturphilos.*, 1969, 51-59 — 243, *107*.

DIRLMEIER Fr., *Zur Chronologie der Grossen Ethik des Ar.* Heidelberg, 1970 — 214, *1*.

DIRLMEIER Fr. — Cf. I, 297, *Éth.* (*ter*).

DOBZHANSKY Th., *L'hérédité et la nature humaine*, trad. PASTEUR S. Paris, 1969 — 46, *44*.

DODDS E.R., *The Greeks and the Irrational*. Berkeley-Los Angeles, 1964[4].

DONINI P.L., *L'etica dei Magna Moralia*. Torino, 1965 — 214, *1*.

DÖRRIE H., *Gedanken zur Methodik des Ar. in der Schrift Περὶ ψυχῆς*, dans *Ar. (...) méthode*, 1961, 223-224 — 57, *3*.

DROSSAART LULOFS H.J. — Cf. I, 295, *Parva Nat.*; 296, *De gen. anim.* (*ter*).

DUMÉRY H., *L'unité de la pensée arist.* Rev. philos. de la Fr. et de l'Étr. 160, 1970, 79-88.

DÜRING I., *Ar. in the Protrepticus, nel mezzo del cammin*, dans *Autour d'Ar.*, 1955, 81-97 — 249, *4*.

DÜRING I., *Ar. in the Ancient Biographical Tradition*. Göteborg, 1957.

DÜRING I., *Ar.'s Method in Biology*, dans *Ar. (...) méthode*, 1961, 213-221 — 62, *20*.

DÜRING I., *Ar. Darstellung und Interpretation seines Denkens*. Heidelberg, 1966 — 14, *13*; 20, *31, 32, 35*; 21, *36, 37*; 22, 31, *1*; 33, 35, *2*; 45, *36*; 52, *65*; 57, *3*; 62, *20*; 80, *15*; 156, *2, 4*; 183, *5*; 187, *21*; 203, *81, 82*; 218, *12*; 266, *45, 47*; 268, *51*; 273, *74*; 279, *92*; 290, *26*.

DÜRING I., *Ar.'s Use of Examples in the Topics*, dans *Ar. on Dialectic*, 1968, 202-229 — 191, *41*; 192, *41*.

DÜRING I. — Cf. I, 293, Fragments; 295, *De part. anim.*

EASTERLING H.J., *A Note on De anima, 413 a 8-9*. Phronesis 11, 1966, 159-163 — 138, *26*.

EFFE B., *Studien zur Kosmologie und Theologie der arist. Schrift Ueber die Philosophie*. München, 1970.

ELDERS L. — Cf. I, 294, *De caelo*.

ELLUL J., *Histoire des institutions*. I, Paris, 1958 — 45, *38*.

ELORDUY E., c.r. de NUYENS, *L'évolution* ..., Pensamiento 6, 1950, 484-493.

ERBSE H., *Hellenismus*, dans *Geschichte der Textüberlieferung der antiken und mittelalterlichen Literatur*. I, Zürich, 1961.

ÉTIENNE J., *La prudence selon Ar*. Rev. théol. de Louvain 1, 1970, 430-432.

EUCKEN R., *Ueber den Sprachgebrauch des Ar*. Berlin, 1868 — 90, *47*.

FARQUHARSON A.S.L. — Cf. I, 295, *De motu anim*.

FARRINGTON B., *Ar., Founder of Scientific Philosophy*. New York, 1969.

FESTUGIÈRE A.J., *Contemplation et vie contemplative selon Platon*. Paris, 1950².

FESTUGIÈRE A.J., *La révélation d'Hermès trismégiste*. III, *Les doctrines de l'âme*. Paris, 1954 — 206, *97*.

FESTUGIÈRE A.J. — Cf. I, 293, Écoles médicales; 297, *Éth.*; 298, Porphyre, Jamblique.

FLASHAR H., *Platon und Ar. im Protreptikos des Jamblichos*. Archiv f. Gesch. d. Philos. 47, 1965, 53-79.

FOHLEN G. — Cf. I, 297, Cicéron.

FORSTER E.S. — Cf. I, 295, *De part. anim*.

FORTENBAUGH W.W., *A Note on De an. 412 b 9-10*. Phronesis 13, 1968, 88-89 — 24, *42*.

FURLEY D.J., *The Early History of the Conception of the Soul*. Bull. Inst. Class. St. Univ. London 3, 1956, 1-18.

FURLEY D.J., *Two Studies in the Greek Atomists. Indivisible Magnitudes. Ar. and Epicurus on Voluntary Action*. Princeton, 1967.

GAISER K., *Platons ungeschriebene Lehre*. Stuttgart, 1963.

GAISER K., *Zwei Protreptikos-Zitate in der Eud. Ethik des Ar*. Rhein. Mus. Philol. 110, 1967, 314-345.

GAISER K., *Das zweifache Telos bei Ar.*, dans *Naturphilos.*, 1969, 97-113 — 144, *51*; 146, *66*.

GALLACH PALLÈS Fr. — Cf. I, 296, *De gen. anim*.

GAUTHIER R.A., *La morale d'Aristote*. Paris, 1963² — 236, *75*; 238, *81*; 240, *87*.

GAUTHIER R.A. — Cf. I, 297, *Éth.* (*ter*).

GERNET L., *Anthropologie de la Grèce antique*. Paris, 1968.

GIGON O., *Cicero und Aristoteles*. Hermes 87, 1959, 143-162.

GIGON O., *Die Sklaverei bei Ar.*, dans *La « Politique » d'Ar.* (*Entretiens sur l'Ant. class.*, XI). Vandœuvres-Genève, 1965, 245-276.

GIGON O. — Cf. I, 293, Fragments (*bis*); 297, *Éth*.

GILS P.M. — Cf. I, 297, *Éth*.

GILSON Ét., *Le thomisme*. Paris, 1945⁵ — 223, *66*.

GOHLKE P. — Cf. I, 294, *De an.*; 296, *De gen. anim*.

GOLDSCHMIDT V., *Les dialogues de Platon. Structure et méthode dialectique.* Paris, 1963.

GOMPERZ H., *'Aσώματος.* Hermes 67, 1932, 155-176.

GRANT A. — Cf. I, 296, *Éth.*

GRÉGOIRE H., *Comment Athènes retrouva la croyance à l'immortalité de l'âme.* Bull. de la cl. des Lettres de l'Acad. de Belgique, 1948, 243-267.

GRENE M., *A Portrait of Aristotle.* London, 1963; Chicago, 1967 — 53, *68*; 78, *4*.

GRILLI A., *Cicerone e l'Eudemo.* Parola del passato 17, 1962, 96-128.

GUILLAUME DE MOERBEKE. — Cf. I, 294-295, *De an.* (*ter*).

GULLEY N., *Plato's Theory of Knowledge.* London, 1962 — 241, *93*.

GUTHRIE W.K.C., *Pl.'s View on the Nature of the Soul,* dans *Recherches sur la tradition platonicienne* (*Entretiens sur l'Ant. class.*, III), Vandœuvres-Genève, 1957, 3-19.

GUTHRIE W.K.C., *A History of Greek Philosophy.* I, The Earlier Presocratics and the Pythagoreans; II, The Presocratic Tradition from Parmenides to Democritus; III, The Fifth-Century Enlightenment. Cambridge, 1962-1969.

HALL R.W., *Ψυχή as Differentiated Unity in the Philosophy of Plato.* Phronesis 8, 1963, 63-82.

HAMELIN O., *Le système d'Aristote.* Paris, 1920.

HAMELIN O., *La théorie de l'intellect d'après Ar. et ses commentateurs,* éd. BARBOTIN E. Paris, 1953 — 252, *6*; 255, *12*.

HAMESSE J., *Le problème des parties de l'âme dans l'œuvre d'Ar.* (ronéot.). Louvain, 1964 — 227, *47*.

HAMLYN D.W., *Koine aisthesis.* Monist 52, 1968, 195-209.

HAPP H., *Kosmologie und Metaphysik bei Ar.,* dans *Parusia,* Frankfurt M., 1965, 155-187.

HARDIE W.F.R., *Ar.'s Treatment of the Relation between the Soul and the Body.* Philos. Quarterly 14, 1964, 53-72 — 19, *28*; 25, *47*; 26, *48*; 78, *3*; 112, *1*; 121, *35*; 140, *36*; 162, *24*; 180, *95*.

HARDIE W.F.R., *Aristotle's Ethical Theory.* Oxford, 1968 — 15, *17*; 78, *5*; 138, *26*; 140, *36*; 229, *54*; 235, 73; 236, *76*; 237, *78*; 240, *90*; 241, *95*.

HARDIE W.F.R., *Ar. and the Freewill Problem.* Philosophy (London) 43, 1968, 274-278.

HARLFINGER D., *Die Ueberlieferungsgeschichte der E.E.,* dans *Unters. zur E.E.,* 1971, 1-50 — 240, *79*.

HAYDUCK M. — Cf. I, 295, *De an.*; 296, *De gen. anim., Metaph.*

HEGEL G.W.Fr., *Vorlesungen über die Geschichte der Philos.* (de 1819-1828). I-III, Berlin, 1833-1836[1]; Leipzig, 1971[3].

HENRY P. — Cf. I, 298, Plotin.

HICKS R.D. — Cf. I, 294, *De an.*

HOLWERDA D., *Commentatio de vocis quae est φύσις vi atque usu praesertim in graecitate Aristotele anteriore.* Groningae, 1955 — 38, *10*.

HUBY P., *The First Discovery of the Freewill Problem.* Philosophy (London) 42, 1967, 353-362.

HÜFFMEIER Fr., *Phronesis in den Schriften des Corpus Hippocraticum.* Hermes 89, 1961, 51-84 — 205, *92*.

HUMBERT Jean, *Syntaxe grecque*. Paris, 1954² — 175, *70* ; 255, *15* ; 266, *45* ; 273, *75*.
HUMBERT Jules. — Cf. I, 297, Cicéron.

JACOB Fr., *La logique du vivant. Une histoire de l'hérédité*. Paris, 1970.
JAEGER W., *Studien zur Entstehungsgeschichte der Metaphysik des Ar.* Berlin, 1912 — 2, *2* ; 28, *1* ; 97, *70*.
JAEGER W., *Das Pneuma im Lykeion*. Hermes 48, 1913, 29-74 (réimpr. dans *Scripta minora*, Roma, 1960, 57-102) — 80, *13* ; 156, *2, 4* ; 172, *58, 60*.
JAEGER W., *Aristoteles, Grundlegung einer Geschichte seiner Entwicklung*. Berlin, 1923, 1955² ; trad. ROBINSON R. : *Aristotle*. Oxford, 1948² — 2, *2* ; 6, 8, 10, 11, 15, *16* ; 16, 151, *8, 9* ; 157, *5* ; 170, *52* ; 247, *1* ; 279, *92*.
JAEGER W., *Diokles von Karystos. Die griechische Medizin und die Schule des Ar.* Berlin, 1938 — 203, *82*.
JAEGER W., *Paideia. The Ideals of Greek Culture*. III, Oxford, 1945, 1961⁴ — 202, *79* ; 203, *82* ; 204, *85, 86*.
JAEGER W., *The Theology of the Early Greek Philosophers*. Oxford, 1947, trad. : *A la naissance de la théologie. Essai sur les Présocr.* Paris, 1966.
JAEGER W., *Ar.'s Use of Medicine as Model of Method in his Ethics*. The Journ. of Hell. St. 77, 1957, 54-61 — 202, *79*.
JAEGER W., *The Greek Ideas of Immortality*. Harvard Theol. Review 52, 1959, 135-147.
JAEGER W. — Cf. I, 295, *De motu anim.* ; 296, *Métaph.*
JANNONE A. — Cf. I, 294, *De an.*
JASTRON M., *The Liver as the Seat of the Soul*, dans *Studies in the History of the Religions pres. to C.H. Toy*. New York, 1912, 143-168.
JEAN PHILOPON. — Cf. I, 295, *De an.* ; 296, *De gen. anim.*
JOACHIM H.H. — Cf. I, 297, *Éth.*
JOLIVET R., *Essai sur les rapports entre la pensée grecque et la pensée chrétienne*. Paris, 1955².
JOLY R., *Le thème philos. des genres de vie dans l'antiquité classique*. Bruxelles, 1956 — 241, *95*.
JOLY R., *Recherches sur le traité pseudo-hippocratique du Régime*. Paris, 1960 — 203, *83*.
JOLY R., *La biologie d'Ar.* Rev. philos. de la Fr. et de l'Étr. 158, 1968, 219-253 — 33, *7*.
JOLY R. — Cf. I, 293, Écoles médicales (*bis*).
JOWETT B. — Cf. I, 297, *Polit.*

KAHN Ch.H., *Religion and Natural Philosophy in Empedocles' Doctrine of the Soul*. Archiv f. Gesch. d. Philos. 42, 1960, 3-35.
KAHN Ch.H., *Sensation and Consciousness in Ar.'s Psychology*. Archiv f. Gesch. d. Philos. 48, 1966, 43-81 — 23-24, *42* ; 152, *12*.
KAMPE Fr.F., *Die Erkenntnistheorie des Ar.* Leipzig, 1870 — 252, *6* ; 255, *12*.
KEMBER O., *Right and Left in the Sexual Theories of Parmenides*. The Journ. of Hell. St. 91, 1971, 70-79.
KIRK G.S., *Sense and Common-Sense in the Development of Greek Philosophy*. The Journ. of Hell. St. 81, 1961, 105-117.

KIRK G.S. — Cf. I, 292, Présocr.

KRÄMER H.J., *Arete bei Platon u. Ar.* Heidelberg, 1959.

KRÄMER H.J., *Der Ursprung der Geistmetaphysik. Untersuchungen zur Geschichte des Platonismus zwischen Platon und Plotin.* Amsterdam, 1964.

KRÄMER H. J., *Retraktationen zum Problem des esoterischen Platon.* Mus. Helvet. 21, 1964, 137-167.

KRÄMER H.J., *Grundfragen der arist. Theologie.* Theol. u. Philos. 44, 1969, 363-382.

KRANZ W. — Cf. I, 292, Présocr.

KUCHARSKI P., *Anaxagore et les idées biologiques de son siècle.* Rev. philos. de la Fr. et de l'Étr. 154, 1964, 137-166 — 203, *83.*

KÜHNER R. - GERTH B., *Ausführliche Grammatik der griechischen Sprache.* II, 1-2, Hannover-Leipzig, 1898 — 255, *15.*

KULLMANN W., *Zur wissenschaftlichen Methode des Ar.*, dans *Synusia*, Pfullingen, 1965, 247-274.

LAMEERE W., *Au temps où Fr. Cumont s'interrogeait sur Ar.* L'Ant. class. 18, 1949, 279-324 — 198, *65.*

LE BLOND J.M., *Logique et méthode chez Ar.* Paris, 1939 — 52, *65.*

LE BLOND J.M. — Cf. I, 295, *De part. anim.*

LEEMANS E.A. — Cf. I, 297, Numénius.

LEFÈVRE Ch., *Du platonisme à l'aristotélisme.* R.P.L. 59, 1961, 197-248 — *1, 1*; 6, *13*; 261, *29.*

LEFÈVRE Ch., *L'évolution d'Ar. et les apories de sa métaphysique* (dactyl.). Louvain, 1962.

LEFÈVRE Ch., *Travaux intéressant l'aristotélisme.* R.P.L. 68, 1970, 79-84, 242-259 — 17, *25*; 23, *39*; 32, *3*; 74, *69*; 140, *36*; 144, *51*; 247, *1.*

LEFÈVRE Ch., *« Quinta natura » et psychol. arist.* R.P.L. 69, 1971, 5-43 — IX, 23, *40*; 251, *2.*

LEFÈVRE Ch., *Une nouvelle Introduction à l'Éth. à Nicomaque.* R.P.L. 70, 1972, 630-655 (cf. GAUTHIER R.A., *supra*, I, 297, *Éth.*) — 8, *19.*

LEFÈVRE Ch., *Polysémie de « finalisme ».* Hippocrate, Ar. et M. Jacques Monod. L'Ant. class. 41, 1972.

LÉONARD J., *Le bonheur chez Ar.* Bruxelles, 1948 — 17, *23*; 235, *73*; 236, *74, 75*; 239, *87*; 240, *90*; 241, *95.*

LERNER M.P., *Recherches sur la notion de finalité chez Ar.* Paris, 1969 — 144, *51*; 147, *70.*

LESKY A., *Geschichte der griechischen Literatur.* Bern, 1957, 1963², trad. DE HEER et WILLIS : *A Hist. of Greek Lit.* London, 1966 — 1, *2*; 25, *46*; 48, *51*; 203, *82, 83.*

LESKY E., *Die Zeugungs- u. Vererbungslehren der Antike u. ihr Nachwirken*, dans *Abhandl. d. Ak. Mainz, Soz. u. Geisteswiss.*, Mainz, 1950, 1225-1424 — 33, 47, *50*; 49, *56*; 73, *65.*

LEWINE E.B., *Hippocrates.* New York, 1971.

LIDDELL H.G. — Cf. I, 293.

LITTRÉ E., — Cf. I, 293, Écoles médicales.

LLOYD G.E.R., *The Development of Ar.'s Theory of the Classif. of Animals.* Phronesis 6, 1961, 59-81 — 29, *3.*

LOTTIN O., *Ar. et la connexion des vertus morales*, dans *Autour d'Ar.*, 1955, 343-364.

LOUIS P., *Les questions philologiques et littéraires relatives à Ar.*, dans *Congrès de Lyon* (1958) de l'Assoc. Guill. Budé. Paris, 1960, 89-100.

LOUIS P., *La génération spontanée chez Ar.* Rev. de synthèse 89, 1968, 291-305.

LOUIS P. — Cf. I, 295, *Hist. anim.*, *De part. anim.* ; 296, *De gen. anim.*

MAGER A., *Der νοῦς παθητικός bei Ar. und Thomas v. Aquin.* Rev. néo-scol. de philos. 36, 1934, 263-274.

MANSION A., *La genèse de l'œuvre d'Ar. d'après les travaux récents.* Rev. néo-scol. de philos. 29, 1927, 307-341, 423-464 (repris dans *Ar. n. F.*, 1-66) — 2, *3*; 156, *2*; 172, *58*; 235, *73*.

MANSION A., *Autour des Éthiques attribuées à Ar.* Rev. néo-scol. de philos. 33, 1931, 80-107, 216-236, 360-381 (repris dans *Eth. u. Pol.*, 1972, 66-148) — 216, *7*; 230, *58*; 232, *60*.

MANSION A., c.r. de NUYENS Fr., *Ontwikkelingsmomenten.* Tijdschrift v. philos. 2, 1940, 412-426 — 13, *8*, *11*; 15, *15*; 232, *60*.

MANSION A., *Introduction à la physique arist.* Louvain, 1945² (1972) — 37, *4*, *6*; 39, *11*, *14*; 41, *23*; 51, *63*; 53, *65*; 73, *65*; 99, *77*; 125, *48*; 147, *70*; 151, *9*; 152, *10*; 179, *88*; 275, *85*.

MANSION A., *Ar., De anima* (cours inédit de 1946-47) — 140, *37*.

MANSION A., *Préface à* NUYENS Fr., *L'évolution ...*, 1948 — VIII; 2, *1*; 18, 22, 23, *39*.

MANSION A., *Préface à* MORAUX P., *Les listes anciennes ...*, 1951 — 98, *72*.

MANSION A., *L'immortalité de l'âme et de l'intellect selon Ar.* R.P.L. 51, 1953, 444-472 (= c.r. de SOLERI G., *infra*) — 13, *9* à *11*; 19, *29*; 23, *40*; 137-138, *24*; 138, *27*, *28*; 139, *35*; 140, *37*; 273, *75*; 280, *96*.

MANSION A., *Het aristotelisme in het historisch perspectief. Platonisme, aristotelisme, neoplatonisme* (Meded. van de Kon. Vl. Acad. van België). Brussel, 1954.

MANSION A., *Philosophie première, philos. seconde et métaphysique chez Ar.* R.P.L. 56, 1958, 165-221 (repris dans *Met. u. Theol.*, 1972, 299-366) — 86, *35*; 137, *5*; 241, *96*; 269, *60*.

MANSION A., *Travaux d'ensemble sur Ar., son œuvre et sa philos.* R.P.L. 57, 1959, 44-70 — 148, *71*.

MANSION A., *Conception arist. et conception averroïste de l'homme*, dans *Aristotelismo padovano e filosofia arist.* Atti del XIIº Congr. internaz. di filos. (Venezia, 1958). IX, Firenze, 1960, 161-171 — 13, *11*; 19, *29*; 189, *31*; 273, *75*; 274, *77*; 278, *91*; 280, *96*.

MANSION A., *Le Dieu d'Ar. et le Dieu des chrétiens*, dans *La philosophie et ses problèmes* (Mélanges ... Mgr R. Jolivet), Lyon-Paris, 1960, 21-44 — 226, *46*; 234, *69*; 286, *16*.

MANSION S., *Le jugement d'existence chez Ar.* Louvain, 1946 — 43, *29*; 249, *2*.

MANSION S., *La première doctrine de la substance : la substance selon Ar.* R.P.L. 44, 1946, 349-369 (repris dans *Met. u. Theol.*, 1972, 114-138) — 51, *60*; 240, *91*; 269, *60*.

MANSION S., *Les positions maîtresses de la philosophie d'Ar.*, dans *Ar. et S. Thomas d'Aquin*, Louvain, 1957, 43-91 — 113, *2*.

MANSION S., *Contemplation and Action in Ar.'s Protr.*, dans *Ar. and Plato*, 1960, 56-75 — 215, *4*; 225, *39*; 239, *87*.

MOREAU J., *L'âme du monde, de Platon aux stoïciens.* Paris, 1939.

MOREAU J., c.r. de NUYENS, *L'évolution* ... Rev. philos. de la Fr. et de l'Étr. 140, 1950, 96-101 — 12, *3*; 22, *38*.

MOREAU J., *Aristote.* Paris, 1962.

MOREAU J., c.r. de *Ar., De la gén. des an.,* éd. LOUIS P. Rev. des ét. anc. 65, 1963, 425-426 — 252, *5*.

MOREAU J. — Cf. I, 293, Platon.

MOVIA G., *Anima e intelletto. Ricerche sulla psicol. peripatetica da Teofrasto a Cratippo.* Padova, 1968.

MOVIA G., *Alessandro di Afrodisia tra naturalismo e misticismo.* Padova, 1970.

MUGLER Ch. — Cf. I, 294, *De gen. et corr.*

MUGNIER R. — Cf. I, 295, *Parva Nat.*

MÜLLER G., *Probleme der arist. Eudaimonielehre.* Mus. Helvet. 17, 1960, 121-143 (repris dans *Eth. u. Pol.*, 1972, 368-402) — 216, *7*.

MUSKENS G.L., *De vocis ἀναλογίας significatione ac usu apud Ar.* Groningae, 1943.

NADDEI M.C., *L'immortalità dell'anima nel pensiero dei Greci.* Sophia (Padova) 33, 1965, 272-300.

NESTLE D., *Eleutheria. Studien zum Wesen der Freiheit.* I, *Die Griechen.* Tübingen, 1967.

NILSSON M.P., *Geschichte der griechischen Religion.* I-II, München, 1941-1950.

NOCK A.D., *Posidonius.* The Journ. of Roman St. 49, 1959, 1-15.

NUYENS Fr., *Ontwikkelingsmomenten in de zielkunde van Ar.* Nijmegen-Utrecht, 1939 — 1, 2, *1*. — Trad. fr. : cf. le suivant.

NUYENS Fr., *L'évolution de la psychologie d'Ar.* Louvain, 1948 — VII-IX; 1-30, 31, 56, *1*; 57, *4*; 59, *10*; 60, *12, 14*; 61, *16*; 69, *50*; 76, 77, *2*; 85, *33*; 99, *77*; 106, 107, 109, *11*; 110, 112, *1*; 114, *7, 9*; 115, *12*; 121, *34*; 136, *19*; 137, *21, 24*; 141, *40*; 142, 146, *66*; 147, *70*; 150, *6, 7*; 151, *8*; 152, *12*; 153, *14, 15, 17*; 154, *20, 22*; 156, *1, 3*; 161, *22*; 162, *23*; 167, *40*; 168, *48*; 170, *52*; 173, *63*; 174, *65, 66*; 177, 179, *88*; 180, *94, 95*; 181, *97*; 183, *5*; 189, *28, 31*; 191, *39*; 192, *42*; 213, 215, 216, *5*; 221, *24, 25*; 222, *30*; 224, *36*; 231, *59*; 236, 239, *86*; 245, 247, *1*; 249, *3*; 251, *1*; 270, *61, 62, 65*; 271, *66*; 272, *72*; 273, *75, 76*; 274, *81*; 275, *83*; 276, *87*; 277, 279, *93*; 280, *96*; 281, *100*; 282-291.

NUYENS Fr., *Ar.' persoonlijkheid in zijn werk,* dans *Autour d'Ar.*, 1955, 69-78.

OEHLER Kl., *Ein Mensch zeugt einen Menschen.* Frankfurt M., 1963 — 37, *6*.

OGLE W. — Cf. I, 295, *De part. anim.*

ORLANDI T., *Il primo Ar. nel De communi mathematica scientia di Iamblico.* Riv. crit. di stor. filos. 18, 1963, 592-598.

OWEN G.E.L., *Logic and Metaphysics in some Earlier Works of Ar.,* dans *Ar. and Plato,* 1960, 163-190 (repris dans *Met. u. Theol.,* 1972, 399-435).

OWEN G.E.L., *Τιθέναι τὰ φαινόμενα* (en angl.), dans *Ar.* (...) *méthode,* 1961, 83-103.

OWEN G.E.L., *The Platonism of Ar.* Proc. British Acad. 51, 1965, 125-150.

OWENS J., *The Doctrine of Being in the Arist. Metaphysics.* Toronto, 1963² — 117, *15*.

OWENS J., *Ar.'s Definition of Soul,* dans *Philomathes, Studies* (...) *Ph. Merlan,* The Hague, 1971, 125-145.

PATTERSON R.L., *Plato on Immortality*. University Park (Pa.), 1965.

PEASE A.St. — Cf. I, 297, Cicéron.

PECK A.L. — Cf. I, 295, *De part. anim.* ; 296, *De gen. anim.*

PELLOUX L., *L'evoluzione della psicol. di Ar.* (= c.r. de NUYENS, *L'évolution* ...). Riv. di filos. 41, 1949, 177-187.

PÉPIN J., *Théologie cosmique et théologie chrétienne. Ambroise, Exameron, I 1, 1-4.* Paris, 1964.

PÉPIN J., *L'interprétation du De philosophia d'Ar. d'après quelques travaux récents.* Rev. des ét. gr. 77, 1964, 445-488 (repris dans le suivant, 303-363) — 22, *38*.

PÉPIN J., *Idées grecques sur l'homme et sur Dieu.* Paris, 1971.

PÉPIN J. — Cf. I, 294, Fragments.

PHILIPPE M.D., *Analogon and analogia in the Philos. of Ar.* The Thomist 33, 1969, 1-74 — 258, *23*.

PIROTTA A.M. — Cf. I, 295, *De an.*

PISTELLI H. — Cf. I, 298, Jamblique.

PLASBERG O. — Cf. I, 297, Cicéron.

PLATT A. — Cf. I, 296, *De gen. anim.*

PLEBE A. — Cf. I, 297, *Éth.*

POHLENZ M., *Die Stoa. Geschichte einer geistigen Bewegung.* I-II, Göttingen, 1964[3].

POHLENZ M. — Cf. I, 297, Cicéron.

PONCELET R., *Cicéron traducteur de Platon.* Paris, 1957.

PREUS A., *On Dreams, 2, 459 b 24 - 460 a 33, and Ar.'s* ὄψις. Phronesis 13, 1968, 175-182.

RABINOWITZ W.G., *Ar.'s Protrepticus and the Sources of Its Reconstruction.* Los Angeles, 1957.

RAVAISSON F., *Essai sur la Métaph. d'Ar.* I-II, Paris, 1837-48; III, Paris, 1953 — 120, *31*.

RAVEN J.E. — Cf. I, 292, Présocr.

REALE G. — Cf. I, 296, *Métaph.*

REES D.A., c.r. de NUYENS, *L'évolution* ... Mind, 1951, 412-414 — 22, *38*.

REES D.A., *Bipartition of the Soul in the Early Academy.* The Journ. of Hell. St. 77, 1957, 112-118 — 230, *58*.

REES D. A., *Theories of the Soul in the Early Ar.*, dans *Ar. and Plato*, 1960, 191-200 — 16, *21*; 20, *35*.

REES D.A. — Cf. I, 297, *Éth.*

REICHE H.A.T., *Empedocles' Mixture, Eudoxan Astronomy and Ar.'s Connate Pneuma.* Amsterdam, 1960 — 81, *19*; 267, *50*.

REICHE H.A.T., *Ar. on Breathing in the Timaeus.* Amer. Journal of Philol. 86, 1965, 404-408; 87, 1966, 17.

REY A., *La maturité de la pensée scientifique en Grèce.* Paris, 1939.

RICŒUR P., *Philosophie de la volonté.* I-II, 3 vol., Paris, 1950-60.

RICŒUR P., *Être, essence et substance chez Platon et Ar.* (cours de Strasbourg, 1953-54). Paris, 1960.

RIST J.M., *Notes on Ar., De anima 3. 5.* Class. Philol. 61, 1966, 8-20 — 278, *91*.

RIVAUD A. — Cf. I, 293, Platon.

ROBIN L., *La théorie platonicienne des Idées et des nombres d'après Ar.* Paris, 1908.

ROBIN L., *La théorie platonicienne de l'amour*. Paris, 1964².

ROBIN L., *Platon*. Paris, 1935.

ROBIN L., *Aristote*. Paris, 1944 — 24, *42*; 156, *1*; 255 *12*.

ROBIN L. — Cf. I, 293, Platon (*bis*).

ROBINSON T.M., *Plato's Psychology*. Toronto, 1970.

RODIER G. — Cf. I, 294, *De an.*

RODIS-LEWIS G., *Hypothèses sur l'évolution de la théologie d'Ar.*, dans *La philos. et ses problèmes* (Recueil ... R. Jolivet), Lyon-Paris, 1960, 45-58.

RODIS-LEWIS G., *Limites de la « simplicité de l'âme » dans le Phédon*. Rev. philos. de la Fr. et de l'Étr. 155, 1965, 441-454.

ROHDE E., *Psyche. Seelencult u. Unsterblichkeitsglaube der Griechen*. Tübingen-Leipzig, 1903³ — 8, *18* ; 21.

ROLFES E. — Cf. I, 295, *Parva Nat.*

ROMANO F., *Logos e mythos nella psicologia di Platone*. Padova, 1964.

ROSE V. — Cf. I, 293, Fragments.

ROSEN S.H., *Thought and Touch. A Note on Ar.'s De anima*. Phronesis 6, 1961, 127-137.

ROSS G,R.T. — cf. I, 295, *Parva Nat.*

ROSS W.D., *alias* Sir David Ross, *Aristotle*. London, 1923, New York, 1953⁵; trad. franç. : *Aristote*, Paris, 1930 — 156, *2*; 241, *95*.

ROSS W.D., *Aristotle. Selections*. London-New York, 1927 — 235, *73*.

ROSS W.D., *Plato's Theory of Ideas*. Oxford, 1953².

ROSS W.D., *The Development of Ar.'s Thought*, dans *Ar. and Plato*, 1960, 1-17 — 135, *17*.

ROSS W.D. — Cf. I, 292, Oxford Translation; 293, Fragments; 294, *Organon, Phys., De an.* (*ter*); 295, *Parva Nat.*; 296, *Métaph.*; 297, *Éth., Polit.*

ROUGIER L., *L'origine astronomique de la croyance pythagoricienne en l'immortalité céleste de l'âme*. Le Caire, 1933.

ROWE C.J., *The Meaning of φρόνησις in the E.E.*, dans *Unters. zur E.E.*, 1971, 73-92 — 247, *1*.

RUELLE C.É. — Cf. I, 298, Damascius.

RÜSCHE F., *Blut, Leben und Seele. Ihr Verhältnis nach Auffassung der griechischen und hellenistischen Antike, der Bibel und der alten alexandrinischen Theologen*. Paderborn, 1930.

SAFFREY H.D., *Le Περὶ φιλοσοφίας d'Ar. et la théorie platonicienne des Idées-nombres*. Leyde, 1955, 1972².

SAMSON A., *Ar. et les théories présocratiques sur la connaissance*. Laval philos. et théol. 22, 1966, 22-24.

SANTAS G., *Ar. on Practical Inference, the Explanation of Action, and Akrasia*. Phronesis 14, 1969, 162-189.

SCHUHL P.M., *L'œuvre de Platon*. Paris, 1961³.

SCHUHL P.M., *Études platoniciennes*. Paris, 1960.

SCHWYZER H.R. — Cf. I, 298, Plotin.

SCOTT R. — Cf. I, 292.

SENN G., *Die Entwicklung der biologischen Forschungsmethode in der Antike und ihre grundsätzliche Förderung durch Theophrast v. Eresos*. Aarau-Leipzig, 1933.

SERTILLANGES A.D., *La philosophie morale de S. Thomas d'Aquin*. Paris, 1946² — 233, *66*.

SHUTE Cl.W., *The Psychology of Ar. An Analysis of Living Being*. New York, 1941.

SIWEK P. — Cf. I, 294, *De an.* (*bis*); 295, *Parva Nat.*

SMEETS A., *Act en potentie in de Metaphysica van Ar*. Leuven, 1952.

SMITH J.A. — Cf. I, 292, Oxford Translation.

SOLERI G., c.r. de NUYENS, *L'évolution* ... Sapienza 1949, 320-324 — 12, *6*.

SOLERI G., *L'immortalità dell'anima in Ar*. Torino, 1952 — 12, *6*; 13, *7*; 19, *29*; 189, *31*.

SOLERI G., c.r. de *Ar., L'anima*, de BARBIERI A. (Bari, 1957). Riv. di filos. neoscol. 51, 1959, 71-72 — 261, *29*.

SOLMSEN Fr., *Antecedents of Ar.'s Psychol. and Scale of Beings*. Amer. Journ. of Philol. 76, 1955, 146-164 — 16, *21*; 187, *20*; 223, *31*; 228, *54*.

SOLMSEN Fr., *The Vital Heat, the Inborn Pneuma and the Aether*. The Journ. of Hell. St. 77, 1957, 119-123 — 81, *19*; 190, *38*; 203, *82*; 210, *116*; 252, *5*; 259, *25*; 264, *37*; 266, *47*; 267, *50*.

SOLMSEN Fr., *Ar.'s System of the Physical World*. New-York, 1960.

SOLMSEN Fr., c.r. de DÜRING I., *Aristoteles*. Gnomon 39, 1967, 657-672 — 266, *47*.

STARK R., *Gesamtaufbau der arist. Politik*, dans La « Politique » d'Ar. (*Entretiens sur l'Ant. class.*, XI), Vandœuvres-Genève, 1965, 1-35. *Discussion, ibid.*, 36-51 — 218, *12*.

STARK R., c.r. de DÜRING I., *Ar.'s Protrepticus*. Gött. Gel. Anz. 217, 1965, 55-68.

STRATTON G.M. — Cf. I, 297, Théophraste.

SUSEMIHL Fr. — Cf. I, 297, *Éth.*

TAYLOR A.E. — Cf. I, 293, Platon.

THEILER W., *Zur Geschichte der teleologischen Naturbetrachtung bis auf Ar*. Zürich, 1925 — 265, *40*.

THEILER W., *Bau und Zeit der arist. Politik*. Mus. Helv. 9, 1952, 65-78 (repris dans *Eth. u. Pol.*, 1972, 253-274).

THEILER W., *Die Entstehung der Metaphysik des Ar*. Mus. Helv. 15, 1958, 85-105 (repris dans *Met. u. Theol.*, 1972, 266-298).

THEILER W. — Cf. I, 294, *De an.*

THÉMISTIUS. — Cf. I, 295, *De an.*

THOMAE AQUINATIS *Quaestiones disputatae*, éd. J.B. DELLA CELLA. Parmae, 1856 — 138, *27*; 233, *66*.

THOMAE AQUINATIS *Summa theologica*, éd. C.J. DRIOUX. I-VIII, Parisiis, 1882¹³ — 33, *6*; 52, *65*; 66-67, *36*; 233, *65-67*.

THOMAS D'AQUIN. — Cf. I, 295, *De an.*; 296, *Métaph.*; 297, *Éth.*

TOGNOLO A., *Il problema del νοῦς nel De anima di Ar*. Studia Patavina 10, 1963, 101-116 — 278, *91*.

TOPITSCH E., *Die platonisch-arist. Seelenlehren in weltanschauungskritischer Beleuchtung*. Oesterr. Akad. der Wiss., philos.-hist. Kl. 233, 1959, 4 — 278, *91*.

TORRACA L., *La tesi di J. Zuercher circa il De gen. anim. e il De part. anim. di Ar*. Sophia (Padova) 26, 1958, 35-47.

TORRACA L. — Cf. I, 295, *De motu anim.*

TRESMONTANT Cl., *Le problème de l'âme*. Paris, 1971.

TRICOT J. — Cf. I, 294, *Organon*, *De an.*; 296, *Métaph.*

TUGENDHAT E., c.r. de OEHLER Kl., *Die Lehre vom noetischen und dianoet. Denken bei Platon und Ar.* (München, 1962). Gnomon 38, 1966, 752-760.

UNTERSTEINER M. — Cf. I, 293, Fragments.

VAN CAMP J. - CANART P., *Le sens du mot θεῖος chez Platon.* Louvain, 1956 — 266-267, *48.*

VAN DER MEULEN J., *Die arist. Lehre vom νοῦς in ihrer ontologischen Verwurzelung.* Z. für philos. Forschung 14, 1960, 526-535 — 278, *91.*

VANIER J., *Le bonheur, principe et fin de la morale arist.* Bruges-Paris, 1965 — 17, *23.*

VAN SCHILFGAARDE P., *De zielkunde van Ar.* Leiden, 1938.

VERBEKE G., *L'évolution de la doctrine du pneuma, du stoïcisme à S. Augustin.* Louvain, 1945 — 80, *13, 16.*

VERBEKE G., *Comment Ar. conçoit-il l'immatériel?* R.P.L. 44, 1946, 205-236 — 269, *60*; 271, *66*; 273, *75*; 274, *76.*

VERBEKE G., *Les sources et la chronologie du comm. de S. Thomas au De an. d'Ar.* R.P.L. 45, 1947, 314-348 — 133, *15.*

VERBEKE G., *L'évolution de la psychol. d'Ar.* R.P.L. 46, 1948, 335-351 (= c.r. de NUYENS, *L'évolution ...*) — 15, *14*; 16, *20*; 22, *38*; 235, *72*; 240, *89, 92.*

VERBEKE G., *L'idéal de la perfection humaine chez Ar. et l'évol. de sa noétique,* dans *Misc. G. Galbiati.* I, Milano, 1951, 79-95 — 16, *20*; 235, *72.*

VERBEKE G., *L'œuvre scientifique de M. Mansion,* dans *Autour d'Ar.,* 1955, 11-40 — 133, *15.*

VERBEKE G., c.r. de BARBOTIN E., *La théorie arist. de l'intellect d'après Théophraste.* R.P.L. 53, 1955, 368-382.

VERBEKE G., c.r. de GAUTHIER R.A. - JOLIF J.Y., *L'Éth. Nic.,* I. R.P.L. 56, 1958, 605-623.

VERBEKE G., *Thèmes de la morale arist. À propos du Comm. des PP. Gauthier et Jolif sur l'Éth. à Nic.* R.P.L. 61, 1963, 185-214 — 16, *20*; 215, *3*; 226, *44*; 237, *77*; 238, *81*; 241, *97*; 242, *100.*

VERBEKE G., *La notion de propriété dans les Topiques,* dans *Ar. on Dialectic,* 1968, 257-276 — 191, *41.*

VERBEKE G., *L'argument du livre VII de la Physique. Une impasse philosophique,* dans *Naturphilos. ...,* 1969, 250-267 — 248-249, *2.*

VERBEKE G., *La critique des Idées dans l'Éthique Eudémienne,* dans *Unters. zur E.E.,* 1971, 135-156.

VERBEKE G. — Cf. I, 295, *De an.* (bis).

VERDENIUS W.J., *Human Reason and God in the Eudemian Ethics,* dans *Unters. zur E.E.,* 1971, 285-297 — 244, *109*; 247, *1.*

VIRIEUX-REYMOND A., *Quelques remarques à propos de la psychol. dans l'Antiquité grecque.* Rev. de synthèse 83, 1962, 112-133.

VON IVÁNKA. — Cf. *supra,* 318, DE IVÁNKA.

WALZER R., *Greek into Arabic. Essays on Islamic Philosophy.* Oxford, 1962.
WALZER R. — Cf. I, 293, Fragments.
WARTELLE A., *Inventaire des manuscrits grecs d'Ar. et de ses commentateurs.* Paris, 1963.
WASZINK J.H. — Cf. I, 298, Tertullien.
WEHRLI Fr., *Ar. in der Sicht seiner Schule, Platonisches und Vorplatonisches,* dans *Ar.* (...) *méthode,* 1961, 321-336.
WEIL E., *L'anthropologie d'Ar.* Rev. de métaph. et de mor. 51, 1946, 7-36.
WEIL E., c.r. de NUYENS, *L'évolution* ... Rev. de métaph. et de mor. 57, 1952, 450-452 — 14, 15, *14.*
WEIL E., *Remarques sur le matérialisme des stoïciens,* dans *Mélanges Al. Koyré,* II, Paris, 1964, 556-572.
WEIL E., *Quelques remarques sur le sens et l'intention de la Métaph. d'Ar.,* dans *Studi* (...) *A. Massolo,* Urbino, 1967, 831-853.
WELLMANN M. — Cf. I, 293, Écoles médicales.
WENDLAND P. — Cf. I, 295, *Parva Nat.*
WEST M.L., *Three Presocratic Cosmologies (Alcman, Pherecydes, Thales).* Class. Quart. 57, 1963, 154-176.
WIERSMA W., *Die arist. Lehre vom Pneuma.* Mnemosyne 11, 1943, 102-107 — 80, *13;* 81, *21;* 82, *22;* 84, *30.*
WILFORD F.A., *The Status of Reason in Plato's Psychol.* Phronesis 4, 1949, 54-68.
WILPERT P., *Zwei arist. Frühschriften über die Ideenlehre.* Regensburg, 1959.
WILPERT P., *Die arist. Schrift Ueber die Philosophie,* dans *Autour d'Ar.,* 1955, 99-116.
WILPERT P., *Die Stellung der Schrift Ueber die Philosophie in der Gedankenentwicklung des Ar.* The Journ. of Hell. St. 77, 1957, 155-162.
WIMMER Fr. — Cf. I, 296, *De gen. anim.*
WIPPERN J., *Eros u. Unsterblichkeit in der Diotima-Rede des Symposions,* dans *Synusia,* Pfullingen, 1965, 123-159 — 48, *51.*
WISMANN H. — Cf. I, 292, Présocratiques.
WOLFF Ét., *Les chemins de la vie.* Paris, 1963.
WOLFF Ét., *Problèmes généraux et problème spécial de la différenciation sexuelle.* Ann. Fac. sciences Univ. Clermont 26, 1965, 17-25.

YARDAN J.L., *A Note on Ar.'s Soul as forma corporis.* New Scholasticism 37, 1963, 493-497 — 278, *91.*

ZAFIROPOULO J. — Cf. I, 292, Présocratiques.
ZELLER E., *Die Philosophie der Griechen in ihrer geschichtlichen Entwicklung dargestellt.* II 2, *Ar. und die alten Peripatetiker.* Leipzig, 1921[4] — 4, *7;* 8, *18;* 21, 83, *27;* 156, *1.*

III. RÉFÉRENCES AUX AUTEURS ANCIENS

Les chiffres précédés du tiret renvoient aux pages du volume; en *italique*, ils précisent la note où figure la référence.

I. Avant Aristote

II. ARISTOTE

III. Après Aristote

IV. SUJETS TRAITÉS — INDEX ALPHABÉTIQUE

La mention d'une page (ou de plusieurs, par exemple : 200-1) est parfois suivie de l'indication, en *italique*, d'une note à la page (ou aux pages) en question.

V. TABLE ANALYTIQUE DES MATIÈRES

VI. TABLE ABRÉGÉE

Imprimerie Orientaliste, s.p.r.l., Louvain (Belgique)